Kohlhammer

Stephanie Klein

Erkenntnis und Methode in der Praktischen Theologie

Verlag W. Kohlhammer

Alle Rechte vorbehalten
© 2005 W. Kohlhammer GmbH Stuttgart
Umschlag: Gestaltungskonzept Peter Horlacher
Gesamtherstellung:
W. Kohlhammer Druckerei GmbH + Co. KG, Stuttgart
Printed in Germany

ISBN 3-17-018669-8

INHALT

VORWORT

Die vorliegende Untersuchung wurde im Sommersemester 2002 am Fachbereich Katholische Theologie der Johannes Gutenberg-Universität Mainz als Habilitationsschrift angenommen. Sie trug den Titel: "Von der Erfahrung zur Theorie über die soziale Wirklichkeit. Prolegomena zu einer interdisziplinären und erfahrungsbezogenen Methodologie der Praktischen Theologie". Der Erstgutachter war Prof. Dr. Stefan Knobloch, das Zweitgutachten erstellte Prof. Dr. Werner Simon. Der Text wurde für die Drucklegung überarbeitet und aktualisiert.

Ganz herzlich danke ich Prof. Dr. Stefan Knobloch, der die Arbeit mit viel Zutrauen und Ermutigung begleitet hat und mir in den Jahren der Zusammenarbeit am Seminar für Pastoraltheologie der Universität Mainz ein guter Freund geworden ist. Die mystagogische Theologie habe ich durch ihn gelernt und erfahren, sie wurde mir eine wichtige Grundlage für ein subjektbezogenes und praxisrelevantes Theologietreiben.

An der Überarbeitung bis hin zum druckfertigen Manuskript waren viele Menschen an den verschiedenen Orten beteiligt, an die mich meine Tätigkeiten in dieser Zeit führten. Danken möchte ich meiner Schwester Dorothea Oeste in Siegen, Michael Federkeil in Saarbrücken und Anna Steup in Salzburg für das gründliche Korrekturlesen des Manuskripts in den verschiedenen Etappen der Fertigstellung. Das offene und freundschaftliche Verhältnis der Mitarbeitenden am Institut für Praktische Theologie – Religionspädagogik der Universität Salzburg gab mir den Raum und die Inspiration für die Fertigstellung des druckreifen Manuskripts. Dafür danke ich Prof. Dr. Anton A. Bucher, Dr. Elisabeth Anker, Dr. Silvia Arzt und Elke Schäfer.

Die Stiftungs- und Förderungsgesellschaft der Paris-Lodron-Universität Salzburg gewährte einen großzügigen Druckkostenzuschuss. Auch dafür herzlichen Dank.

Salzburg, im Dezember 2004   Stephanie Klein

EINFÜHRUNG

Vor mehr als dreißig Jahren schrieb der evangelische Praktische Theologe Henning Schröer: „Im Gegensatz zu den historischen Disziplinen der Theologie hat die Praktische Theologie noch kein genügend ausgebildetes methodisches Instrumentarium und keinen sicheren methodischen Kanon."[1] Er forderte, dass die Praktische Theologie auch ihre Prolegomena selbst schreiben und nicht der Dogmatik überlassen solle[2] und sah die Entwicklung einer empirisch-kritischen Methode für eine Notwendigkeit an, um den mangelnden Wirklichkeitsbezug der Theologie zu begegnen. „Die Gretchenfrage an die Praktische Theologie lautet heute: Wie hältst Du's mit der Empirie?"[3] Zehn Jahre später konstatierte der katholische Praktische Theologe Hermann Steinkamp unter Bezug auf Schröer, dass die „Gretchenfrage" noch immer offen sei.[4] Norbert Mette betonte in dem damaligen Diskurs, „daß der Ruf nach einer empirisch-kritischen Methode nicht als bloße Modeerscheinung abzutun (sei), sondern Symptom einer tatsächlichen Problemlage war, der Frage nämlich, wie dem mangelnden Wirklichkeitsbezug der Theologie wirksam zu begegnen sei."[5] Die Methodenproblematik der Praktischen Theologie lasse sich nicht auf die Frage nach empirischen Methoden reduzieren. „Erkenntnistheoretische Probleme kommen unweigerlich mit ins Spiel; dazu kommen die Probleme des Beobachtungsrahmens, der Hypothesenbildung und der Interpretation. Zusätzlich spielen innerhalb der Theologie – ähnlich wie in anderen Wissenschaften – Fragen der Forschungsethik eine nicht unwesentliche Rolle. Es ist also ein weites Feld von Grundlagenforschung, das zur Klärung noch ansteht."[6] Soweit einige Stimmen aus der damaligen Methodendiskussion. Der Diskurs um Methoden und Methodologie der Praktischen Theologie brach gegen Ende der 1980er Jahre ab, als die gemeinsame Arbeit an der Konzeptionalisierung der Praktischen Theologie als einer Handlungswissenschaft einer Vielfalt theoretischer Ansätze wich.

Die Klärung und Ausarbeitung der Methoden in der Praktischen Theologie und ihrer wissenschaftstheoretischen Grundlegung im interdisziplinären Gespräch stehen bis heute aus. Dabei geht es um etwas Zentrales: Es geht darum, wie die Praktische Theologie zu wissenschaftlichen, d.h. methodisch begründeten und nachvollziehbaren Erkenntnissen über die Praxis gelangt. Ohne eine begründete Erkenntnis über die Praxis geraten die Theorie der Praxis unter Ideologieverdacht und die Konzepte für die Veränderung der Praxis unter Aktivismusverdacht. Noch heute trifft zu, was Rolf Zerfaß in der Methodendebatte vor dreißig Jahren gesagt hat: „Alles hängt davon ab,

---

[1]   Schröer (1974): Forschungsmethoden in der Praktischen Theologie, 206; im Orig. hervorg.
[2]   Vgl. Schröer (1974): Forschungsmethoden in der Praktischen Theologie, 212.
[3]   Schröer (1974): Forschungsmethoden in der Praktischen Theologie, 210.
[4]   Vgl. Steinkamp (1984): Zum Beispiel: Wahrnehmung von Not, 186.
[5]   Mette (1978): Theorie der Praxis, 298.
[6]   Mette (1978): Theorie der Praxis, 299.

ob ihr (der Praktischen Theologie, S.K.) gelingt, über bloße Intuition hinauszugelangen, dh. (*sic*) den Aussagen und Empfehlungen, die sie trifft, nicht durch Plausibilitätsappelle, sondern durch die präzise Angabe ihres Geltungsbereichs Kredit zu verschaffen. M. a. W. der Wissenschaftscharakter der Praktischen Theologie entscheidet sich beim Methodenproblem."[7]

Zur Fragestellung

Die Frage nach einer methodisch begründeten Erhellung der Lebenswirklichkeit der Menschen stellte sich für jede gegenwartsbezogene Rede der Theologie. Wer sind die „Menschen", die „Gläubigen", die „Subjekte", die „Armen und Bedrückten" von denen die Theologinnen und Theologen sprechen? Was wissen wir von ihrem Leben, ihrem Glauben, ihren Fragen, Zweifeln, Ängsten und Hoffnungen? Wir können unser Wissen darüber weder aus abstrakten Wesenheiten noch aus vielleicht ehemals erfahrungsgesättigten und inhaltsgefüllten Kategorien und Begriffen ableiten, die uns überliefert sind, denn in der heutigen hochgradig individualisierten, differenzierten und globalisierten Gesellschaft wandeln sich die Bedingungen des Lebens und Glaubens so schnell, dass die alten Kategorien sie nicht mehr zu fassen vermögen und brüchig werden. Auch genügt in der Wissenschaft nicht, was sich im Alltag bewährt, nämlich sich auf die eigenen Vorstellungen, Intuitionen und Eindrücke vom Leben der Menschen zu beziehen – zu leicht könnten dabei gesellschaftliche Klischees und Vorurteile reproduziert werden. Zudem können wir das Leben der Menschen nicht angemessen deuten, ohne nach den eigenen Deutungen der Menschen zu fragen. Wir können keine Aussagen über den Glauben der Menschen machen, ohne sie selbst über ihren Glauben zu befragen. Wenn wir nicht wenigstens den Versuch unternehmen, uns den Erfahrungen und der Lebenswirklichkeit derer anzunähern und sie zu verstehen, von denen und zu denen wir reden, dann werden unsere Begriffe vom Leben und Glauben der Menschen zu Chiffren, zu Worthülsen, die wirklichkeitsleer und damit irrelevant sind. Nicht nur, um die Botschaft des Evangeliums unter den Menschen zur Geltung zu bringen und sie in ihrem Glauben und Handeln zu unterstützen, sondern auch um die Menschen gegenüber einer menschenvergessenen Theologie zur Geltung und in ihr zur Sprache zu bringen, ist es erforderlich, die konkrete Lebenswirklichkeit der Menschen methodisch reflektiert wahrzunehmen.

An dieser Stelle setzt die Problemstellung der vorliegenden Arbeit ein. Wie ist eine wissenschaftliche, d.h. methodisch begründete und intersubjektiv nachvollziehbare praktisch-theologische Theoriebildung über die Lebenswirklichkeit der Menschen möglich? Wie lässt sich eine angemessene Theorie über die Sozialwelt bilden, die einerseits die wissenschaftlichen Ansprüche der Objektivität, Allgemeingültigkeit und logischen Konsistenz erfüllt und die andererseits die Subjektivität, Einmaligkeit und Lebendigkeit der Menschen theoretisch fasst, ihrer Lebensgeschichte und ihrer Sozialwelt, die durch ständige Veränderung und nicht zuletzt durch Widersprüchlichkeit gekennzeichnet sind? Wie lassen sich die subjektiven Erfahrungen und Deutungen anderer Menschen methodisch erkunden und theoretisch fassen, da sie doch den Menschen oft selbst nur vage oder in vielfältigen Abschattungen fassbar sind? Wie

---

[7]   Zerfaß (1974): Praktische Theologie als Handlungswissenschaft, 166.

ist überhaupt ein Verstehen anderer, ein Fremdverstehen möglich? Wenn die Gesellschaft und das Leben der Menschen durch beschleunigte Individualisierungs- und Veränderungsprozesse gekennzeichnet sind, durch die sich die alten gesellschaftlichen und kirchlichen Kategorien verändern oder auflösen, wie können neue Entwicklungen entdeckt und verstanden werden und wie können neue treffende Kategorien gefunden werden, die das Leben angemessen beschreiben? Diese Fragen betreffen die gesamte Theologie, zumal dann, wenn sie sich als eine praktische Wissenschaft versteht. Heute ist vor allem die Praktische Theologie der Ort der Bearbeitung dieser Fragen.[8]

Zielrichtungen der Studie
Einen Beitrag für die anstehende Methodendiskussion und ihre Grundlagenarbeit in der Praktischen Theologie stellt die vorliegende Arbeit dar. Sie ist eine Habilitationsschrift, mit der die Aufgabe und Chance verbunden ist, wissenschaftstheoretische Grundlagenarbeit für eine Disziplin zu leisten, zu der im alltäglichen Wissenschaftsbetrieb unter den heutigen Anforderungen eines schnellen Outputs oft kaum noch Gelegenheit besteht. Die Studie soll fundierte Beiträge für die Grundlegung praktisch-theologischer Methoden erarbeiten und Anstöße für den Methodendiskurs geben, ihn inspirieren und weiterführen. Sie soll zudem einen Beitrag leisten, Ansätze aus anderen Wissenschaften, die für die Grundlegung von praktisch-theologischen methodologischen Fragen weiterführend und klärend sind, verständlich aufzuarbeiten und in die Grundlagenarbeit der Praktischen Theologie einzubringen.

Die folgenden Ziele dieser Arbeit sollen eher als Anzeigen der Richtung, in die gearbeitet und geforscht wird, denn als erreichte Endpunkte verstanden werden:

Die Studie soll einen Beitrag zu einer *wissenschaftstheoretischen Grundlegung der Methodologie in der Praktischen Theologie* leisten.

Sie soll den methodischen Diskurs in der Praktischen Theologie sichten, verorten und Impulse für die methodologische Diskussion geben. Es geht dabei nicht um einen systematischen oder gar vollständigen Entwurf. Dies kann nicht das Werk einer einzigen Studie sein, es wäre ein Projekt, an dem viele arbeiten müssen und das einen lebendigen Diskurs erfordert.

Die Studie soll einen Beitrag zum *interdisziplinären Diskurs* über die Sozialwelt und zur *interdisziplinären Zusammenarbeit* zur Lösung der anstehenden Probleme leisten.

---

[8] Praktische Theologie wird hier verstanden als Oberbegriff für die praktisch-theologischen Disziplinen. Die Praktische Theologie hat sich bis heute in eine Vielzahl spezifischer Disziplinen ausdifferenziert, die aber viele Grundlagenfragen und methodologische Fragen gemeinsam haben. Ihre Abgrenzungen untereinander werden teilweise lokal und konfessionell unterschiedlich gehandhabt. Die Begriffe Pastoraltheologie und Praktische Theologie werden oft synonym gebraucht. In der vorliegenden Arbeit beziehe ich mich auf praktisch-theologische Grundlagenfragen, die alle praktisch-theologischen Disziplinen betreffen.

Die interdisziplinäre Zusammenarbeit zum theoretischen Erfassen und Verstehen der sozialen Welt und ihrer Veränderungsprozesse sowie zur Gestaltung einer menschenwürdigen Zukunft wird nicht nur theologisch, etwa vom Zweiten Vatikanischen Konzil, sondern sie wird vermehrt auch von den einzelnen wissenschaftlichen Disziplinen sowie von der derzeitigen Wissenschaftspolitik gefordert. Die Fähigkeit zur Interdisziplinarität der Theologie ist nicht nur eine Frage des Überlebens der Theologie an den öffentlichen Universitäten, sondern auch eine Frage, ob und wie sich die Theologie in den wissenschaftlichen Streit um die Definition der Wirklichkeit einmischt.

Die Studie soll methodologische Orientierungen und Grundlagen für die empirische Forschungspraxis geben.

Besonders in der Religionspädagogik und der Pastoraltheologie wurde unter dem Eindruck der raschen gesellschaftlichen Umbruchsprozesse, die ein Verstehen der Lebenswege, der Religiosität, der Fragen und Überzeugungen der Menschen immer schwieriger machen, in den letzten Jahren verstärkt empirisch gearbeitet. Die inzwischen vermehrt erscheinenden Methoden-Handbücher in den Sozialwissenschaften erleichtern das empirische Arbeiten zwar enorm, helfen aber nur vordergründig weiter. Wer empirisch arbeitet, stößt unweigerlich auf die methodologischen Grundlagenfragen. Sie zu bearbeiten ist im Rahmen eines empirischen Projektes meist nicht möglich. Es ist mir deshalb ein Anliegen, dass die Studie Anregungen und Hilfen für die empirische Forschungspraxis in der Praktischen Theologie gibt und die praktische interdisziplinäre Zusammenarbeit fördert. Sie soll einige aus meiner Sicht notwendige Grundlagenerkenntnisse für empirische Forschung verständlich darlegen, so dass empirische Arbeiten auf ihr aufbauen können. [9]

Die Studie soll einen Beitrag zu einer *christlichen praktischen Anthropologie* leisten.

Der heute wohl bekannteste zeitgenössische Astrophysiker Stephen W. Hawking hat vor einiger Zeit geäußert, der Mensch müsse sich durch Genveränderung anstrengen, intelligenter zu werden, wenn er seinen Vorsprung vor intelligenten Computern bewahren möchte.[10] Um den unvermeidlichen Gefahren der Genveränderung zu entgehen, so äußerte er nicht viel später, müssten sich die Menschen anstrengen, den Weltraum zu besiedeln.[11]

---

[9] Die theoretische Darstellung und die Sprache der Quellentexte, auf die sich die Arbeit bezieht, ist häufig über einen speziellen Diskurszusammenhang hinaus schwer verständlich und auch nicht immer klar. Dies ist der Rezeption von oft wertvollen Erkenntnissen nicht förderlich. Ich bemühe mich deshalb, einen Ausgleich zu finden zwischen einem verstehenden Nachvollzug der komplexen Gedankengänge und einer nach Möglichkeit unverkürzten Verständlichkeit und Klarheit, die die Rezeption erleichtern. Auch die Form der Zitierweise soll der Verständlichkeit dienen. Da in der Praktischen Theologie sozialwissenschaftliche Fachausdrücke oftmals nicht geläufig sind, habe ich die wichtigsten der verwendeten Ausdrücke in einem Glossar zusammengestellt.

[10] Vgl. Frankfurter Rundschau vom 6.10.2001.

[11] Vgl. Frankfurter Rundschau vom 17.10.2001

Aussagen wie diese machen deutlich, dass sich die Theologie in den wissenschaftlichen Diskurs um das Menschenbild und in die Grundlagen und Auswirkungen der Wissenschaften einmischen muss. Dies ist nicht nur ein theologisch-theoretisch begründeter Auftrag, sondern er wird ihr auch aus praktischen Erfordernissen heraus angetragen. Denn immer häufiger wird sie von jenen Wissenschaftlerinnen und Wissenschaftlern wie auch von Praktikerinnen und Praktikern angefragt, die solchen Vorstellungen des machbaren Menschen und einem instrumentellen Menschenbild entgegentreten wollen.

Mit der theologischen Forschung über das Leben der Menschen und ihr Zusammenleben in der Sozialwelt mischt sich Theologie in den heutigen Streit um den Menschen ein. Über die grundlegenden Aussagen über die Herkunft und das Ziel des Lebens der Menschen hinaus muss sie sich auch in alle Bereiche des aktuellen Streits um die gesellschaftliche Situation, das Handeln und Deuten des Menschen einmischen. Die theologische Sozialforschung ist in diesem Streit ein Beitrag zu einer praktischen Anthropologie. *Die Methodenfrage ist hierbei ein entscheidendes Moment. In den Methoden des Zugangs zu den Menschen und zur Sozialwelt werden bereits Entscheidungen über die Art der Erkenntnisse getroffen.*

Die Studie soll aus theologischen Prämissen heraus einen Beitrag zu einem wissenschaftlichen Zugang zum Menschen leisten, der die Lebendigkeit und Geschöpflichkeit, die Einmaligkeit und Subjektivität der Menschen von Anfang an zum Ausgang der Erkenntnis über den Menschen macht und sie nicht, um einem falschen Wissenschaftsideal Genüge zu tun, zum Verschwinden bringt. Da jeder Mensch eine je eigene Berufung hat, die er unter dem Heilszuspruch Gottes in seinem Leben verwirklichen soll, soll nach den *Grundlagen einer qualitativen und entdeckenden Methodologie* geforscht werden.

Die methodologischen Grundlagenfragen führen zu wissenschaftstheoretischen Fragen der Angemessenheit und Gültigkeit bestimmter Kriterien von Wissenschaftlichkeit im Bereich der Sozialforschung. Es sollen hier nicht Wissenschaftskriterien, die sich der Hegemonie der Naturwissenschaften verdanken, unbefragt auf den Bereich des menschlichen Lebens und Zusammenlebens übertragen werden, sondern es soll die wissenschaftstheoretische Diskussion um Kriterien von Wissenschaftlichkeit von dem spezifischen Gegenstandsbereich des menschlichen Lebens her befragt und ein Beitrag zu einer differenzierten Klärung geleistet werden. Die Arbeit möchte dazu beitragen, die Entstehung wissenschaftlicher Aussagen und Erkenntnisse zu rekonstruieren und damit den Nimbus allgemeiner ewiger Gültigkeit zu durchbrechen, der wissenschaftlichen Theorien im Alltagsbewusstsein und oft noch im instrumentellen Gebrauch im wissenschaftlichen Diskurs anhaften.

Theologische Prämissen
Jede wissenschaftliche Arbeit entsteht in biographischen Zusammenhängen. Für mich war es in meinem Theologie-Treiben von Anfang an eine zentrale Frage, wie sich die Theologie und das gelebte Leben verbinden. Diese Frage führte mich zur Praktischen Theologie und zur qualitativ-empirischen Forschung. Dabei stieß ich

immer wieder auf methodische, methodologische und epistemologische Fragen, die mich bei Theoretikern aus den Sozialwissenschaften, der Ethnologie und der Philosophie fündig werden ließen. Einige der Grundlagen, die mir erhellend für die Methodenfrage der Praktischen Theologie erschienen, habe ich hier weiter ausgearbeitet.

Der Studie liegen theologische Prämissen zugrunde. Unter der Einschränkung, dass die eigenen Prämissen, zu denen auch der eigene, in die Lebensgeschichte verwobene Glaube gehört, dem Menschen selbst nicht in ihrer ganzen Fülle und Bedeutung zugänglich sind, möchte ich hier einige meiner zentralen theologischen Prämissen zusammenfassen.[12]

Die Frage nach Gott hängt für mich unmittelbar mit der Frage nach dem Menschen in der Sozialwelt zusammen. Gott begegnet dem Menschen, zeigt sich im Leben des Menschen, und der Mensch ist dazu berufen und befähigt, sein Leben aus seiner Beziehung zu Gott zu gestalten. Die gesamte Offenbarung ist an das Leben der Menschen – und häufig sogar an das der gesellschaftlich unscheinbarsten – gebunden. Wie die Gnade Gottes, wie die jeweilige Erkenntnis Gottes in den verschiedenen Lebensgeschichten zur Geltung kommen, wie der Glaube an Gott und die Beziehung zu Gott unter den verschiedenen zeitgeschichtlichen Herausforderungen im Leben gestaltet und zum Ausdruck gebracht werden, welche Fragen und Zweifel die Menschen umtreiben und wie Gottes Heilswille im Leben verdunkelt wird, lässt sich nicht allein aus theologischen oder sozialwissenschaftlichen Theorien deduzieren, dies muss in den unterschiedlichen lebensgeschichtlichen und gesellschaftlichen Kontexten entdeckt und erforscht werden. Dies macht eine entdeckende und mystagogische Haltung in der Praktischen Theologie erforderlich.

Gott ist ein lebendiger Gott, er ist das Leben in Fülle – auch wenn wir kaum ahnen können, was dies wirklich heißt. Die Lebendigkeit der Kreatur ist ein Geschenk Gottes, sie ist ein Hinweis auf das Göttliche und eine Teilhabe an ihm. Dies hat Konsequenzen für den Umgang mit den lebendigen Wesen in der Forschung. Die Menschen in der Sozialwelt haben eine in Gott gründende Würde, so unzulänglich sie in ihrer Alltagswelt anderen ethisch urteilenden Menschen erscheinen mögen. Sie sind von Gott gewollt und geschaffen, sie sind einzigartig und unersetzlich, sie haben eine Berufung und je eigene Fähigkeiten, dieser Berufung nachzukommen, sie sind durch Jesus Christus erlöst, und ihnen ist das eschatologische Heil Gottes verheißen. Die Gewissheit und Hoffnung, die die christlichen Theologinnen und Theologen für sich selbst in Anspruch nehmen, müssen sie auch für jeden anderen Menschen hegen; sie sind die Grundlage für ihren Umgang mit den Menschen und den Prozess der Erkenntnisgewinnung über sie.

Diese Prämissen leiteten mich in der Forschungsfrage, wie eine allgemeine Theoriebildung über den Menschen in seiner Einmaligkeit und Lebendigkeit möglich ist. Ich wurde bei meiner Suche auch bei Wissenschaftlern fündig, die nicht in der christlichen Tradition standen, deren Fragen, Erkenntnisse und Theorien aber in der theologischen Suche weiterführend sind.

---

[12] Vgl. Eine Darstellung und Begründung meiner theologischen Grundlagen, die die empirische Frage nach der Lebenswirklichkeit der Menschen leiten, habe ich im Zusammenhang einer anderen Studie ausgeführt; vgl. Klein (1994): Theologie und empirische Biographieforschung, 15-77.

Zur Methode der Studie

Die Methode der Erarbeitung und Darstellung der vorliegenden Untersuchung ist in den methodologischen Erkenntnissen begründet, die den Gegenstand der Untersuchung darstellen. Ich greife hier deshalb auf einige Ergebnisse voraus, die später ausführlich dargestellt werden. Ich zeige auf, (1) warum ich ein rekonstruktives Verfahren wähle und (2) warum ich die Erkenntnisse in einen biographisch-situativen Zusammenhang stelle. Schließlich (3) fasse ich das Vorgehen zusammen.

(1) Fremdverstehen ist nur durch ein *Nachvollziehen* fremder Bewusstseinsprozesse bzw. die Rekonstruktion des subjektiven (gemeinten) Sinnes möglich, und dies auch immer nur annäherungsweise (*vgl. Kap. 3*). Diese Einsicht leitet die Erarbeitung und Darstellung der hier berücksichtigten Textquellen. Ein verstehender Umgang mit den Texten als Erzeugnissen von Menschen legt sich mir aus den genannten theologischen Prämissen heraus nah. Die für den vorliegenden Zusammenhang relevanten Gedankengänge werden nicht einfach aus ihrem Kontext „herausgebrochen", sondern rekonstruktiv nachvollzogen und im Kontext des zugänglichen Werkes und der Biographie des Autors verständlich gemacht. Der gewählte Darstellungsstil ist deshalb weniger ein diskursiver als vielmehr ein beschreibender und nachvollziehender. Verstehen ist freilich immer nur annäherungsweise möglich, und dieser Einschränkung unterliegt auch das Bemühen, die Theorien der Wissenschaftler zu verstehen und verständlich zu machen.

(2) Wissenschaftliche Erkenntnisse haben ihr Fundament in spezifischen persönlichen Lebensgeschichten, in der Persönlichkeitsstruktur der Forschenden, in ihren subjektiven Wahrnehmungsweisen, Deutungen, Relevanzen und Ängsten, den lebensgeschichtlichen Fragen und Suchbewegungen, in zeitgeschichtlichen und sozialen Zusammenhängen, in wissenschaftlichen Diskursen und den Machtverhältnissen in ihnen, und nicht zuletzt in Zufällen (*vgl. Kap. 4*). Aus diesem Grund wird der Darstellung der Theorien eine biographische Verortung vorangestellt. Sie nimmt den Theorien den Nimbus der absoluten Gültigkeit, der der Verwendung abstrakter theoretischer Aussagen oftmals anhaftet, und macht deutlich, dass Theorien aus einer zeitgeschichtlichen Konstellation und aus wissenschaftlichen Fragestellungen heraus entworfen werden. Natürlich lassen sich die verwobenen Zusammenhänge zwischen Leben und Erkenntnis nicht im einzelnen rekonstruieren, und das ist auch gar nicht nötig. Die Erkenntnisse sind Erzeugnisse lebendiger Menschen gewesen, und von dieser Lebendigkeit sollen Spuren sichtbar werden. Die Erkenntnisse haben sich nicht allein zwangsläufig aufgrund einer der Theorieentwicklung innewohnenden Entwicklungslogik eingestellt, sondern auch aufgrund von Fragestellungen, die die Forschenden ein Leben lang bedrängt haben. Dabei werden nicht nur die Erfolge und die Ereignisse dargestellt, die direkt auf das Werk der Autoren hinführen, sondern es sollen auch die Misserfolge, Zweifel, Zufälle und verschlungenen Wege nicht unerwähnt bleiben.[13]

---

[13] Oftmals war es allerdings nicht einfach, etwas über das Leben der Wissenschaftler herauszufinden. Aus dem Leben von Alfred Schütz und von Georges Devereux ist zum Beispiel nur wenig bekannt, über Anselm Strauss fand ich nur einige kurze Notizen, und bei Barney Glaser scheiterten meine Recherchen fast völlig.

Der feministische Diskurs weist zudem seit langem auf die Bedeutung von Frauen für die Schaffenskraft von Wissenschaftlern und auf ihren Einfluss auf deren Erkenntnisse und Rezeption hin.[14] Er ruft zudem die häusliche Reproduktionsarbeit der Frauen als die Bedingung für die Freiräume des Denkens ins Bewusstsein: Einkaufen und Kochen, Spülen, Putzen, Wäsche Waschen oder die Erfüllung von sozialen Verpflichtungen gegenüber den Angehörigen, besonders im Bereich der Kindererziehung und Altenpflege.

All die persönlichen, zeitgeschichtlichen, politischen oder auch geschlechtsspezifischen Aspekte können nicht ausgearbeitet werden, doch scheinen einige von ihnen in der Erwähnung der biographischen Daten auf und geben Hinweise auf die komplexen Voraussetzungen der Genese von wissenschaftlichen Theorien.

(3) Zusammenfassend lässt sich nun das Vorgehen in der Arbeit so beschreiben: Ausgangspunkt ist zunächst die Rekonstruktion des gegenwärtigen Forschungs- und Problemstandes in der Praktischen Theologie bezüglich der Methoden der Erkenntnisgewinnung und Theoriebildung über die Sozialwelt. Es werden dann vier Theorien dargestellt, deren Auswahl sich aus ihrer erkenntnistheoretischen und methodologischen Relevanz ergibt. Die Theorien werden biographisch verortet und im Kontext des gesamten Werkes ihres Autors rekonstruiert. Dieses Verfahren kann als ein biographisches und rekonstruktiv-verstehendes bezeichnet werden; Richard Grathoff hat ein ähnliches Vorgehen in Anschluss an Alfred Schütz treffend auch ein „anamnetisches Verfahren"[15] genannt. Es soll ein hohes Maß an Verstehen des gemeinten Sinns und Adäquanz der Darstellung sichern. Es führt zur Entdeckung von bislang in der Rezeption kaum beachteten oder rezipierten Aspekten der Theoriebildung, die oftmals wichtige Hinweise für die weitere Theorieentwicklung geben. Die wesentlichen Aspekte werden jeweils am Ende des Kapitels zusammengefasst und für die vorliegende praktisch-theologische Fragestellung weitergeführt. Im Anschluss an die vier theoretischen Entwürfe wird auf Fragen der Forschungsethik und Wissenschaftlichkeit der Theorien über die Sozialwelt eingegangen, die an dieser Stelle zur Diskussion stehen.

Grenzen der Studie

Die Entscheidung für ein genetisch-rekonstruktives bzw. anamnetisches Vorgehen bringt es mit sich, dass andere mögliche Wege der Erarbeitung der Problemstellung nicht gegangen werden konnten. Es wäre z.B. ebenso auch ein kompendienartiger Überblick über die Geschichte der Theoriebildung über die Sozialwelt, oder es wäre ein diskursives Verfahren, das verschiedene Theorien und Argumente gegeneinander abwägt, möglich gewesen. Es wurden exemplarische Schwerpunkte gesetzt und ausgearbeitet, wodurch andere für die Theoriebildung über die Sozialwelt relevante Theorien nur am Rande erwähnt werden konnten. Einige dieser Theorien seien hier

---

[14] So waren bedeutende Werke von Edmund Husserl, Alfred Schütz wie auch von Max Weber, um mich hier nur auf diejenigen Autoren zu beziehen, die in der vorliegenden Arbeit zur Sprache kommen, am Ende ihres Lebens unvollendet geblieben, und es ist dem gemeinsamen Engagement der Ehefrauen und Schülerinnen und Schüler zu verdanken, dass sie, oft unter erheblichen redaktionellen Bearbeitungen, überhaupt erscheinen konnten.

[15] Grathoff (1995): Milieu und Lebenswelt, 14.

zumindest genannt, sie auszuarbeiten und für den praktisch-theologischen Theorie-
bildungsprozess fruchtbar zu machen muss weiteren Arbeiten vorbehalten bleiben:
die Lebensphilosophie Henri Bergsons, die Handlungstheorien Max Webers und
Georg Simmels, verschiedene Theorien des amerikanischen Pragmatismus und des
Symbolischen Interaktionismus wie jene von William James, Georges Herbert Mead,
Herbert Blumer oder Erving Goffman, die Theorie kommunikativen Handelns von
Jürgen Habermas und viele andere mehr. Ferner konnte nicht auf die Diskussion um
die qualitativen Forschungsmethoden und ihre beeindruckenden Ergebnisse in den
letzten dreißig Jahren eingegangen werden.

Die theologischen Prämissen führten zu einem verstehenden Zugang zur Sozialwelt, der in handlungstheoretischen Konzepten und in qualitativen Forschungsmethoden seine Entsprechung findet, und zu der Ausarbeitung einer verstehenden bzw.
sinnrekonstruktiven Methodologie der Theoriebildung. Zu klären wäre das Verhältnis zu systemischen Zugängen zur Sozialwelt und zu quantitativen Methoden. Wenn
ich mich hier auf die Ausarbeitung einer verstehenden Methodologie konzentriere, so
soll dies keine Abqualifikation anderer möglicher Methodologien bedeuten. Zwischen Systemtheorie und Handlungstheorie, zwischen quantitativen und qualitativen
Methoden werden heute Brücken über die alten Gräben geschlagen, die weiterführend sind. Doch die Verhältnisbestimmung kann erst eingehend diskutiert werden,
wenn die jeweiligen Grundlagen stärker erarbeitet sind und die methodologische Diskussion in der Praktischen Theologie in Gang ist.

Schließlich ergeben sich vielfältige Ansatzpunkte für eine weitergehende theologische Reflexion. Auch sie können hier nicht weiter ausgeführt werden. Erwähnen
möchte ich hier die Konvergenzen zwischen der Theorie von Alfred Schütz zur Beziehung zwischen den Menschen und der Beschreibung Martin Bubers zu den unterschiedlichen Grundverhältnissen der Menschen zu Gegenständen, anderen Menschen
und zu Gott. Die entdeckenden soziologischen Ansätze konvergieren mit einer entdeckenden oder mystagogischen Pastoral. Zudem können die hier ausgearbeiteten
methodologischen Grundlagen in die theoretische Entwicklung einer theologischen
Handlungstheorie integriert werden, die von Helmut Peukert, Edmund Arens, Norbert Mette u.a. vorangetrieben wird.

Bezüglich der vielfältigen Grenzen der Studie tröstet mich eine Bemerkung Karl
Rahners in seiner Rede anlässlich seines 80. Geburtstages: „Natürlich weiß ich, dass
in meiner Theologie vielleicht sehr vieles gar nicht eindeutig und klar zusammen-
passt, was in ihr gesagt wird, weil ein Mensch bei dem ursprünglichen Pluralismus
der Quellen seines Wissens gar nicht in der Lage ist, eine adäquate und allseitige
Reflexion auf die Kohärenz seiner Sätze durchzuführen. Ein Theologe kann daher
seine Freunde und die Gegner seiner Theologie nur bitten, seine Theologie mit gnä-
digem Wohlwollen zu begegnen, Ansätze, Grundtendenzen, Fragestellungen wichtiger zu nehmen als die ‚Ergebnisse', die ja schließlich nie wirklich endgültig sein
können."[16]

---

[16] Rahner (2004): Von der Unbegreiflichkeit Gottes, 48.

In *Kapitel 1* wird die Problemstellung der Frage entfaltet, wie die Praktische Theologie zu wissenschaftlichen, d.h. methodisch begründeten und nachvollziehbaren Erkenntnissen über die Praxis gelangt. Die Dringlichkeit einer praktisch-theologischen wissenschaftlichen Wahrnehmung und wissenschaftlichen Erhebung der Sozialwelt ergibt sich sowohl aus den programmatischen Aussagen des Konzils als auch aus den raschen Veränderungsprozessen des Lebens und der Religiosität in der heutigen Gesellschaft. Die Methodenfrage wird geschichtlich in der Ausdifferenzierung der Praktischen Theologie als einer wissenschaftlichen Disziplin verortet. Besonders gehe ich auf das in der katholischen Praktischen Theologie häufig verwendete Modell des Dreischritts „Sehen – Urteilen – Handeln" ein, auf seine Ursprünge und theologischen Implikationen sowie auf seine Varianten in der lateinamerikanischen Theologie der Befreiung und der deutschsprachigen wissenschaftlichen Theologie. Dazu beziehe ich mich auch auf in Vergessenheit geratenes und in der Wissenschaft noch nicht rezipiertes Material. Die methodologische Frage nach der Erkenntnis über die soziale Wirklichkeit und ihre Veränderung führt zu Fragen des interdisziplinären Dialogs und zu den theologischen Dimensionen des handlungswissenschaftlichen Forschungsprozesses. Die methodischen Herausforderungen werden am Schluss zusammengefasst.

Das *Kapitel 2* wendet sich den erkenntnistheoretischen Grundlagen der wissenschaftlichen Erkenntnis über die Sozialwelt zu. Es stellt im Anschluss an das Werk Edmund Husserls dar, wie sich die wahrgenommene Welt im Bewusstsein des Menschen konstituiert und geht der Frage nach, wie sich die subjektive Sinneswahrnehmung und ihre Gültigkeit zur objektiven wissenschaftlichen Theorie und ihrer Gültigkeit verhält. Indem die objektive Theorie ihr Fundament in der subjektiven Lebenswelt kappt, erhebt sie den Anspruch auf allgemeine Gültigkeit und Anwendbarkeit. Dabei kommt es zu Sinnverschiebungen, die zu einer Krise der Wissenschaft und Kultur führen. Denn so erfolgreich die Wissenschaften sind, sie können keine Antworten auf die Sinnfrage geben, da der ursprüngliche Sinn gekappt ist. Im Anwendungsbereich der abstrakten Theorien kann diesen zwar ein Anwendungssinn zugesprochen werden, doch dabei kommt es zu Verschiebungen bezüglich des Ursprungssinns. Die Erfolge der Wissenschaften haben dazu geführt, dass die subjektiv-relationale Erfahrung, die *doxa*, als zweifelhaft und uneigentlich geringgeschätzt wird, gegenüber der die wissenschaftlich-allgemeine Erkenntnis, die *episteme*, als die allgemein gültige, die universal richtige und deshalb auch wahre erscheint. Mit Hilfe dieser Analyse wird dann die Theoriebildung in der Praktischen Theologie kritisch reflektiert.

Das *Kapitel 3* greift die sozialphänomenologischen Erkenntnisse von Alfred Schütz auf, der die Überlegungen Husserls weiterführt. Schütz widmet sich der Frage, die Husserl nicht hatte klären können, wie die gemeinsame Sozialwelt im Bewusstsein kommunikativ konstituiert wird und wie sie in den Handlungen der Akteure und im Fremdverstehen entsteht. Das Werk Schütz' stellt die Brücke zwischen der philosophischen Begründungsarbeit der wissenschaftlichen Theorie und der handlungstheoretischen Begründung der Sozialwissenschaften dar, die Schütz, ausgehend von den Arbeiten Max Webers, weiterführt. Grundlegend für die Konstitution der gemeinsamen sozialen Welt sind der subjektive und objektive Sinn. Fremdverstehen ist nur möglich im Nachvollzug fremder Bewusstseinsabläufe bzw. des subjektiven Sinns. Diese Analyse der sinnhaften Strukturiertheit der Sozialwelt hat Konsequenzen für die wissenschaftliche Theoriebildung über die Sozialwelt. Will man die soziale Welt theoretisch adäquat fassen, so genügt es nicht, den objektiven Sinn unter die eigene Deutung zu subsumieren, es ist notwendig, über diesen hinaus nach den Prozessen der subjektiven Sinngebung zu fragen. Die Frage allerdings, was dies für den praktischen Forschungsprozess heißt, wie nämlich eine Theorie über die Sozialwelt generiert werden kann, die die Komplexität, Lebendigkeit und Einmaligkeit der Menschen und ihre Sinngebungsprozesse fasst, kann Schütz nicht lösen.

Sind in den *Kapiteln 2 und 3* erkenntnis- und wissenschaftstheoretische Grundlagen für die wissenschaftliche Theoriebildung gelegt, so wenden sich die *Kapitel 4 und 5* den forschungspraktischen Fragen zu.

Das *Kapitel 4* greift die methodologischen Erkenntnisse des Ethnologen und Psychoanalytikers Georges Devereux auf. Er untersucht, wie die eigene und die fremde Lebendigkeit, die Ängste, gegenseitigen Zuschreibungen und Erwartungen die wissenschaftliche Erkenntnis und Theoriebildung bestimmen. Devereux arbeitet die unhintergehbare psychische Verwobenheit von Persönlichkeit, Erfahrung und Interaktionen im Feld auf der einen Seite und wissenschaftlicher Erkenntnis und Theoriebildung auf der anderen Seite heraus. Dieser Verwobenheit kann die forschende Person nicht entkommen, sie kann ihrer nicht einmal vollständig gewahr werden. Der Weg zur wissenschaftlichen Erkenntnis und Theoriebildung ist es, die Verzerrung jeder Erkenntnis anzuerkennen und die eigene Menschlichkeit als einen Weg zur Erkenntnis über andere Menschen zu nutzen. Die Lebendigkeit der sozialen Welt darf in der Theorie nicht ausgeklammert werden. Doch wie ist eine solche Theoriebildung in der Praxis möglich?

Diese Frage findet in *Kapitel 5* eine Antwort in der Grounded Theory, einer von den amerikanischen Soziologen Barney G. Glaser und Anselm L. Strauss entwickelten pragmatisch ausgerichteten Grundstrategie der wissenschaftlichen Theoriebildung über die Sozialwelt. Diese Methode trägt der Subjektivität der forschenden Person und der Personen in der Sozialwelt Rechnung und nutzt sie zur Theoriebildung. Zugleich ist sie darauf angelegt, den begrenzten Horizont und die Vorurteile der forschenden Person zu überschreiten und Neues in der Sozialwelt zu entdecken. Sie berücksichtigt die Subjektivität und Lebendigkeit der Menschen in der zu erforschenden Sozialwelt und entwickelt ein Konzept, wie die Verweise auf die Lebendigkeit und Subjektivität der Menschen auch in der allgemeinen, objektiven Theorie noch enthalten bleiben können.

Eine solche qualitativ-empirische Feldforschung und Theoriebildung wirft Fragen nach der wissenschaftlichen Gültigkeit der Theorien und nach der Ethik der Forschung mit Menschen auf. Auf diese Fragen geht das *Kapitel 6* ein.

Das *Kapitel 7* bündelt die Ergebnisse und zeigt die Desiderate für die Weiterarbeit in der Praktischen Theologie auf.

KAPITEL 1

PROBLEMSTELLUNG: DIE METHODENFRAGE IN DER PRAKTISCHEN THEOLOGIE

1.1 Gesellschaftliche und kirchliche Herausforderungen der Praktischen Theologie

1.1.1 Die Frage nach der Lebens- und Glaubenswirklichkeit als Aufgabe der Praktischen Theologie

Praktische Theologie hat es zu tun mit lebendigen Menschen und ihrem Zusammenleben, mit ihrem Erleben, Handeln und Ergehen, ihrem Glauben, Deuten, Hoffen und Suchen. Während die anderen theologischen Disziplinen sich ihrem Reflexionsgegenstand vorwiegend über Texte annähern, ist der Gegenstand der Praktischen Theologie die Praxis der Menschen, die vielfältig und in dauernden Veränderungsprozessen begriffen ist. Bisweilen wird auch von „living documents" gesprochen: Die „Dokumente" der Praktischen Theologie sind lebendig; sie sind einmalig, und sie verstehen, deuten und konstruieren die gemeinsame Welt in einem dauernden Prozess. Dies ist die besondere Herausforderung, die die Praktische Theologie mit den anderen Humanwissenschaften teilt. Wie ist ein wissenschaftlicher Zugang zu den lebendigen Menschen möglich? Wie lässt sich die dauernd verändernde menschliche und soziale Wirklichkeit angemessen erfassen und verstehen? Wie lassen sich wissenschaftliche allgemeine Theorien über die subjektive, partikuläre und einmalige menschliche Wirklichkeit generieren?

Wir können auf dem heutigen Stand der wissenschaftlichen Erkenntnismöglichkeiten davon ausgehen, dass die Objekte der Erfahrung, die belebte wie unbelebte Wirklichkeit, nie vollständig erfasst und verstanden werden können, sondern immer nur Aspekte von ihnen, und dass die Erkenntnisse immer an die Subjektivität der Forschenden und die Kultur der Forschungsgemeinschaften gebunden ist. Auch die empirischen Wissenschaften beschreiben die Wirklichkeit nicht einfach „so, wie sie ist". Jede Beschreibung und Theorie beinhaltet subjekt- oder kulturabhängige Deutungen. Aufgabe der Wissenschaft ist es nicht einfach, Daten und Tatsachen zu liefern und daraus Theorien zu generieren, sondern immer auch auf die Konstruktionsprozesse zu reflektieren, wie die Aussagen zustande kommen und in welchem Rahmen sie Gültigkeit haben. Die Schwierigkeiten und Unmöglichkeit einer vollständigen oder angemessenen Erfassung der sozialen Wirklichkeit entbinden die Praktische Theologie jedoch nicht von der Aufgabe, sich um einen methodisch reflektierten Zugang zur menschlichen Wirklichkeit und um eine angemessene Theoriebildung zu bemühen. Im differenzierenden Umgang mit Gegenstandsbereichen, die die unmittelbare Wahrnehmung, Analyse und wissenschaftliche Theoriebildung immer übersteigen, ist sie als eine theologische Wissenschaft freilich geschult. Als eine praktische Wissenschaft im Kontext der anderen theologischen Disziplinen hat sie die Aufgabe, über die Voraussetzungen der Erkenntnisse der sozialen Wirklichkeit Rechenschaft zu geben und die Methoden des Zugangs zur sozialen Wirklichkeit zu reflektieren und zu begründen. Ihre Theorien über die soziale Wirklichkeit müssen (zumindest prinzipiell) interkommunikativ in den Diskursgemeinschaften der Theologie der Wissenschaften, aber auch der zeitgenössischen Menschen nachvollziehbar sein.

Es wäre nun zu einfach, würde die Praktische Theologie zur Erfassung der sozialen Wirklichkeit die Ergebnisse, Theorien und Methoden der Humanwissenschaften aufgreifen, um dann mit diesen Erkenntnissen und Theorien als „Tatsachen" weiterzuarbeiten. Das widerspricht zum einen dem kritischen Verständnis, das die anderen Wissenschaften von den eigenen Ergebnissen haben. Theorien sind immer auch Interpretationen. Zum anderen würde dieses Vorgehen einem bereits überwunden geglaubten Tatsachen-Positivismus verfallen. Gerade wenn davon auszugehen ist, dass bereits die Wahrnehmung und das Erkennen von Vorentscheidungen und Interessen mitbestimmt ist, dass alle Theoriebildung kontextuell ist, und gerade wenn sich Theologie auch als eine normative Wissenschaft begreift, dann kann sie die Theoriebildung über die menschliche und soziale Wirklichkeit nicht alleine anderen Wissenschaften überlassen, sondern muss selbst Theoriebildung über die soziale Wirklichkeit betreiben und dazu im Dialog mit anderen Wissenschaften methodologische und epistemologische Grundlagenforschung betreiben. Dann kann ein wirklicher wechselseitig-kritischer Dialog zwischen den Wissenschaften zustande kommen, und dann kann sich die Theologie in den Streit um die Definition der Wirklichkeit einmischen und ihn mitbestimmen.

Das bedeutet nicht, dass nicht wechselseitige Rezeptionsprozesse zwischen den verschiedenen Wissenschaften möglich und wünschenswert wären. Es bedeutet nicht, dass nicht auch unbefangen und vertrauensvoll auf Ergebnisse anderer Wissenschaften zurückgegriffen werden kann und muss, ohne dass jedes Mal die Diskussion um die Grundlagen und Grenzen neu aufgenommen werden muss. Selbst innerhalb der theologischen Disziplinen werden Theorien aus anderen Disziplinen aufgegriffen, ohne dass es möglich wäre, sich jedes Mal der unabgeschlossenen Diskussion um sie zu vergewissern oder die gesamte Diskussion in allen Schattierungen zu berücksichtigen. Es ist aber die Aufgabe der Praktischen Theologie - und dies ist auch ein Dienst, den sie den anderen theologischen Disziplinen erbringt - die Bedingungen und Grenzen der Möglichkeiten des Erkennens der sozialen Wirklichkeiten zu reflektieren und zu benennen. Dann erst kann es wechselseitige Rezeptionsprozesse geben. Praktische Theologie muss zudem selbst zu Erkenntnissen und Theorien über die soziale Wirklichkeit gelangen und damit in den Streit um die Definition der Wirklichkeit eintreten.

Praktische Theologie hat dabei eine kritische und konstruktive Funktion. Kritisch meint, dass Selbstverständlichkeiten nicht als selbstverständlich hingenommen, sondern hinterfragt werden, und insofern bricht sie Normalitäten auf; konstruktiv bedeutet, dass sie sich nicht einfach als eine nörgelnde Instanz versteht, sondern dass es ihr darum zu tun ist, mit anderen wissenschaftlichen Disziplinen an einer besseren Zukunft zu bauen. Diese Funktion hat sie nicht einfach gegenüber anderen Disziplinen, sondern in Dialog mit ihnen. Dialog impliziert, dass das Gespräch offen ist und dass sich im Prozess des Dialogs alle Dialog-Beteiligten auch ändern können. Unter diesen Voraussetzungen hat Praktische Theologie eine kritische und konstruktive Funktion:

- im Dialog mit den anderen Humanwissenschaften, die auf den gleichen Gegenstandsbereich, das menschliche Leben, bezogen sind;
- im Dialog mit Praxis, indem sie die Menschen in ihrer Suche und ihrem Handeln und Deuten und Benennen der Wirklichkeit unterstützt;
- im Dialog mit den anderen theologischen Disziplinen. Sie „konfrontiert die theologisch-normative Reflexion und ihre eher zufälligen Annahmen von der religiösen Praxis mit systematischer erhobenen Daten dieser Praxis. Zumindest theoretisch kann auf diese Weise Ideologiebildung aufgedeckt werden"[17].

1.1.2 Gesellschaftliche Umbruchsprozesse und das Problem der Kategorisierung

Für die Praktische Theologie, die sich als eine Theorie der Praxis versteht,[18] stellen die rapiden gesellschaftlichen Umbruchsprozesse eine besondere Herausforderung dar. Wie kann sie zu Erkenntnissen, Kategorien und allgemeinen wissenschaftlichen Theorien über die Praxis gelangen, wenn sich diese nicht nur sehr schnell, sondern auch sehr tiefgreifend ändert?

Im Prozess der beschleunigten Modernisierung verlieren die Modi der Vergesellschaftung wie Herkunftsfamilie, Geschlecht, Schicht, Milieu, Beruf und Alter, Konfession oder kirchliche Normen immer mehr an Integrationskraft. An die Stelle der kollektiven Vergesellschaftungskategorien tritt das Individuum, das selbst bestimmt (und bestimmen muss), was es für richtig und wertvoll erachtet, wie es handelt, was es glaubt und wie es die Welt versteht und deutet. Die gesellschaftliche Verortung muss immer neu gesucht werden. Der religiöse und kulturelle Sinnkosmos hat sich aufgelöst, und durch die Pluralisierung der Sinnwelten stehen den Einzelnen Deutungsmuster unterschiedlicher Provenienz zur Bewältigung des Lebens zur Verfügung. Die Lebens- und Glaubenswirklichkeit können immer weniger eindeutig mit den herkömmlichen Kategorien der Vergesellschaftung und deren Begriffsinstrumentarien erfasst werden; sie unterliegen ständigen Veränderungen und werden auch von den Individuen selbst oft als diffus und kaum angemessen beschreibbar erfahren.

---

[17] Ziebertz (1998): Objekt – Methode – Relevanz: Empirie und Praktische Theologie, 320.
[18] Die umstrittene Frage, um was für eine Praxis es sich handelt – die Praxis der Amtsträgerinnen und Amtsträger, der Gemeinden, der konfessionellen Gemeinschaften, des Volkes Gottes, oder auch der Menschen überhaupt, insofern die Kirche auf sie ausgerichtet ist –, kann hier nicht diskutiert oder geklärt werden; in Zusammenhang der vorliegenden Arbeit ist es sinnvoll, den Praxisbegriff sehr weit zu verstehen.

Da die alten theologischen Begriffe die heutigen Erfahrungen und Probleme häufig nicht angemessen zu benennen vermögen bzw. die Menschen ihr Leben nicht in diesen Begriffen wieder finden, ist es zu einer gewissen religiösen Sprachlosigkeit gekommen, zugleich werden religiöse Erfahrungen und Fragen oftmals in neue, nichtkirchliche Begriffe gekleidet. Dadurch ist es zu Rissen im Vermittlungsprozess zwischen der Erfahrungswelt der Menschen und den theologischen Lehren gekommen.[19]

Zentrale Probleme des Lebens und damit zusammenhängend neue Fragen, Probleme und Ausdrucksformen des Glaubens ergeben sich in der Praxis vor allem dort, wo sich durch sozio-historische Veränderungen die Konstellationen und Bedingungen des Lebens und Handelns verändern.[20] Sie treten zunächst oft in einer für die mit ihnen konfrontierten Menschen selbst noch undurchschaubaren und unbenennbaren Weise auf. Die Menschen, die unter den Erfordernissen der Praxis gezwungen sind, sofort zu reagieren, greifen normalerweise zunächst auf das überkommene Handlungs- und Glaubensrepertoire zurück. Wo dieses nicht mehr greift, aber weiterhin zur Deutung und Bewältigung des Problems angewendet wird, können sich die Konflikte zuspitzen; das Problem tritt damit aber auch deutlicher hervor. Erst dann werden die Schwierigkeiten oftmals als ein Problem erkannt, das vielen Menschen in ähnlichen Situationen gemeinsam ist und das nicht auf individuelles Versagen, persönliche Schuld oder mangelnde Bewältigungsbereitschaft zurückzuführen ist, sondern dessen Ursachen vor allem in gesellschaftlichen Veränderungen zu suchen sind.

Für die alltäglichen Lebensprobleme stellen häufig Sinnwelten oder Handlungsmuster nicht-christlicher Provenienz bessere Bewältigungsstrategien zur Verfügung als der tradierte Glaube.[21] Faktisch ist der Lebensalltag auch der kirchlich engagierten Christinnen und Christen durch eine vielfältige Vermischung und Kombination verschiedener Deutungsmuster und alltagspraktischer Handlungsmuster durchzogen. Unter dem Handlungsdruck der Bewältigung des Alltags bemühen sie sich zunächst darum, sich möglichst umfassend kundig zu machen und die für das anstehende Problem beste Lösung zu finden. Der gelebte Glaube ist unter diesen Bedingungen weder einfach verschwunden noch löst er sich in eine Mixtur synkretistischer Verschmelzungen auf. Doch weil er in die individuell gestaltete Vielfalt

---

19 In den Sozialwissenschaften werden diese Veränderungen seit den 1980er Jahren unter die Konzepte der *Biographisierung* und der *Individualisierung* gefasst; vgl. Kohli (1983): Thesen zur Geschichte des Lebenslaufs als sozialer Institution; Beck (1986): Risikogesellschaft; Brose/ Hildenbrand (1988): Vom Ende des Individuums zur Individualität ohne Ende. Zu den gesellschaftlichen Veränderungen in der späten Moderne und ihre Auswirkungen auf die Individuen gibt es eine breite Literatur, vgl. z.B. Keupp (1999): Identitätskonstruktionen; Bauman (1997): Flaneure, Spieler und Touristen; Bauman (1995): Moderne und Ambivalenz; Gabriel (1994): Christentum zwischen Tradition und Postmoderne u.a.

20 Vgl. ausführlicher: Klein (1999): Die Zusammenarbeit zwischen TheoretikerInnen und PraktikerInnen, 261-264.

21 So werden z.B. Zen-Meditation, Yoga oder Autogenes Training auch von kirchlich engagierten Christinnen und Christen praktiziert und häufig meditativen Formen aus der christlichen Tradition vorgezogen. In Erziehungsfragen helfen oft Theorien, Methoden und Rezepte aus der Psychologie oder der Pädagogik weiter, während die Rezepte und Methoden aus der kirchlichen Tradition, die viele Erwachsene aus ihrer Kindheit kennen und schmerzlich erfahren haben, wie etwa die Gehorsamserziehung oder die Sexualerziehung als nicht hilfreich abgelehnt werden. Vgl. auch Klein (1995): Der tradierte Glaube in der modernen Gesellschaft, 356-359.

des Lebens verwoben ist, ist es schwieriger geworden, ihn in seinen vielgestaltigen Formen von außen her wahrzunehmen. Indem er nicht mehr als einigermaßen deckungsgleich mit einer Kultur oder einem konfessionellen Milieu angesehen werden kann, verliert er seine Offensichtlichkeit und Einheitlichkeit, die früher noch einfacher kategorial zu erfassen und zu reflektieren war. Für viele neue Erscheinungsformen müssen oft neue Benennungen und Kategorien gefunden werden, die sich nicht mit den institutionell überlieferten Kategorien decken.

Den Veränderungen der Gesellschaft und der Lebensformen versuchte insbesondere die katholische Kirche zunächst noch bis in die 1960er Jahre durch den Rückzug in ein konfessionell abgeschottetes „katholisches Milieu" zu begegnen.[22] Doch haben die gesellschaftlichen Transformationsprozesse die konfessionell verfassten Kirchen und die Praxis der Gläubigen inzwischen längst selbst erfasst. Das institutionell verfasste Christentum verliert an Integrationskraft, kommt zu einer De-Institutionalisierung der christlichen Religion.[23] Eine unhinterfragte Übernahme der gesamten kirchlichen Glaubenswelt ist heute in der Brechung der Aufklärung nicht mehr möglich, vielmehr sind die eigenen Reflexionen und Entscheidungen in Glaubensfragen der Boden des religiösen Bekenntnisses und Engagements.

Die innere Differenzierung und Pluralisierung des Christentums kommt in der Vielfalt gelebter Formen der Religiosität zum Ausdruck. Die Einzelnen greifen heute oftmals unmittelbar, d.h. ohne Vermittlung des Priesters und der Glaubensgemeinschaft, auf die religiösen Traditionen, die Inhalte und Handlungsmuster der eigenen Glaubenstradition, aber auch auf die anderer Religionen und Konfessionen zurück, sie wählen aus, reflektieren sie kritisch und bewerten sie. So hat sich auch der Legitimationsdruck umgedreht: Musste früher die einzelne Person ihr Leben gegenüber der Kirche rechtfertigen, so müssen heute die Kirchen ihre Lehren, ihre Organisations-, Sozial- und Umgangsformen und ihr Handeln gegenüber den Menschen und der Gesellschaft begründen und legitimieren.

Karl Gabriel weist auf die Spannung zwischen einem bestimmten, expliziten und einem unbestimmten, diffusen Christentum hin, die sich wie zwei Brennpunkte einer Ellipse zu einander verhalten. „Mit steigender Bestimmtheit im Umkreis des ersten Brennpunkts wird es deshalb schwieriger, die Kulturmuster in der Nähe des zweiten Brennpunkts als christlich zu identifizieren und wahrzunehmen. Dies gilt für die Fremd- wie Selbstwahrnehmung und hat Folgen bis in die auf ein hohes Maß an Bestimmtheit ihrer Gegenstände fixierte quantitative empirische Sozialforschung in Sachen Religion."[24] Wenn nun Theologinnen und Theologen ihre Kategorien aus den traditionellen Institutionen der Kirche oder aus den überlieferten Traktaten der Dogmatik ableiten, um die Religiosität in der modernen Gesellschaft zu untersuchen, so werden sie nur bestimmte Formen der Religiosität in den Blick bekommen, andere Formen, z.B. die einer diffusen Religiosität oder aber die Ansätze der Bildung neuer Zurechnungskategorien und Institutionalisierungen, bleiben unbemerkt.

---

[22]   Vgl. Gabriel (1994): Christentum zwischen Tradition und Postmoderne, 80-119.
[23]   Vgl. Gabriel (1994): Christentum zwischen Tradition und Postmoderne, 142-156. Zum Ganzen auch: Kaufmann (2000): Wie überlebt das Christentum? 78-144.
[24]   Gabriel (1994): Christentum zwischen Tradition und Postmoderne, 152.

Es ist zu vermuten, dass es im Zuge der Pluralisierung und De-Institutionalisierung der Religion bislang unbekannte und unbenannte Probleme des religiösen Lebens gibt, die ihre strukturellen Wurzeln in den Veränderungsprozessen der Gesellschaft und der institutionalisierten Religion haben, die aber bislang nur als persönliche Fragen, Zweifel, Vorstellungen oder Handlungsprobleme wahrgenommen werden, weil es noch keine Beschreibungen und Benennungen dafür gibt. Die Praktische Theologie hat die Aufgabe, diese Phänomene zu entdecken, zu beschreiben, zu erforschen und zu benennen, theoretisch zu fassen und gegebenenfalls Konzepte zur Lösung von Problemen zu erarbeiten. Damit unterstützt sie nicht nur die persönliche und die institutionelle Praxis vor Ort. Sie ermöglicht auch, dass die Glaubensprobleme, Fragen und Zweifel der Menschen auch von den anderen theologischen Disziplinen wahrgenommen und reflektiert werden können und unterstützt diese darin, aktuelle Theologie mit Bezug auf die Gegenwartsfragen zu treiben.

In der Vielfalt der sich verändernden Praxis sind aber auch Ansätze praktikabler Problemlösungen und innovatorischer Glaubenspraxis zu finden. Unter dem Druck, die Lebens- und Glaubensprobleme im Alltag lösen zu müssen, beginnen die Menschen, nach neuen Deutungen und Lösungen zu suchen und mit ihnen zu experimentieren. Dadurch erweitern sie ihr Repertoire an Erfahrungen und Wissen und erproben neue Lösungsmöglichkeiten. Für die Praktische Theologie stellt sich die Aufgabe, auch dieses Wissen und die neue Lösungspraxis zu erheben. Denn ihrer Aufgabe, Konzepte für die Unterstützung der Praxis zu erarbeiten, kann sie nicht quasi am „grünen Tisch" ohne den engen Kontakt zur Praxis gerecht werden. Praktikable Lösungen für Handlungsprobleme lassen sich nicht einfach aus kirchlichen Lehren oder theologischen Theorien deduzieren. Die Praktische Theologie hat die Aufgabe, diese erprobten Modelle zu erheben, zu reflektieren und zu vergleichen und daraus neue Konzepte zu entwickeln.

Die Praktische Theologie muss Methoden entwickeln, die geeignet sind, die Vielfalt der Fragen und Probleme, der Deutungen und Handlungsweisen des Lebens und Glaubens der Menschen in der heutigen Gesellschaft zu entdecken, wissenschaftlich zu erheben und theoretisch zu fassen. Um das Leben und den Glauben heute zu verstehen und theoretisch zu fassen, bedarf es entdeckender, explorativer Methoden, die geeignet sind, Unbekanntes wahrzunehmen, und zu neuen Kategorien und Theorien über die soziale Wirklichkeit und den Glauben zu gelangen. Sie muss dies tun:
- um durch Kategorienbildung den Menschen in der Praxis ihre Umwelt und ihre Handlungsfelder durchschaubarer zu machen und ihnen dadurch die Orientierung zu erleichtern;
- um ihrer genuinen Aufgabe nachzukommen, Modelle zu entwickeln um die Menschen und Institutionen in ihrer christlichen Praxis zu unterstützen;
- um den anderen theologischen Disziplinen Informationen über das Leben und den Glauben der Menschen in der gegenwärtigen Gesellschaft zur Verfügung zu stellen. „Jeder theologischen Disziplin eignet grundsätzlich ein radikaler Bezug zur Gegenwartssituation."[25] Die theologischen Fragen, die die wissenschaftliche

---

[25] Lehmann (1974): Das Theorie-Praxis-Problem, 83; vgl. Rahner (1967): Die Praktische Theologie im Ganzen der theologischen Disziplinen, 134.

Theologie reflektieren muss, leiten sich nicht nur aus den ungelösten Problemen der Vergangenheit her, sondern auch aus den Fragen der Gegenwart; sie müssen nicht nur „im Lichte des Evangeliums", sondern auch im Horizont „der Zeichen der Zeit" (GS 3) reflektiert werden. Die sorgfältige Erhebung der Glaubenspraxis und der Fragen und Probleme der Gegenwartsgesellschaft sind deshalb eine unverzichtbare Aufgabe der Praktischen Theologie.

1.1.3   Impulse aus der Theologie des Zweiten Vatikanischen Konzils

Im Folgenden möchte ich exemplarisch einige Impulse aus der Theologie des Zweiten Vatikanischen Konzils, insbesondere aus dem Beginn der Pastoralkonstitution *Gaudium et spes,* aufgreifen und daraus Anforderungen an die Praktische Theologie erarbeiten. Dieser konfessionell geprägte theologische Zugang mag zunächst verwundern, und tatsächlich wären auch viele andere theologische Grundlegungen möglich, die dieser Zugang keineswegs ausschließt. Ich habe mich für ihn aus drei Gründen entschieden: Zum einen ist es ein Text des katholischen Lehramtes, der für die katholische Praktische Theologie richtungsweisend geworden ist. Gerade die vielfältigen kreativen Rezeptionsprozesse machen den Text bedeutsam. Zweitens ist die Theologie des Konzils grundlegend für das methodische Modell des Dreischritts von Joseph Cardijn, das in der vorliegenden Studie in Erinnerung gerufen und ausführlich besprochen wird. Drittens mache ich hier meine eigene theologische Herkunft und Verortung transparent: ich bin in der katholischen Kirche und Theologie aufgewachsen und sozialisiert worden, bin in ihr beheimatet und verortet und entfalte in der vorliegenden Studie auf der Basis der Theologie des Konzils meine praktisch-theologischen Überlegungen.

Die Pastoralkonstitution *Gaudium et spes* beginnt mit folgenden Sätzen:

> „Freude und Hoffnung, Trauer und Angst der Menschen von heute, besonders der Armen und Bedrängten aller Art, sind auch Freude und Hoffnung, Trauer und Angst der Jünger Jesu Christi. Und es gibt nichts wahrhaft Menschliches, was nicht in ihren Herzen seinen Widerhall fände. Ist doch ihre eigene Gemeinschaft aus Menschen gebildet, die, in Christus geeint, vom Heiligen Geist auf ihrer Pilgerschaft zum Reich des Vaters geleitet werden und eine Heilsbotschaft empfangen haben, die allen auszurichten ist. Darum erfährt diese Gemeinschaft sich mit der Menschheit und ihrer Geschichte wirklich engstens verbunden." *(GS 1)*

Kein anderer Text wird so häufig zitiert wie dieser, wenn es um die Reflexion des Selbstverständnisses der katholischen Praktischen Theologie geht.[26] Die breite Rezeption zeigt, wie sehr das theologische Anliegen des Konzils, das in diesen Sätzen

---

[26] So wird z. B. in den „Grundlegungen" des Handbuches Praktische Theologie (Haslinger u.a. Bd.1 (1999): Handbuch Praktische Theologie) in nahezu jedem zweiten Beitrag auf diesen Text Bezug genommen.

programmatisch zum Ausdruck kommt, für das Selbstverständnis der Praktischen Theologie konstitutiv geworden ist.

In der Hinwendung zu den Erfahrungen der Menschen und zu den Problemen der heutigen Welt sieht das Konzil den Weg der Kirche zur Verwirklichung ihres Selbstverständnisses und Auftrags. Dies ist die zentrale Erkenntnis des Konzils. „Die pastorale Situation der Kirche, ihre Einstellung zum Menschen der heutigen Welt, ist das wichtigste Anliegen des Konzils. Es ist sein zentrales Thema und die Mitte seiner Verlautbarungen. In ihm durchdringen sich kirchliche, menschliche und weltliche Probleme."[27] Die Zuwendung zu den Menschen ist dabei nicht eine Frage der Anwendung oder die Folge des kirchlichen Selbstverständnisses, sondern sie ist eine Frage des Selbstverständnisses der Kirche selbst. Gerade in dem pastoralen Selbstverständnis findet die Kirche ihre dogmatische Bestimmung. „Der pastorale Fortschritt ist ein dogmatischer Fortschritt. Zur Erneuerung der Pastoral gehört eine Erneuerung der Dogmatik, die eine Erneuerung des Umgangs mit den Inhalten der ganzen Glaubensüberlieferung erreicht."[28] Die Pastoralkonstitution ist deshalb „keine pastoraltheologische Handreichung, sondern ein fundamentaltheologisches Programm. Sie ist Ort und Prinzip kirchlicher Auseinandersetzung mit den Problemen des Menschseins in der heutigen Welt."[29]

In dieser pastoralen Ausrichtung geschieht die innere Erneuerung, das *aggiornamento* der Kirche. Es ist ihr Anliegen zu überlegen, wie sie ihre Botschaft glaubhaft in der Welt leben kann und welcher kirchlichen Strukturen es dazu bedarf. Das Konzil schlug hier einen neuen Weg ein, denn es ging nicht um Lehr- oder Rechtsstreitigkeiten, sondern um die pastoralen Anliegen. „Der Glaube und die christliche Praxis können nur lebendig werden, wenn sie glaubhaft machen, daß sie eine Kraft und Perspektive für das Leben erschließen, das *jetzt* gelebt wird und das so ist, wie es ist, und nicht, wie die Kirche es gern möchte"[30].

Für die Praktische Theologie bedeutet das Konzil sowohl Impuls als auch lehramtliche Bestätigung eines Wendepunkts in ihrem Selbstverständnis. Sie ist nun endgültig aus dem Dunstkreis des Verständnisses einer theologischen Anwendungswissenschaft herausgetreten. Indem sie sich mit den Erfahrungen, den Freuden und Leiden der Menschen wissenschaftlich beschäftigt, tut sie das, was die Kirche tun soll, um Kirche zu sein. Das Konzil hat eine lehramtliche und theologische Grundlage für das Selbstverständnis der Praktischen Theologie als einer praktischen Wissenschaft vom Menschen gelegt. Freilich muss dieses noch genauer reflektiert und differenziert werden.

Im Folgenden sollen aus den Texten des Konzils, vor allem der Pastoralkonstitution, einige Linien einer theologischen Grundlage und Struktur für das Selbstverständnis der Praktischen Theologie gewonnen werden.

---

[27] Klinger (1984): Der Glaube des Konzils, 615; vgl. ebd. 623 und die umfassende Abhandlung: Klinger (1990): Armut.
[28] Klinger (1990): Armut, 103.
[29] Klinger (1990): Armut, 69.
[30] Pesch (1996): Das Zweite Vatikanische Konzil, 61.

Mit dem oben zitierten Beginn der Pastoralkonstitution stellt das Konzil allen seinen Ausführungen die Bekundung der *Anteilnahme* an dem Leben und Ergehen der Menschen voran. Die Freuden und Nöte der Menschen sind auch die der Kirche. Dabei geht es nicht um abstrakte Vorstellungen und Ideen oder um den Begriff vom Menschen und seiner Befindlichkeit, sondern um die realen, empirisch vorfindbaren Menschen und die Gesellschaft, in der sie leben. „Der Mensch also, der eine und ganze Mensch, mit Leib und Seele, Herz und Gewissen, Vernunft und Willen steht im Mittelpunkt unserer Ausführungen" *(GS 3)*. Die Anteil nehmende Beziehung zu den Menschen ist hier nicht durch Weisungen, Gebote, Normen oder Kritik, sondern durch die Wahrnehmung mit dem Herzen, durch Mitfühlen und Empathie bestimmt.

Erst auf diese nachdrückliche Hervorhebung der gemeinsamen Menschlichkeit und Verbundenheit mit allen Menschen folgt eine erste Charakterisierung des *Selbstverständnisses der eigenen Gemeinschaft*. Diese wird nicht durch eine Abgrenzung nach außen bestimmt, sondern sie konstituiert sich aus der Nachfolgepraxis, aus dem gelebten Engagement von Menschen, die als Jünger und Jüngerinnen Jesus Christus nachfolgen. Diese Gemeinschaft wird theologisch bestimmt als eine Weggemeinschaft, deren Ziel vor ihr liegt, und die eine Botschaft zum Heil aller empfangen hat. Mit dem Bild vom wandernden Volk Gottes, das das Konzil bewusst wieder aufgreift,[31] rückt es von der nachtridentinischen Ekklesiologie ab, die Medard Kehl als „Ekklesiologie der Substanz"[32] bezeichnet hat: eine in sich stehende Institution als der Leib Christi, die zur Heilsvermittlung „vollkommen" ausgestattet ist und deren Beziehung zur Welt den Charakter von Akzidentien hat, die ihren substantiellen Heilsbestand nicht berühren. Das Konzil entwirft die Grundlinien einer relationalen Ekklesiologie. Kirche wird als eine sich verändernde Gemeinschaft von handelnden Subjekten gefasst. Sie konstituiert sich durch die Nachfolgepraxis in und aus den verschiedenen Beziehungen nach innen und außen.

Ihren theologischen Grund hat die Hinwendung zu den Menschen nicht zuerst in dem pastoralen Auftrag der Kirche, sondern in der aller kirchlichen Aktivität und Bestimmung voraus liegenden *gemeinsamen, in Gott gründenden Dignität aller Menschen*. Die gesamte Welt ist in Gottes Schöpfungswillen begründet und wird in seiner Liebe erhalten, sie ist der Sünde verfallen und ist durch Christus vom Bösen befreit, und sie ist zur heilvollen Umgestaltung und Vollendung bestimmt. Wieder ist das Konzil bemüht, gegen einen abstrakten Begriff von Welt deutlich zu machen, dass es von der realen geschichtlichen Existenz der Menschen und ihrer Gesellschaft spricht. „Vor seinen Augen steht also die Welt der Menschen, das heißt die ganze Menschheitsfamilie mit der Gesamtheit der Wirklichkeiten, in denen sie lebt; die Welt, der Schauplatz der Geschichte der Menschheit, von ihren Unternehmungen, Niederlagen und Siegen geprägt; die Welt, die nach dem Glauben der Christen durch die Liebe des Schöpfers begründet ist und erhalten wird; die unter die Knechtschaft der Sünde geraten, von Christus aber, dem Gekreuzigten und Auferstandenen, durch Brechung der Herrschaft des Bösen befreit wurde; bestimmt, umgestaltet zu werden nach Gottes Heilsratschluß und zur Vollendung zu kommen." (GS 2)

---

31 Vgl. Wiedenhofer (1992): Das katholische Kirchenverständnis, 188.
32 Kehl (1994): Die Kirche, 94.

Es gibt eine Gemeinsamkeit und Gleichheit aller Menschen, die sie mit einander verbindet und in der sich auch die Christen in keiner Weise von anderen Menschen unterscheiden. Diese Gleichheit gründet im trinitarischen Gott selbst. Immer wieder hebt das Konzil diese Grundlage hervor. Alle Menschen sind von Gott nach seinem Bild geschaffen, sie sind durch Christus erlöst, jeder Mensch trägt einen „göttlichen Samen" *(GS 3)* in sich, hat ein Gewissen, „die verborgenste Mitte und das Heiligtum im Menschen, wo er allein ist mit Gott, dessen Stimme in diesem seinem Innersten zu hören ist" *(GS 16)*. Alle Menschen haben eine göttliche Berufung. „Da alle Menschen eine geistige Seele haben und nach Gottes Bild geschaffen sind, da sie dieselbe Natur und denselben Ursprung haben, da sie, als von Christus Erlöste, sich derselben göttlichen Berufung und Bestimmung erfreuen, darum muß die grundlegende Gleichheit aller Menschen immer mehr zur Anerkennung gebracht werden." *(GS 29)* Auch wenn die Christinnen und Christen eine besondere Botschaft auszurichten haben, ist ihre Aufgabe nach diesem Text nicht primär, an dem sie von der Gesellschaft Unterscheidenden zu arbeiten, sondern das von Gott zugrunde gelegte Gemeinsame zu entfalten.

Erst auf dieser Basis der theologischen Begründung und Bestimmung der Gemeinsamkeit aller wird das besondere *Verhältnis der Kirche zur Gesellschaft* dargelegt. Es wird durch die Haltung der Achtung, durch den Dialog und durch die *Zusammenarbeit* an dem gemeinsamen Ziel der humanen Verwirklichung von Mensch und Gesellschaft bestimmt. Zu dem Engagement für dieses Ziel haben *alle* Menschen eine göttliche Berufung.[33] „Als Zeuge und Künder des Glaubens des gesamten in Christus geeinten Volkes Gottes kann daher das Konzil dessen Verbundenheit, Achtung und Liebe gegenüber der ganzen Menschheitsfamilie, der dieses ja selbst eingefügt ist, nicht beredter bekunden als dadurch, daß es mit ihr in einen Dialog eintritt über all diese verschiedenen Probleme (...). Die Heilige Synode bekennt darum die hohe Berufung des Menschen, sie erklärt, daß etwas wie ein göttlicher Same in ihn eingesenkt ist, und bietet der Menschheit die aufrichtige Mitarbeit der Kirche an zur Errichtung jener brüderlichen Gemeinschaft aller, die dieser Berufung entspricht. Dabei bestimmt die Kirche kein irdischer Machtwille" *(GS 3)*.

Es geht nicht darum, etwas zu bringen, was nicht schon da wäre. Da alle die gleiche Berufung haben, da sie, von Gott geschaffen, den „göttlichen Samen" in sich haben, gilt es *zusammenzuarbeiten* und miteinander die Welt zu gestalten, damit das Heil Gottes, das schon da ist, zum Wohl aller zur Entfaltung kommt und die Welt nach dem Heilsratschluss Gottes so umgestaltet wird, wie es der Berufung aller entspricht. Kurz und prägnant formuliert das Konzil den gemeinsamen *Auftrag* zum zwischenmenschlichen und politischen Handeln: „Es geht um die Rettung der menschlichen Person, es geht um den rechten Aufbau der menschlichen Gesellschaft." *(GS 3)*

---

[33]   In dieser göttlichen Berufung aller Menschen sieht Klinger den theologischen Grund der pastoralen Ausrichtung als eine der Grundüberzeugungen des Konzils. „Der Glaube des Konzils ist die Botschaft von der Berufung des Menschen durch Gott." Klinger (1984): Der Glaube des Konzils, 615; vgl. ebd. 623.

Erst nach dieser Aufgabe *zu handeln* und ihr als Mittel zugeordnet nennt das Konzil die Aufgabe *zu deuten* und konkrete, angemessene Antworten auf Sinnfragen zu geben. Diese Antworten sind nicht bereits vorrätig und „anwendbar". Unabdingbar für das Finden von Antworten ist das Forschen nach den „Zeichen der Zeit" und das Erfassen und Verstehen der gesellschaftlichen Prozesse. „Zur Erfüllung dieses ihres Auftrags obliegt der Kirche allzeit die Pflicht, *nach den Zeichen der Zeit zu forschen und sie im Licht des Evangeliums zu deuten.* So kann sie dann *in einer jeweils einer Generation angemessenen Weise* auf die bleibenden Fragen der Menschen nach dem Sinn des gegenwärtigen und des zukünftigen Lebens und nach dem Verhältnis beider zueinander *Antwort geben.* Es gilt also, *die Welt, in der wir leben,* ihre Erwartungen, Bestrebungen und ihren oft dramatischen Charakter *zu erfassen und zu verstehen"* (*GS 4,* Hervorh. S.K.). Die Kirche wird hier als eine Handlungs- und Deutungsgemeinschaft beschrieben. Das Deuten im Licht des Evangeliums dient dem Handeln und ist eng mit dem ernsthaften Bemühen um ein Verstehen der gesellschaftlichen Vorgänge verbunden.

Wie nun erfüllt die Kirche ihren *pastoralen Auftrag in der Gesellschaft?* Das Konzil sieht die Gläubigen als die eigentlichen Träger des Auftrags; sie wirken durch ihr Leben und Handeln in der Gesellschaft wie der Sauerteig.[34] Christinnen und Christen leben in den Verhältnissen der Gesellschaft, „aus denen ihre Existenz gleichsam zusammengewoben ist" (*LG 31; vgl. AA 2*). Die Gläubigen sollen Christus, „der in ihnen lebt", durch das Zeugnis des ganzen Lebens sichtbar machen (*AA 16*). Sie sollen das Reich Gottes in der profanen Welt suchen. Durch ihr ganzes Leben, mit dem sie an der Gesellschaft teilhaben, tragen sie von innen heraus zur „Heiligung" der Welt bei. „Sache der Laien ist es, kraft der ihnen eigenen Berufung in der Verwaltung und gottgemäßen Regelung der zeitlichen Dinge das Reich Gottes zu suchen. Sie leben in der Welt, das heißt in all den einzelnen irdischen Aufgaben und Werken und den normalen Verhältnissen des Familien- und Gesellschaftslebens, aus denen ihre Existenz gleichsam zusammengewoben ist. Dort sind sie von Gott gerufen, ihre eigentümliche Aufgabe, vom Geist des Evangeliums geleitet, auszuüben und so wie ein Sauerteig zur Heiligung der Welt gewissermaßen von innen her beizutragen und vor allem durch das Zeugnis ihres Lebens, im Glanz von Glaube, Hoffnung und Liebe Christus den anderen kund zu machen. Ihre Aufgabe ist es also in besonderer Weise, alle zeitlichen Dinge, mit denen sie eng verbunden sind, so zu durchleuchten und zu ordnen, daß sie immer Christus entsprechend geschehen und sich entwickeln und zum Lob des Schöpfers und Erlösers gereichen."[35].

Der ekklesiologische Ort, die Würde und Aufgabe der Gläubigen ist hier nicht von ihrer Nähe zu den Sakramenten bestimmt, sondern von ihrem gläubigen Leben und Handeln in der Gesellschaft. Die Art, wie jeder Mensch diese Sendung je einzig-

---

[34] Das Konzil behandelt das christliche Leben der Gläubigen unter dem Begriff „Laie", der als Nicht-Kleriker und Nicht-Ordensangehöriger definiert ist (vgl. LG 31). Im heutigen Sprachverständnis ist dieser Begriff missverständlich, ich spreche deshalb hier von den Gläubigen. Weiterführend zum Verständnis und Auftrag der Laien vgl. Karrer (1989): Aufbruch der Christen; Karrer (1999): Die Stunde der Laien; Cardijn (1964): Laien im Apostolat.

[35] *LG 31*; im Dekret über das Laienapostolat ist diese Bestimmung an den Anfang der Ausführungen gestellt, vgl. *AA 2*.

artig und anders lebt, ist durch die jeweiligen gesellschaftlichen Herausforderungen bestimmt *(vgl. AA 18)*. Durch diese Vielfalt des Lebens und Handelns der Gläubigen in der Gesellschaft kommt die Kirche ihrem pastoralen Auftrag nach. Für die Kirche ist dieses Leben und Handeln jeder einzelnen Person in der Gesellschaft konstitutiv und unverzichtbar. „Es kann durch nichts ersetzt werden" *(AA 16)* und „kann in der Kirche niemals fehlen" *(AA 1; vgl. AG 21)*.

Den pastoralen Auftrag und ihr Engagement für Menschen und Gesellschaft verwirklichen die Gläubigen am besten durch ihre *Zusammenarbeit* mit allen Menschen, die sich für die gleiche gerechte Sache einsetzen. Sie sollen „mit allen Menschen guten Willens zusammenarbeiten zur Förderung alles dessen, was wahr, gerecht, heilig und liebenswert ist" *(AA 14)*, es sollen alle, „Glaubende und Nichtglaubende, zum richtigen Aufbau dieser Welt, in der sie gemeinsam leben, zusammenarbeiten" *(GS 21; vgl. auch GS 84; 90; AA 8)*. Diese Zusammenarbeit soll auf allen Ebenen, von der zwischenmenschlichen bis zur internationalen, angestrebt werden und sich auf alle Bereiche des persönlichen, politischen, wirtschaftlichen, kulturellen und auch wissenschaftlichen Lebens *beziehen (vgl. GS 46-90)*.

Herausforderungen für die Praktische Theologie

Aus den hier skizzierten theologischen Grundlinien des Konzils lassen sich einige Problemstellungen und Herausforderungen für die Praktische Theologie benennen:

Neubestimmung des Gegenstandsbereichs

Die Hinwendung zu den konkreten, empirisch vorfindbaren Menschen, die Anteilnahme an ihrem Schicksal, ist der pastorale Auftrag der Kirche und ein Teil ihres Selbstvollzuges. Praktische Theologie muss dieser Hinwendung zu den konkreten und situativen Freuden und Leiden der Menschen konzeptuell gerecht werden. Das hat Folgen für die Bestimmung ihres Gegenstandsbereichs. Sie muss sich auf die gesamte Praxis der Subjekte der Kirche beziehen und auf das, was ihnen besonderer Weise aufgegeben ist, nämlich die „Armen und Bedrängten aller Art" *(GS 1)*, „die Rettung der menschlichen Person" *(GS 3)* und der „rechte(n) Aufbau der menschlichen Gesellschaft" *(ebd.)*. Damit teilt sie ihren Gegenstandsbereich mit den Humanwissenschaften, besonders der Psychologie und Soziologie, und sie wird damit in gewisser Weise auch selbst eine Humanwissenschaft.

Eine solche Ausweitung des Gegenstands- und Forschungsbereichs stellt die Praktische Theologie vor enorme Probleme. So könnte eingewandt werden: Worin zeigt sich, dass sie eine theologische Wissenschaft ist, wenn sie sich doch mit den anderen Wissenschaften den Gegenstandsbereich teilt? Es muss also die spezifisch theologische Bestimmung der praktisch-theologischen Forschung ausgewiesen werden *(vgl. Kap. 1.5)*. Auch sind praktische Schwierigkeiten absehbar: Ist eine solche Ausweitung praktisch zu bewältigen? Mit dem Hinweis auf mangelnde Praktikabilität darf allerdings die inhaltlich begründete Neubestimmung des Gegenstandsbereichs nicht schon im Ansatz zurückgewiesen werden, vielmehr zwingt sie dazu,

Optionen zu treffen *(vgl. Kap. 1.5.4)* sowie mit anderen Wissenschaften zusammen-zuarbeiten *(vgl. Kap. 1.4)*. Und schließlich stellen sich methodische Probleme: Mit den klassischen Methoden der Theologie lässt sich der Gegenstandsbereich der Praktischen Theologie nicht erforschen. Sie muss nach Methoden suchen, die geeignet sind, die Vielfalt der Freuden und Leiden und der religiösen Praxis der Menschen zu entdecken, methodisch zu erheben und in ihren Strukturen theoretisch zu fassen. Dies ist nicht nur eine Frage von forschungspraktischen Verfahren, sondern es bedarf auch der methodologischen Reflexion und Begründung *(vgl. Kap. 2-6)*.

Entdeckende, wahrnehmende und anteilnehmende Grundhaltung

Als Grundhaltung der pastoralen Ausrichtung legt das Konzil die Haltung der unbe-dingten Achtung vor dem anderen Menschen sowie die Haltung der Wahrnehmung, der Anteilnahme und des Mitfühlens nah. Der „Vorrang empathischen Verstehens" vor der Kritik"[36] bedeutet keineswegs eine affirmative Angepasstheit oder den Ver-zicht auf theologische Positionen, sondern das Ernstnehmen der Situation und der Andersheit des Anderen und den Versuch des verstehenden Nachvollziehens.[37] In der Praxis, in Erziehung, Seelsorge oder Diakonie, in Beratung und Begleitung, sind die Achtung, Anerkennung und das Bemühen um Verstehen heute selbstverständliche Voraussetzung des pastoralen Handelns. Kann diese Haltung auch für die Wissen-schaft gelten? Widerspricht sie nicht dem Objektivitätsanspruch von Wissenschaft? Es muss einmal der Zusammenhang zwischen subjektiver Haltung bzw. Erfahrung und wissenschaftlicher Erkenntnis ergründet werden. Zum anderen muss geprüft werden, inwiefern diese Haltung Basis der Methoden und forschungspraktischen Verfahren der wissenschaftlichen Praktischen Theologie sein kann. Praktische Theologie kann hier an jene Methoden und Grundlagendiskussion anderer Wissen-schaften anknüpfen, die zu ihren wissenschaftlichen Erkenntnissen gerade durch die Reflexion auf die subjektiven Anteile der Forschung kommen. Exemplarisch wird dies an den methodologischen Überlegungen und Verfahren von Georges Devereux und Glaser und Strauss aufgezeigt *(vgl. 4 und 5)*.

Wahrnehmung der vielfältigen Formen der Glaubenspraxis

Das Konzil hat die Bedeutung der Glaubenspraxis der Gläubigen betont, die keines-wegs deckungsgleich mit der Praxis der institutionalisierten Kirche ist. Die Kirche lebt „wie ein Sauerteig" gerade auch in der individuellen Nachfolgepraxis der Gläu-bigen, die in lebensgeschichtliche Konstellationen und gesellschaftliche Prozesse verwoben ist und sich in den Herausforderungen vor Ort je neu und anders gestaltet. In der modernen individualisierten und pluralen Gesellschaft ist diese Praxis jedoch immer weniger deutlich zu erkennen *(vgl. Kap. 1.1.2)*. Es bedarf einer Vielfalt ange-messener Methoden, um die veränderten Erscheinungsformen und die ihnen zugrunde-liegenden Strukturen dieser Praxis wahrzunehmen, theoretisch zu fassen und zu reflektieren. Praktische Theologie muss diese individuell gelebte religiöse Praxis der

---

[36] Wahl (1990): Pastoralpsychologie – Teilgebiet und Grunddimension Praktischer Theologie, 56.

[37] Vgl. Wahl (1990): Pastoralpsychologie – Teilgebiet und Grunddimension Praktischer Theologie, 57.

Menschen, ihre Fragen, Zweifel, Glaubens- und Handlungsprobleme, aber auch die neuen Formen gelebten Glaubens wahrnehmen, theoretisch fassen und reflektieren. Dies aus zwei Gründen: Sie muss einerseits den anderen theologischen Disziplinen eine Analyse der gegenwärtigen gelebten Glaubenspraxis, der Glaubensfragen und Probleme als einen unverzichtbaren Reflexionshorizont zur Verfügung stellen,[38] zum anderen benötigt sie selbst eine solche Analyse als eine Grundlage zur Erarbeitung von Konzepten zur Unterstützung der Praxis. Die Suche nach der Wahrnehmung der vielfältigen Formen der Glaubenspraxis stellt die Praktische Theologie vor immense methodische Fragen, wie diese vielfältige und diffuse Praxis entdeckt, erhoben und theoretisch gefasst werden kann.

Zusammenarbeit

Das Konzil bestimmt das Verhältnis der Kirche zur Welt weniger durch die Grenzen und Unterschiede als zunächst durch die gemeinsame Berufung und den gemeinsamen Auftrag aller Menschen im Dienst der Entfaltung der menschlichen Person und der gerechten Gestaltung der Gesellschaft *(vgl. GS 3)*. Die Gläubigen sollen mit allen Menschen „guten Willens" an dieser Aufgabe zusammenarbeiten. Diese Aufforderung des Konzils zur Zusammenarbeit gilt auch für die Forschungspraxis der Praktischen Theologie. In Bezug auf die methodischen und theoretischen Fragen der Erhebung und Analyse der gegenwärtigen Praxis kann sie in den interdisziplinären Diskurs besonders mit den Humanwissenschaften eintreten und von deren methodologischen und theoretischen Erkenntnissen profitieren. Zur Erarbeitung von Konzepten zur Unterstützung der Praxis ist aber auch die Zusammenarbeit mit den Menschen in der Praxis, besonders mit den Berufspraktikerinnen und -praktikern angezeigt.[39] Wenn sich auch eine Zusammenarbeit nahe legt, ist es jedoch notwendig, sich der Implikationen der Zusammenarbeit zu vergewissern und den Modus der Zusammenarbeit zu reflektieren *(vgl. Kap. 1.4)*.

1.2 Die Methodenfrage in der Ausdifferenzierung der Praktischen Theologie

1.2.1 Die Anfänge

In der Geschichte der Praktischen Theologie hat die Frage nach der wissenschaftlich-methodischen Wahrnehmung und Analyse der Lebenswirklichkeit der Menschen unterschiedliche Gewichtungen und wechselvolle Entwicklungen erfahren. Dabei gingen die Diskurse in der evangelischen und katholischen Praktischen Theologie die

---

[38] Vgl. hierzu Rahner (1967): Die Praktische Theologie im Ganzen der theologischen Disziplinen; Wiederkehr (1999): Die Lok am Ende des Zuges.

[39] Dieser Zweig der Praktischen Theologie wird in der vorliegenden Arbeit nicht weiter verfolgt, vgl. hierzu ausführlicher Klein (1999): Die Zusammenarbeit zwischen TheoretikerInnen und PraktikerInnen.

meiste Zeit bis heute getrennte Wege, wurden aber zugleich von wissenschaftlichen und zeitgeschichtlichen Entwicklungen ähnlich beeinflusst. Bemerkenswerte Ansätze einer interkonfessionellen Zusammenarbeit in den 1970er Jahren, aus der gemeinsame Publikationen hervorgingen,[40] fanden jedoch keine Fortsetzung.[41] Im Folgenden können nur kurze, ausschnitthafte Blicke in die Geschichte der Methodenfrage der Praktischen Theologie geworfen werden.

In der *katholischen Theologie*[42] ist die Entstehung der Praktischen Theologie mit dem Reformprogramm verbunden, das Franz Stefan Rautenstrauch (1734-1785) im Auftrag von Kaiserin Maria Theresia in Österreich für das Studium der katholischen Theologie an der Universität Wien ausarbeitete und das im Jahr 1774 in Kraft gesetzt wurde. Die Struktur der Pastoraltheologie, die er in seinem „Tabellarischen Grundriß der in deutscher Sprache vorzutragenden Pastoraltheologie"[43] vorlegte, war an den drei Ämtern Christi (Lehrer, Priester, Hirt) orientiert und durch eine Dreiteilung in „Unterweisungs-, Ausspendungs- und Erbauungspflicht" gegliedert. Diese Struktur prägte alle nachfolgenden pastoraltheologischen Lehrbücher im katholischen Raum bis zum Zweiten Vatikanischen Konzil. Diese Pastoraltheologie war zunächst an der Praxis der Seelsorger orientiert, die sich theologisch fundiert im Umgang mit den Menschen bewähren musste; ihre Methodik war auf die Anwendung bezogen.

Der Umgang mit der Frage der Vermittlung zwischen Theorie und Praxis entwickelte sich zunächst in zwei Richtungen:[44] einerseits hin zu einem theorielosen Pragmatismus, der zur Verbesserung der Praxis oft nur auf bewährte Erfahrungsrezepte zurückgreift, und andererseits hin zu der wissenschaftlichen Bemühung, die kirchliche Praxis an ekklesiologischen Prinzipien auszurichten. „Der Konflikt zwischen der ‚wissenschaftlichen' und der ‚pragmatischen' Richtung entzündete sich an der Frage, ob sich Pastoraltheologie als diese Vermittlungsinstanz selbst noch einmal theoretisch begreifen muß oder ob sie – als Schlußstein des theologischen Studiums – nicht vielmehr das theoretisch Gelernte für die Praxis aufbereiten soll, eher also eine ‚pastorale Technologie' als eine ‚pastorale Theologie' (L. Bopp) zu sein hat. Beide Richtungen stimmen jedoch wiederum darin überein, daß die Praxis sich nach der Theorie, nach obersten Prinzipien zu richten hat, die Vermittlung also grundsätzlich als Weg von der Theorie zur Praxis gedacht werden muß: Die in den systematisch-dogmatischen Disziplinen entwickelten Prinzipien sollen vermittels der Praktischen Theologie (in wissenschaftlicher bzw. pragmatischer Weise) für die Praxis ver-

---

[40] Vgl. z.B. Klostermann/ Zerfaß (1974): Praktische Theologie heute; Zerfaß/ Greinacher (1976): Einführung in die Praktische Theologie.

[41] Die zusammenfassenden Darstellungen und Handbücher in der Praktischen Theologie, die seit Mitte der 1980er Jahre erschienen sind, konzentrieren sich zumeist auf die eigene konfessionelle Tradition.

[42] Vgl. zur Geschichte der katholischen Praktischen Theologie: Fürst (1986): Praktisch-theologische Urteilskraft; Mette (1978): Theorie der Praxis, 19-159; Mette (2000): Praktische Theologie in der Katholischen Theologie; Rau (1970): Pastoraltheologie; Knobloch (1995): Was ist Praktische Theologie? 49-167.

[43] Vgl. Rautenstrauch (1778/ 1987): Tabellarischer Grundriß der in deutscher Sprache vorzutragenden Pastoraltheologie.

[44] Vgl. Exeler/ Mette (1974): Das Theorie-Praxis-Problem in der Praktischen Theologie, 74f.

fügbar gemacht werden."[45] Exeler und Mette sprechen von einem „Einbahnverkehr" von der Theorie zur Praxis. Die Praxis hatte keinen eigenen Stellenwert, sie war nur der Gegenstand pastoraltheologischer Bemühungen.

Besonders die Theologen der „Katholischen Tübinger Schule" kritisierten die aufklärerische und pragmatische Ausrichtung der Pastoraltheologie und arbeiteten an einer wissenschaftstheoretischen Fundierung der Praktischen Theologie als einer eigenen theologischen Disziplin. Statt sich an der praktischen Brauchbarkeit theologischen Wissens oder an zufälligen subjektiven Erkenntnissen auszurichten, ging es ihnen um eine systematische Konzeption der Praktischen Theologie. Besonders Anton Graf (1811-1867) ließ sich dabei von der protestantischen Praktischen Theologie, insbesondere von Schleiermacher, inspirieren. Diese Aufbrüche wurden jedoch von der Mitte des 19. Jahrhunderts an bis zum Zweiten Vatikanischen Konzil durch die neuscholastische Theologie und ihre spekulative und deduktive Methodik abgelöst, auf die alle Priester durch den Modernisten-Eid eingeschworen wurden. Abweichungen vom neuscholastischen System wurden streng geahndet. Jeder Bezug auf die Erfahrung oder auf eine induktive Vorgehensweise wurde als „modernistisch" verdächtigt.[46]

War auch die wissenschaftliche Praktische Theologie streng reglementiert, so kam es doch in der Praxis zu vielfältigen Aufbruchbewegungen; zu nennen wären etwa die Liturgische Bewegung, die Bibelbewegung, die missionarische Bewegung oder die christliche Arbeiterbewegung. Angestoßen waren diese zum Teil durch die Geistesströmungen der Lebensphilosophie, der Phänomenologie, des Existentialismus sowie durch die Entwicklung der Humanwissenschaften, vor allem der Psychologie. Diese Bewegungen bereiteten neuen Ansätzen und Methoden der Theologie, die im Zweiten Vatikanischen Konzil zum Durchbruch kamen, den Boden.

In der *protestantischen Praktischen Theologie*[47] wird der Beginn der wissenschaftlichen Praktischen Theologie an Friedrich Schleiermachers Schrift „Kurze Darstellung des theologischen Studiums zum Behuf einleitender Vorlesungen" (1811)[48] festgemacht. Schleiermacher versuchte im Zusammenhang mit der preußischen Universitäts- und Wissenschaftsreform der Theologie ein neues Fundament zu geben. Er bestimmt Praktische Theologie als eine „positive Wissenschaft", als die „Theorie der Praxis". Sie erhebt die Handlungsregeln der Praxis, um diese durch die praktisch-theologische Theorie zu verändern, wobei er unter Praxis die Praxis der Kirchenleitung versteht.[49] Sein Interesse zielt auf die Erarbeitung einer Kunstlehre oder Technik der evangelischen Kirchenleitung. Die Kunstlehre beinhaltet allgemeine Regeln,

---

[45] Exeler/ Mette (1974): Das Theorie-Praxis-Problem in der Praktischen Theologie, 74.

[46] Vgl. Mette (2000): Praktische Theologie in der katholischen Theologie, 545.

[47] Zur Geschichte der protestantischen Praktischen Theologie vgl. Grethlein/ Meyer-Blanck (2000): Geschichte der Praktischen Theologie; Lämmermann (2001): Einleitung in die Praktische Theologie, 28-37; Schröer (1997): Art. Praktische Theologie; Grözinger/ Plüss/ Portmann/ Schenker (2000): Empirische Forschung als Herausforderung für Theologie und Kirche; Lämmlin/ Scholpp (2001): Die ‚sanften Auen der Praktischen Theologie'.

[48] Schleiermacher (1811/ 1961): Kurze Darstellung des theologischen Studiums.

[49] Vgl. Gräb (2000): Praktische Theologie als Theorie der Kirchenleitung: Friedrich Schleiermacher.

in denen die konkrete Anwendung nicht schon mitbestimmt ist. Damit wendet er sich gegen ein Verständnis der Kunstlehre im Sinne einer mechanistischen Anwendung von Regeln oder der Theologie in der Praxis.

Ein konzeptionelles Interesse an einem empirischen Zugang zur sozialen Wirklichkeit zeigte sich bereits vor dem Ersten Weltkrieg bei einer Gruppe von Praktischen Theologen, die der im Gefolge Schleiermachers entstandenen „Liberalen Theologie" zugerechnet werden: Paul Drews (1858-1912), Otto Baumgarten (1858-1934) und Friedrich Niebergall (1866-1932), daneben auch Richard Kabisch (1868-1914) und Martin Schian (1869-1944).[50] Drews beklagt 1910 die mangelnde Reflexion der Vorstellungen und Erkenntnisse über die Sozialwelt: „Was hat es zuletzt für einen Wert, wenn ein jeder, um sich über dies alles ein Bild zu machen, nur auf seine persönlichen Beobachtungen beschränkt bleibt, die immer lückenhaft, unvollkommen, einseitig sein werden? Hier muß wissenschaftliche Erkenntnis die dilletantenhafte (sic) verdrängen."[51] Er fordert eine deutliche Trennung zwischen einer Praktischen Theologie an der Universität und einer Praktischen Theologie für die Praxis. Die Wissenschaftlichkeit der Praktischen Theologie solle weniger durch die Systematisierung der einzelnen Arbeitsfelder als durch die Erforschung der sozialen Wirklichkeit durch Kirchenkunde, religiöse Volkskunde und religiöse Psychologie gewährleistet werden.[52] Diese Erforschung diene der wirksamen Verkündigung des Evangeliums. „Nach unserer Auffassung muss die Praktische Theologie mehr deskriptiv-induktiv als systematisch-deduktiv betrieben werden. (...) Wenn der theologische Praktiker, der Pfarrer, in fruchtbarer, zielbewusster und ihn selbst befriedigender Weise das Evangelium verkündigen will, so muss er genau unterrichtet sein über den Stand des religiösen Lebens der Kreise, auf die er wirken soll. Er muss wissen, was hier religiöses Bedürfnis ist; welcher Art die Frömmigkeit ist, von der in der Tat das Leben getragen und bestimmt wird."[53]

Der frühe Tod Drews verhinderte eine Ausarbeitung dieser Ansätze, sie wurden aber von Friedrich Niebergall und Otto Baumgarten weitergeführt. Niebergall arbeitete ein zweibändiges Lehrbuch aus, das er mit einer 200seitigen „religiösen Seelen- und Volkskunde" beginnt. Zum einen schließt er an das Programm der religiösen Volkskunde an, das bereits Drews propagiert hatte. Als Quelle empfiehlt er die Erkundung der lebendigen Menschen durch die direkte Begegnung. Zudem erarbeitete er eine Religionspsychologie, wobei er sich an die experimentelle Psychologie Wilhelm Wundts anschließt. Niebergall plädiert für den Blick auf die einzelnen Menschen, die man in „religiösen Photographien"[54] vor sich haben müsse. Die Situation

---

50 Vgl. Meyer-Blanck/ Weyel (1999): Arbeitsbuch Praktische Theologie, 47-49; Grethlein/ Meyer-Blanck (2000): Geschichte der Praktischen Theologie im Überblick – Eine Einführung, 24-27; 31-33.

51 Drews (1910): Das Problem der Praktischen Theologie, 55, zit. in: Meyer-Blanck/ Weyel (1999): Arbeitsbuch Praktische Theologie, 46; im Orig. hervorg.

52 Vgl. Grethlein/ Meyer-Blanck (2000): Geschichte der Praktischen Theologie im Überblick – Eine Einführung, 26.

53 Drews (1901): Religiöse Volkskunde, 1, zit. in: Grözinger/ Plüss/ Portmann/ Schenker (2000): Empirische Forschung als Herausforderung für Theologie und Kirche, 15.

54 Niebergall (1918): Praktische Theologie Bd.1, 33, zit in: Meyer-Blanck/ Weyel (1999): Arbeitsbuch Praktische Theologie, 48.

der einzelnen Menschen und der Kirche soll man empirisch erkunden, um auf dieser Grundlage praktisch-theologische Konzeptionen erarbeiten zu können. „Die Menschen erlauben sich immer wieder anders zu sein als wir uns in unseren Theorien über sie träumen lassen. Darum heißt es, sie immer wieder studieren in fortwährendem intimen Verkehr."[55] Die Praktische Theologie soll sich „auf einer empirischen Grundlage den Lebensfragen ihrer Zeit vorbehaltlos stellen und hierfür weiterführende Antworten finden".[56] In diesem Ansatz zeigt sich ein neues, an der Lebenswirklichkeit der Menschen ausgerichtetes Vorgehen. Methodisch greift Niebergall das empirische Vorgehen der Generierung von Idealtypen von Max Weber auf.

Durch die Hegemonie der Dialektischen Theologie wurden diese Ansätze nach dem Ersten Weltkrieg im deutschsprachigen Raum verdrängt.[57] Die dialektische Theologie war aus der Erfahrung des Ersten Weltkrieges heraus entstanden. In der Abwehr einer religiösen Überhöhung des Kriegsgeschehens und in scharfer Abgrenzung gegen den Kulturprotestantismus kommt es zu einer Konzentration auf Dogmatik, Exegese und Verkündigung. Diese Theologie „wirkte als dogmatische Theologie *unmittelbar praktisch*, ohne die Theorie und Praxis vermittelnde Funktion der Praktischen Theologie in Anspruch zu nehmen"[58]. Die Dialektische Theologie ordnete die Praktische Theologie ihrer Lehre vom Wort Gottes unter. „Die Praktische Theologie habe keinen eigenen – und schon gar keinen empirischen – Gegenstand; ihre praktische Verantwortung bestehe einzig darin, im Weiterlaufen des Zeugnisses die Wahrheit des Wortes Gottes je neu Ereignis werden zu lassen. Deutlich jedenfalls wird, dass Praktische Theologie unter dialektischer Ägide wieder dogmatisch-affirmativ bestimmt sein soll: aus dem dogmatisch deduzierten Vorrang des Wortes Gottes und seiner Selbstwirkung ergibt sich die Verkündigung als einzig legitime Aufgabe der Praktischen Theologie"[59]. Die unmittelbaren Wirkungen der dogmatischen Theologie auf das Leben der Menschen und die Praxis der Kirche blieben unreflektiert, die Praktische Theologie verlor an Bedeutung. „Mit ihrer Breitenwirkung in der kirchlichen Praxis und mit dem Anspruch auf einen solchen Einfluß drängte die dialektische Theologie die wissenschaftliche Praktische Theologie zurück."[60]

1.2.2   Neuere Entwicklungen seit den 1960er Jahren

In den 1960er Jahren veränderte sich die Diskussion in der deutschsprachigen Praktischen Theologie grundlegend. Praktische Theologie verabschiedete sich nun endgültig von dem teilweise noch vorhandenen Selbstverständnis als einer theologischen Anwendungswissenschaft bzw. einer Theorie der Anwendung der Theologie und

---

[55]   Niebergall (1905): Die Kausalrede, 37, zit. in: Plagentz/ Schwab (1999): Religionswissenschaftlich-empirische Praktische Theologie, 237.

[56]   Plagentz/ Schwab (2000): Religionswissenschaftlich-empirische Praktische Theologie: Friedrich Niebergall, 242.

[57]   Vgl. hierzu: Schmidt-Rost (2000): Zwischen den Zeiten.

[58]   Schmidt-Rost (2000): Zwischen den Zeiten, 511.

[59]   Lämmermann (2001): Einleitung in die Praktische Theologie, 34.

[60]   Schmidt-Rost (2000): Zwischen den Zeiten, 514.

wurde als eine eigenständige praktische Wissenschaft, als eine Theorie der Praxis, konzeptionalisiert. Das erforderte die Ausarbeitung einer wissenschaftstheoretischen Grundlegung, die die Kräfte für die nächsten Jahrzehnte band und keinen Raum ließ für den Diskurs um Methodenfragen. So konstatiert Hermann Steinkamp 1984, dass „bislang viel Energie durch den (handlungswissenschaftlichen, S.K.) Konsensbildungs-Prozeß absorbiert wurde, die für die Ausarbeitung einer differenzierten Methodologie fehlte"[61].

In der *katholischen Praktischen Theologie* hat Theologie des Zweiten Vatikanischen Konzils die Grundlage für die Ausarbeitung eines neuen Selbstverständnisses der Praktischen Theologie gelegt *(vgl. Kap. 1.1.3)*, das einen Niederschlag zunächst in dem von Karl Rahner mitherausgegebenen und maßgeblich beeinflussten fünfbändigen „Handbuch der Pastoraltheologie"[62] fand. Karl Lehmann beschreibt das neue Verständnis der Kirche als der Bezugsgröße der Praktischen Theologie in dem Handbuch so: „Im Gegensatz zur dogmatischen oder essentialen Ekklesiologie, die primär das ,bleibende' Wesen der Kirche zu beschreiben versucht, geht es in der Praktischen Theologie um die Kirche, insofern sie eine konkrete geschichtliche Größe ist und mit Hilfe einer soziologisch-theologischen Analyse ihre praktischen Handlungsprinzipien für den je heutigen Vollzug ihrer Heilsseelsorge gewinnen muss."[63]

Praktische Theologie wurde in der Folgezeit als eine *Handlungswissenschaft* weiter ausgearbeitet.[64] Als Handlungswissenschaften werden mit Helmut Schelsky jene Wissenschaften bezeichnet, die auf die lebendige Praxis der Menschen, auf das Handeln bezogen sind. Im Unterschied zu historisch-hermeneutisch orientierten Wissenschaften soll der Begriff zum Ausdruck bringen, „daß sie dem Wesen ihrer Erkenntnis nach, also auch als ,Theorie', unmittelbaren Folgerungen für das Handeln offenstehen"[65], ja auch unmittelbar auf das Handeln und seine Folgen bezogen sind. Der Begriff ist so weit, dass sich darunter eine breite Vielfalt unterschiedlicher prak-

---

[61] Steinkamp (1984): Zum Beispiel: Wahrnehmung von Not, 183.

[62] Vgl. Arnold u.a. (1964-1972): Handbuch der Pastoraltheologie. Karl Rahner selbst bevorzugte den Begriff „Praktische Theologie", er hat den Titelentwurf handschriftlich korrigiert zu: „Über Plan und Aufbau eines Handbuches der Praktischen Theologie". Die Korrekturen des Titels finden sich im Rahner-Archiv in Innsbruck. Vgl. auch: Lehmann (2004): Karl Rahner und die Praktische Theologie, 10.

[63] Lehmann (2004): Karl Rahner und die Praktische Theologie, 11.

[64] Vgl. Zerfaß (1974): Praktische Theologie als Handlungswissenschaft; Mette (1978): Theorie der Praxis; Mette (1979): Praktische Theologie als Handlungswissenschaft; Fuchs (1984): Theologie und Handeln; Boff (1986): Theologie und Praxis.

[65] Schelsky (1963): Einsamkeit und Freiheit, 283, zit. in: Mette (1979): Praktische Theologie als Handlungswissenschaft, 190. Handlungswissenschaften oder praktische Wissenschaften sind z. B. die Soziologie, Psychologie, Pädagogik, Ethnologie etc. Hatte Aristoteles noch zwischen praktischen und theoretischen Wissenschaften unterschieden, so anerkannte die Rezeption nur noch die Wissenschaften, die einer „reinen" Wahrheit verpflichtet waren. Wissenschaften, die auf die Praxis hin orientiert waren, konnten diesen Anspruch nicht erfüllen und wurden deshalb als weniger wissenschaftlich angesehen. Dies änderte sich erst, als sich ein neuer Typ von Wissenschaften etablierte, der in dieser alten Systematik nicht mehr erfasst werden konnte. Helmut Schelsky schlug vor, diesen neuen Typ als „Handlungswissenschaften" zu bezeichnen. Dieser Begriff wurde dann von Gerhard Krause erstmals 1967 in den theologischen Kontext eingeführt. Vgl. Mette (1979): Praktische Theologie als Handlungswissenschaft, 190f.

tisch-theologischer Ansätze wiederfinden konnte.[66] Besonders richtungweisend für die wissenschaftstheoretische Fundierung der Praktischen Theologie wurden zu dieser Zeit Arbeiten, die die Praktische Theologie als eine Handlungstheorie[67] konzeptionalisierten. Dabei waren Forschungen in der Fundamentaltheologie hilfreich, die mit dem Bezug auf die Erfahrungen des Nationalsozialismus und des Holocaust die geschichtliche Kontextualität und Verantwortung der Theologie reflektieren und dazu an die philosophische und sozialwissenschaftliche Diskussion der Frankfurter Schule anknüpften.[68] Für die Praktische Theologie wurden insbesondere Helmut Peukerts Bestimmung von Theologie als einer praktischen Wissenschaft sowie seine Definition von Praktischer Theologie richtungweisend.[69] Theologie als die Rede von Gott, so Peukert, ist gebunden an die Analyse des kommunikativen Handelns, in dem sich Menschen gegenseitig die Zuwendung Gottes zusprechen. Die Behauptung der Wirklichkeit Gottes geschieht in der unbedingten Anerkennung des Anderen, sie lässt sich nicht begrenzen, sie bedingt und ermöglicht erst eine unbegrenzte Solidarität und wird im solidarischen Handeln praktisch. Sie ist an diese kommunikative Praxis in einer „anamnetischen Solidarität"[70] gebunden, die auch die Toten und die Verlierer einschließt. „Theologie insgesamt kommt aus dieser Praxis und verweist in diese Praxis."[71]

Die handlungstheoretische Grundlegung der Theologie und der Praktischen Theologie zielt auf eine Theorie, die von dem einzelnen Menschen als Subjekt seines Erlebens und Handelns und von der intersubjektiven Konstitution der Gesellschaft ausgeht. Die systemischen Zusammenhänge werden als Bedingungen und Folgen intersubjektiven Handelns begriffen. Die Handlungsorientierungen der Menschen sind nicht einfach durch kontextlose Normen vorgegeben, sondern müssen in der krisenhaften Praxis oftmals erst gefunden und begründet werden. Für die Praktische Theologie legte Peukert eine Bestimmung vor, die in der Folgezeit vielfach rezipiert wurde und das Selbstverständnis des Faches mit bestimmte:

---

[66] Vgl. ausführlicher: Mette (1978): Theorie der Praxis, 169-209.

[67] Handlungstheorie ist die zusammenfassende Bezeichnung für jene Theorieansätze, die vom sinnorientierten, zielgerichteten und aktiven Handeln des Menschen ausgehen. Grundlegend hierfür waren die Arbeiten und Definitionen Max Webers. Innerhalb der Handlungswissenschaften steht die Handlungstheorie in Spannung zu systemtheoretischen und teilweise zu strukturfunktionalen Ansätzen. Vgl. dazu Hillmann (1994): Wörterbuch der Soziologie, 319-321.

[68] Zur theologischen Begründung und Entfaltung eines handlungstheoretischen Ansatzes der Praktischen Theologie waren besonders folgende Arbeiten einflussreich: Metz (1977): Glaube in Geschichte und Gesellschaft; Peukert (1978): Wissenschaftstheorie, Handlungstheorie, Fundamentale Theologie; Arens (1982): Kommunikative Handlungen; Brachel/ Mette (1985): Kommunikation und Solidarität; Arens (1989): Bezeugen und Bekennen; Arens (1989): Habermas und die Theologie.

[69] Vgl. Peukert (1978): Wissenschaftstheorie, Handlungstheorie, Fundamentale Theologie; Peukert (1984): Was ist eine praktische Wissenschaft?

[70] Vgl. Peukert (1978): Wissenschaftstheorie, Handlungstheorie, Fundamentale Theologie, bes. 300-310.

[71] Peukert (1984): Was ist eine praktische Wissenschaft? 76; vgl. Peukert (1978): Wissenschaftstheorie, Handlungstheorie, Fundamentale Theologie, 346.

„Und *Praktische Theologie* ist dann *explizite Theorie eines Handelns*, das in unserer konkreten Gesellschaft unter zerreißenden, aporetischen Erfahrungen eine Identität ermöglichen will, die sich der unbedingten Zuwendung Gottes an die Handlungspartner verdankt, einer Zuwendung, die *im* Handeln für den anderen jeweils schon immer vorausgesetzt und praktisch realisiert werden muß. In seiner gesellschaftlichen Dimension zielt dieses Handeln auf den Aufbau einer gemeinsamen Welt und damit auch gesellschaftlicher Institutionen, in denen die unbedingte gegenseitige Anerkennung Bedingung der eigenen Identität und Ort der Erfahrung jener absoluten befreienden Freiheit ist, die in der christlichen Tradition Gott genannt wird."[72]

Vor allem Norbert Mette arbeitete für die Praktische Theologie den handlungswissenschaftlichen Ansatz weiter aus.[73] Kennzeichnend für diesen Ansatz sind nach Mette:[74]

- Das induktive Vorgehen, das nicht von der kirchlichen Dogmatik, sondern von der Erfahrung der Menschen ausgeht.
- Der Einsatz von empirischen Methoden: „Nur dadurch wird man dem Anspruch, den Ausgangspunkt bei der Praxis zu nehmen, in wissenschaftlicher Weise gerecht. Primärerfahrungen reichen dafür nicht aus."[75]
- Die interdisziplinäre Orientierung: Nur durch eine enge Zusammenarbeit mit anderen Handlungs- und Humanwissenschaften lassen sich die der Praktischen Theologie gestellten Probleme angemessen angehen.
- Die Vermittlung von Orientierungshilfen für gegenwärtiges und zukünftiges christliches, kirchliches und pastorales Handeln.
- Die Überwindung des „Subjekt-Objekt-Schemas"[76].

Die Entwicklung einer Theorie und Theologie aus der Erfahrung der Menschen als Theologie-Treibende hat Stefan Knobloch mit dem Entwurf einer *mystagogischen Pastoral* konzeptionell weiter vorangetrieben.[77] Die Grundlage dieses Ansatzes ist die Alltagserfahrung der Menschen, die als Subjekte der Gottesbegegnung und ihres Glaubens, ihrer Theologie und ihres Handelns begriffen werden. In diesem Handeln vollzieht sich auch die pastorale Praxis der Kirche.

---

[72] Peukert (1984): Was ist eine praktische Wissenschaft? 76f.

[73] Vgl. Mette (1978): Theorie der Praxis.

[74] Vgl. Mette (1979): Praktische Theologie als Handlungswissenschaft.

[75] Mette (1979): Praktische Theologie als Handlungswissenschaft, 191.

[76] Vgl. Mette (1979): Praktische Theologie als Handlungswissenschaft, 200-203. Das „Subjekt-Objekt-Schema" wurde bereits in jenen alten Ansätzen der pastoraltheologischen Tradition aufgebrochen, in denen der Pfarrer als Ort der Selbstreflexion der Lebens- und Berufspraxis und der darin gemachten Erfahrungen als theoriebildendes Subjekt begriffen wurde. Ein solches Verständnis hat die handlungstheoretisch orientierte Praktische Theologie weiter entfaltet und im Sinne der Konzilstheologie auf das ganze Volk Gottes als Subjekt pastoralen Handelns ausgeweitet.

[77] Vgl. Knobloch/ Haslinger (1991): Mystagogische Seelsorge; Knobloch (1993): Wieviel ist ein Mensch wert?; Knobloch (1995): Was ist Praktische Theologie?; Knobloch (1996): Praktische Theologie; Knobloch (2001): Art. Mystagogie.

Auch in der *evangelischen Praktischen Theologie* fand eine radikale Neuorientierung statt.[78] Die Dominanz der dialektischen Theologie wurde in den 1960er Jahren schwächer. In Abgrenzung zu der Theologie Karl Barths fand eine empirische und sozialwissenschaftliche Wende statt, die zu handlungswissenschaftlichen Ausarbeitungen der Praktischen Theologie in den siebziger und achtziger Jahren führte. Der im Jahr 1968 erschienene Aufsatz von Klaus Wegenast: „Die empirische Wendung in der Religionspädagogik"[79] wurde Namen gebend für eine ganze Epoche. Es wurde jetzt neu an die sich zeitgleich entfaltende wissenschaftliche Diskussion um empirische Methoden in den Sozialwissenschaften angeknüpft, die die in den 1930er Jahren in Amerika einsetzende Engführung auf den kritischen Rationalismus und die quantitativen Methoden überwand. In den 1980er Jahren vollzog sich parallel zur sog. „Alltagswende" in den Erziehungs- und Sozialwissenschaften eine Hinwendung zum Subjekt und seinem Alltag. Grundlegend hierfür ist bis heute der praktisch-theologische Ansatz Henning Luthers, der den Ansatz Friedrich Niebergalls wieder aufgriff.[80]

Mit dem Selbstverständnis der Praktischen Theologie als Theorie der Praxis stellte sich ihr die Frage nach den *Methoden*, mit denen sie zu wissenschaftlichen Theorien über die soziale Wirklichkeit gelangen kann. Diese Frage hat sie mit anderen Humanwissenschaften gemeinsam. Da sich die Praktische Theologie nun verstärkt den Methoden und Ergebnissen aus anderen Humanwissenschaften öffnete, musste das Verhältnis zu diesen reflektiert und begründet werden. Dies geschah grundlegend in zwei Anfang der 1980er Jahre entwickelten Modellen des interdisziplinären Dialogs von Norbert Mette und Hermann Steinkamp sowie von Johannes A. van der Ven *(vgl. Kap. 1.4.1-1.4.2)*. [81] Während sich die evangelische Praktische Theologie verstärkt den empirischen Methoden zuwandte, galt in der katholischen Theologie das von Joseph Cardijn entwickelte Modell des Dreischritts „Sehen - Urteilen - Handeln" als eine brauchbare induktive Vorgehensweise, die dem neuen Selbstverständnis der Disziplin entsprach. Allerdings wurde dieses Modell nicht für die wissenschaftliche Verwendung weiter ausgearbeitet und begründet, und es wurden die Verschiebungen nicht reflektiert, die sich durch die Transformation der praxisbezogenen Bildungsmethode in den wissenschaftlichen Kontext ergaben, sodass viele Fragen offen blieben *(vgl. Kap. 1.3)*. Rolf Zerfaß entwickelte für die wissenschaftliche Forschung ein methodisches Regelkreismodell,[82] das ebenso wie das Vorgehen von Cardijn bis heute als methodisches Vorgehen rezipiert wird *(vgl. Kap. 1.3.4)*.

Einen programmatischen Aufsatz zur Methode der Praktischen Theologie legte der evangelische Praktische Theologe Henning Schröer in dem Handbuch „Praktische Theologie heute" 1974 vor. Er konstatiert: „Im Gegensatz zu den historischen

---

[78] Vgl. zur Geschichte der evangelischen Praktischen Theologie Grethlein/ Meyer-Blanck (1999): Geschichte der Praktischen Theologie.

[79] Wegenast (1968): Die empirische Wende in der Religionspädagogik.

[80] Vgl. Luther (1984): Religion, Subjekt, Erziehung; ders. (1992): Religion und Alltag.

[81] Vgl. Mette/ Steinkamp (1983): Sozialwissenschaften und Praktische Theologie, Ven (1984): Unterwegs zu einer empirischen Theologie.

[82] Vgl. Zerfaß (1974): Praktische Theologie als Handlungswissenschaft.

Disziplinen der Theologie hat die Praktische Theologie noch kein genügend ausgebildetes methodisches Instrumentarium und keinen sicheren methodischen Kanon."[83] Schröer fordert, die praktische Theologie als Handlungsforschung und -wissenschaft zu konstituieren. Als Handlungswissenschaft brauche sie eine eigene Theoriebildung. Damit gerate sie jedoch in Spannung mit der theologischen Systematik, Dogmatik und Ethik.[84] *„Diese forschungsmethodische Situation erfordert, daß die Praktische Theologie a. ihre Prolegomena selbst schreibt und nicht der Dogmatik überläßt, b. sich nicht nur als Explikation der Wie- oder Wo-Frage auffaßt, c. sich nicht vom Glauben als erkenntnisleitendem Kontinuum aller Theologie dispensiert, d. die Zusammenhänge von Dogma und Praxis nicht ignoriert."*[85] Die Entwicklung des Methodenproblems sei von den Sozialwissenschaften her zu betreiben durch die Übernahme pädagogischer, psychologischer und sozialwissenschaftlicher Methoden, von der wissenschaftstheoretischen Analyse her durch die Differenzierung in historiographische, hermeneutische, phänomenologische, empirische und evtl. dialektische Methoden, und von konkreten kirchlichen Fragestellungen ausgehend. Als Maxime nennt er an erster Stelle: „Eine Wieder- und Neugewinnung der phänomenologischen Methode ist praktisch-theologisch notwendig."[86] Dies ergebe sich zwingend, wenn im Praxisbegriff das von Husserl entwickelte Problem der Lebenswelt miterfasst werden soll. Dabei gehe es darum, „die Elemente der Primärerfahrungen, die Zugangsweisen zu Vorgängen wie Einfall, Phantasie, Meditation und die Versuche, die Momente des Sehens im Denken kategorial zu fassen"[87]. Schröer macht weitreichende Vorschläge in Bezug auf eine koordinierte Forschungsplanung, auf Forschungsinstitute, einen bikonfessionellen Forschungsverbund, ein bikonfessionelles Forum zum Austausch von Forschungsinformationen sowie forschendes Lehren und Lernen.

Viele dieser Forderungen wurden nicht eingelöst. Das kurzzeitige Interesse an der Entwicklung und Reflexion praktisch-theologischer Methoden und ihrer grundlagentheoretischen Begründung ist in der Folgezeit verebbt und wurde durch die Arbeit an der theoretischen Grundlegung des neuen Wissenschaftsverständnisses überlagert.[88] Hermann Steinkamp schreibt 1984: „Weil die Praktische Theologie in den letzten zehn Jahren erhebliche Theorie- und Legitimationsdefizite aufzuarbeiten hatte und sich dabei vor allem an den wissenschaftstheoretischen Problemen festbiß, vermochte sie die Entwicklungen im Bereich der empirischen Forschung, zumal der

---

[83] Schröer (1974): Forschungsmethoden in der Praktischen Theologie, 206, im Orig. hervorg.
[84] Vgl. Schröer (1974): Forschungsmethoden in der Praktischen Theologie, 211.
[85] Schröer (1974): Forschungsmethoden in der Praktischen Theologie, 212, Hervorh. im Orig.
[86] Schröer (1974): Forschungsmethoden in der Praktischen Theologie, 219, im Orig. hervorg.
[87] Schröer (1974): Forschungsmethoden in der Praktischen Theologie, 219.
[88] Immerhin veranlasste das Ansteigen der Zahl der Kirchenaustritte die Evangelische Kirche in Deutschland (EKD) zu regelmäßigen demoskopischen Erhebungen zur Kirchenbindung der Mitglieder mit quantitativen Methoden, die in der letzten Studie auch durch qualitative Methoden ergänzt wurden; vgl. Hild (1974): Wie stabil ist die Kirche; Hanselmann (1984): Was wird aus der Kirche?; Engelhardt (1997): Fremde Heimat Kirche; Kirchenamt der EKD (2003): Kirche – Horizont und Lebensrahmen. In der katholischen Kirche in Deutschland wurde die empirische Kirchenforschung nicht institutionalisiert, vielmehr wurden externe Aufträge an das Institut für Demoskopie Allensbach vergeben.

qualitativen Sozialforschung, nicht adäquat zu rezipieren, geschweige denn, sich an diesen Entwicklungen eigenständig zu beteiligen."[89]

Bis etwa Mitte der 1980er Jahre schien es, als sei im handlungswissenschaftlichen Ansatz und seiner wissenschaftstheoretischen Begründung eine Grundlage für ein neues Selbstverständnis der Praktischen Theologie gefunden worden, an der gemeinsam weitergearbeitet werden konnte. Eine zusammenfassende Diskussion zum handlungswissenschaftlichen Ansatz, die zugleich einen gewissen Abschluss darstellt, bilden die Beiträge in dem von Ottmar Fuchs 1984 herausgegebenen Sammelband „Theologie und Handeln". Steinkamp konstatiert hier einen „sich zunehmend verbreitende(n) Konsens über die Marschroute, Praktische Theologie als Handlungswissenschaft zu entwerfen"[90], stellt aber auch fest, dass sich „dieser Konsens sich als minimal und vage darstellt (..., und) „sich die Ausarbeitung einer praktisch-theologischen Handlungstheorie allenfalls im Stadium der ‚Ouvertüre' befindet."[91]

Man hätte sich nun der nachdrücklich eingeforderten Methodenfrage zuwenden können. Doch löste sich der scheinbare Konsens in der evangelischen wie katholischen Praktischen Theologie gleichermaßen seit Mitte der 1980er Jahre auf; es wurden unterschiedliche Ansätze entwickelt, die recht unverbunden nebeneinander stehen; eine Kontroverse findet nicht statt. Zunächst möchte ich einen Blick auf die phänomenologischen Ansätze werfen. Besonders in der evangelischen Praktischen Theologie wurde der bisherige Fokus auf das Handeln erweitert und der Wahrnehmung eine besondere Beachtung geschenkt.[92] In diesem Zusammenhang wurde die Phänomenologie neu aufgegriffen, wobei unterschiedliche Wege eingeschlagen wurden. Manfred Josuttis erarbeitete eine Phänomenologie der Wahrnehmung des Heiligen, wobei er sich auf religionsphänomenologische und religionsgeschichtliche Ansätze bezieht, in denen es um die Macht und Wirkung des Heiligen geht.[93] Ganz anders gelagert sind die Bezüge auf die Phänomenologie bei Hans-Günter Heimbrock und Wolf-Eckart Failing, die an einem praktisch-theologischen Ansatz der Wahrnehmung auf phänomenologischer Basis arbeiten.[94] Die Phänomenologie wird hier als Wahrnehmungslehre und Wahrnehmungsmethode verwendet. Auf katholischer Seite hat Reinhard Feiter einen praktisch-theologischen Ansatz des „antwortenden Handelns" auf der Grundlage der Phänomenologie Bernhard Waldenfels' entwi-

---

[89] Steinkamp (1984): Zum Beispiel: Wahrnehmung von Not, 186.

[90] Steinkamp (1984): Zum Beispiel: Wahrnehmung von Not, 182.

[91] Steinkamp (1984): Zum Beispiel: Wahrnehmung von Not, 182.

[92] Einen umfassenden Überblick über die jüngere evangelische Praktische Theologie gibt Schröder (2004): Praktische Theologie evangelischer Prägung in Deutschland.

[93] Vgl. Josuttis (1996): Einführung in das Leben; dieses Werk versteht der Autor als die Grundlegung seiner vorausgegangenen Arbeiten. Seine „phänomenologische Methode" bleibt dabei aber unscharf, er grenzt sie gegenüber der dialektischen Theologie sowie gegenüber humanwissenschaftlichen und hermeneutischen Methoden ab.

[94] Vgl. Failing/ Heimbrock (1998): Gelebte Religion wahrnehmen; Heimbrock (2001): Wahr-Nehmen der Gestalten von Religion. Für Heimbrock ist die Phänomenologie „ein Sammelbegriff höchst unterschiedlicher Ansätze in zahlreichen Wissenschaftstraditionen"; ebd. 229. Zur Darstellung seiner Methode greift er entsprechend auf unterschiedliche Ansätze zurück; er bezeichnet sie auch zuweilen als „dichte Beschreibung", wobei er einen Begriff des amerikanischen Kulturanthropologen Clifford Geertz verwendet; vgl. Geertz (1987): Dichte Beschreibung.

ckelt.[95] Eine explizite grundlagentheoretische Begründung der phänomenologischen Ansätze und Methoden in der Praktischen Theologie steht bislang noch aus; einen Beitrag dazu soll die vorliegende Arbeit leisten.

Neben diesen phänomenologischen Richtungen wurden eine Reihe anderer Ansätze entwickelt: systemtheoretische und handlungstheoretische, ästhetische und kulturwissenschaftliche Ansätze, verschiedene pragmatische Konzepte, Ansätze, die an betriebswirtschaftlichen Organisationsmodellen orientiert und solche, die ganz einfach an Anwendungsrezepten interessiert sind und auf eine grundlagentheoretische Reflexion weitgehend verzichten; es zeigen sich postmoderne Ansätze, spekulative Entwürfe und Ansätze, die implizit oder explizit wieder das deduktive theologische Anwendungsmodell propagieren und damit das handlungswissenschaftliche Selbstverständnis verlassen. Oftmals werden verschiedene Ansätze miteinander verknüpft. So überschneiden oder durchdringen sich häufig die Fragestellungen, Reflexionsrahmen und Konzeptionen, sodass die Grenzen von eindeutigen Ansätzen und Positionen verschwimmen. Die Einsicht, dass Theologien und Positionen in den Biographien der Subjekte verankert sind, die sie ausarbeiten, und dass viele Theologien nebeneinander ihre Berechtigung haben, hat zu einer Entwicklung geführt, in der möglichst viele verschiedene Positionen, verbunden mit ihren biographischen Verortungen, zur Sprache gebracht werden.[96] Als Folge der rasch wachsenden Ausdifferenzierung und Unübersichtlichkeit der Disziplin erscheinen seit dem Ende der 1990er Jahre wieder vermehrt Handbücher, Gesamtdarstellungen und Lehrbücher zur Praktischen Theologie; Methodenfragen spielen in diesen meist keine oder eine untergeordnete Rolle.[97]

So vielfältig wie die theoretischen Bezugsrahmen sind die verwendeten Methoden. Aber wieder geht es zuerst um die Begründung des jeweiligen theoretischen Ansatzes, zu einer umfassenden Methodenreflexion ist es nicht gekommen. Es wird auf die Methoden zurückgegriffen, die dem jeweiligen Ansatz und Verständnis am ehesten entsprechen, seien dies nun Methoden aus den Kulturwissenschaften, der Organisationsentwicklung, den Sprachwissenschaften oder aus der Phänomenologie. Das Interesse liegt momentan mehr in der Entwicklung und Profilierung der verschiedenen theoretischen Konzepte als in der Entfaltung und Begründung der Methoden.

---

[95] Vgl. Feiter (2002): Antwortendes Handeln.

[96] Vgl. für die katholische Praktische Theologie: Praktisch-theologische Informationen 20 (2000): Pluralität im eigenen Haus. Selbstverständnisse Praktischer Theologie; für die evangelische Praktische Theologie: Lämmlin/ Scholpp (2001): Praktische Theologie der Gegenwart in Selbstdarstellungen. Hier stellen 21 evangelische Praktische Theologinnen und Theologen ihre Konzepte verbunden mit ihren biographischen Verortungen vor.

[97] Vgl. im katholischen Raum: Knobloch (1995): Was ist Praktische Theologie?; Knobloch (1996): Praktische Theologie; Haslinger u.a. (1999/ 2000): Praktische Theologie; im evangelischen Raum: Winkler (1997): Praktische Theologie elementar; Meyer-Blanck/ Weyel (1999): Arbeitsbuch Praktische Theologie; Steck (2000): Praktische Theologie; Nicol (2000): Grundwissen Praktische Theologie; Lämmermann (2001): Einleitung in die Praktische Theologie, Lämmlin/ Scholpp (2001): Praktische Theologie der Gegenwart in Selbstdarstellungen; Möller (2004): Einführung in die Praktische Theologie u.a. Eigenartig ist die meist nicht begründete Monokonfessionalität der Darstellungen. Für die Religionspädagogik haben Mette und Rickers ein bikonfessionelles Grundlagenlexikon herausgegeben; vgl. Mette/ Rickers (2001): Lexikon der Religionspädagogik.

Mit den zu den eigenen Ansätzen passenden Methoden wird meist pragmatisch umgegangen. Einen gemeinsamen Methodendiskurs gibt es nicht, und er wird auch, anders als noch in den 1970er Jahren, nicht gefordert oder vermisst.

Die Notwendigkeit, zu differenzierten wissenschaftlichen Erkenntnissen über die soziale Wirklichkeit und ihre gesellschaftlichen Konstitutionsvorgänge zu gelangen, hat zu einer Zunahme an empirischen Arbeiten geführt.[98] Kritische Einwände gegenüber der empirischen Theologie machen die Notwendigkeit einer breiten Diskussion und einer gründlichen theologischen und grundlagentheoretischen Begründung deutlich.[99] Gerade heute stellt sich für die an der Universität verankerte Praktische Theologie die Frage nach ihrer wissenschaftlich begründeten und interdisziplinär kommunizierbaren Methodologie. Diese ist eine der zentralen Grundlagen für die Zusammenarbeit mit anderen wissenschaftlichen Disziplinen und entscheidet mit darüber, ob und wie die Praktische Theologie im interdisziplinären Gespräch wahrgenommen und ernst genommen wird und ob und wie sie dieses mitbestimmen kann. Da Inhalte und Methoden nicht voneinander getrennt werden können, ist der pragmatische Umgang mit den Methoden, wie er zurzeit üblich ist, problematisch.

Wenn Praktische Theologie sich heute als eine subjektorientierte Handlungs- und Wahrnehmungswissenschaft versteht, wenn sie sich auf das Erleben und Erleiden der Menschen, auf das subjektive Wahrnehmen und Handeln in ihrem Alltag, auf den Glauben und die „gelebte Religion"[100] bezieht, muss sie Auskunft darüber geben können, wie sie zu ihren Erkenntnissen darüber kommt. Die in dieser Arbeit verhandelte Frage nach einer wissenschaftstheoretischen Fundierung einer handlungswissenschaftlichen Methodologie in der Praktischen Theologie, die die Erfahrung der Menschen erschließt und theoretisch fasst, ist für all jene Ansätze zentral, für die die Erfahrungen des Subjekts – sei es des theologietreibenden Subjekts, der Gläubigen als der Subjekte des Handelns der Kirche oder der Subjekte, denen sich die Kirche in besonderem Maße verpflichtet weiß, der Armen und „Bedeutungslosen"[101] –, theologisch konstitutiv ist. Für eine umfassende Grundlagenforschung im Bereich der Methodologie in der Praktischen Theologie besteht dringender Bedarf.

---

[98] Vgl. den umfassenden Forschungsbericht zur empirischen religions- und kirchensoziologischen Forschung seit Beginn der 1990er Jahre von Feige/ Lukatis (2004): Empirie hat Konjunktur.

[99] Vgl. hierzu Kap. 1.2.2.4.

[100] Der von vielen evangelischen Theologinnen und Theologen verwendete Ausdruck „gelebte Religion" – andere sprechen auch von „Religion in der Lebenswelt" – ist nach Heimbrock als Suchbegriff zu verstehen; vgl. Heimbrock (2001): Wahr-Nehmen der Gestalten von Religion, 228-231. Er ist sehr weit gefasst und macht die Schwierigkeit deutlich, das Phänomen des Religiösen in der gegenwärtigen Gesellschaft zu erfassen und zu bestimmen. Die Weite des Begriffs ist allerdings für die Praktische Theologie nicht unproblematisch und bedarf der weiteren Diskussion.

[101] Der Begriff der „Bedeutungslosen" schließt an den Begriff der „Nicht-Menschen" und der „Namenlosen" von Gustavo Gutiérrez an; er ist ein Suchbegriff, der nach denen suchen lässt, die bislang noch nicht entdeckt sind, die keine Stimme haben, für deren Art der Bedeutungslosigkeit es vielleicht nicht einmal einen Begriff gibt. Ausführlicher dazu: Klein (1996): Erfahrungen der Spuren Gottes, 57f.

1.2.3 Entwicklungen in Nordamerika

Sieht man über den deutschsprachigen Raum hinaus, so zeichnet sich für die Praktische Theologie ein ähnlich diffuses Bild ab. Die konfessionellen Grenzen sind besonders in Nordamerika nicht so ausgeprägt wie in Deutschland. Doch sind wechselseitige Rezeptionsprozesse zwischen Ländern und Kulturbereichen vor allem aufgrund der sprachlichen Barrieren kaum zu verzeichnen. Seit knapp zehn Jahren gibt es jedoch verstärkte Bemühungen zur Vernetzung. Ein wichtiges Forum, das solche Rezeptionsprozesse in Gang bringen soll, ist der Mitte der 1990er Jahre gegründete Zusammenschluss der Praktischen Theologinnen und Theologen auf Weltebene in der *International Academy of Practical Theology*.[102] Dabei geht es zunächst einmal um die wechselseitige Wahrnehmung; Methodenfragen der Praktischen Theologie spielen hier bislang kaum eine Rolle. Eine Plattform für den internationalen Dialog über Methoden in der Praktischen Theologie bieten die 1987 gegründete Zeitschrift *Journal of Empirical Theology* und der 2002 gegründete Zusammenschluss *International Society of Empirical Reseach in Theology*.[103]

Im Folgenden möchte ich auf die methodische Diskussion in der Praktischen Theologie in Nordamerika eingehen, die eine eigene Entwicklung nahm, wobei es jedoch vielfältige Wechselwirkungen mit Entwicklungen in Europa sowie mit Entwicklungen in den Sozialwissenschaften gab.[104] In Nordamerika entwickelte sich die Praktische Theologie seit dem zweiten Drittel des 19. Jahrhunderts zunächst als ein Bereich des theologischen Studiums; eine Ausgestaltung zur wissenschaftlichen Disziplin vollzog sich allenfalls in Ansätzen. Die pastoraltheologische Literatur wurde von dem Erfahrungswissen von Pastoren, Soziologen und Psychologen gespeist.[105] Zu Beginn des 20. Jahrhunderts wurde die Praktische Theologie durch den erfahrungsbezogenen Ansatz von William James beeinflusst.[106] Zudem wurde sie besonders an der Universität von Chicago seit den 1920er Jahren von der Entwicklung der qualitativ-empirischen Methoden der *Chicagoer Schule* inspiriert, die eine wesentliche Grundlage für die heutige sozialwissenschaftliche Methodendiskussion legte.[107]

---

[102] Hier bildet sich die Vielfalt der Ansätze in den Konferenzthemen ab: „*Globalisation and Differenz. Practical Theology in a World Context*" (Korea 1997), veröffentlicht in: Ballard/ Couture (1999): Globalisation and Difference; „*Creativity, Imagination and Criticism. The Expressive Dimension in Practical Theology*" (Kanada 1999), veröffentlicht in: Ballard/ Couture (2001): Creativity, Imagination and Criticism (2001); „*Poverty, Suffering and HIV-Aids – A Challenge to Practical Theology and Ecclesiology*" (Südafrika 2001), veröffentlicht in: Couture/ Miller-McLemore (2003): Poverty, Suffering and HIV-Aids; „*Theology and Public Life – Practical Theology in an Age of Pluralism*" (Großbritannien 2003).

[103] Die Konferenzthemen waren: „*Empirical Research and Theological Normativity*" (Nijmegen 2002); „*Religious Practise and De-institutionalized Religion*" (Bielefeld 2004).

[104] Vgl. Schweitzer (2000): Praktische Theologie in Nordamerika.

[105] Vgl. Cobb (1992): Empirical Theology and Pastoral Theology, 247.

[106] Vgl. James (1901/02/ 1997): Die Vielfalt religiöser Erfahrung.

[107] Die *Chicagoer Schule* ging aus dem Department für Soziologie der Universität Chicago hervor und war wegweisend für die Entwicklung der qualitativen Methoden. Trion Inbody unterscheidet drei Phasen der „Chicago School of Theology": die Phase der sozial-historischen Methode der frühen Chicagoer Schule, geprägt von Shirley Jackson Case (1908-1926), die Phase der philosophisch-theologischen Methode, geprägt von Henry Nelson Wieman (1926-1946) und die Phase

Die Hinwendung zur Empirie brachte zwar nur wenige praktisch-theologische Veröffentlichungen hervor, hatte aber einen großen Einfluss auf die weitere Entwicklung der Praktischen Theologie.[108] Wie in Europa gewann auch in Nordamerika die dialektische Theologie an großem Einfluss und drängte die empirischen Ansätze zurück; diese Zeitspanne wird auch die „Neo-orthodoxe Epoche"[109] genannt. Einen zentralen Impuls auf dem Weg zur heutigen Praktischen Theologie gab 1958 Seward Hiltners Werk „Preface to Pastoral Theology"[110], das eine Grundlegung der Praktischen Theologie darstellt und in Deutschland vor allem von Joachim Scharfenberg und Rolf Zerfaß rezipiert wurde.

In den 1980er Jahren begann eine neue Diskussion um Grundlegungsfragen, die zur Herausbildung der sogenannten *„Neuen Praktischen Theologie"* geführt hat.[111] Als richtungsweisend für diese Entwicklung sieht Friedrich Schweitzer zwei Aufsatzbände an: den 1983 von Don S. Browning herausgegebenen Band: „Practical Theology: the Emerging Field in Theology, Church, and World" sowie den 1987 von Lewis S. Mudge und James N. Poling herausgegebenen Band: „Formation and Reflection: The Promise of Practical Theology".[112] Die Diskussion wurde von Don Browning 1991 in seinem Entwurf: „A Fundamental Practical Theology" zusammengefasst und resümiert. Kennzeichnend für die Methodendiskussion in der *„neuen Praktischen Theologie"* ist der große Einfluss des systematischen Theologen David Tracy, der das methodische Modell seines Lehrers Bernard J.F. Lonergan[113] weiterentwickelt hat. In diesem Modell einer Theologie als einer „kritischen Korrelation" werden gegenwärtige Erfahrungen und christliche Texte wechselseitig in kritischer Weise miteinander korreliert. Die *„neue Praktische Theologie"* bezieht sich weiterführend, revidierend oder auch kritisch oder ablehnend auf diesen hermeneutischen Korrelationsansatz. So entwickelt Don Browning in seinem Ansatz einer „öffentlichen Praktischen Theologie" ein revidiertes Korrelationsmodell der Praktischen Theologie.[114] Die befreiungstheologisch, feministisch und politisch-theologisch orientierte Theologin Rebecca S. Chopp kritisiert den Ansatz von Tracy als dem liberalen Bürgertum und seinen Interessen verhaftet; sie betrachtet die gesamte Theologie als eine praktische Wissenschaft und fordert aus diesem Selbstverständnis heraus die Entwicklung neuer Inhalte und Methoden.[115] Schweitzer hält fest, „daß sich die amerikanische Methodendiskussion in der Praktischen Theologie als klare Entsprechung zu dem besonders von D. Tracy ausgehenden Korrelationsdenken begreifen läßt. Durchweg geht es darum, heutige Situationen so zu erschließen, daß eine inter-

---

der konstruktiven Theologie, geprägt von Bernard Meland (1946-1966); vgl. ausführlicher dazu Inbody (1992): History of Empirical Theology, 19-29.

[108] Vgl. Schweitzer (2000): Praktische Theologie in Nordamerika, 569; Cobb (1992): Empirical Theology and Pastoral Theology.

[109] „neo-orthodox epoch": Cobb (1992): Empirical Theology and Pastoral Theology, 247 u.a.

[110] Hiltner (1958): Preface to Pastoral Theology. Im deutschen Sprachraum wurde dieser Ansatz von Dieter Stollberg und Rolf Zerfaß rezipiert.

[111] Vgl. Schweitzer (2000): Praktische Theologie in Nordamerika, 570-590.

[112] Vgl. Schweitzer (2000): Praktische Theologie in Nordamerika, 570.

[113] Vgl. Lonergan (1971/ 1991): Methode in der Theologie.

[114] Browning (1987): Practical Theology and Religious Education, 79.

[115] Vgl. Chopp (1987): Practical Theology and Liberation.

pretative Verbindung mit der christlichen Tradition möglich wird. Diesem Ziel dienen auch die häufigen Bezüge auf die ,Hermeneutik', die als ,praktische' und ,theologische' Hermeneutik keineswegs auf Texte beschränkt sein soll, sondern die sich auf die heutige Situation bezieht. Insofern kann die Hermeneutik als Leitmethode der ,neuen Praktischen Theologie' in den USA angesehen werden."[116]

Einen anders ausgerichteten, in die mystagogische Richtung weisenden methodisch-hermeneutischen Ansatz legte der Systematische Theologe Edward Farley in dem erwähnten Sammelband von Mugde/ Poling programmatisch vor.[117] Sein Anliegen ist es, die Theologie als eine „Gotteserkenntnis", als eine Wissenschaft zurückzugewinnen, die sich auf den sich selbst erschließenden Gott richtet. Für diese im 17. Jahrhundert abgebrochene Tradition sei das Verständnis von Theologie als ein „Habitus" prägend, d.h. als einer Disposition, eines Vermögens und Tuns der Seele selbst. Mit seinem methodischen Programm der „Interpretation von Situationen" setzt er sich von einem Applikationsmodell ab, das von der Theorie zur Praxis hin orientiert ist oder zwischen beiden als getrennten Wirklichkeiten vermittelt. Für die Interpretation der Situation fordert er ähnlich wie für die von Texten eine eigene Hermeneutik. Vier Aufgaben machen den theologischen Charakter dieser Situations-Hermeneutik aus: (1) die sorgfältige Wahrnehmung der Situation, (2) die Herausarbeitung der in der Situation wirksam werdenden Vergangenheit, die als eine teilweise nicht mehr bewusste Tiefenstruktur die Situation – oftmals durch unterdrückerische Mechanismen – bestimmt, (3) die Weitung der Perspektive über die Einzelsituation hinaus, die diese mit gesellschaftlichen und globalen Zusammenhängen verbindet, und (4) die Identifikation der in der Situation enthaltenen Handlungsimperative, wobei hier theologische Sichtweisen zum Tragen kommen. Dieser methodische Ansatz wird sowohl von Theologinnen und Theologen weitergeführt, die empirisch arbeiten und die Erfahrungen anderer zu ergründen suchen, als auch von solchen, die die eigene Erfahrung als Ausgangspunkt für die Theoriebildung nehmen.

1.3   Methodische Modelle in der Praktischen Theologie

Wenn im Folgenden von Methoden in der Praktischen Theologie gesprochen wird, müssen zunächst grundsätzliche Unterscheidungen getroffen werden. Praktische Theologie hat zwei unterschiedliche aufeinander bezogene Aufgabenbereiche methodisch zu bewältigen: Sie muss Konzepte zur Unterstützung der pastoralen Praxis erarbeiten; und sie muss die Lebens- und Glaubenswirklichkeit der Menschen erheben und Theorien über sie bilden. Im Blick auf die Methodendiskussion in der Praktischen Theologie muss entsprechend unterschieden werden zwischen:

---

[116]   Schweitzer (2000): Praktische Theologie in Nordamerika, 585.
[117]   Vgl. Farley (1987): Interpreting Situations. Vgl. hierzu die Darstellung bei Schweitzer (2000): Praktische Theologie in Nordamerika, 575f; 583f.

- den Methoden der pastoralen Praxis,
- den Methoden der praktisch-theologischen Erhebung und Theoriebildung über die Praxis, und
- der Grundstruktur des methodischen Vorgehens in der Praktischen Theologie.

Im Bereich der *Methoden der pastoralen Praxis* wurde im Gespräch mit den Humanwissenschaften bereits ein breites Repertoire entwickelt, wozu z.B. Methoden der seelsorglichen und der diakonischen Praxis, der Bildungsarbeit, der Organisationsentwicklung, der Verkündigung usw. zählen. Die Frage, wie Praxismethoden, die in anderen Wissenschaften entwickelt wurden, wie z.B. die klientenzentrierte Gesprächspsychotherapie oder die Organisationsentwicklung, in der Theologie verwendet werden können, werden in der Praktischen Theologie bereits eingehend diskutiert.[118]

Im Bereich der *Methoden der praktisch-theologischen Wahrnehmung, Erhebung und Theoriebildung* über die Lebens- und Glaubenswirklichkeit der Menschen sind weder die Methoden noch ihre Grundlagen bislang geklärt. Hier behalf man sich dadurch, dass man sozialwissenschaftliche Analysen heranzog, oder dass man mit empirischen Methoden der Sozialwissenschaften Erhebungen zu praktisch-theologischen Fragestellungen durchführte. Für phänomenologische und ästhetische Ansätze wurde auf phänomenologische Theorien zurückgegriffen, die Grundlagen- und Methodenfragen sind aber auch hier nicht geklärt. Als eine *Grundstruktur des methodischen Vorgehens* haben sich in der deutschsprachigen katholischen Praktischen Theologie der Dreischritt „Sehen – Urteilen – Handeln" und das Regelkreismodell von Rolf Zerfaß durchgesetzt.

Im Folgenden werde ich zunächst die Ursprünge der Methode „Sehen – Urteilen – Handeln" im Zusammenhang mit dem Leben und der Theologie Joseph Cardijns ausführlich rekonstruieren. Dann werde ich die Weiterentwicklung der Methode in der lateinamerikanischen Theologie der Befeiung darstellen. Die Variante der Methode in der europäischen Praktischen Theologie sowie das Regelkreismodell von Zerfaß wurden breit rezipiert und sind bekannt, ich werde deshalb hier nur kürzer auf sie eingehen.

1.3.1 Die Ursprünge des methodischen Dreischritts „Sehen – Urteilen – Handeln"

Das Modell des Dreischritts „Sehen – Urteilen – Handeln" geht auf den belgischen Priester Joseph Cardijn (1882-1967) zurück.[119] Cardijn hat es für Praxis in der Christlichen Arbeiterjugend (CAJ) entwickelt. Er selbst hat eher sporadisch und em-

---

[118] Vgl. z.B. für den Bereich der Seelsorge: Kießling (2002): Seelsorge bei Seelenfinsternis, 117-278; für den Bereich der Ausbildung für pastorale Berufe: Köhl (2003): Lern-Ort Praxis; für den Bereich der Didaktik der Praktischen Theologie: Steinhäuser/ Ratzmann (2002): Didaktische Modelle Praktischer Theologie, u.a.

[119] Zu Cardijn vgl. Mock (1971): Cardijn; Antony (1982): Zur Arbeiterschaft – zur Arbeiterbewegung entschieden.

phatisch als systematisch über diese Methode geschrieben. Sein Werk zeichnet sich nicht durch ein systematisches theologisches Schrifttum aus, sondern durch sein praktisches und organisatorisches Handeln. Seine Schriften sind heute in Vergessenheit geraten. Seine Theologie und die Methode sind bislang noch nicht systematisch aufgearbeitet worden. Dennoch ist die Methode „Sehen – Urteilen – Handeln" nur im Zusammenhang mit dem Leben und der Theologie Cardijns richtig zu verstehen. Im Folgenden soll die Methode in diesem Zusammenhang rekonstruiert werden. Ich werde diesen Abschnitt gründlicher behandeln in der Absicht, auch vergessene Texte der wissenschaftlichen Diskussion neu zugänglich zu machen und Cardijn in Zitaten selbst zur Sprache kommen zu lassen.

1.3.1.1 Biographische Notizen zu Joseph Cardijn (1882-1967)

Joseph Cardijn wird am 13.11.1882 als zweites von vier Kindern in Schaerbeek in der Nähe von Brüssel geboren.[120] Sein Vater arbeitet als Hausmeister, Gärtner und Kutscher, seine Mutter als Köchin und Zofe. Die ersten Lebensjahre verbringt Joseph bei seinen Großeltern in Hal, einer kleinen flämischen Industriestadt südlich von Brüssel. Seine Eltern ziehen nach etwa sechs Jahren ebenfalls nach Hal, wo sein Vater eine kleine Kohlenhandlung übernimmt. Die Erziehung der Kinder ist streng katholisch. Mit neun Jahren liest Joseph seinem Vater, der des Lesens und Schreibens unkundig ist, die Enzyklika „Rerum novarum" vor. In der Familie ist die Frage des Schicksals der Arbeiter ein ständiges Gesprächsthema. So ist Joseph Cardijn schon früh mit der Arbeiterfrage konfrontiert; er zeigt sich besonders von den Problemen der sehr jungen Arbeiter berührt, die er vor seinem Haus in die Fabriken ziehen sieht, und die fast noch Kinder sind.

Nach dem Ende der Schulzeit soll Cardijn in einer Fabrik arbeiten. Doch am Abend vor dem Arbeitsbeginn bittet er seine Eltern, ihn weiter auf die Schule zu schicken, da er Priester werden wolle. Ab Anfang 1897 besucht er das Gymnasium im Seminar von Malines und beginnt dort im September 1903 das Theologiestudium. Am Sterbebett seines Vaters verspricht er im gleichen Jahr, sein Leben lang für die Arbeiterklasse zu arbeiten.

1906 empfängt er die Priesterweihe. In diesem Jahr wird er an die Universität nach Löwen geschickt, um Soziologie und Politik zu studieren. Hier begegnet er Deploige, der versucht, die zeitgenössische Soziologie in die neoscholastische Philosophie zu integrieren. Cardijn studiert auch bei Victor Brants, Professor für Politikökonomie, der sich eingehend mit der Arbeiterfrage befasst und mit seinen Studenten Fabriken besucht. Mit Brants' finanzieller Unterstützung unternimmt Cardijn Reisen, um das Arbeiterleben in Fabriken des Sene-Tales, in wallonischen Kohlegruben und Metallfabriken und in Webereien in Flandern zu studieren. Ostern 1907 reist er nach Deutschland, um die Heimarbeit von Frauen kennen zu lernen, sowie nach Man-

---

[120] Zur Biographie Cardijns vgl. Mock (1971): Cardijn; Pawlowski (1982): ‚So als hätte man mir einen Dolch ins Herz gestoßen'; sowie die autobiographischen Ausführungen in: Cardijn (1964): Laien im Apostolat, 7-31.

chester, Liverpool, Birmingham und London, um die englische Arbeiterbewegung zu erkunden.

Von 1907 bis 1912 arbeitet er als Lateinlehrer in Basse-Wavre. Er ist dabei so unzufrieden, dass er schließlich krank wird und einer Kur bedarf. In seinen Ferien unternimmt er weiterhin Reisen, um die Arbeiterbewegung kennen zu lernen.

Ostern 1912 wird er in die Pfarrei Notre Dame in Laeken, einem Außenbezirk von Brüssel versetzt, die 25.000 Gläubige zählt. Mit dreißig Jahren beginnt er nun, seinen Wunsch zu verwirklichen, sich für die Arbeiterschaft zu engagieren. Durch persönliche Befragungen und Fragebögen versucht Cardijn, etwas über die Situation der Menschen in der Gemeinde zu erfahren und gleichzeitig die Menschen anzuregen, sich mit ihrer Situation auseinanderzusetzen. Zuständig für die Mädchen- und Frauenseelsorge, gründet er „Studienkreise"[121] und „Apostolatskreise", in denen die Frauen die Probleme der Arbeit diskutieren können, und veranstaltet Einkehrtage und Exerzitien für sie. So entstehen Gruppen für Büglerinnen, Näherinnen, Dienstmädchen und Handwerkerinnen und für die älteren Frauen eine Sektion der Frauenliga, die bald auf mehr als tausend Mitglieder anwächst. Aufgrund dieser Erfolge gründet Cardijn später auch einen Studienzirkel für männliche Arbeiterjugendliche, aus dem die Leiter der späteren CAJ hervorgehen.

Im Ersten Weltkrieg wird Cardijn zweimal verhaftet und nutzt die Zeit im Gefängnis, um über seine Experimente und Methoden nachzudenken. 1915 wird er zum Direktor der Sozialen Werke in Brüssel ernannt und gibt 1919 seine Tätigkeit in der Pfarrei in Laeken auf, um sich ganz dieser Arbeit zu widmen.

1919 wird die „Gewerkschaftsjugend" unter Leitung von Fernand Tonnet und Jacques Meert gegründet. Sie sucht den Kontakt zu Universitäten und erreicht, dass Wissenschaftler wie Juristen, Mediziner und Ingenieure an der Lösung von Problemen in Arbeiterkreisen mitarbeiten. Es geht dabei um Fragen der Berufsausbildung, des Arbeitsschutzes oder um die Lehrlingsbetreuung. Um die Probleme der Arbeiterinnen und Arbeiter besser erfassen zu können und um mit ihnen in Kontakt zu kommen, erarbeitet die Gewerkschaftsjugend einen Fragebogen, den sie an Arbeitskollegen verteilt. Dieser Fragebogen bildet die Grundlage zu einem allgemeinen Programm, das später für die Christliche Arbeiterjugend verbindlich wird.

Am 18. 4. 1925 findet der Gründungskongress der Christlichen Arbeiterjugend (CAJ bzw. JOC – Jeunesse Ouvrière Chrétienne) statt, die aus der „Gewerkschaftsjugend" hervorgeht. Der neue Name soll die Parteilichkeit für die Arbeiterjugend akzentuieren und deutlich machen, dass die Organisation nicht ausschließlich gewerkschaftlich orientiert ist. Fernand Tonnet wird Vorsitzender, Paul Garcet Sekretär und Jacques Meert Finanzverwalter, Cardijn fungiert als Generalkaplan.[122] Die CAJ umfasst bei ihrer Gründung zwei verschiedensprachige Teilorganisationen, die jeweils

---

[121] Die Studienkreise werden später Aktivisten- und Aktivistinnenrunde, in Deutschland Arbeitsgemeinschaft bzw. Helferinnenrunde genannt.

[122] Das Gründertrio verlässt 1934 die CAJ aus Protest dagegen, dass die CAJ ihren alten Ideen untreu geworden sei und sich zu einem Verein der Gewerkschafts- und Kulturarbeit entwickle. Cardijn und die CAJ sind schwer von dem Weggang des Gründertrios getroffen. Tonnet und Garcet, der die Leiterin der Brüsseler weiblichen CAJ heiratet, bleiben ein Leben lang miteinander verbunden und sterben 1945 im Konzentrationslager in Dachau.

einen männlichen und einen weiblichen Zweig haben.[123] Es gibt zu diesem Zeitpunkt fast 200 Ortsgruppen mit 6000 Mitgliedern in Wallonien und Brüssel. Die CAJ erwirbt ein Haus in Brüssel, in dem Cardijn bis zu seinem Tod drei Zimmer bewohnt.

Cardijn arbeitet unermüdlich am organisatorischen Aufbau der Arbeiterjugend. Er versucht zu werben und zu vermitteln, denn mit dem raschen Wachstum der Arbeiterjugend wächst auch der Druck von verschiedenen Seiten: von den traditionsverhafteten Katholiken, den katholischen Arbeitgebern, vom Verband der katholischen Jugend Belgiens[124], sowie von den Sozialisten, die das Monopol des Einflusses auf die Arbeiterschaft behalten wollen. Cardijn ist ein Mensch der Initiative. Von Anfeindungen und Rückschlägen lässt er sich nicht entmutigen, vielmehr sucht er den immer neuen Anfang: „Ich habe mit einem, mit zwei, mit dreien angefangen. Ich habe soundso oft angefangen – und ich fange an jedem Tag wieder neu an. Man muß anfangen können, immer wieder anfangen können!"[125] Er ist intuitiv und schöpferisch veranlagt, wortgewaltig und sein Leben lang von seinem Sendungsgedanken getrieben. „Ich stürzte von Stadt zu Stadt, im ganzen Land kam ich herum, in Wallonien und Flandern, (...) ich sprach – nein ich schrie – auf allen Versammlungen, Orts- und Landesversammlungen der Jugend, der Erwachsenen, auf Generalversammlungen, bei Exerzitien, Zusammenkünften der Priester. Jede Nacht kam ich erschöpft und ausgebrannt nach Hause. Und um mich herum immer wieder Kritik, Intrigen und Denunzierungen! Trotzdem rannte ich von Ort zu Ort, redete, schrie – so viel ich nur konnte."[126]

Cardijns Engagement zielt organisatorisch in zwei Richtungen: Zum einen baut er Gruppen und Organisationsstrukturen der Arbeiterjugend auf lokaler, nationaler und internationaler Ebene auf. Seiner Überzeugung folgend, dass die Menschen zwar den Impuls brauchen, doch aus sich selbst und aus der Gnade Gottes die Dinge schaffen und verändern, vermag er Organisation und Leitung zu delegieren und gewinnt dadurch Freiheit für weitere Organisationsarbeit. Zum anderen bindet er seine Arbeit an die Amtskirche zurück. 1925 pilgert er anlässlich des Heiligen Jahres nach Rom und trägt Papst Pius XI. in einer Privataudienz die Probleme der Arbeiterjugend vor. Von da an hält er regelmäßigen Kontakt mit Papst Pius XI. und seinen drei Nachfolgern. 1929 kommt er mit 500 belgischen männlichen CAJ-lern nach Rom, 1931 mit einer Gruppe von weiblichen CAJ-lern und führt dem Papst die Arbeiterschaft buchstäblich vor Augen.

Cardijn missioniert nicht nur die Arbeiterschaft, sondern auch die Kirche, indem er immer neu die Probleme der Arbeiterschaft und seine Auffassung über die Sendung der Laien zum Thema macht. Er möchte seine Überzeugungen und Anliegen in das Zentrum der kirchlichen Strukturen tragen, um diese zu verändern. Dadurch sichert er nicht nur die Arbeit und die Organisationsstrukturen der CAJ ab, sondern

---

[123] Vgl. Cardijn (o.J.): Führe mein Volk in die Freiheit, 29. Diese Struktur erlaubt es, auf die geschlechtsspezifischen Lebens- und Arbeitsbedingungen der Arbeiterinnen und Arbeiter einzugehen.

[124] Der Verband der katholischen Jugend Belgiens wurde 1919 gegründet und kirchlich unterstützt. Er wandte sich an alle katholischen Jugendlichen.

[125] Cardijn, zit. ohne Quellenangabe in: Mock (1971): Cardijn, 66.

[126] Cardijn, zit. ohne Quellenangabe in: Mock (1971): Cardijn, 39.

verändert auch das Denken der Amtskirche. Mit Erfolg: Seine theologischen Auffassungen und Formulierungen fließen in höchste lehramtliche Verlautbarungen ein. Bei einem Besuch in Rom 1960 spricht er den Papst auf eine neue Sozialenzyklika an und sendet ihm auf Wunsch einige Überlegungen dafür dazu. Am 15. Mai 1961, dem 70. Jahrestag der Sozialenzyklika „Rerum novarum", wird die Enzyklika „Mater et magistra" verkündet, in der Cardijns methodischer Dreischritt „Sehen – Urteilen – Handeln" eine Bestätigung erfährt (Nr. 236). Erheblichen Einfluss übt Cardijn auf das Zweite Vatikanische Konzil aus. Er arbeitet zwei Jahre lang in der Kommission zum Laienapostolat mit und bringt 25 Niederschriften in die Kommission ein.[127] Seine Theologie findet hier einen deutlichen Niederschlag.

Die von Cardijn iniziierte Arbeiterbewegung wächst rasch. Es werden Gruppen zunächst in Frankreich und dann in vielen anderen Ländern gegründet. Cardijn ist ein Praktiker mit großen organisatorischen Fähigkeiten. Er ist ein wortgewaltiger, intuitiver Redner, der die Massen gewinnen will und deshalb auch Massenveranstaltungen organisiert. Das zehnjährige Bestehen der CAJ wird 1935 als Massenveranstaltung im Stadion von Heysel mit 85.000 Menschen gefeiert.[128] 1950 wird auch das 25-jährige Bestehen der CAJ im Stadion von Heysel gefeiert – nun reisen Jugendliche bereits aus 52 Ländern an. Papst Pius XII. macht diese öffentliche Darstellung Sorgen. Er fordert die CAJ am Morgen dieses Tages in einer Rundfunkansprache auf, zurückhaltender zu sein und warnt eindringlich vor dem Klassenkampf. Doch Cardijn, der die Ansprache kurz vor seiner Rede im Stadion im Radio hört, lässt sich davon nicht beeindrucken. Er ermutigt die jungen Arbeiterinnen und Arbeiter: „Erinnert euch an die Worte des Herrn: Vater, ich danke dir, daß du dich den Kleinen und Demütigen geoffenbart hast, den Großen und Stolzen aber verborgen hältst, und wenn ihr die Kirchengeschichte studiert, könnt ihr immer wieder feststellen, daß es die Kleinen waren, die die Kirche groß gemacht haben: Ihr müsst den Reichtum der Kleinen erkennen und an ihre Möglichkeiten glauben."[129]

Nach dem Zweiten Weltkrieg konzentriert sich Cardijn auf die internationale Aufbauarbeit. Es geht ihm um eine weltweite Bewegung zur Befreiung der jungen Arbeiter. Jedes Jahr unternimmt er lange Reisen in Länder der ganzen Welt.[130] In den Gastländern werden ihm großartige Empfänge bereitet, die er sichtlich genießt.[131]

---

[127] Vgl. dazu auch: Hengsbach (1982): Die Bedeutung J. Cardijns für die Revision der katholischen Soziallehre.

[128] Die Teilnehmerinnen und Teilnehmer werden mit 60 Sonderzügen nach Heysel gebracht. In einem gigantischen Schauspiel mit 1560 Darstellern werden die Probleme des Arbeitslebens in Szene gesetzt.

[129] Cardijn, zit. ohne Quellenangabe in: Pawlowski (1982): „So als wenn man mir einen Dolch ins Herz gestoßen hätte", 22f.

[130] 1946 reist er nach Nord-, Mittel- und Südamerika, 1947 in die USA und nach Kanada, 1948 bereist er Nordafrika und Brasilien. Bis zu seinem Tod unternimmt er insgesamt 24 Weltreisen, hinzu kommen regelmäßige Reisen in andere europäische Länder. Vgl. die eindrückliche Darstellung der Reisen bei Mock (1971): Cardijn, 90-92.

[131] Cardijn hatte eine gewisse Schwäche für Massenveranstaltungen, die auch in folgendem Zitat zum Ausdruck kommt: „Am Montagabend erlebte ich einen überwältigenden Empfang in Penang. Der ganze Flughafen war beleuchtet und geschmückt. Der Premierminister, die Bischöfe, die Vertreter der Behörden und aller katholischer Organisationen waren da und vor allem die CAJler. Und jeder von ihnen trug eine Fackel. Sie sangen das Lied der internationalen CAJ. Ich war be-

Auch in seinen Ansprachen spiegelt sich sein internationales Problembewusstsein wider: Er spricht über die Atombewaffnung, die Abschreckungsdoktrin, das Wettrüsten und seine sozialen Kosten, über die Unterentwicklung, die Armut und Ausbeutung der sog. „Dritten Welt", die Benachteiligung von Mädchen und Frauen, die Folgen der Industrialisierung, das Landproletariat, die Rassentrennung und die Wohnungsnot, er setzt sich mit Kommunismus und Antikommunismus auseinander, mit der Einheit der Christen und die kriminelle Nutzung von Wissenschaft und Technik. Zur Lösung der großen Menschheitsprobleme fordert Cardijn die Zusammenarbeit der Kirche mit anderen Religionen und gesellschaftlichen Gruppierungen.

Sein Engagement bringt Cardijn viele Ehrungen und Würdigungen ein. So werden ihm Ehrendoktor-Titel von den Universitäten von Montreal, Ottawa, Rio, Santiago und Löwen verliehen. Bestätigung findet Cardijn schließlich auch von kirchlicher Seite. Am 12.2.1965 wird Cardijn zum Bischof geweiht und zum Kardinal ernannt. Zwei Jahre später, am 25.7.1967, stirbt Cardijn im Alter von 85 Jahren.

Cardijn *Wirkungsgeschichte* liegt vor allem in der von ihm initiierten Bewegung der CAJ begründet. Sein Andenken ist bis heute in der Praxis der Christlichen Arbeiterjugend lebendig, und sein Werk lebt bis in die Praxis der christlichen Arbeiterbewegung, des kirchlichen Verbandswesens und in dessen sozialem Engagement. Hier hat sich der Dreischritt als eine Methode der politischen Bildung bis heute bewährt und wurde auch von nicht-kirchlichen Kreisen rezipiert. Cardijn hat keine systematischen theologischen Darlegungen hinterlassen. Er hat sich selbst nicht als Wissenschaftler, sondern als Praktiker begriffen. „Ich bin weder Professor, noch Theologe oder Kirchenrechtler, noch Schriftsteller, sondern ein Mann der Aktion, der tätigen Bewegung, des Suchens. – ,Suchet und ihr werdet finden! – Suchet zuerst das Reich Gottes.' Noch jetzt, nach fünfzig Jahren, ist dieses ,Suchet' nach wie vor mein Wahlspruch."[132]

Das Schrifttum von und über Cardijn ist seit den 1970er Jahren im deutschsprachigen Raum vergriffen; außer kurzen Abrissen[133] ist in aktuellen Büchern heute kaum noch etwas von ihm zu erfahren. Die Texte Cardijns sind noch nicht umfassend ediert und ausgewertet worden. Sie bestehen vor allem aus Briefen, Vorträgen und Ansprachen in französischer und niederländischer Sprache, die in Broschüren oder in hektographierten Exemplaren verbreitet wurden. Allein das Buch: „Laien im Apostolat" hat größere Verbreitung gefunden.[134] Daneben sind in den 1950er und

---

geistert und gerührt zugleich. Dann setzte sich der Zug in Bewegung: Hundert Wagen und etwa zehn Autobusse geleiteten mich zum Seminar, wo alle an mir vorüberzogen. Fünf Jahre sind seit meinem ersten Besuch vergangen, damals wurde hier die CAJ gegründet, und inzwischen zählt sie schon fünfzig Abteilungen, deren Vorkämpfer alle Konvertiten sind." Cardijn, zit. ohne Quellenangabe in Mock (1971): Cardijn, 94.

132 Cardijn (1964): Laien im Apostolat, 10.
133 Vgl. Ruhmöller (1994): Art. „Cardijn", 943-944; Bautz (1999): Art: „Cardijn", 927.
134 Orig.: Laics en premièrs lignes. Paris 1963, dt.: Laien im Apostolat. Kevelaer 1964. Das Buch basiert auf Referaten, Reden und Darlegungen aus früheren Jahren, die bis dahin unveröffentlicht waren. Erst mit fast 80 Jahren findet Cardijn die Zeit, einige seiner zahlreichen Notizen aus mehr als 50 Jahren in diesem Buch zusammenzufassen; vgl. ebd. 7: „Mein ganzes Leben als Priester habe ich in den Dienst des Laienapostolates gestellt. Doch ehe ich etwas Schriftliches darüber

Anfang der 1960er Jahre drei kleinere Sammlungen von Vorträgen und Ansprachen erschienen: „Die Schicksalsstunde der Arbeiterschaft" (1955), „Das Apostolat der jungen Arbeiter" (1956) und „Mitten im Leben" (1963). Besonders in der Praxis und in der „grauen Literatur", den Zeitschriften und Papieren der CAJ, lebt sein Gedankengut weiter.

In der Rezeption der Methode Cardijns müssen drei Varianten unterschieden werden: erstens die ursprüngliche praxisbezogene Methode, die auf Joseph Cardijn zurückgeht und bis heute in der Bildungsarbeit und vor allem der Christlichen Arbeiterjugend zum Einsatz kommt *(vgl. Kap. 1.3.1)*, zweitens die Weiterentwicklungen des Dreischritts in der Theologie der Befreiung *(vgl. Kap. 1.3.2)* und drittens die Varianten des Dreischritts, die in der deutschsprachigen wissenschaftlichen Praktischen Theologie Verbreitung gefunden haben *(vgl. Kap. 1.3.3)*.

1.3.1.2   Cardijns theologisches Denken

Cardijn hat sein Leben einmal als den „Weg einer gelebten Idee"[135] bezeichnet. Ich möchte diese theologische „Idee" hier in groben Linien rekonstruieren und mich dabei dicht an den Wortlaut der Reden und Schriften Cardijns halten, um sie wieder in Erinnerung zu rufen und seine Persönlichkeit aufscheinen zu lassen.

(1) Die theologische Prämisse, die Cardijns Leben, sein Werk und seine Methode bestimmt, ist die Überzeugung von *der Würde und göttlichen Berufung und Sendung des Menschen.* „ Diese göttliche Sendung ist zunächst die Berufung eines jeden jungen Arbeiters und einer jeden jungen Arbeiterin. Jeder dieser Millionen Arbeiter hat hier auf Erden eine göttliche, persönliche Berufung zu erfüllen, die niemand an ihrer Stelle erfüllen kann, weil es menschliche Personen sind, die hier auf Erden Gottes Freundschaft genießen. Jeder Arbeiter, jede Arbeiterin muß in sich die Freundschaft Gottes, die Wahrheit Gottes, das Herz Gottes, die Würde Gottes entfalten und muß wie Gott selbst geachtet werden. Man kann Gott nicht achten, wenn man nicht die Arbeiter und die Arbeiterinnen achtet, die das Ebenbild Gottes sind. Und aus diesem Grund sind sie unantastbar wie Gott selbst. Wehe dem, der einen Arbeiter und eine Arbeiterin mißbraucht; er mißbraucht Gott."[136] Nicht nur die Arbeiterinnen und Arbeiter, alle Laien[137] in der Kirche und überhaupt alle Menschen haben eine eigene göttliche Berufung und Sendung. Jeder Mensch ist von Gott gerufen, denn alle Menschen stehen in der Schöpfungs-, Gnaden- und Erlösungsordnung.

---

veröffentlichen konnte, musste ich bis zum heutigen Tage, dem Vorabend meines 80. Geburtstages, warten. All die langen Jahre hindurch habe ich die Notwendigkeit dieses Apostolates und die beste Art seiner Durchführung im konkreten Leben suchen und untersuchen wollen."

[135] Cardijn (1964): Laien im Apostolat, 9. Die folgenden Ausführungen beziehen sich auf dieses Buch.

[136] Cardijn (o.J.): Führe mein Volk in die Freiheit, 94f.

[137] Cardijn verwendet den Begriff „Laie" so, wie er dann später auch in den Texten des Zweiten Vatikanischen Konzils definiert und verwendet wurde. Er bezeichnet damit einen Stand in der Kirche im Unterschied zu den geweihten Priestern und Ordensleuten (vgl. LG 31). Doch schon in den 1960er Jahren wurde dieser Begriff als unbefriedigend empfunden. Heute wird er häufig durch den Begriff der „Gläubigen" ersetzt.

Und fast alle Menschen haben ein dunkles Bewusstsein von dieser Berufung, „eine Art intuitiver Erkenntnis"[138].

Das gesamte Leben und Werk Cardijns ist von der Frage geleitet, wie man den Menschen selbst, den Mitmenschen, der Gesellschaft und der Kirche diese Würde und göttliche Berufung des Menschen bewusst machen kann: „Wie kann man die Menschen – alle Menschen – dahin bringen, dass sie erfassen: wir haben hier auf Erden eine Aufgabe, die Gott selbst uns gegeben hat, ausgehend von der Schöpfung und Erlösung, eine Aufgabe, welche die Kirche verkündet und zu erfüllen hilft? Wie kann man das erreichen, dass jeder in der unerschütterlichen Überzeugung lebt: ‚Gott braucht mich! Ich bin sein Gesandter?'"[139]

(2) Cardijn hat seine theologische Überzeugung als „drei grundlegende Wahrheiten" zusammengefasst:

> „1. *Eine Wahrheit des Glaubens* – Die ewige und zeitliche Berufung eines jeden jungen Arbeiters und aller jungen Arbeiter insgesamt.
> 2. *Eine Wahrheit der Erfahrung* – Der offenkundige Widerspruch zwischen der wirklichen Situation der jungen Arbeiter und diesem ewigen und zeitlichen Schicksal.
> 3. *Eine Wahrheit der Pastoral oder der Methode* – Die Notwendigkeit der katholischen Organisation der jungen Arbeiter um ihre ewige und zeitliche Berufung zu erfüllen."[140]

In diesen „grundlegenden Wahrheiten" kommt der Kern der theologischen Überzeugung Cardijns zum Ausdruck: die unauflösliche *Verschränkung von Leben und Glauben, Welt und Gott*. Bezeichnend für die Theologie Cardijns ist, dass sich die „Wahrheit des Glaubens" nicht auf Gott, sondern auf den Menschen bezieht, dessen Leben aber in Gott gründet und von Gott bestimmt ist. Die „Wahrheit der Erfahrung" liegt nicht einfach in der Analyse der Lebenswirklichkeit, sondern sie wird in dem Widerspruch zwischen der erlebten Lebenswirklichkeit und der göttlichen Berufung deutlich. Die „Wahrheit der Pastoral und Methode" liegt nicht allein in der Organisation des gemeinsamen Handelns, sondern in der Erfüllung der göttlichen Berufung durch das gemeinsame Handeln zur Veränderung der Welt.

Diese „drei grundlegenden Wahrheiten" sind der Verständnishorizont der Methode „Sehen – Urteilen – Handeln". Leben und Glauben, Weltliches und Göttliches sind untrennbar ineinander verschränkt und aufeinander bezogen. Das Alltagsleben ist nicht profan, weil es von Gott bestimmt ist. Deshalb sind auch der Bezug auf das Leben, die Wahrnehmung und Wertschätzung des Lebens in sich Akte des Glaubens. Das Leben des Menschen ist Ausgangs- und Zielpunkt des Denkens und Handelns, eben weil es von Gott bestimmt ist. „Diese Bestimmung ist nicht gespalten: einerseits ewig und andererseits zeitlich, ohne Verknüpfung, ohne gegenseitigen Einfluß. Es gibt kein ewiges Schicksal neben oder abseits vom Erdenleben und ohne Bezug zu

---

[138]   Cardijn (1964): Laien im Apostolat, 29.
[139]   Cardijn (1964): Laien im Apostolat, 9.
[140]   Cardijn (o.J.): Führe mein Volk in die Freiheit, 61; vgl. ebd. 20-22, hier werden die drei Wahrheiten breiter ausgeführt.

diesem. So wie keine leiblose Religion besteht, besteht auch keine leiblose Bestimmung. Nein, eine ewige Bestimmung, die in der Zeit verwurzelt und eingeleitet ist, die sich in der Zeit verwirklicht, entwickelt, vollendet, entfaltet im Leben auf Erden, im ganzen irdischen Leben, mit all seinen Aspekten, Möglichkeiten, Verwirklichungen; das körperliche, intellektuelle, moralische, sentimentale, berufliche, soziale, öffentliche Leben. Das wirkliche, konkrete, praktische und alltägliche Leben."[141] Cardijn warnt ausdrücklich davor, das Geistliche als Gegensatz zum Weltlichen, die Seele im Gegensatz zum Leib zu sehen. Das konkrete weltliche Leben ist der Ausgangspunkt und Ort des geistlichen Lebens und Erkennens. „Man setzt das Geistliche in Gegensatz zum Weltlichen, als wäre es möglich, Geistliches außerhalb des Weltlichen zu gewinnen: gefährliche Unterscheidung. Das Geistliche muss im Weltlichen leibhaftig sein. Ich habe niemals Seelen getroffen, die für sich allein spazieren gehen; nicht leibhaftige Seelen gibt es nicht. Es gibt Seelen in den Körpern der menschlichen Personen. Den Leib vergessen, um die Seele zu retten, bedeutet die Seele mitsamt dem Leib verlieren. Wenn man die Seele vergißt, um den Leib zu retten, so ist auch das eine Dummheit. Man kann die Leiber nicht retten, ohne die Seele zu retten."[142] Deshalb ist auch Cardijns Religionsbegriff mitten im Alltagsleben und in der Politik verwurzelt: „Die Religion ist nicht abseits vom Leben, vom Leben getrennt, ohne Einfluß auf das Leben. Sie beschränkt sich nicht auf Gesten, die in der Kirche oder im stillen Gebete der Menschen gemacht werden. Sie ist das intellektuelle, berufliche, kulturelle, soziale, wissenschaftliche, technische Leben sowie das Leben in der Familie. Das Leben im Dienste Gottes und der Menschen, sei es das private oder öffentliche Leben auf lokaler, nationaler oder internationaler Ebene."[143]

(3) Der göttliche Ursprung und die göttliche Bestimmung des Lebens ist auch der Grund für die unrevidierbare *Bedeutung und Würde auch der einfachsten Alltagshandlungen* und für die *grundsätzliche Gleichheit aller Menschen*. Das Handeln im Alltag eines Arbeiters oder einer Arbeiterin hat denselben Wert wie das eines kirchlichen oder gesellschaftlichen Würdenträgers. Immer wieder betont Cardijn, dass jede Arbeiterin und jeder Arbeiter den gleichen Wert haben wie der Meister oder der Chef, wie ein Minister, ein Bischof oder der Papst. Keine Person ist ersetzbar, auch nicht in ihrem einfachsten Alltag, denn sie hat die Berufung, diesen zu gestalten. „Jeder junge Arbeiter, jede junge Arbeiterin hat hier auf Erden nicht nur *eine menschliche Rolle*, sondern *eine göttliche Rolle* inne. Jede/ jeder unter ihnen vertritt Gott, ist das Bildnis Gottes, ist wie ein Beauftragter, ein Gesandter Gottes."[144] Den meisten Menschen ist der Wert ihrer Alltagshandlungen allerdings nicht bewusst, der Alltag ist ihnen egal oder lästig, und sie fühlen sich ohnmächtig.[145] Hier setzt die methodische Bildungsarbeit an, die das Bewusstsein von der eigenen Würde und

---

[141] Cardijn (o.J.): Führe mein Volk in die Freiheit, 23f.
[142] Cardijn (o.J.): Führe mein Volk in die Freiheit, 78.
[143] Cardijn (o.J.): Führe mein Volk in die Freiheit, 74.
[144] Cardijn (o.J.): Führe mein Volk in die Freiheit, 66.
[145] „In Belgien verlassen jedes Jahr an die Hunderttausende die Grundschule, um die Mittel- oder Berufsschule zu besuchen oder arbeiten zu gehen. In der ganzen Welt sind es an die 20 Millionen; 20 Millionen Ohnmächtige! Jeder und jede unter ihnen ist nicht in der Lage, die Größe, die Würde dieses, ihres Lebens zu verstehen (...)" Cardijn (o.J.): Führe mein Volk in die Freiheit, 67.

Sendung vermittelt. Die Wahrnehmung und Wertschätzung der Alltagshandlungen ist die Bedingung für das Glück. „Von all den einfachsten Handlungen seines/ihres Tages hängt das persönliche Glück des jungen Arbeiters, der jungen Arbeiterin ab. Er wird glücklich oder unglücklich sein, je nachdem (ob) er den Wert seiner Handlungen in seinem Tagesablauf versteht oder nicht."[146]

Die genaue Wahrnehmung und Wertschätzung des Alltagslebens ist der Ausgangspunkt für die Reflexion aller weiteren Fragen: a) nach dem göttlichen Grund des Lebens, b) nach den gesellschaftlichen Strukturen, c) nach dem Leben der anderen Menschen, und d) nach den Aufgaben und nach der Sendung des eigenen Lebens.

a) Die aktive Betrachtung des alltäglichen Lebens und die Überzeugung von seiner Würde weckt Glaubensfragen: nach dem Grund des Lebens, nach dem Anlass der Fragen, des Interesses und der Zuwendung, nach den Ursachen für die Auffassung von der Würde des Lebens.

b) Die Wahrnehmung des alltäglichen Lebens führt zu Fragen nach den gesellschaftlichen und strukturellen Bedingungen und Zusammenhängen des Lebens. Dieser Weg wird angeleitet durch konkrete Fragen und durch gemeinsame Analysen der Lebens- und Arbeitsbedingungen, die Grundlage für mögliche Veränderungen sind.

c) Die Fragen nach dem alltäglichen Leben der Menschen ermöglichen einen Zugang zu Menschen anderer Überzeugungen: „Dieses Ausgehen von den vitalsten Fragen, die das Gewebe menschlichen Lebens des Laien ausmachen, hat es mir auch ermöglicht, mit Nichtchristen: Buddhisten, Hindus, Mohammedanern, Agnostikern, Sozialisten, Kommunisten und anderen ins Gespräch zu kommen."[147]

d) Aus der Erkenntnis der eigenen Würde und Berufung erwächst auch die Erkenntnis der *Sendung*: Die Aufgabe, das eigene Leben zu ändern und zu vervollkommnen, sowie die Aufgabe, daran zu arbeiten, dass der eigene Lebensraum, dass die Lebensbedingungen so verändert werden, dass sie der Würde des Menschen immer mehr entsprechen. Wer in seinem Alltagsleben die göttliche Berufung entdeckt hat, der entdeckt auch seinen Auftrag zur Umgestaltung seines Lebensbereichs, seines Arbeitsbereichs und deren Strukturen. „Die Entdeckung der apostolischen Dimension des Lebens im Alltag bringt die unerwartetsten Ergebnisse hervor, selbst bei den allerschlichtesten Christen; und zwar zugleich für die radikale Umformung des jeweiligen Lebensmilieus wie auch für die persönliche Vervollkommnung, die dadurch wie durch eine unwiderstehliche Kraft erhöht wird."[148]

(4) Ausgehend vom konkreten Leben der Menschen gelangt Cardijn zu einem *Kirchenverständnis*, für das das Leben und die Berufung eines jeden Menschen wesenhaft, konstitutiv und unabdingbar sind. Die eschatologisch bestimmte Aufgabe der Kirche ist es, die gesamte individuelle und soziale Wirklichkeit umzugestalten nach dem Plan Gottes.[149] Der Glaube soll der Welt mitgeteilt werden und die Welt in allen ihren Dimensionen geheiligt und christusförmig gemacht werden. „Stets und ständig muss die Kirche (...) die Probleme, Lebensbedingungen und neuen Dimen-

---

[146] Cardijn (o.J.): Führe mein Volk in die Freiheit, 66.
[147] Cardijn (1964): Laien im Apostolat, 29.
[148] Vgl. Cardijn (1964): Laien im Apostolat, 107f.
[149] Vgl. Cardijn (1964): Laien im Apostolat, 161.

sionen der Menschheit zu den ihren machen."[150] Die Trägerinnen und Träger der Sendung der Kirche sind die einzelnen Laien in ihrer Berufung. Cardijn betont, dass er im Blick auf den Auftrag der Kirche nicht von der Kirche, sondern immer von den einzelnen Laien ausgeht.[151] Gerade die Mitarbeit der Kirche an der Lösung der großen Probleme der Menschheit geschieht durch die apostolische Tätigkeit der Laien. Im Zeitalter der raschen Entwicklung von Wissenschaft und Technik, der Spezialisierung und der Internationalisierung kommt dem Laienapostolat eine Schlüsselstellung zu. Durch die Laien kommt die Kirche ihrem Auftrag nach, die Welt umzugestalten und christusförmiger zu machen.[152] Cardijn betont, dass „das Apostolat der Laien ist der Knotenpunkt der ständigen Begegnung der Kirche mit den Bedürfnissen der heutigen Welt ist. Durch den Laien steht die Kirche *in* der Welt. Je mehr daher unsere Welt technisch vollendet und zu einer Einheit zusammengefasst wird, dessto dringender sind in ihr glaubwürdig Laienapostel vonnöten."[153]

(5) Damit die Menschen ihre Sendung entdecken und die Welt umgestalten können, bedarf es einer systematischen *Schulung*, mit einer konkreten Bildungsmethode bzw. einer „apostolische(n) *Methodenlehre*"[154], die Cardijn als den bekannten Dreischritt „Sehen – Urteilen – Handeln" entwickelt hat.

1.3.1.3   Die Methode des Dreischritts nach Cardijn

Vor dem Hintergrund der Biographie und der skizzierten theologischen Auffassungen Cardijns kann nun seine Methode des Dreischritts „Sehen –Urteilen – Handeln" angemessen dargestellt werden. Es ist bezeichnend für den Ansatz Cardijns, dass er

---

[150] Cardijn (1964): Laien im Apostolat, 110f.

[151] „(Ich) erachte es für unerlässlich, die apostolische Sendung aller Laien in der Kirche aufzuwerten; es muss dazu nur klar herausgestellt werden, welche jeweils eigene Bestimmung jeder Mensch erhalten hat, und welchen Wert jedes Menschenleben auf Erden besitzt für die Lösung aller Probleme, die sich durch die Tatsachen der Schöpfung und Erlösung ergeben. Wir müssen daher das Wirkungsfeld der Kirche ausdehnen, dass es schliesslich *(sic)* die gesamte Menschheit erreicht; wir müssen es tun, indem wir uns bemühen, jedem Menschen ein Verständnis dafür zu geben, wie gross *(sic)* seine menschliche Sendung ist, welche Verantwortung und welche Anforderungen an seine Erziehung damit verbunden sind. Deshalb bin ich bei meinen ständigen Bemühungen, den Laien ihre Mission nahezubringen, niemals von der Kirche und ihrer Sendung ausgegangen, in die ja die missionarischen Bemühungen der Laien hernach einzugliedern sind. Immer habe ich statt dessen ihre Probleme, ihr Leben als Ausgangspunkt genommen, die Sendung jedes Menschen auf Erden und die apostolische Bedeutung dieses Lebens." Cardijn (1964): Laien im Apostolat, 29; vgl. auch ebd., 112.

[152] „Die dem Laien eigene Sendung, sein unvertretbares Apostolat, besteht somit darin, die göttliche Sendung im Alltagsleben der Menschheit wiederzuentdecken und dieses wieder an das Mysterium der Schöpfung und Erlösung anzuknüpfen. Der Laie muss der Welt des Profanen ihre göttliche, geheiligte, erlösende Bedeutung durch sein eigenes Leben und in seinem eigenen Leben geben oder zurückgeben: der Arbeit, der Wissenschaft, der Technik, der Erziehung, der Tätigkeit auf internationalem Gebiet usw. Das ist die ‚Consecratio mundi', die Weihe der Welt, in ihrem ganzen Umfang, von der Pius XII. so häufig gesprochen hat. Und es ist die missionarische und ursprüngliche Aufgabe der Kirche, allen Menschen zu dieser Erkenntnis zu verhelfen..." Cardijn (1964): Laien im Apostolat, 104.

[153] Cardijn (1964): Laien im Apostolat, 10; vgl. auch ebd., 109.

[154] Cardijn (1964): Laien im Apostolat, 160; Hervorh. S.K.

die Methode nirgends theoretisch ausgearbeitet oder allgemein erklärt hat, sondern dass er sie in Bezug auf ganz konkrete Menschen und Situationen entwickelt und in immer neuer Weise auf die aktuelle konkrete Praxis hin erläutert hat. Im Folgenden werde ich die wesentlichen Züge der Methode herausarbeiten und mich dabei aber immer wieder auf die Aussagen Cardijns beziehen, um die Kontextbezogenheit der Methode deutlich zu machen.

1. Die theologische Prämisse

Die Grundlage der Methode ist die Überzeugung von der in Gott gründenden Würde und der göttlichen Berufung eines jeden Menschen. Diese Prämisse ist der Grund für die methodische Zuwendung zum Leben der Menschen und zu den einfachsten ihrer Alltagshandlungen. Unter dieser Prämisse ist die Zuwendung zum Leben ein Akt des Glaubens, und die Erkenntnisse über das Leben der Menschen sind theologische Erkenntnisse über die göttliche Würde und Berufung und ihre Verdunkelungen. Diese Prämisse macht die Methode zu einer theologischen. Sie durchdringt die Methode in allen ihren Momenten.

2. Das konkrete Leben als Ausgangsort und Ziel der Methode

Der Ausgangsort der Methode ist das Leben selbst, und zugleich ist es ihr Ziel, diese Lebenswirklichkeit umzugestalten. „Denn wenn das Leben schon eine der wesentlichsten Grundlagen einer gesunden Theologie sein muss, so ist es zugleich methodologisch eine Grundlage, ohne die man nur unnatürliche, künstliche Gesten fertig bekommt, die nur noch mehr den Zwiespalt vertiefen, der zwischen Religion und Welt herrscht."[155]

(1) Die Methode ist in der gemeinschaftlichen Praxis verortet. Die genuinen Entstehungs- und Anwendungsorte der Methode sind die „Studienkreise" bzw. „Aktivistinnen- und Aktivistenrunden"[156]; sie sind „das Labor, in dem die Lehre und die Methode der CAJ erarbeitet und immer mehr verfeinert werden"[157]. „Ein Studienkreis ist eine Versammlung von Aktivisten, die gemeinsam die Themen besprechen, die an der Tagesordnung sind, die ihre Beobachtungen, Feststellungen, Bewertungen zusammen diskutieren. Sie erarbeiten eine Beurteilung, ein Bewußtsein, eine Überzeugung bezüglich der gegebenen Situationen, Einwände und Schwierigkeiten. Sie

---

[155] Cardijn (1964): Laien im Apostolat, 160.

[156] Cardijn nannte die „Studienkreise" in „Aktivisten- und Aktivistinnenrunde" um, weil ihm die Bezeichnung zu unpolitisch war. „Besonders deshalb haben wir den Begriff Studienkreis geändert, in dem manchmal von Mond und Sternen und allen vorgeschichtlichen Tieren gesprochen wurde. Man vergaß jedoch eines: Das Studium des täglichen Lebens dieser armen kleinen Unglücklichen, die an den Kreisen teilnahmen. Bei uns ist der Studienkreis *eine Runde des Glaubenstrainings für die Aktion.* Deshalb nennen wir sie Aktivistenrunden." Cardijn (o.J.): Führe mein Volk in die Freiheit, 47. In Deutschland wurden die Studienkreise „Arbeitsgemeinschaft" bzw. „Helferinnenrunde" genannt.

[157] Cardijn (o.J.): Führe mein Volk in die Freiheit, 42.

suchen gemeinsam die besten Mittel, die besten Antworten, die besten Lösungen, damit die vorgeschlagenen Initiativen erfolgreich sind, um Schwierigkeiten zu überwinden und um das Ideal der CAJ in den jeweils vorliegenden Fällen durchzusetzen."[158]

Cardijn betont die Notwendigkeit des gemeinschaftlichen Vorgehens für den Bildungs- und Glaubensprozess und begründet die Gemeinschaftlichkeit ekklesiologisch. „Zur Bildung der Aktivisten sind entsprechende Aktivistenrunden erforderlich. So wie man (sich, S.K.) nicht einfach durch Handeln bildet, so kann auch nicht durch die Einwirkung einer Person auf die andere geschult werden; denn alle müssen sich gegenseitig die eigenen Schwierigkeiten mitteilen. In der Kirche arbeitet man nie allein; man befindet sich immer im Mystischen Leib. Es kann unmöglich allein gearbeitet werden, dies steht im Widerspruch zum Christentum."[159]

(2) Grundlage der Methode sind die subjektiven Lebenserfahrungen der Forschenden. Die Wahrnehmung und Reflexion der je eigenen Lebenserfahrungen derer, die mit der Methode arbeiten, sind der „Rohstoff" der Methode und eine zentrale Ausgangsbasis des Vorgehens. „Die jungen Mitglieder des Studienkreises sind keine einfachen Schüler, die jede Woche oder alle 14 Tage die Lektion des Lehrers anhören. Sie sind an erster Stelle zunächst selbst der lebendige Stoff, der vom Studienkreis untersucht wird, weil sie in ihrem Leben und in ihrer Arbeit alle Probleme der Arbeiterjugend verkörpern. Zunächst wird auf ihre Erfahrung zurückgegriffen. Sie werden sich langsam all dieser Probleme, die sie selbst stellen und verkörpern, bewußt. Sie tragen selbst zum Einbringen des anderen lebenden und erlebten Stoffes bei: die Tatsachen, Untersuchungen, Monographien, Versammlungen und Vorträge."[160] Die Betrachtung des eigenen Lebens *(la révision de vie)*[161] lässt ein Bewusstsein für die eigene in Gott gründende Würde und Berufung entstehen. Sie ist eine Quelle der eigenen Kraft, Spiritualität und des kritischen Bewusstseins, und sie ist eine Folie für die kritische Reflexion der Erkundungen der sozialen Wirklichkeit anderer Menschen. Die forschenden jungen Arbeiterinnen und Arbeiter sollen ihre eigene Würde und Berufung und darin auch ihre Kräfte zur Veränderung des Lebens entdecken. Ein wichtiges Instrument der Lebensbetrachtung ist das „Journal", in dem die alltäglichen Beobachtungen aufgezeichnet werden.[162]

---

[158] Cardijn (o.J.): Führe mein Volk in die Freiheit, 42.

[159] Cardijn (o.J.): Führe mein Volk in die Freiheit, 47.

[160] Cardijn (o.J.): Führe mein Volk in die Freiheit, 42.

[161] Zur *Révision de vie* vgl. auch: Antony (1982): Arbeiterleben und Arbeitswelt mit Hoffnung sehen; Martí (1978): Unterscheidung und Lebensrevision.

[162] „Ein sehr wichtiger Gesichtspunkt der Methode „Sehen – urteilen – handeln" ist die in den Kreisen des aktiven Laienapostolats bereits recht bekannte *Lebensbetrachtung*. Sie stellt nicht nur ein Erziehungsmittel dar, das von kaum ersetzbarem Wert ist, sondern zu gleicher Zeit auch ein bedeutsames Element für die geistige und religiöse Ausrichtung und Persönlichkeitsformung. Die ersten Vorkämpfer der Christlichen Arbeiter-Jugend führten alle ihr ‚Journal', das es unter anderem ermöglichte, einen unmittelbaren und in die Tiefe reichenden Zugang zu ihrem konkreten Alltagsleben zu gewinnen. Der Betreffende bereitete darin auf eine zugleich praktische und höchst anregende Art seine Besuche und Gespräche vor." Cardijn (1964): Laien im Apostolat, 162. - In der deutschen CAJ wurde das Journal „Vorkämpfernotizbuch" bzw. „Helferinnennotizbuch" genannt.

(3) Die Methode geht von der genauen Wahrnehmung und der Achtung der einfachsten Alltagshandlung aus. Das eigene Leben und die soziale Wirklichkeit der Menschen sollen so genau wie möglich, ohne Vorurteile und mit großer Aufmerksamkeit betrachtet werden. In seinen Reden zwingt Cardijn seine Hörerinnen und Hörer, die Aufmerksamkeit auf die einfachsten Alltagsvollzüge der konkreten Menschen zu lenken und zeigt deren fundamentale Würde auf. Auch die einfachsten Alltagshandlungen sollen geachtet werden, denn in ihnen kann der Mensch seine göttliche Berufung suchen und ihr nachkommen. Im folgenden Zitat wird deutlich, wie Cardijn ausgehend von der genauen Wahrnehmung der Menschen und ihrer Alltagshandlungen auf ihrem theologischen Grund, ihre fundamentalen Würde und die göttliche Berufung jedes einzelnen Menschen in seinem Alltag, auf den unersetzbaren Wert eines jeden Menschen und auf die Gleichwertigkeit aller Menschen zu sprechen kommt.

„Anstatt die ganze Arbeiterklasse zu betrachten, werden wir damit beginnen, jeden jungen Arbeiter und jede junge Arbeiterin, jeden und jede unter ihnen, also alle ohne Ausnahme zu betrachten. Der junge Arbeiter, die junge Arbeiterin an sich: Hans oder Johanna Soundso, Andreas oder Maria..., Ludwig oder Luise Y..., Albert oder Marita usw. Alle diejenigen, die in eurer Straße, vielleicht im gleichen Haus wie ihr wohnen. Und seien wir so genau wie möglich. Es handelt sich um jeden jungen Arbeiter, jede junge Arbeiterin, ohne Ausnahme. Ohne jegliche Ausnahme: Das ist vielleicht ein Kommunist, ein Sozialist; ein junges Mädchen, das vielleicht verdorben ist, das sich mit Jungen herumtreibt, das jeden Tag ins Kino geht. Es handelt sich um jeden und jede unter ihnen, ohne jegliche Ausnahme.
Und jetzt werden wir die große Wahrheit entdecken, die Grundstein unserer ganzen Bewegung und selbst unserer ganzen Lebensauffassung ist. Und wie lautet diese Wahrheit? Nämlich daß jeder junge Arbeiter, jede junge Arbeiterin hier auf Erden eine Rolle zu spielen, eine Aufgabe zu übernehmen, einen Auftrag zu erfüllen hat, wie der Papst, wie die Bischöfe, wie die Missionare, wie die größten Menschen der Erde!
An zweiter Stelle: Jeder und jede hat eine Rolle und eine Aufgabe durchzuführen, und zwar durch die alltäglichsten Taten seines Lebens, seines tagtäglichen Lebens, in dem Milieu, in das er hineingeboren wurde. Meine lieben Leiter und Leiterinnen, begnügen wir uns vor allem nicht mit Worten. Ich bitte euch, seid konkret und genau und seht, welche die alltäglichsten Handlungen eines jeden Tages sind.
Was macht der junge Arbeiter? Er wacht morgens auf, er steht auf, er wäscht sich, er zieht sich an; er geht hinunter in die Küche. Die junge Arbeiterin tut dasselbe. Dann in der Küche: ‚Wo sind meine Schuhe? Meine Krawatte, meine Tasche? Dieses, jenes...'. Das sind die einfachsten Handlungen des alltäglichen Lebens. Er grüßt seine Mutter oder auch nicht, setzt sich an den Tisch zum Frühstück. Dann frühstückt er, verlässt das Haus und geht auf die Straße; er grüßt die Leute die ihm begegnen oder grüßt sie nicht; er steigt in den Bus, den Zug mit oder ohne andere Kameraden. Er legt eine gewisse Strecke, eine gewisse Anzahl Kilometer im Zug oder Autobus zurück. ER betritt das Büro, die Fabrik und bleibt dort von neun Uhr morgens bis mittags. Er ißt innerhalb

oder außerhalb der Fabrik; er nimmt seine Arbeit in der Fabrik wieder auf. Dann fährt er nach Hause zurück. Dasselbe gilt für die junge Arbeiterin.

Durch diesen Tag, durch die kleinsten Handlungen eines jeden Tages, hat jeder junge Arbeiter, jede junge Arbeiterin eine Aufgabe zu erfüllen. Und das während seiner ganzen Jugend und seines ganzen Lebens, in der Familie, durch seine Bekanntschaften, seine Verlobung, seine Ehe, durch seine Arbeit und in seiner Freizeit.

Und dieser junge Arbeiter, diese junge Arbeiterin muß seine/ihre Rolle persönlich spielen, ihren Wert erkennen, ihre Bedeutung verstehen. Niemand kann ihn/sie dabei ersetzen. Niemand kann sich an seiner/ihrer Stelle waschen, niemand sich an seiner/ihrer Stelle anziehen, niemand an seiner/ihrer Stelle essen...

Ich betone noch einmal: Niemand kann diesen jungen Arbeiter oder diese junge Arbeiterin ersetzen, selbst Gott nicht, selbst unser Herr Jesus nicht, noch der Papst, noch die Bischöfe, noch die Priester, noch die Ordensleute, noch irgendwer auf dieser Welt!"[163]

Gerade die genaue Wahrnehmung der konkreten Vollzüge des Lebens führt Cardijn zu einer gendersensiblen Perspektive veranlaßt ihn, die Frauen und Mädchen nicht unter die Lebenslagen der Männer zu subsumieren, sondern ihre spezifischen Lebenslagen in den Blick zu nehmen, sie eigens anzusprechen und eigene Strukturen der Organisation für sie zu schaffen.

(4) Die Methode schreitet induktiv vom konkreten Leben ausgehend zur Theoriebildung voran. Die Methode Cardijns geht nicht von allgemeinen Theorien, Lehren und Begriffen aus, sondern von den eigenen Erkundungen der Arbeiterjugendlichen über die eigene oder fremde Alltagswirklichkeit. Diese Erkundungen bilden die lebendige Grundlage, von der aus die allgemeinen Prinzipien und Strukturen der Wirklichkeit gefunden und eine eigene Meinung und Theorie gebildet werden können. „Im Studienkreis wird nicht mit abstrakten Definitionen der Gesellschaft, des Lohnes, der Arbeit, der Gewerkschaft begonnen; nicht jedes Wort der Definition wird ausführlich ausgelegt, um ergänzende Begriffe schlußfolgern zu können. Nein, tausendmal nein! Erlebte Fälle, Ereignisse müssen konkret und packend erzählt werden. (...) Die ‚Untersuchung über die Jugend im abhängigen Lohnverhältnis‘[164] enthält Hunderte von Fragen über alle Aspekte des Lebens der jungen Arbeiter. Auf der Grundlage dieses lebendigen Stoffes muß zu den Prinzipien zurückgegangen werden, müssen Schlußfolgerungen gezogen und Verhaltensweisen festgelegt werden."[165]

(5) Den Ausgangsort des Vorgehens bilden die gemeinsamen Untersuchungen. „Die ganze Methode des Studienkreises beruht auf kollektiven Untersuchungen. Die Mitglieder kreisen das Problem in ihrer Ortschaft, in ihrem Tätigkeitsfeld ein. Durch Beispiele, erlebte Fälle zeigen sie, wie sich das Problem in ihrer Gemeinde, in ihrer Fabrik stellt. So erlernen sie jedes Problem in seiner konkreten Wirklichkeit zu orten,

---

163 Cardijn (o.J.): Führe mein Volk in die Freiheit, 64-66.
164 Im Orig. hervorg. Cardijn nennt hier als Beispiel die erste allgemeine Untersuchung, die durchgeführt wurde, als die CAJ in der Wallonie gegründet wurde (1921-1923).
165 Cardijn (o.J.): Führe mein Volk in die Freiheit, 43.

erlernen sie, die Gründe und Folgen abzuschätzen und entscheiden gemeinsam über die Handlungsweise unter den gegebenen Umständen."[166] Die methodischen Instrumente der Untersuchungen sind Befragungen, Interviews, systematische Fragenkataloge nach den Lebensumständen, Ortsbegehungen und Tagebuchaufzeichnungen über Beobachtungen. Cardijn kommt es darauf an, konkret und genau zu sein. „Es müssen genaue Fragen über das Leben, die Arbeit der jungen Arbeiter gestellt werden: ‚Wo arbeitet ihr? Wie seid ihr zu dieser Arbeit gekommen? Wie oft habt ihr den Arbeitsplatz, den Beruf gewechselt? Wieviel verdient ihr? Wie werdet ihr in der Werkstatt behandelt? Was hört und seht ihr auf der Arbeit? In welchem Zustand sind die Arbeitsräume, die Werkstätten, die Sanitäranlagen usw.?'"[167] Darüber hinaus sammeln die Mitglieder der Studienkreise eine Vielfalt von unterschiedlichen Informationen über die soziale Welt, die sie erkunden wollen. Sie suchen die sozialen Sekretariate auf, wohnen Tagungen und Kundgebungen bei, besuchen Museen und Ausstellungen, lesen Broschüren und Monographien. Die Erkundungen werden in der Aktivistinnen- und Aktivistenrunde erzählt und gemeinsam ausgewertet. Damit stellen die Erkundung und ihre Narration das zentrale Medium der Erkenntnis dar. In der gemeinsamen Reflexion auf dieses vielfältige Material erweitern die Mitglieder ihren Wissens- und Erkenntnishorizont und gelangen zu allgemeineren Sichtweisen und zu eigenen Theorien, die in ihrer Erfahrung verwurzelt sind und sie auch kritisch mit vorgefundenen Theorien umgehen lässt.

3. Eine aktivierende und befähigende politische Bildungsmethode

Dieses induktive, projekt- und erfahrungsorientierte Vorgehen erweitert nicht nur den Erkenntnishorizont, sondern es dient vorrangig der Persönlichkeits- und Glaubensbildung. Diese Bildung geschieht nicht durch Belehrung oder durch die Vermittlung von Inhalten und Wahrheiten, sondern durch die Befähigung, das Leben selbst zu gestalten.

(1) Die Methode macht die Menschen urteils- und handlungsfähig. Cardijn möchte den Menschen ein methodisches Rüstzeug zur Verfügung stellen, mit dem sie selbst ihr Leben gestalten, ihre Berufung suchen und die Welt, in der sie leben, verändern können. „Die CAJ-Methode besteht vor allem darin, ihnen zu persönlichen Ideen zu verhelfen, sie zu lehren, persönlich zu handeln; sie das Sehen, Urteilen und Handeln zu lehren."[168] Die Methode soll die Menschen befähigen, die Würde des eigenen Lebens und des Lebens der anderen zu entdecken und selbst nach den Lö-

---

[166] Cardijn (o.J.): Führe mein Volk in die Freiheit, 42.
[167] Cardijn (o.J.): Führe mein Volk in die Freiheit, 43.
[168] Cardijn (o.J.): Führe mein Volk in die Freiheit, 45. „Die Untersuchungen der CAJ lehren die jungen Arbeiter die Tatsachen, Situationen, Anforderungen ihrer Arbeit sowie ihrer Zukunft und ihres Lebens zu sehen; sie lehren sie zu urteilen, ob diese Tatsachen, diese Situationen Glück oder Unglück bringen, ob sie ihrem menschlichen Schicksal und ihrem christlichen Leben, der Lehre der Kirche und dem göttlichen Willen entsprechen; sie erlernen einzeln und gemeinsam zu handeln, damit ihre Arbeit, ihr Leben und ihr Milieu zum Glück der Menschen und zum Ruhme Gottes führen." Cardijn (o.J.): Führe mein Volk in die Freiheit, 38.

sungen der Probleme zu suchen. „Was die Bildung durch die CAJ in der Tat vor allem unterscheidet, ist, daß die jungen Arbeiter keine schulmeisterliche theoretische und starre Bildung erhalten, ohne jegliche Verbindung zum Leben, ihrer Arbeit und ihren täglichen Sorgen. Sie werden vielmehr durch vertrauliche und familiäre Gespräche dazu gebracht, die praktische Lösung aller wichtigen Probleme ihrer Person, ihres Schicksals, ihrer Arbeit, ihres Verhaltens und sogar die Gestaltung der Familie und der Gemeinschaft *selbst zu entdecken.*"[169] Die Methode aktiviert die jungen Menschen und regt sie zum Lernen durch Handeln an. „Man bildet sie zuerst, indem man sie handeln läßt und ihnen kleine Verantwortungen überträgt."[170] Sie soll die jungen Arbeiterinnen und Arbeiter begeistern und sie befähigen, ihre Lebensbedingungen zu reflektieren und umzugestalten.[171]

(2) Ausgehend vom Leben bildet die Methode den Glauben. Das Leben ist Ausgang und Ziel der Glaubensbildung. Immer wieder betont Cardijn den Vorrang des Lebens, auf das die kirchliche Lehre bezogen ist. So schreibt er über die Schulung von Aktivisten: „Und um zu handeln und diese Verantwortungen zu übernehmen, erhalten sie eine soziale religiöse Lehre. Doch viel mehr als eine Lehre: das Leben. Deshalb beginnt jede Aktivistenrunde immer damit, was wir Lebensbetrachtung (*révision*) nennen; die Überprüfung der Aktionen, des Einflusses, der Verantwortung, der Tatsachen. Anschließend werden neue Verantwortungen verteilt. Davon ausgehend wird dann zur Glaubensbildung in der Runde übergegangen. *Ausgangspunkt bildet jedoch das Leben.* Es wird nicht über Gott, die Dreifaltigkeit oder die Mutter Gottes geredet, nur um darüber zu reden. So sind die jungen Arbeiter und Arbeiterinnen nicht ansprechbar. Dies mag für Seminaristen und Akademiker gut sein, bei militanten Arbeitern aber nicht. Ihnen muß eine Bildung erteilt werden, die von diesem Leben ausgeht und zum Leben führt."[172] Die theologischen Themen und die Lehre der Kirche hält Cardijn für ungeeignet, die jungen Arbeiterinnen und Arbeiter zu begeistern. Die Bildungsangebote der Kirche erreichen diese nicht und werden auch nicht verstanden.[173] Die Menschen müssen die Erkenntnisse der Offenbarung und die Bedeutung der Lehren der Kirche selbst in ihrem Leben entdecken, was ein langer Prozess sein kann. In der genauen Wahrnehmung der Welt, im handelnden Zugehen auf sie und der Reflexion auf die Erfahrungen vollzieht sich dann aber Offenbarung.

---

[169] Cardijn (o.J.): Führe mein Volk in die Freiheit, 45; Hervorh. S.K.

[170] Cardijn (o.J.): Führe mein Volk in die Freiheit, 37.

[171] „Die Methode der CAJ ist weder theoretisch noch mündlich noch passiv; sie erweckt die Aufmerksamkeit, das Interesse, die Begeisterung der jungen Arbeiter, die aus der CAJ ihre Organisation, ihre Aktion, ihr Programm machen sollen, deren Anwendungen sie verstehen und verwirklichen können. Die Methode der CAJ ist eine lebendige. Die CAJ lehrt die jungen Arbeiter alle Probleme ihres Lebens als junge Arbeiter zu untersuchen und die dichten Schotten zu entfernen, die zwischen ihren religiösen, moralischen, sozialen, beruflichen, sportlichen u.a. Tätigkeiten bestehen." Cardijn (o.J.): Führe mein Volk in die Freiheit, 39.

[172] Cardijn (o.J.): Führe mein Volk in die Freiheit, 47.

[173] „Wenn mir berichtet wird: ‚Wir erteilen so viele Liturgie- und Apologetikkurse usw...', wenn sich die Schulung auf Unterricht beschränkt, so kann behauptet werden, daß 90% der jungen Arbeiter nichts verstehen". Cardijn (o.J.): Führe mein Volk in die Freiheit, 46.

„Man lernt mit den Augen, durch das, was man tut; nach und nach versteht man den Daseinsgrund von all dem. Es ist eine fortwährende Offenbarung."[174]

(3) Die Methode zielt auf die Veränderung der Gesellschaft durch das Handeln der Individuen. Auch wenn die Methode bei den einfachsten Alltagserfahrungen ansetzt, hat Cardijn mit ihr doch die globale gesellschaftliche Veränderung im Blick. Er ist jedoch der Überzeugung, dass die Lösung dieser Probleme allein in der Hand der betroffenen Subjekte liegt. „Nicht wir müssen sie retten oder uns an ihre Stelle setzen. Wir müssen wollen, daß sie ihre eigenen Retter werden. Dafür sorgen, daß sie sich selbst erkennen und entdecken, was sie sind, welchen Wert sie haben, was sie können und was sie müssen."[175] Aufgrund ihrer Ohnmacht und ihrer mühseligen Lage brauchen die Arbeiterjugendlichen Hilfe und Bildung. Sie müssen lernen, über ihre eigene Würde und ihren eigenen Wert nachzudenken. Diese Jugendlichen, die an ihre Würde und Berufung glauben, sind der Kern einer neuen Gesellschaft. Deshalb betreibt Cardijn die Bildung von „Eliten".[176]

(4) Die Kirche lebt ihren gesellschaftlichen Auftrag durch das Apostolat der Laien. Auf die gesellschaftlichen Probleme ist auch die Sendung der Kirche bezogen. Als die Trägerinnen und Träger dieser Sendung sieht Cardijn vor allem die „Laien".[177] Sie sollen zu eigenständigem Entscheiden und aktivem Handeln angeleitet werden. „Wir müssen sehr konkrete, sehr angemessene Mittel und Wege suchen, damit der Laie nicht mehr ein rein passiver Zuhörer bleibt, sondern lernt, zunächst einmal von sich aus zu denken und in einer selbständigen Weise die Wahrheiten des Glaubens zu betrachten. So wird er dann auch nach und nach lernen, sein eigenes Apostolat als Vater, als Mutter, als Kaufmann, als Kranker, als Arbeiter, als Bauer usw. ... auszuüben. Die Bildung, die vermittelt wird, muss also so beschaffen sein, dass sie die Laien zur Selbstbewegung anregt, indem sie ihnen konkrete Verantwortungen zeigt, die sie dann mit der Zeit von sich aus erkennen und auf sich nehmen."[178]

4. Der Dreischritt „Sehen – Urteilen – Handeln"

(1) Cardijns Dreischritt „Sehen – Urteilen – Handeln" ist nur im Kontext der dargestellten Merkmale der Methode zu verstehen. Zusammenfassend lässt sich festhalten: Die Grundlage der gesamten Methode ist der Glaube an die Würde und Berufung des Menschen. Der Glaube kommt nicht erst sekundär als ein normatives Deutungsinstrument der erhobenen Situation ins Spiel, sondern liegt als normative Prämisse

---

[174] Cardijn (o.J.): Führe mein Volk in die Freiheit, 48.

[175] Cardijn (o.J.): Führe mein Volk in die Freiheit, 40, im Orig. teilw. hervorg.

[176] Vgl. Cardijn (o.J.): Führe mein Volk in die Freiheit, 54f. Die Aktivistinnen und Aktivisten sollen sich gegenseitig schulen und Kontakte unter den Gruppen herstellen (vgl. ebd., 47). Sie sollen der Sauerteig im Teig sein; sie sollen in jedem Vorortzug oder Bus, in jedem Viertel und jeder Fabrik andere Menschen ansprechen und in ihre Gruppen holen (vgl. ebd., 54).

[177] Diese Gedanken haben Eingang in das Dekret über das Laienapostolat *Apostolicam acuositatem* des Zweiten Vatikanischen Konzils gefunden und wurden dort lehramtlich bestätigt.

[178] Cardijn (1964): Laien im Apostolat, 150; im Orig. teilw. hervorg.

der gesamten Methode zugrunde. Die aufmerksame Zuwendung zur Lebenswirklichkeit eines jeden Menschen und zu ihren einfachsten Alltagserfahrungen ist bereits ein Glaubensakt, in dem der Glaubensinhalt, die in Gott gründende Würde und die Berufung dieses Lebens, erfahrbar gemacht und performativ vollzogen wird. Dabei werden auch die oft als selbstverständlich oder unabänderlich erfahrenen Verdunkelungen dieser Würde bewusst gemacht.

Im Zentrum der Methode steht deshalb die genaue Wahrnehmung der eigenen und fremden Lebenswirklichkeit. Die drei „Schritte" bilden eine Einheit, sie sind eher als verschiedene Dimensionen oder Momente eines einzigen Vorgehens zu verstehen denn als zeitlich aufeinander folgende Phasen. Sie sind nur analytisch, nicht aber praktisch voneinander getrennt. Jeder „Schritt" ist auch von den beiden anderen mitbestimmt. Die Methode bildet „eine Einheit, deren Teile zusammenhängen und nicht abgetrennt werden können, und deren Erfolg gefährdet ist, sollten sie abgetrennt werden."[179] Zudem darf die Methode nicht von der konkreten Lebenswirklichkeit abgezogen werden; sie „verwirklicht sich im Leben und durch das Leben"[180].

(2) Bevor ich auf die einzelnen „Schritte" oder Momente der Methode eingehe, möchte ich den Dreischritt in den Worten Cardijns wiedergeben.

„Sehen
Um die Bedürfnisse der Arbeiterjugend und die Größe der Probleme, die die CAJ lösen soll, kennenzulernen, ist es notwendig, fortwährend ausführliche Untersuchungen anzustellen. In diesen Sachen ist es in der Tat nicht möglich, sich auf theoretische Kenntnisse oder auf a priori – feststehende – Vorstellungen zu stützen: Im Gegenteil, man muß über genaue und aktuelle Auskünfte bezüglich der echten Realität verfügen. Die jungen Arbeiter müssen sehen lernen durch ihre gezielten, individuellen oder gut geleiteten kollektiven Untersuchungen. Diese Untersuchungen haben einen sehr hohen erzieherischen Wert: Sie erleuchten den Geist und begeistern das Herz. Diese Untersuchungsarbeit ist gewaltig und wird nie beendet sein. Die bereits erworbenen Kenntnisse müssen immer wieder überprüft und überarbeitet werden. (...)
Damit die Untersuchungsarbeit jedoch fruchtbar und erzieherisch ist, muß sie der Geisteshaltung, der Verhaltens- und Sprechweise der jungen Leute in jeder Ortschaft sorgfältig angepaßt sein. Unter diesen Voraussetzungen entsteht ein genaues Bild der Arbeiterjugend des Ortes und eine genaue Kenntnis ihrer religiösen, moralischen, geistigen, wirtschaftlichen Lage.
Ihnen wird gelehrt, selbst die Rückwirkungen des Verhaltens der einen auf das der anderen, der wirtschaftlichen auf die sozialen, ebenso wie die gegenseitige Abhängigkeit der Menschen, der Industrien, der Berufe, der Staaten und der Völker zu entdecken. Ihnen wird so praktisch die Notwendigkeit einer sozialen Organisation, einer sozialen Moral, einer sozialen Disziplin und einer sozialen Autorität gelehrt.

---

[179] Cardijn (o.J.): Führe mein Volk in die Freiheit, 39.
[180] Cardijn (o.J.): Führe mein Volk in die Freiheit, 45.

Urteilen

(...) Alle sozialen und wirtschaftlichen Probleme werden so praktisch und auf natürliche Weise in ihrem eigenen Lebenszusammenhang, ohne ausschweifende und oft unverständliche Theorien untersucht. Die Analyse dieser von den jungen Arbeitern selbst erlebten Probleme führt sie ganz natürlich zum Vergleich mit der Situation der jungen Arbeiter und der Arbeiterklasse der Vergangenheit, bei den heidnischen Völkern, im Mittelalter und heute in fremden Ländern. Diese Berichte aus der Geschichte und der Wirtschaftsgeographie zeigen ihnen am besten die Entwicklung und die Art der sozialen und wirtschaftlichen Probleme und verhelfen ihnen zum Verständnis der wesentlichen, gesunden und moralischen Lösungen. Dies verhindert jedoch nicht, daß die Aktivisten und alle CAJler anläßlich dieser Untersuchungen und Gespräche lernen, die Falschheit der im Arbeitermilieu verbreiteten Theorien zu entdecken, die Antworten auf die Einwände, Angriffe und Fehler zu suchen und zu geben. Doch insbesondere lernen sie eine christliche und apostolische Haltung gegenüber den Verführern und deren Opfern einzunehmen. (...)

Diese tägliche Wirklichkeit, die sie zu entdecken lernen: Der Mensch, die Familie, die Arbeit, die Arbeiterklasse, die Gesellschaft, der Fortschritt, das Geld ... alle menschlichen Werte, müssen sie auch lernen zu beurteilen, und zwar im Lichte ihrer göttlichen Berufung und der göttlichen Wahrheit.

Handeln

Diese Urteilsfindung schließlich bleibt nichts Totes, sie führt zum Handeln: Die Probleme sollen gelöst werden, die Wirklichkeit soll verändert und benutzt werden, das tägliche Leben soll größer und schöner gestaltet werden. Sehen, urteilen, handeln... Diese Bildungsmethode paßt sich sowohl der Masse als auch der Elite an. Sie verwirklicht sich im Leben und durch das Leben. (...)

Handeln zu lernen, nachdem gelernt worden ist zu sehen und zu urteilen, dies ist stets das angepeilte Ziel jeder Untersuchung, jeder Diskussion und jeden Gespräches in der CAJ; lernen, individuell oder kollektiv zu handeln; die Fruchtbarkeit dieser gemeinsamen, organisierten Aktion zu erkennen, die von allen Abteilungen und einer ganzen Bewegung unterstützt wird, um das Arbeitsmilieu zu ändern, die öffentliche Meinung aufzurütteln und die Arbeiterklasse zu gewinnen."[181]

(3) *„Sehen":* Im „ersten Schritt" geht es um die unvoreingenommene, vorurteilsfreie und genaue Wahrnehmung der Lebenswirklichkeit. Die eigenen Sichtweisen sowie eigene und fremde Theorien über die Lebenswirklichkeit sollen zurückgestellt werden. Die Menschen sollen sich durch Untersuchungen und Befragungen ein eigenes Bild von der Lebenswirklichkeit machen. Diese Untersuchungen zielen nicht nur auf Erkenntnis, sondern auch auf die Persönlichkeits- und Glaubensbildung und auf die Veränderung der untersuchten Lebenswirklichkeit.

Das „Sehen" ist nicht einfach eine Gesellschaftsanalyse. Das genaue Hinsehen, die Wahrnehmung auch der einfachsten Alltagsvollzüge, ist bereits eine achtsame und achtungsvolle Zuwendung zum Leben der Menschen auch in seiner Einfachheit und Gebrochenheit. Sie ist bereits ein Glaubensakt, der die Lebenswirklichkeit ver-

---

[181] Cardijn (o.J.): Führe mein Volk in die Freiheit, 44-46.

ändert, denn hier wird den Menschen das entgegengebracht, das Gott selbst den Menschen entgegenbringt. Der Glaube ist bereits eine wesentliche Dimension der Wahrnehmung und kommt nicht erst im „zweiten Schritt" als normative Instanz hinzu. Auch der „dritte Schritt", die Veränderung der Lebenswirklichkeit und das Handeln, sind bereits dem „ersten Schritt" immanent.

Die französischen CAJ-Seelsorger René Guerre und Maurice Zinty schreiben zu dem ersten Schritt: „Sehen heißt bereits aus dem Glauben leben. Wenn man seine Aufmerksamkeit auf die alltäglichen Dinge, die sich schon tausendmal wiederholt haben, oder auf die abgedroschene Redensart des kleinen Mannes lenkt, dann nur deshalb, weil Gott dieses Leben gewollt hat; weil es im Leben dieser Leute, in ihren Worten, ihren Handlungen, den Ereignissen ihres Lebens um ihre ewige Bestimmung zu Kindern Gottes geht; weil Gott selbst dieses Leben zu sehen verstand (...). Dieser Blick sucht den Willen Gottes, sieht in den konkreten Begebenheiten eine göttliche Bestimmung. Ein Finger, der von der Maschine abgeschnitten wurde – zehn, zwanzig Finger gingen vielleicht früher auf die gleiche Art verloren –, ist das Ereignis, das uns mit einem Male erleben läßt, wie weit man im Betrieb noch davon entfernt ist, dem Menschen die schuldige Ehrfurcht zu erweisen. Sehen heißt sich der Liebe Gottes öffnen. Es ist nicht vom ersten Augenblick an zu übersehen, wozu uns die Entdeckung bestimmter Verhältnisse am Ende verpflichten könnte. (...) Damit, daß wir uns bewußt den Tatsachen stellen, beginnt bereits die Umwandlung, und von daher kommt der immer neue Anstoß zur tieferen Wandlung. Es ist eine Seite am Geheimnis des Menschen, daß er das Leben seiner Mitmenschen nicht ohne Teilnahme betrachten kann, er wäre denn ein Ungeheuer. Sein Verstand und sein Herz werden davon ergriffen. Und in diesem Blick der Teilnahme drückt und formt sich die Person aus."[182]

(4) „Urteilen": Der „zweite Schritt" zielt auf das Verstehen, Reflektieren, Vergleichen und Deuten der gewonnenen Erfahrungen und Erkenntnisse. Er strebt eine allgemeinere und umfassendere Sichtweise an. Dazu werden Vergleiche der untersuchten Situation mit der eigenen Erfahrung sowie mit entsprechenden Situationen anderer Menschen gezogen, es werden Missstände analysiert, Biographien vorbildlicher Persönlichkeiten angeschaut, es werden Theorien und Lehren zur Reflexion hinzugezogen oder es wird das Vorgehen von Institutionen und Organisationen als Handlungsperspektive betrachtet. „Auf der Grundlage dieser Feststellungen (der untersuchten Lebenswirklichkeit, S.K.) wird dann das Leben berühmter Persönlichkeiten und Führungskräfte dargelegt. Deren Bemühungen, ihre Opfer werden unterstrichen, damit ihr Beispiel die jungen Zuhörer begeistert. Neben den Mißständen, welche die Mitglieder selbst feststellen, müssen ihnen die Abhilfen sowie die Institutionen und Organisationen, die zur Behebung und Verhütung dieser Mißstände bestimmt sind, gezeigt werden."[183] Das gemeinsame Gespräch ist in diesem Schritt ein wesentliches Medium. Es werden die Erkenntnisse über die Lebenswirklichkeit erweitert, Problembewusstsein und Lösungskompetenz gewonnen sowie die Kritikfä-

---

[182] Guerre/ Zinty (1963): Beseelen statt befehlen, 83.
[183] Cardijn (o.J.): Führe mein Volk in die Freiheit, 43.

higkeit an verbreiteten Theorien und eine „apostolische Haltung gegenüber den Verführern und deren Opfern"[184] geschult.

Der Begriff „Urteilen" ist für diesen Schritt verfänglich, denn es geht nicht zuerst um die normative Beurteilung als vielmehr um das Verstehen, Reflektieren, Vergleichen und Deuten der gewonnenen Erfahrungen und Erkenntnisse. Der Glaube kommt hier nicht neu als eine Beurteilungsinstanz der erforschten Situation ins Spiel, denn das normative Urteil liegt dem gesamten Vorgehen zugrunde. Der Glaube an die in Gott gründende Würde und Berufung des Menschen macht die Verdunkelungen dieser Würde sichtbar, er regt zur Reflexion über die Ursachen dieser Verdunkelungen an und weckt die Sehnsucht nach Veränderungen. Im Verstehen, Reflektieren, Vergleichen und Deuten wird klarer, was der Würde des Menschen widerspricht und was ihr besser entsprechen könnte.

Das Vertrauen in die *eigene* Deutung und Beurteilung ist in der je eigenen göttlichen Berufung des Menschen begründet. In der Suche nach dieser Berufung wird das Vertrauen in die eigene christliche Urteilskraft und Urteilsfindung gestärkt. Deshalb sind Glaubenslehren und Theorien nicht die ersten Kriterien für die Deutung; die Maßstäbe und Wahrheiten sollen selbst gefunden werden, wozu es oft langer Prozesse bedarf. „Beseelen statt befehlen" ist ein Grundgedanke der katholischen Aktion, der sich hier niederschlägt.[185] Über den Schritt „Urteilen" schreiben Guerre und Zinty: „In der Methode der CAJ ist das Urteil das Licht des Glaubens, in das ein Gegenstand gehalten wird. (...) Die Vortrefflichkeit dieser Methode besteht darin, daß sie uns die innere Wirklichkeit der Dinge und des Lebens erkennen läßt, das Wesen, das Gott selbst den Dingen gegeben hat und auf der anderen Seite auch die Augen öffnet für das Licht, das das Leben erhellt: vom erleuchteten Gegenstand geht der Weg zurück zum Licht. Der Glaube ist dann nicht mehr ein abstraktes Gesetzbuch mit geordneten und etikettierten Wahrheiten: er ist der lebendige Gott, der uns als das Licht der Welt aufgegangen ist. Zum Glauben führen heißt also zum Glauben im Leben erziehen, heißt den Glauben in die Praxis umsetzen. Diese Erziehung zum Glauben ist nur möglich durch den Blick auf die Wirklichkeit. (...) Das Urteil der CAJ-Methode ist ein Appell an Gott. All das, was im Leben falsch, ungerecht, schmutzig, schlecht erscheint, wird ein Anruf an den, der Wahrheit, Gerechtigkeit, Schönheit und Liebe ist."[186]

(5) *„Handeln":* In dem „dritten Schritt" zeigt sich die *Zielperspektive* der Methode: Es geht nicht alleine um Erkenntnisse und Einsichten, sondern primär um die Veränderung der Lebenswirklichkeit, des täglichen Lebens und der gesellschaftlichen Strukturen. Diese Veränderung geschieht durch konkretes Handeln. Der Horizont des Handelns ist die in Gott gründende Würde des Menschen, und so kann Cardijn dieses Ziel auch ganz profan ausdrücken: „Das tägliche Leben soll größer und schöner gestaltet werden."[187]

---

[184] Cardijn (o.J.): Führe mein Volk in die Freiheit, 45.
[185] Vgl. Guerre/ Zinty (1963): Beseelen statt befehlen.
[186] Guerre/ Zinty (1963): Beseelen statt befehlen, 85.
[187] Cardijn (o.J.): Führe mein Volk in die Freiheit, 45.

Die Veränderung der Lebensbedingungen, der Persönlichkeit und des Glaubens sind bereits in den ersten beiden Momenten der Methode angelegt, doch der „dritte Schritt" macht dieses Ziel explizit. Die aktivierenden individuellen und kollektiven Untersuchungen, die Diskussionen, die Befragungen und die Reflexionen auf das eigene und fremde Leben bilden die Persönlichkeit und den Glauben, führen zu neuen Erkenntnissen, setzen Handlungsimpulse und verändern die Lebenswirklichkeit der Untersuchenden wie auch der Befragten.

1.3.1.4   Zusammenfassung

Die theologische Prämisse der Methode des Dreischritts „Sehen – Urteilen – Handeln" nach Cardijn ist der Glaube an die in Gott gründende Würde des Menschen und an seine Berufung und Sendung durch Gott. Der Glaube an den Menschen ist Voraussetzung und Ziel der Methode: Er ist die Grundlage für die achtsame Zuwendung zu den Menschen in ihren alltäglichen Lebensvollzügen, zugleich werden Glaube und Persönlichkeit im Prozess des methodischen Erkundens des Lebens weiter gebildet. Der kommt in allen Momenten der Methode gleichermaßen zum Tragen; alle „Schritte" geschehen im „Lichte des Glaubens". Der gesamten menschlichen Lebenswirklichkeit liegt die göttliche Wahrheit wie auch ihre Verdunkelung zugrunde. Die göttliche Wahrheit findet der Mensch in sich selbst, wenn er nach seiner Berufung sucht, aber auch in der Lebenswirklichkeit, die er untersucht. In dem gesamten Prozess formt, verändert und vertieft sich der Glaube. Der Glaube, der den Prozess des Wahrnehmens, Reflektierens, Deutens und verändernden Handelns ausleuchtet, wird selbst in diesem Prozess ausgeleuchtet – weil nämlich die göttliche Schöpfung und Wahrheit nicht nur dem Glauben, sondern auch den Dingen und Situationen der Lebenswirklichkeit zugrunde liegt.

Das erkundende Subjekt hat einen konstitutiven Ort in der Methode inne. Von ihm aus sind die drei „Schritte" nicht additiv oder konsekutiv, sondern als eine Einheit zu begreifen, als verschiedene Momente eines einheitlichen Bildungs- und Erkenntnisprozesses. Zentral ist die genaue Wahrnehmung der alltäglichen Lebenssituationen, die „révision de vie" oder die Befragung anderer Menschen nach ihren Tagesabläufen und den Lebensbedingungen. Hierin ergeben sich Anstöße zur Reflexion und vollzieht sich Erkenntnis und Veränderung. Das Moment „Sehen" thematisiert die genaue Wahrnehmung der alltäglichen Lebenswirklichkeit. Es soll die eigenen Vorurteile und vorhandenen Theorien kritisch aufbrechen. Das Moment „Urteilen" thematisiert die Reflexion, das Erkennen, Verstehen und Deuten der erforschten Lebenswirklichkeit mit Hilfe des Vergleichs mit ähnlichen Situationen aus der Geschichte und Gegenwart anderer Menschen und Völker, aus der Bibel oder aus der eigenen Lebensgeschichte. Die Feststellung des Falschen, Entfremdenden, Ungerechten und Bösen in der erforschten Lebenswirklichkeit ist ein „Appell an Gott"[188] und an das eigene Handeln. Das Moment „Handeln" thematisiert das Ziel der Veränderung und Bildung des Subjekts. Es geht um seine Persönlichkeits- und

---

[188]   Guerre/ Zinty (1963): Beseelen statt befehlen, 85.

Glaubensbildung, um die Veränderung der Gemeinschaft sowie um die Veränderung der die Menschen bedrückenden Strukturen. Die Veränderung ist nicht allein ein anzustrebendes Ziel, sondern sie vollzieht sich bereits im Forschungsprozess. Die Methode ist nicht nur ein Instrument der persönlichen Bildung und der Glaubensbildung, sondern auch der politischen Bildung. Die Veränderung der Gesellschaft geht von der Veränderung des Lebens eines jeden Menschen in diesem Forschungsprozess aus, weshalb die Methode eine weite Verbreitung finden soll.

1.3.2 Die lateinamerikanischen Varianten des Dreischritts

Die Methode „Sehen – Urteilen – Handeln" kam durch die Gründung von Gruppen der Christlichen Arbeiterjugend und die Katholische Aktion nach Lateinamerika und lebte dort zunächst vor allem in der Praxis der Arbeiterjugend.[189] Sie wurde von der Theologie der Befreiung aufgegriffen und als die Grundstruktur ihrer Methode wissenschaftlich weiterentwickelt. Die lateinamerikanischen Bischofskonferenzen von Medellín (1968) und Puebla (1979) haben sie lehramtlich bestätigt. Durch die Verbindung mit der Wissenschaft und durch die Kontextualisierungen in Lateinamerika erfuhr sie verschiedene Ausformungen und Akzentverschiebungen. Diese sind, wie Raúl Fornet-Betancourt betont, immer nur Aspekte einer gemeinsamen methodologischen Grundstruktur: „All diese Versuche teilen in ihrem Bemühen um ein der gegebenen Kontextualität adäquates Reflexionsinstrumentarium das Anliegen der Erneuerung bzw. der Transformation einer methodologischen Grundstruktur, die sie weiterhin als ihre ureigene Methodologie ansehen und eben deshalb sie auch nicht in ihrem Kern in Frage stellen wollen. D.h. man geht davon aus, daß diese methodologischen (*sic*) Grundstruktur immer noch richtig ist, bzw. flexibel genug ist, um neue Kontextualisierungen der theologischen Reflexion adäquat ermöglichen zu können. Es geht also um eine Erneuerung innerhalb des Horizonts einer Grundstruktur. Diese ist keine andere als die ‚Sehen-Urteilen-Handeln-Struktur.'"[190] Dass es Veränderungen und Weiterentwicklungen dieser Grundstruktur bedarf, zeigen die zahlreichen Versuche, die Momente der Methode anders zu benennen.

Die verschiedenen Entwicklungen der Methode sind von Deutschland aus und wohl selbst in Lateinamerika kaum zu überblicken. Ich werde mich im Folgenden auf die hier zugänglichen zentralen Publikationen zur lateinamerikanischen Methode des Dreischritts beziehen, die ihre Entwicklung in Lateinamerika deutlich machen.

---

[189] Zu den Ursprüngen der Methode des Dreischritts in der Theologie der Befreiung und zum Verhältnis zwischen beiden vgl. Agenor Brighenti (1994): Raíces de la epistemología y del método de la teología latinoamericana. Umstritten ist, ob die Ursprünge der Befreiungstheologie in der Praxis der Basisgemeinden oder in der kritischen universitären Theologie liegen. Während Gustavo Gutiérrez davon ausgeht, dass an den Anfängen der Theologie der Befreiung ein Engagement des armen Volkes stand, vertritt Juan Luis Segundo die Auffassung, dass sie Anfang der 1960er Jahre ihren Ausgang zunächst von den Universitäten her genommen habe und erst in einem zweiten Schritt seit Mitte der 1970er Jahre zu einer vom Volk ausgehenden Bewegung wurde. Zu der Kontroverse vgl. Maier (1997): Differenzierung theologischer Diskurse.

[190] Fornet-Betancourt (1997): Zur neuen theoretisch-methodologischen Abgrenzung, 366.

(1) Zuerst hat *Clodovis Boff* Mitte der 1970er Jahre in seinem Buch *Theologie und Praxis. Die erkenntnistheoretischen Grundlagen der Theologie der Befreiung* die Methode der Theologie der Befreiung wissenschaftstheoretisch und theologisch umfassend begründet.[191] Dazu entwickelt er ein zweigliedriges dialektisches Modell, für das er eine eigene Begrifflichkeit schafft: Im ersten Teil seiner Arbeit diskutiert er die sozial-analytische Vermittlung, im zweiten Teil die hermeneutische Vermittlung und im dritten Teil bestimmt er das Verhältnis von Theorie und Praxis als ein dialektisches. Zur dreigliedrigen Methode Cardijns stellt er keine expliziten Bezüge her, doch werden in den späteren Rezeptionen des Werkes solche Zusammenhänge immer wieder als selbstverständlich unterstellt. Brighenti zeigt die Zusammenhänge zwischen den Modellen später explizit auf.[192] Boff baut die Methode später selbst zu einem dreigliedrigen Modell aus.[193] Er leistet fundamentale Klärungen, indem er falsche Verhältnisbestimmungen analysiert und zurückweist und konstruktive Verhältnisbestimmungen erarbeitet. Insofern ist das Werk bis heute auch grundlegend für die Diskussion um den interdisziplinären Dialog.[194]

(2) Clodovis Boff entwickelte seinen methodischen Ansatz weiter in dem zusammen mit seinem Bruder Leonardo verfassten Buch: *Wie treibt man Theologie der Befreiung*, das 1986 in Deutschland erschien,[195] sowie in seinen 1995 erschienenen Aufsatz: *Wissenschaftstheorie und Methode der Theologie der Befreiung.*[196]

Die Methode der Theologie der Befreiung besteht danach zunächst grundsätzlich aus einem zweigliedrigen Modell: Der erste Schritt ist die befreiende Praxis, von der aus der zweite Schritt, die Glaubensreflexion, getan wird. Ausgangspunkt ist das

---

[191] Vgl. Boff (1986): Theologie und Praxis. Es handelt sich um seine in französischer Sprache abgefasste Dissertation, die 1976 in Löwen (Belgien) angenommen wurde. Die Originalausgabe erschien 1978 in Brasilien; die deutsche Übersetzung erfolgte aus dem Spanischen unter Berücksichtigung der portugiesischen Ausgabe 1983. Die Tatsache, dass hier ein mit der lateinamerikanischen Befreiungspraxis verbundenes und vielen Teilen der Amtskirche suspektes Anliegen für eine Qualifikationsarbeit an einer europäischen Universität aufbereitet und von dieser bewertet worden ist, dass es nicht muttersprachlich verfasst und in verschiedene Sprachen übersetzt und zurückübersetzt wurde, erklärt die in ihrer Begrifflichkeit nicht immer leicht und eindeutig zu verstehende analytisch-theoretische Sprache, die modellhafte Darstellung und die formelhaften Abkürzungen (der deutschen Übersetzung), die der Rezeption der fundierten Gedankengänge nicht zuträglich waren.

[192] Vgl. Brighenti (1994): Raíces de la epistemologíia y del método de la teologíia latinamericana.

[193] Die Begrifflichkeit der drei Vermittlungen wird zwar in Lateinamerika rezipiert (nicht im deutschen Sprachraum, wo sie gerade für die lateinamerikanische Methode steht), daneben aber wird selbstverständlich auch von Sehen, Urteilen und Handeln gesprochen. Fornet-Betancourt verwendet beide Begriffe nebeneinander analog; vgl. Fornet-Betancourt (1997): Zur neuen theoretisch-methodologischen Abgrenzung, 368-375.

[194] Im Zusammenhang mit dem interdisziplinären Dialog wurde das Werk von Klaus Kießling (2002): Seelsorge bei Seelenfinsternis, 162-185 rezipiert. Ansonsten wurde zwar immer wieder auf es verwiesen, eine inhaltliche Rezeption dieser zweigliedrigen Methode und ihrer umfassenden Begründungen ist im deutschsprachigen Raum jedoch kaum erfolgt. Rezeptionen beziehen sich eher auf die nachfolgenden dreigliedrigen Ausarbeitungen der Methode von Boff/ Boff.

[195] Boff/ Boff (1988): Wie treibt am Theologie der Befreiung? Die Originalausgabe erschien 1986 unter dem Titel: „Como fazer teologia da liberacao" in Petrópolis.

[196] Vgl. Boff (1995): Wissenschaftstheorie und Methode der Theologie der Befreiung. Dieser Aufsatz enthält längere Ausschnitte aus Boff/ Boff (1988): Wie treibt man Theologie der Befreiung.

vortheoretische Engagement an der Seite der Armen, das Mit-Leiden mit den Armen.[197] „Bevor man Theologie betreibt, muß man zuerst einmal Befreiung betreiben. Der erste Schritt zur Theologie ist vortheologisch. Es kommt darauf an, das Engagement des Glaubens zu leben; in unserem Fall heißt das, auf irgendeine Weise am Befreiungsprozeß teilzunehmen, sich für die Unterdrückten einzusetzen. Ohne diese konkrete Vorbedingung wird die Theologie der Befreiung zur bloßen Literatur werden. Es genügt hier also nicht, bloß die Praxis zu reflektieren. Vielmehr ist es notwendig, zuvor eine lebendige Verbindung mit der lebendigen Praxis herzustellen. Anderenfalls verkommen der Arme, die Unterdrückung, die Revolution, die neue Gesellschaft zu bloßen Wörtern, die in einem beliebigen Wörterbuch stehen können."[198]

Methoden und Ebenen der Theologie der Befreiung nach Boff/ Boff

Glaubensreflexion	Methoden		
Professionelle Theologie der Befreiung	Sozial-analytische Vermittlung	Hermeneutische Vermittlung	Praktische Vermittlung
Pastorale Theologie der Befreiung	Sehen	Urteilen	Handeln
Populare Theologie der Befreiung	Konfrontation: Evangelium — Leben		
Vortheoretisches Engagement	Das gelebte Engagement an der Seite der Armen		

Beim zweiten Schritt, der Glaubensreflexion, unterscheiden C. und L. Boff drei Ebenen der Theologie der Befreiung mit drei unterschiedlichen Methoden: die professionelle Theologie der Befreiung mit der Methode: Sozialanalytische Vermittlung – Hermeneutische Vermittlung – Praktische Vermittlung; die pastorale Theologie der Befreiung mit der Methode: Sehen – Urteilen – Handeln; und die populare Theologie der Befreiung mit der Methode: Konfrontation: Evangelium und Leben.[199]

Boff/ Boff ordnen die Methode „Sehen – Urteilen – Handeln" hier nicht der Wissenschaft zu, sondern der mittleren kirchlichen Praxisebene, den Pastoralinstituten und Bildungszentren, in denen sie als eine Bildungsmethode ihren bewährten Ort hat.

---

[197] Vgl. zum Folgenden: Boff/ Boff (1988): Wie treibt man Theologie der Befreiung.
[198] Boff/ Boff (1988): Wie treibt man Theologie der Befreiung, 32.
[199] Vgl. Boff/ Boff (1988): Wie treibt man Theologie der Befreiung, 23.

Die Methode der wissenschaftlichen Theologie der Befreiung ist als ein dreigliedriger Vermittlungsprozess konzipiert.[200] Die drei Schritte dieser Reflexion werden als „Vermittlungen" bezeichnet: als die sozialanalytische, die hermeneutische und die praktische Vermittlung. „Sie heißen ‚Vermittlungen', weil sie Mittel oder Instrumente theologischer Konstruktion darstellen."[201]

Die befreiende Praxis und die theologische Erkenntnis aus dieser Praxis sind in diesem Modell unlösbar miteinander verbunden. Wie im Modell Cardijns hat hier das Subjekt der theologischen Erkenntnis und seine Lebens- und Glaubenspraxis einen unverzichtbaren Ort. Doch sind im Cardijnschen Modell die Arbeiterjugendlichen die Subjekte der Entfaltung der eigenen Persönlichkeit und der Erweiterung des Erkenntnishorizontes, so sind in diesem Modell Theologinnen und Theologen Subjekte der wissenschaftlichen Erkenntnis. Indem es nun um die Entfaltung einer wissenschaftlichen Theologie geht, muss das Verhältnis zwischen den Theologinnen und Theologen und den Armen und „Betroffenen" bestimmt werden: Dies geschieht durch Solidarität und Engagement. Die Theologinnen und Theologen gehören nicht zu den Armen oder „Betroffenen", sondern müssen sich auf den Weg zu ihnen machen und an ihrer Befreiungspraxis partizipieren.

C. und L. Boff erweitern das Moment der *sozialanalytischen Vermittlung* um die Wahrnehmung der nichterfassbaren Dimensionen des Lebens und um die Selbstdeutung der Armen. „In Wirklichkeit *ist der Unterdrückte nämlich mehr*, als der Gesellschaftsanalytiker, also der Wirtschaftler, Soziologe, Anthropologe usw., über ihn zu sagen vermag. Man muß auch auf die Unterdrückten selbst hören. Tatsächlich ‚weiß' das Volk in seiner Volksweisheit weit mehr über die Armut als ein Wirtschaftswissenschaftler. Besser gesagt: sein Wissen ist anders und von größerer Dichte."[202] Die Wissenschaftler müssen auch auf die Selbstdefinitionen der Armen hören: „Darum können sich die Armen nicht daran gewöhnen, daß man sie ‚Arme' nennt; ihr Gefühl für Ehre und Würde macht es ihnen unmöglich. Es sind die Nichtarmen, die sie ‚Arme' nennen."[203] Boff folgert daraus, dass sich Befreiungstheologie nicht mit sozialwissenschaftlichen Analysen zufrieden geben darf. Sie muss „die ganze reiche Deutung, die die Armen von ihrer Welt geben, erfassen und so die notwendige sozialanalytische Vermittlung mit dem unverzichtbaren Verständnis der Volksweisheit verknüpfen"[204].

Die *hermeneutische Vermittlung* ist bei Boff nicht einfach ein (normatives) Beurteilen der Situation im Licht des Evangeliums, sondern eher die Suche nach einem neuen Verständnis, nach Hoffnung und Inspiration für das Leben. „Und so tritt der Befreiungstheologe an die Schrift heran, indem er die ganze Problematik, den Schmerz und die Hoffnung der Unterdrückten mitbringt. Beim göttlichen Wort sucht er Licht und Inspiration. So vollzieht sich also eine neue Lesart der Bibel: die Her-

---

[200] Vgl. auch Boff (1995): Wissenschaftstheorie und Methode der Theologie der Befreiung, 84.
[201] Boff (1995): Wissenschaftstheorie und Methode der Theologie der Befreiung, 84.
[202] Boff (1995): Wissenschaftstheorie und Methode der Theologie der Befreiung, 89; vgl. Boff/ Boff (1988): Wie treibt man Theologie der Befreiung, 42.
[203] Boff (1995): Wissenschaftstheorie und Methode der Theologie der Befreiung, 89.
[204] Boff (1995): Wissenschaftstheorie und Methode der Theologie der Befreiung, 90.

meneutik der Befreiung."[205] Aus der Berührung mit dem Leben der Armen erwächst eine spezifische Suche nach bestimmten Themen und ein bestimmtes Verständnis der Schrift. Das Moment der Verbindung der Schrift mit dem Leben wird höher bewertet als das der Erklärung der Schrift.[206] Die hermeneutische Vermittlung sucht die verändernde und befreiende Kraft der biblischen Texte neu zu entdecken und zur Wirkung zu bringen. Auf diese Weise kommt eine wechselseitige Interpretation, ein hermeneutischer Zirkel zwischen den Armen und dem Wort der Schrift zustande. Boff weist auf zwei zentrale Haltungen hin: eine kritische und eine einlösende: „Die *kritische* Haltung kennt die Grenzen und Mängel der theologischen Arbeiten der Vergangenheit, den zu einem guten Teil unvermeidlichen Tribut, der jeder Epoche gezahlt werden muß",[207] und die „*einlösende* Haltung verleibt sich goldhaltige theologische Adern ein, die in Vergessenheit waren und die uns reicher machen, ja durchaus auch in Frage stellen können."[208] So werden, mit Hilfe schöpferischer Kraft, „neue Synthesen des Glaubens"[209] konstruiert.

Die *praktische Vermittlung* führt zum Handeln auf die öffentlichen Plätze der Geschichte zurück. Ihre Logik hat eine eigene innere Gesetzlichkeit. Der Grad der Bestimmtheit des Handelns hängt von der theologischen Ebene ab. Während die populare Theologie im konkreten praktischen Feld agiert, kann die Professionelle Theologie nur die großen Perspektiven für das Handeln eröffnen.[210]

(3) Eine etwas andere Sichtweise legt der brasilianische Theologe *Agenor Brighenti* in seiner Dissertation vor.[211] Er wendet sich gegen den Anspruch, die Befreiungstheologie sei eine völlig neue Art des Theologietreibens,[212] der durch die Behauptung vom epistemologischen Bruch verstärkt werde. Brighenti rekonstruiert die Wurzeln der befreiungstheologischen Methode in der Katholischen Aktion und der Christlichen Arbeiterjugend und erarbeitet einen systematischen Vergleich zwischen beiden Epistemologien und Methoden von Joseph Cardijn und Clodovis Boff.

(4) Zu einer weiteren Differenzierung kommt der in Kuba geborene Philosoph *Raúl Fornet-Betancourt* in einer kritischen Darstellung der Methodendiskussion in Lateinamerika.[213] Die methodischen Fragen, so Fornet-Betancourt, haben eine starke Relevanz für die Theologie der Befreiung. Sie verändern sich unter den gesellschaftlichen Herausforderungen, dabei bleibt die Basis die Grundstruktur des Dreischritts Sehen –

---

[205] Boff (1995): Wissenschaftstheorie und Methode der Theologie der Befreiung, 90.

[206] Vgl. Boff (1995): Wissenschaftstheorie und Methode der Theologie der Befreiung, 91. Boff betont jedoch, dass dies nicht die einzig mögliche und legitime Lesart der Bibel sei, jedoch die in der Dritten Welt bevorzugte.

[207] Boff (1995): Wissenschaftstheorie und Methode der Theologie der Befreiung, 93.

[208] Boff (1995): Wissenschaftstheorie und Methode der Theologie der Befreiung, 94.

[209] Boff (1995): Wissenschaftstheorie und Methode der Theologie der Befreiung, 95.

[210] Vgl. Boff (1995): Wissenschaftstheorie und Methode der Theologie der Befreiung, 96.

[211] Vgl. die Zusammenfassung in: Brighenti (1994): Raíces de la epistemología y del método de la teología latinoamericana. Für die Übersetzung des Textes danke ich Simone Dollinger, für die Beschaffung des Textes Hadwig Müller.

[212] So beginnt Clodovis Boff (1986) die Einleitung zu seinem Buch: Theologie und Praxis, 17, mit dem Satz: „Die ‚Theologie der Befreiung' will eine ‚neue Art' sein, Theologie zu treiben."

[213] Vgl. Fornet-Betancourt (1997): Zur neuen theoretisch-methodologischen Abgrenzung.

Urteilen – Handeln. Fornet-Betancourt modifiziert die Schritte in seinem Beitrag im Blick auf die gegenwärtigen Herausforderungen. Seine Perspektive ist die in der philosophischen Diskussion virulente Kategorie der Differenz, die er an das methodische Modell heranträgt. Zunächst wendet er sich gegen eine monolithische Auffassung von Befreiungstheologie: Sie sei keine einheitliche Denkrichtung, sondern eher eine Denk- und Handlungstradition, in der sich verschiedene, auch methodisch stark divergierende Befreiungstheologien entwickelt haben. Die Thesen von einer dualen Differenzierung zwischen Volksfrömmigkeit und wissenschaftlicher Theologie (so bei Leonardo Boff oder Juan C. Scannone[214]) oder die von einer dreifachen Differenzierung nach popular, pastoral oder professionell (Boff/ Boff) blendeten mögliche andere oder interne Differenzierungen aus. Gerade aber auf der Ebene der wissenschaftlichen Theologie der Befreiung müssten Modelle differenziert werden. Eine systematische Rekonstruktion oder Ausarbeitung der methodischen Vielfalt stehe noch aus. Die Basis stelle die *Grundstruktur* des Dreischritts Sehen – Urteilen – Handeln dar, die unter den Bedingungen heutiger unterschiedlicher Kontexte bestimmt werden muss. Es geht um eine „Rekontextualisierung der ‚Sehen-Urteilen-Handeln-Methode'"[215]. Dies bedeutet, dass nicht nur die neuen historischen Entwicklungen wie der Zusammenbruch des Staatssozialismus in Mittel-/Osteuropa, die Globalisierung und die politischen Veränderungen in lateinamerikanischen Ländern zu berücksichtigen sind, sondern dass vor allem die Mehrdimensionalität der Kontexte entdeckt werden muss. „Rekontextualisierung meint einen Prozeß, dessen eigentliche Herausforderung darin liegt, dass er das Lokale aufwertet, genauer, Kulturen, Lebensformen und Religionen aus der verhängnisvollen Dialektik des Partikularen und Allgemeinen, in deren nivellierender Spirale der Durchsetzung des Identischen das Partikulare oder Besondere immer in der nachteiligen Situation der Rechtfertigung vor dem (angeblichen) Universalen steht, befreit und so auch zur Wahrnehmung der *Kontexte* im Kontext Lateinamerikas führt."[216]

Fornet-Betancourt kommt auf dieser Grundlage zu einer kreativen *Neubestimmung* der Methode des Dreischritts. Das durchgehende Moment sind Differenzierungen, die „den verschiedenen Gesichtern"[217] der Menschen entsprechen. Auf dieser Grundlage müssen in allen Schritten der Methode die Fragen der interdisziplinären Interaktion mit den Sozialwissenschaften und der Interaktion mit den Kulturen neu bedacht werden.

Beim Moment des *Sehens bzw. der sozial-analytischen Vermittlung* seien bereits wichtige Präzisierungen vorgenommen worden, indem nicht nur das sozialwissenschaftliche Instrumentarium erweitert worden sei, sondern auch Aspekte aus den Kontexten, den Lebensformen und der Alltagskultur der Armen und Unterdrückten aufgenommen worden seien. Auf der Grundlage einer breit angelegten interaktiv praktizierten Interdisziplinarität müsse die befreiungstheologische Reflexion aber auch in eine neue Beziehung zu den Sozialwissenschaften gesetzt werden. Fornet-

---

[214] Vgl. Scannone (1992): Weisheit und Befreiung.
[215] Fornet-Betancourt (1997): Zur neuen theoretisch-methodologischen Abgrenzung, 367.
[216] Fornet-Betancourt (1997): Zur neuen theoretisch-methodologischen Abgrenzung, 367f.
[217] Fornet-Betancourt (1997): Zur neuen theoretisch-methodologischen Abgrenzung, 374.

Betancourt unterscheidet zwischen verschiedenen Rationalitäten der Wissenschaften, die bereits im Schritt des „Sehens" bzw. der sozial-analytischen Vermittlung in Interaktion treten sollen. Er wendet sich hier dabei gegen eine Dominanz empirisch-wissenschaftlicher Rationalität in einem ersten Schritt, die dann in einem zweiten Schritt durch normative und religiöse Rationalitäten wieder eingeordnet wird. „Gemeint ist, daß die sozialanalytische Vermittlung nun doch Ergebnis eines Prozesses der Interaktion wissenschaftlicher Rationalitäten ist, in dem keine einzelne Rationalitätsform sich zum Zentrum der wissenschaftlichen Erklärung machen kann, weil diese eben in der durch die Interaktion selbst geschaffene interdependente Konstellation wissenschaftlichen Wissens liegt."[218] Es komme darauf an, dass „die durch den Rekurs auf die Sozialwissenschaften gewonnene sozialanalytische Vermittlung als das integriert werden kann, was sie tatsächlich ist, nämlich eine wissenschaftliche Teil-Rationalität, welche die wissenschaftliche Qualität des ‚Sehens' nicht allein gewährleisten kann und welche daher nicht nur nachträglich im Bemühen um einen wissenschaftlichen Zugang zur Wirklichkeit mit anderen Formen wissenschaftlicher Rationalitäten zu ergänzen ist. Die in diesem Prozeß notwendige Komplementarität ist vielmehr vom Beginn an zu berücksichtigen, und zwar im Sinne einer ursprünglichen Implikation wissenschaftlicher Reflexion."[219] Zudem sei diese interaktiv praktizierte Interdisziplinarität zu ergänzen durch die methodische Perspektive der Interkulturalität. Dadurch solle die sozial-analytische Vermittlung nicht nur auf wissenschaftlicher Ebene in den Kontext der Interaktion mit den Sozialwissenschaften gestellt werden, sondern auch in den Kontext der Kulturen. Dies sei umso wichtiger, als das Moment des wissenschaftlichen „Sehens" durch das „Hören" auf das Volk neue Qualität erlange. Die Verbindung von Volksweisheit und sozial-analytischer Vermittlung dürfe aber nicht additiver Art sein, sondern müsse in einem echten interaktiven Prozeß gestaltet werden. Durch einen wirklich interaktiven Prozeß könne nicht nur die sozial-analytische Vermittlung, sondern auch die Volksweisheit Veränderungen erfahren.

Beim Moment des *Urteilens bzw. der hermeneutischen Vermittlung* gehe es nicht mehr darum, die Gegenüberstellung von Realität und Plan Gottes aus der Sicht „der" Unterdrückten voranzutreiben. Stattdessen müssten die unterschiedlichen Sichtweisen der Unterdrückten zur Sprache gebracht werden, was zu einer polyphonischen Hermeneutik führe. „Es müsste vielmehr versucht werden, eine differenzierte, wenn auch wohl konvergierende Hermeneutik der Befreiung zu entwickeln, in der die verschiedenen Gesichter der Unterdrückten als historische Konkretion ihrer kulturellen, religiösen, sprachlichen, geschlechtsbezogenen Differenzen tatsächlich auch im Sinne von verschiedenen Sichten über die Wirklichkeit erscheinen können. (...) Das heißt, sie muß sich als eine Hermeneutik entwickeln, die das Hören auf die Armen als Verpflichtung zu einer Interpretation der Wirklichkeit aufnimmt, die gerade die Vielfalt der Perspektiven und die damit zusammenhängende Differenzierung von Horizonten in der sogenannten Welt der Armen in den Mittelpunkt stellt."[220] Eine

---

[218] Fornet-Betancourt (1997): Zur neuen theoretisch-methodologischen Abgrenzung, 369f.
[219] Fornet-Betancourt (1997): Zur neuen theoretisch-methodologischen Abgrenzung, 369.
[220] Fornet-Betancourt (1997): Zur neuen theoretisch-methodologischen Abgrenzung, 371.

solche komplexere Hermeneutik der Befreiung nimmt konsequent Abschied von jeder Tendenz zur abstrakten Homogenisierung der Welten der Armen. Eine solche Mehrperspektivität in der Hermeneutik der Befreiung könne erst dann praktiziert werden, wenn die Artikulation und Vermittlung der Perspektiven die Angelegenheit der Unterdrückten selbst wird. Ansätze dazu gäbe es dort, wo z.B. Frauen oder indigene Menschen ihre Weltsicht artikulieren.

Die Hermeneutik der Befreiung müsse sowohl von einer monoperspektivischen Interpretation der Wirklichkeit aus der Perspektive der Armen Abschied nehmen, als auch von einer stellvertretenden Interpretationsarbeit. „Hermeneutik der Befreiung müßte zu einer partizipativen Aufgabe werden, die – gerade weil sie die Aufgabe mehrerer gleichberechtigter Subjekte ist – das Moment des ‚Hörens auf…' in eine dialektische Bewegung gegenseitiger Mitteilung transformiert, die ihr Zentrum nicht mehr in dem Experten, der auf das Wort des Unterdrückten hört, hat, sondern daß sie sich eher dadurch auszeichnet, daß die beteiligten Subjekte sich gegenseitig hören und daß sie in diesem Prozeß des Mit-einander-Sprechens und des Auf-ein-ander-Hörens auf das Wort des je anderen sowie der gegenseitigen Achtung der darin mitgeteilten Perspektiven zu einer integralen, differenzierten Beurteilung der Wirklichkeit versuchen zu kommen. Nicht der Experte, sondern die Subjekte der verschiedenen Befreiungsprozesse sind jetzt die Interpreten; Interpreten, die sich in gegenseitiger Anhörung und Achtung als gleichberechtigte Mitinterpreten bzw. als Interpretationsgemeinschaft qualifizieren."[221]

In dieser partizipativen Hermeneutik müsse der professionelle Theologe, die professionelle Theologin dann die eigene Rolle neu definieren. Wenn die in der Interaktion artikulierten Stimmen und Standpunkte nicht nur additiv verstanden werden, wenn die Theologie die Kooperation nicht nur als eine Phase versteht, die nur wieder in der abschließenden Synthese der Theologen gipfelt, sondern als eine interaktive Struktur begriffen wird, dann wird sie eine Stimme im Chor der Interpretationsgemeinschaft neben anderen bleiben.[222]

Auch auf der Ebene des *Handelns bzw. der praktischen Vermittlung* müsse die Vielfalt der Gesichter berücksichtigt werden. Das befreiende Handeln müsse als ein dezentraler Vorgang begriffen werden, der sich als ein komplexes Netz von vielfältigen Befreiungsentwürfen darstellt. „Damit meine ich die Perspektive, die sich daraus ergibt, daß das befreiende Handeln der Unterdrückten, auch wenn es ein durch das Prinzip ‚Befreiung' finalisiertes Handeln ist, keine homogene Aktion, genauer, kein durch ein einziges soziales, politisches, kulturelles oder theologisches Programm bestimmtes Handeln ist. Es stellt sich vielmehr als ein komplexes Netz von vielfältigen Befreiungsentwürfen dar, in dem eben die verschiedenen Gesichter der Unterdrückten genau zu erkennen sind, und zwar als Subjekte von je spezifischen Befreiungsplänen."[223] Die Aufgabe der Theologinnen und Theologen bestehe nicht darin,

---

[221] Fornet-Betancourt (1997): Zur neuen theoretisch-methodologischen Abgrenzung, 372.
[222] Fornet-Betancourt setzt sich hier vorsichtig kritisch von C. Boff ab, der im Theologen denjenigen sieht, der auf der Basis der Sammlung verschiedener Stimmen die neuen Synthesen des Glaubens formuliert; vgl. Boff (1995): Wissenschaftstheorie und Methode der Theologie der Befreiung , 95.
[223] Fornet-Betancourt (1997): Zur neuen theoretisch-methodologischen Abgrenzung, 374.

die großen Perspektiven für das Handeln zu entwickeln, die die verschiedenen kulturellen und situativen Voraussetzungen nivellieren, oder die Pluralität des Handelns unter eine geschichtstheologisch begründete Vision zu subsumieren, sondern sich praktisch in das Handlungsnetz zu integrieren und „auf der Grundlage der aktiven Partizipation an den verschiedenen Befreiungsentwürfen daran mitzuarbeiten, eine neue Perspektive für das Verständnis der Einheit bzw. der Solidarität zwischen allen Unterdrückten zu entwickeln."[224] Angesichts der Pluralität müsse man sich von der Vorstellung der Einheit der Unterdrückten und der Einheit eines Befreiungsprogramms verabschieden.

Zusammenfassung und Anfragen

Zusammenfassend kann festgehalten werden, das Clodovis Boff eine wissenschaftlich-theologisch begründete Methode der Praktischen Theologie im Kontext der Theologie der Befreiung erarbeitet hat. Seine Methode war zunächst am dialektischen Denken orientiert, später baute er sie zu einem dreigliedrigen Modell aus. Obwohl er zunächst keine Zusammenhänge mit dem Dreischritt Cardijns explizit hergestellt hat, werden diese in der Rezeption als selbstverständlich unterstellt und von Brighenti auch aufgewiesen. Durchgesetzt hat sich in der lateinamerikanischen Methodendiskussion ein dreigliedriges Modell, dessen Grundstruktur der Dreischritt „Sehen-Urteilen-Handeln" ist. Die Distanznahme von dem Cardijnschen Dreischritt und die Tatsache, dass für die wissenschaftlichen methodischen Varianten häufig neue Begrifflichkeiten gewählt wurden, zeigen an, dass die Methode „Sehen – Urteilen – Handeln" nicht einfach in den wissenschaftlichen Gebrauch übernommen werden konnte. Die Rede von den drei „Vermittlungen" beugt einer Vermischung der Cardijnschen Praxis- und Bildungsmethode mit der wissenschaftlichen Methode vor.

In allen Varianten der Methode in Lateinamerika haben die *Person und Rolle des Theologen und der Theologin* einen zentralen Stellenwert. Das vorreflexive Engagement an der Seite der Armen gehört unabdingbar zur Methode und ist von zentraler Bedeutung für die theologische Erkenntnis und die verändernden Handlungsperspektiven. Gerade in Bezug auf die Reflexion dieser Rolle hat es aber auch Entwicklungen gegeben. Hatte die theologietreibende Person bei Boff noch die Rolle des systematisierenden Theoretikers oder der Theoretikerin, so sieht Fornet-Betancourt die Rolle eher in einer dialogischen Zusammenarbeit, sowohl auf der Ebene der Wissenschaften – hier vor allem mit den Sozialwissenschaften –, als auch auf der Ebene des Engagements mit den Armen. Dieser Dialog kann potentiell beide Seiten verändern.

In Bezug auf die einzelnen „Schritte" der Methode hat es Differenzierungen gegeben. Das *Hören auf die Erkenntnisse, die Definitionen und das Wissen der Armen* ist zu einem zentralen Moment der Methode geworden. Die Armen werden immer mehr in ihrer Verschiedenartigkeit, in ihren „verschiedenen Gesichtern" wahrge-

---

[224] Fornet-Betancourt (1997): Zur neuen theoretisch-methodischen Abgrenzung, 375.

nommen. Diese Perspektiven wirken sich auf die Weiterentwicklung des Verständnisses der drei „Schritte" aus. Im Bereich des *„Sehens"* war der bahnbrechende Perspektivenwechsel, dass die Armen als zentral für die theologische Erkenntnis und Praxis der Kirche erkannt wurden. Zunächst wurden sie vorwiegend als eine gesellschaftliche Schicht oder Klasse wahrgenommen, deren Situation analysiert und verändert werden musste. Dazu bedurfte es einer grundsätzlichen Reflexion und Begründung der Integration sozialwissenschaftlicher Analysen und Methoden. Später genügte es nicht mehr, sie allein in Form von Gesellschaftsanalysen zur Geltung zu bringen, vielmehr wurden sie selbst und ihre Perspektiven, Definitionen und Erkenntnisse zum Ausgangspunkt des „Sehens". Das Moment des *„Urteilens"* ist in der lateinamerikanischen Methode immer als eine Hermeneutik, ein Verstehen betrachtet worden. Es ging hier zunächst darum, die Welt und Tradition aus der Sicht der Armen zu verstehen, später aber auch, die Armen selbst in ihren verschiedenen Verstehensweisen und Erkenntnissen zur Sprache in einen polyphonen Dialog mit den Wissenschaften zu bringen. Im Bereich des *„Handelns"* hat sich die Erkenntnis eingestellt, dass es keine einfachen und allgemeingültigen Handlungsstrategien gibt, die die Theologinnen und Theologen entwerfen können. Vielmehr geht es um kontextuell eingebundene Strategien mittlerer Reichweite.

Die methodischen Entwürfe lassen noch einige Fragen offen: So ist das Verhältnis zwischen professioneller, pastoraler und popularer Theologie und Methode sowohl in der Theorie als auch in der Praxis ungeklärt. Wie lassen sich Verbindungen schaffen? Wie werden die verschiedenen Ebenen der Theologie der Befreiung wechselseitig integriert? Wenig sind in der theologischen Literatur bislang die strukturellen und praktischen Probleme des Engagements an der Seite der Armen diskutiert worden. Dieses kann ja von dem Feiern gelegentlicher Gottesdienste in einem Armenviertel bis zum Leben mit den Armen oder der langfristigen Arbeit mit einer benachteiligten Gruppe in einem Armenviertel reichen. Je größer das praktische Engagement ist, desto deutlicher werden die räumlichen, zeitlichen und universitären Rahmenbedingungen wissenschaftlicher Arbeit zu einem Problem werden. Unklar ist zudem, was das „Hören auf die Armen" im wissenschaftlichen Diskurs wirklich heißen kann und wie es sich methodisch reflektiert vollzieht. Schon die Zugänge zu Menschen in tiefer Armut sind für akademisch arbeitende Menschen kaum gegeben. Wie kommen Theologinnen und Theologen überhaupt mit ihnen in Kontakt, wie können sie sie angemessen verstehen und wie können sie sie am theologischen Diskurs beteiligen?

1.3.3 Varianten des Dreischritts in der europäischen Wissenschaft

Für die katholische Praktische Theologie in Europa – ich beziehe mich hier vor allem auf den deutschsprachigen Raum – bot der Dreischritt mehrere Vorteile: Er stellte ein methodisches Vorgehen dar, das dem neuen Selbstverständnis entsprach, nicht mehr Anwendungswissenschaft, sondern eine eigenständige theologische Handlungswissenschaft zu sein, die von der konkreten Lebenswirklichkeit ausgeht und auf sie reflektiert. Die Methode stammte aus der katholischen Verbandspraxis und stellte dadurch auch einen Zusammenhang mit der kirchlichen Praxis her. Sie fand als eine theologische Methode breiten Konsens im innertheologischen Diskurs. Und zudem wurde sie auch lehramtlich durch das Zweite Vatikanische Konzil (vgl. GS 4 und den Aufbau von GS) und in der Enzyklika *Mater et Magistra* (236) bestätigt. Josef Hochstaffl stellt fest: „Hinter die Anerkennung der Methode des Dreischritts kann man kirchenamtlich also kaum zurück."[225] Die lehramtliche Bestätigung war für das neue handlungswissenschaftliche Selbstverständnis und die Öffnung der Praktischen Theologie zu den Humanwissenschaften hin hilfreich.

Mit dem Dreischritt hatte die katholische Praktische Theologie eine methodische Grundstruktur, mit der sie vorläufig arbeiten konnte, solange die handlungswissenschaftliche Grundlegung der Praktischen Theologie die Kräfte band. Die notwendige Bearbeitung der Methodenfrage oder wissenschaftliche Ausarbeitung des Dreischritts in der Praktischen Theologie wurde zwar eingefordert, aber nicht angegangen. Es gibt nur vereinzelte Ansätze zu einer wissenschaftlichen Begründung des Dreischritts im deutschsprachigen Raum, wobei die lateinamerikanischen Entwicklungen adaptiert wurden; der bekannteste ist das Arbeitspapier „'Suchet zuerst das Reich Gottes und seine Gerechtigkeit...'. Ein Arbeitsinstrument für das pastorale Handeln im Bistum Basel"[226]. Eine methodologische und theologische Ausarbeitung, wie sie Clodovis Boff für die Grundlegung einer Methode der Theologie der Befreiung vorantrieb, erfolgte im deutschsprachigen wissenschaftlichen Bereich nicht.

Durch die Transformation der ursprünglich praxisbezogenen Bildungsmethode in den wissenschaftlichen Kontext fand eine nicht unproblematische Veränderung statt, die besonders im Vergleich mit der lateinamerikanischen Entwicklung deutlich wird. Um unter dem Druck der Hegemonie des Positivismus und naturwissenschaftlicher Methoden in den 1960er Jahren den (vermeintlich) wissenschaftlichen Anforderungen zu entsprechen, wurde das Subjekt aus der Methode eliminiert. Dieses war aber für die ursprüngliche Methode konstitutiv und spielte auch in den Weiterentwicklungen der Methode in Lateinamerika eine wesentliche Rolle. Mit dem Verschwinden des Subjekts gingen der Bezugspunkt und die innere Einheit der drei „Schritte" sowie die Bedeutung der lebensweltlichen Erfahrung, des Glaubens und der gesellschaftlichen Praxis des forschenden Subjekts verloren. Heute wird in der wissenschaftstheoretischen Diskussion die Reflexion auf den Zusammenhang von Erkenntnissubjekt und wissenschaftlicher Erkenntnis als Kriterium für Wissenschaftlichkeit angeführt.[227] Das Verschwinden des Subjekts aus der Methode ist also auch ihrer Wissenschaftlichkeit nicht zuträglich.

Aber auch der Glaube (als fides quae und fides qua) verlor seinen konstitutiven Ort als Grundlage des gesamten Erkenntniszusammenhangs. Theologie musste jetzt quasi von außen als Norm oder Kriterium ins Spiel gebracht werden; der Ort, der ihr zugewiesen wurde, war der „zweite Schritt". Hier zeigt sich der Unterschied zu den

---

[225] Hochstaffl (1999): Die Konzeption von Praxis, 325, Fn. 22.
[226] Vgl. Pastoralamt des Bistums Basel (1993): „Suchet zuerst das Reich Gottes und seine Gerechtigkeit...". Hier wurde der Dreischritt zu einem praxisnahen Arbeitsinstrument für pastorale Handlungsfelder weiter ausgearbeitet und in einem erläuternden Zusatzteil theologisch begründet.
[227] Vgl. Kap. 2 und 4, dazu auch: Habermas (1973): Erkenntnis und Interesse.

lateinamerikanischen Methoden und zur Methode Cardijns besonders deutlich. Der Glaube ist dort Grundlage des gesamten methodischen Vorgehens. Er ist nicht einfach nur vorreflexiv gegeben, sondern stellt die Prämisse der Methode dar, wird in der Option postuliert und in dem vortheoretischen Engagement an der Seite der Armen gebildet und verändert. Der „zweite Schritt" besteht in den Ursprüngen der Methode und den lateinamerikanischen Varianten nicht so sehr in einer theologischen Beurteilung der erhobenen Situation, sondern im Verstehen der Situation, im Erweitern des Verstehenshorizontes durch Vergleiche bzw. im Verstehen der Situation und der Tradition aus der Sicht der Armen.

Mit dem wachsenden zeitlichen Abstand zum Konzil verblasste die Erinnerung an die theologischen Prämissen und Begründungen der ursprünglichen Methode. Der Dreischritt wurde zunehmend zu einer subjektlosen abstrakten Formel, die ohne Reflexion auf die Kontexte, aus denen sie stammte, vielseitig verwendbar wurde.[228] Zuweilen kam es dadurch zu derartigen Verschiebungen im Verständnis der Methode, dass sie der Intention und Theologie Cardijns geradezu widersprachen. So konnte das vom Subjekt und den theologischen Prämissen gelöste Modell die Möglichkeit einer voraussetzungsfreien Erhebung suggerieren. Damit wurde das Vermittlungsproblem zwischen dem „ersten" und dem „zweiten Schritt" verschärft. Im Extremfall konnte zudem unter der Hand die induktive Methode als eine deduktive verwendet werden, bei der die Situationserhellung zum bloßen Anschauungsmaterial gerinnt und aus dem theologischen „Urteil" Handlungsanweisungen für die Praxis abgeleitet werden, die nicht wirklich hilfreich sind, sondern die Menschen nur neu unter den Druck theoretischer Postulate setzen. Zu einer Verschiebung kam es aber vor allem dadurch, dass sich der Status des Subjekts der Erkenntnis im wissenschaftlichen Gebrauch der Methode änderte. Das Subjekt der Erkenntnis war in der Methode Cardijns der oder die Arbeiterjugendliche, der oder die in einem bestimmten Interesse die eigene Lebenswelt oder Umwelt erforscht. Da die Methode durch die Übernahme in die Wissenschaft subjektlos gedacht wurde, schienen die subjektiven Bezüge der Erkenntnis zu verschwinden. In der wissenschaftlich verwendeten Methode wurden die Theologinnen und Theologen zu theologischen Expertinnen und Experten, die die erhobene soziale Wirklichkeit mit den Maßstäben der „richtigen" Theologie beurteilen. Da das forschende Subjekt in der Methode keinen Ort mehr hatte, war dieses Verständnis implizit und so auch nicht kritisierbar. Die wissenschaftliche Theologie wird zu einer urteilenden Instanz über die Praxis, die dann als fehlerhaft und unzureichend erscheint. Das theologische Urteil droht die Dignität der sozialen Wirklichkeit zu erdrücken, und der Blick auf deren Eigenständigkeit wird verstellt. In den lateinamerikanischen Weiterentwicklungen der Methode, in denen der Ort des Subjekts konstitutiv und damit reflektierbar blieb, wurde gerade der theologische Expertenstatus der Wissenschaftler und Wissenschaftlerinnen problematisiert und dadurch der Blick frei für den besonderen Expertenstatus der Armen bezüglich ihrer sozialen Situation, des Verstehens der Offenbarung und der theologischen Deutung der sozialen Wirklichkeit. Das Problem, dass die Wissenschaftlerinnen und Wissenschaftler nicht die Subjekte sind, die unter den Missständen leiden

---

[228] Vgl. zum Folgenden auch Klein (1999): Methodische Zugänge zur sozialen Wirklichkeit, 249.

und die die Welt verändern, indem sie sich verändern, blieb bis heute ein zentraler Diskussionspunkt. Es wurde durch die Elemente des Engagements auf der Seite der Armen und des Hörens auf die Armen zumindest aufgefangen, die konstitutiv für die lateinamerikanische Weiterentwicklung der Methode sind.

Im interdisziplinären Dialog, in dem die Methodendiskussion in den letzten Jahrzehnten disziplinübergreifend rasch vorangetrieben worden ist, reichte der Verweis auf den Dreischritt als Methode nicht aus. Wo sich die Praktische Theologie dem Dreischritt als Methode begnügte, koppelte sie sich von der Zusammenarbeit mit anderen Disziplinen in der Methodendiskussion ab. Aber auch innerhalb der katholischen Theologie distanzierten sich viele Praktische Theologinnen und Theologen von dem Dreischritt. Viele arbeiten mit sozialwissenschaftlichen Methoden und lassen den Dreischritt für die wissenschaftliche Arbeit beiseite. Die Weiterentwicklung des Dreischritts in der lateinamerikanischen Theologie zu einer eigenen wissenschaftlichen theologischen Methode zeigt aber auch, dass ein solcher Weg möglich ist, und es wäre zu überlegen, ob es für die deutschsprachige Praktische Theologie einen Weg zwischen der Ablehnung des (formelhaften und subjektlosen) Dreischritts und seinem unreflektierten Gebrauch als Methode geben könnte.

Auf die Kritikpunkte am Dreischritt als einer wissenschaftlichen Methode komme ich im Anschluss an die Darstellung des Regelkreismodells zu sprechen.

Modell der wissenschaftsbezogenen Variante des Dreischritts

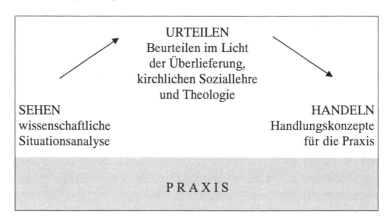

1.3.4   Das Regelkreismodell

Mit dem Dreischritt war zwar eine Vorgehensweise gefunden, die im katholisch-theologischen und kirchlichen Diskurs auf Zustimmung stieß, die sich aber für den interdisziplinären Diskurs kaum eignete. Die handlungswissenschaftliche Konzeptualisierung in den 1970er Jahren brachte die Praktische Theologie jedoch verstärkt in das Gespräch mit anderen wissenschaftlichen Disziplinen und machte es erforderlich, über das methodische Vorgehen auch interdisziplinär Rechenschaft zu geben und methodische Modelle zu entwickeln, die im interdisziplinären Diskurs vermittelbar waren – denn, so Rolf Zerfaß: „(D)er Wissenschaftscharakter der Praktischen Theologie entscheidet sich beim Methodenproblem."[229] „Alles hängt davon ab, über bloße Intuition hinauszugelangen, dh. (*sic*) den Aussagen und Empfehlungen, die sie trifft, nicht durch Plausibilitätsappelle, sondern durch die präzise Angabe ihres Geltungsbereichs Kredit zu verschaffen."[230] Zerfaß erarbeitete im Anschluss an den amerikanischen Pastoraltheologen Seward Hiltner ein methodisches Regelkreismodell, das sich als hilfreich für den praktisch-theologischen Forschungs- und Ausbildungsprozess erwies und in der Folgezeit vielfältig rezipiert wurde. Der Dreischritt ist in diesem Modell enthalten, es ist für den wissenschaftlichen Diskurs jedoch weiter ausdifferenziert.[231]

Wenn eine alte Praxis (Praxis 1) in die Krise gerät und der selbstverständliche Rückgriff auf die geltende Überlieferung (4) das Problem eher verstärkt als löst, wird über kurz oder lang eine genaue, mit sozialwissenschaftlichen Methoden zu leistende Situationsanalyse (6) notwendig sein. Diese liefert noch keine Handlungsanweisungen, vielmehr muss sie mit dem geltenden Überlieferungsanspruch konfrontiert werden (5). Aus dem Spannungsfeld zwischen dem Überlieferungsanspruch (Soll-Bestand) und der Gegenwartsanalyse (Ist-Befund) muss nach Konvergenzen gefragt werden, aus denen sich neue Handlungsimpulse theologisch und humanwissenschaftlich verantworten lassen (7 und 8). Dies ist die Aufgabe der praktisch-theologischen Theoriebildung (9). Sie muss die Voraussetzungen und den Geltungsbereich der gesuchten Handlungsimpulse (10) bzw. eines Konzepts für die neue Praxis (Praxis 2) kenntlich machen. In Nachfolgeuntersuchungen, d.h. Analysen der neuen Praxis (12), kann der praktisch-theologische Theorierahmen präzisiert werden; es kann aber möglicherweise auch ein neues, vertieftes Verständnis der Überlieferung aufgezeigt werden (13), da sich der Verständnishorizont verändert hat.

Dieses Modell ist aus dem wissenschaftlichen Diskurs für die Wissenschaft konzipiert und war für die praktisch-theologische Ausbildung und Forschung hilfreich. Es stellt eine methodische Grundstruktur dar, die Wege abzeichnet, wie ein praktisch-theologischer Erkenntnisvorgang fortschreitet. In der Praktischen Theologie ist es so bekannt, dass ich es hier nicht weiter ausführen muss. Auch bei diesem Modell sind viele methodologischen Fragen jedoch nicht geklärt. Darauf soll nun im Folgenden in der Zusammenschau mit dem Modell des Dreischritts eingegangen werden.

---

[229] Zerfaß (1974): Praktische Theologie als Handlungswissenschaft, 166.
[230] Zerfaß (1974): Praktische Theologie als Handlungswissenschaft, 165f.
[231] Vgl. zum Folgenden: Zerfaß (1974): Praktische Theologie als Handlungswissenschaft, 166-170.

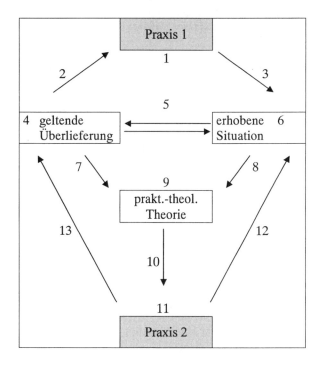

1.3.5 Offene Fragen

Mit den Modellen des Dreischritts und des Regelkreises waren in der katholischen Praktischen Theologie Vorgehensweisen gefunden worden, die ihrem Selbstverständnis als Handlungswissenschaft entsprachen und die von einem breiten Konsens innerhalb der Theologie und Kirche getragen waren. Der Dreischritt, in der und für die Praxis entwickelt, betonte den Praxisbezug, während das Regelkreismodell eher auf die wissenschaftliche Forschung und Diskussion ausgerichtet war. Josef Hochstaffl ordnet die beiden Modelle der Orientierung an der Lebenswelt und der Orientierung am Diskursprozess zu.[233] Allerdings bleiben in beiden Modellen viele methodische und methodologische Fragen offen. Wie ist ein wissenschaftlicher Zugang zur Lebens- und Glaubenswelt von Menschen methodisch möglich? Wie ist ein (Fremd-) Verstehen ihrer Vorstellungen, Handlungen und Deutungen möglich? Wie lassen

---

[232] Vgl. Zerfaß (1974): Praktische Theologie als Handlungswissenschaft, 167.
[233] Vgl. Hochstaffl (1999): Die Konzeption von Praxis, 319-321; 324-327.

sich wissenschaftliche Theorien über die vielfältigen Lebens- und Glaubenswelten der Menschen erstellen? In welchem Verhältnis steht die erhobene Glaubenswelt der Menschen zu theologischen Theorien und lehramtlichen Aussagen? Welche Reichweite und Aussagekraft haben solche Theorien? Wie sind aus diesen Theorien Praxiskonzepte zu gewinnen, die praktikabel und hilfreich sind für eine innovative christliche Praxis?[234]

Besonders die Fragen der wissenschaftlichen Erhebung der Lebens- und Glaubenswirklichkeit und der praktisch-theologischen Theoriebildung, die ja gerade einen zentralen Teil des induktiven Verfahrens darstellen, blieben ungelöst. Sie wurden häufig dadurch umgangen, dass entweder direkt auf sozialwissenschaftliche Analysen und Theorien zugegriffen wurde oder sozialwissenschaftliche Methoden der Erhebung einfach für die eigene Forschung benutzt und angewandt wurden. Die Problematik verschob sich damit auf die Diskussion über die Möglichkeiten und Modi des interdisziplinären Dialogs *(vgl. Kap. 1.4)*. Diese kam übereinstimmend zu dem Ergebnis, dass Praktische Theologie zumindest auch selbst (theologisch-)empirisch arbeiten müsse. Die methodologische Diskussion um die erkenntnistheoretischen Voraussetzungen, Implikationen, Möglichkeiten und Grenzen empirischer Methoden innerhalb der Praktischen Theologie blieb aus. Die Wenigen, die empirisch forschten und auf die methodologischen Fragen stießen, konnten neben den empirischen Forschungen nicht noch die methodologischen Fragen lösen; andere stießen gar nicht erst auf sie.

Aber nicht nur die vielen methodischen Fragen der Theoriegewinnung und ihrer Umsetzung in praxisorientierte Konzepte innerhalb der beiden Modelle blieben ungelöst. Auch das Verhältnis der „Schritte" oder methodischen Elemente in den beiden Modellen und ihre Voraussetzungen werfen Fragen auf. So wurden die Fragen nach dem Verhältnis zwischen der Situationsanalyse und der theologischen Reflexion nicht befriedigend geklärt. Zerfaß spricht davon, dass in dem Regelkreismodell das erhobene Datenmaterial mit dem Überlieferungsanspruch „konfrontiert" werden müsse. Es müsse nach Konvergenzen gefragt, ein gemeinsamer Boden ermittelt werden, von dem aus sich die Handlungsimpulse theologisch und humanwissenschaftlich verantworten ließen.[235] Hier sind Überlieferung und Gegenwartsanalyse als zwei verschiedene und getrennte Bereiche gedacht, die irgendwie miteinander zu verknüpfen sind – doch wie genau, bleibt offen.

In dem Modell des wissenschaftlich adaptierten Dreischritts tritt ein ähnliches Problem auf. Hier kommt die Theologie im „zweiten Schritt", dem „Urteilen" als eine Beurteilungsinstanz der erhobenen Situation ins Spiel. So heißt es im Arbeitsinstrument des Bistums Basel: „Wenn das untersuchte Phänomen mit Hilfe des Arbeitsinstruments gesehen und analysiert worden ist, geht es darum, es in einem zweiten Schritt aus der Sicht des Glaubens kritisch zu beurteilen. Das Arbeitsinstrument URTEILEN liefert Kriterien, nach denen diese Beurteilung erfolgen sollte. Quellen für die Beurteilung sind Texte des Alten und Neuen Testaments sowie Texte

---

[234] Zur Kritik am Regelkreismodell vgl. auch Mette (1978): Theorie der Praxis, 319f.
[235] Vgl. Zerfaß (1974): Praktische Theologie als Handlungswissenschaft, 168f.

aus der kirchlichen Tradition, z.B. aus der Sozialverkündigung."[236] Damit werden aber theologische und praktische Fragen aufgeworfen: Welchen eigenen Stellenwert, welche Dignität hat die erfahrene Lebenswirklichkeit gegenüber den normativen Beurteilungen? Sind die theologischen Aussagen immer so klar, dass sie als „Kriterien" formuliert werden können, oder gibt es geschichtliche Veränderungen und kontroverse Diskurse um ihr Verständnis? Wie lässt sich die Differenziertheit der theologischen Diskussion mit der erhobenen Situation und den Handlungskonzepten vermitteln? Gibt es außer theologischen Kriterien auch andere, um eine Situation zu beurteilen, wie dies im Regelkreismodell eindeutiger konzipiert ist, und wie verhalten sich beide Instanzen zu einander (was im Regelkreismodell ungeklärt ist)? Gerade die lateinamerikanischen Weiterentwicklungen des Dreischritts legen die Frage nah: Welche Rollen spielen die Theologinnen und Theologen als „Expertinnen" und „Experten" der Beurteilung? Welche Bedeutung hat ihr gesellschaftlicher, geschlechtsspezifischer und kultureller Ort?

Viele dieser Fragen treten in den lateinamerikanischen Weiterentwicklungen der Methode nicht oder nicht in der Schärfe auf, da sie näher an der ursprünglichen praxisbezogenen Methode Cardijns geblieben sind, in der die drei „Schritte" eine integrale Einheit bildeten und die theologietreibende, forschende und theoriebildende Person als Subjekt thematisiert ist. Allerdings lassen diese Varianten sich nicht ohne weiteres in den europäischen Diskurs „importieren", da sie, auch von ihrem ausdrücklichen Anspruch her, Methoden kontextueller Theologien sind.

Zusammenfassend lässt sich festhalten:[237] Mit dem Dreischritt und dem Regelkreismodell sind in der katholischen Praktischen Theologie induktive methodische Vorgehensweisen entwickelt worden, die im innertheologischen Diskurs breiten Konsens gefunden haben, die aber bezüglich der theologischen Voraussetzungen, Begründungen und Fragen im europäischen Raum nicht weiterentwickelt worden sind. Für den interdisziplinären Diskurs genügt der Verweis auf den Dreischritt oder auf das Regelkreismodell als methodisches Vorgehen der Praktischen Theologie nicht. Der Diskurs um die methodologischen Fragen des angemessenen Verstehens der sozialen Wirklichkeit und der Theoriebildung, der seit jeher interdisziplinär zwischen den Humanwissenschaften geführt worden ist, hat sich gerade in den letzten dreißig Jahren rasch fortentwickelt. Diesem Diskurs muss sich die Praktische Theologie stellen, wenn sie ihrem Anspruch, eine praktische Wissenschaft zu sein, nachkommen und ihrerseits diesen Diskurs als eine theologische Wissenschaft mitbestimmen will. Eine wissenschaftliche Theoriegewinnung muss methodisch reflektiert und nachvollziehbar und in der interdisziplinären Diskursgemeinschaft kommunizierbar sein. Die Methodendiskussion der katholischen Praktischen Theologie muss sich nicht nur dem innertheologischen, sondern auch dem interdisziplinären Diskurs stellen. Den Referenzrahmen der Methodendiskussion stellen damit nicht nur die Theologie und die Praxis, sondern auch die interdisziplinäre wissenschaftliche Ge-

---

[236] Pastoralamt des Bistums Basel (1993): „Suchet zuerst das Reich Gottes und seine Gerechtigkeit...", 5.
[237] Vgl. auch die Zusammenfassung in Kap. 7.1.

meinschaft her. Wenn sich die Theologie aus dem gemeinsamen Methodendiskurs heraushält, wird sie unter den heutigen Bedingungen nicht mehr lange einen Stand an den Universitäten haben. Von ihrer Fähigkeit zum interdisziplinären Dialog wird nicht zuletzt ihre Akzeptanz in der universitären Landschaft abhängen. Sie wird aber den wissenschaftlichen Diskurs, der längst immer mehr als interdisziplinäre Forschung und Diskussion strukturiert ist, auch selbst immer weniger mitbestimmen können.

1.4   Praktische Theologie im interdisziplinären Dialog

Die handlungswissenschaftliche Konzeptualisierung brachte die Praktische Theologie verstärkt in das Gespräch mit den Humanwissenschaften, mit denen sie sich ihren Gegenstandsbereich teilt. Die Rezeption von humanwissenschaftlichen Theorien und Methoden nötigte sie, diese Vorgänge zu reflektieren und zu begründen. Zwar forschten schon längst auch die anderen theologischen Disziplinen interdisziplinär und mit Methoden und Theorien, die in anderen Wissenschaften entwickelt wurden, doch waren sie zumindest über ihren Gegenstandsbereich klar als eine theologische Wissenschaft ausgewiesen. Die Praktische Theologie konnte sich nicht so eindeutig über ihren Gegenstandsbereich als eine Theologie bestimmen. In gewissem Sinn war sie selbst eine Sozial- und Humanwissenschaft geworden.[238] Die Frage nach dem Verhältnis zu den anderen Humanwissenschaften – stellvertretend waren besonders die Sozialwissenschaften im Blick – stellte sich in der Praktischen Theologie deshalb mit besonderer Schärfe, da nicht zuletzt auch der Verlust der theologischen Identität befürchtet wurde. Die Möglichkeit und notwendige Praxis, von Sozialwissenschaften Methoden und Erkenntnisse zu übernehmen, und die kritische Diskussionen um das Verhältnis der Wissenschaften zueinander führte Anfang der 1980er Jahre zu einer grundlegenden Reflexion des interdisziplinären Dialogs und der Kriterien der Rezeptionsprozesse sowie zur Entwicklung verschiedener Kooperationsmodelle. Bis heute wird im praktisch-theologischen Diskurs vor allem auf zwei Modelle rekurriert, die seit ihrer Erstellung teilweise noch etwas ausdifferenziert, aber im Wesentlichen nicht mehr verändert wurden. Deshalb ist zu vermuten, dass sie als idealtypische Klassifizierungen eine bis heute bewährte Verhältnisbeschreibung geben.

---

[238] Vgl. Mette/ Steinkamp (1983): Sozialwissenschaften und Praktische Theologie, 173.

1.4.1 Modelle des interdisziplinären Dialogs

1.4.1.1 Das Kooperationsmodell von Johannes A. van der Ven

Johannes A. van der Ven entwickelte Anfang der 1980er Jahre aus seiner empirischen Arbeit heraus ein Kooperationsmodell, das er später noch etwas modifizierte, das aber bis heute als ein Grundmodell gilt.[239]

(1) Monodisziplinarität bzw. angewandte Theologie. Praktische Theologie wird als die praktische Anwendung der in anderen theologischen Disziplinen erarbeiteten Erkenntnisse aufgefasst. Andere Wissenschaften kommen dabei nicht ins Spiel. Wenn es aber der Praktischen Theologie seit ihrer Begründung durch Franz Stephan Rautenstrauch um die „aktuelle Praxis des Christentums"[240] geht, gerät sie durch dieses Modell in Selbstwidersprüche. Die aktuelle Praxis hat eine unableitbare Eigenheit, die durch die Verfahrensweisen der anderen theologischen Disziplinen nicht adäquat analysiert werden kann. Woher nimmt die Praktische Theologie ihre Kenntnisse über das Praxisfeld, in das hinein sie die Erkenntnisse der Theologie vermitteln soll, und über die Methoden der Vermittlung?

(2) Multidisziplinarität. Verschiedene Disziplinen untersuchen ein Problem mit ihren eigenen wissenschaftlichen und methodologischen Instrumenten. In einer ersten Phase sammeln Theologinnen und Theologen die Erkenntnisse aus anderen Wissenschaften. In einer zweiten Phase unterziehen sie sie einer theologischen Reflexion und Evaluation.[241] Nach van der Ven ergeben sich aus diesem Modell drei Schwierigkeiten: Erstens wird die Praktische Theologie abhängig von den Daten und Theorien der Sozialwissenschaften. Zu weiten Bereichen der Glaubenspraxis stellen die Sozialwissenschaften überhaupt keine Daten zur Verfügung. Zweitens entsteht das Problem, mit welchen Verfahrensweisen die Praktische Theologie die empirischen Daten reflektieren soll. Das Methodenproblem, das in der ersten Phase den Sozialwissenschaften überlassen blieb, taucht nun erneut auf. Die Praktische Theologie kann nur auf die Methoden aus der theologischen Tradition zurückgreifen, die aber für die Analyse der Gegenwart nicht ausreichen. Drittens ist die Beziehung zwischen den beiden Phasen ungeklärt. Das Objekt der sozialwissenschaftlichen Analyse und das der theologischen Reflexion unterscheiden sich von einander: Geht es bei der ersten um Beschreiben und Erklären von Daten, so bei der zweiten um ein kritisch-gläubiges Durchdenken aus der Perspektive der Normativität des Evangeliums. Theologie ordnet sich die Erkenntnisse der Sozialwissenschaften unter und bewertet sie. Es kann zu schwerwiegenden Missverständnissen zwischen den soziologischen Kategorien der ersten und den theologischen der zweiten Phase kommen. In dem Vorgehen des Dreischritts (in dem heute üblichen Verständnis) sind diese Probleme grundgelegt.

---

[239] Vgl. Ven (1984): Unterwegs zu einer empirischen Theologie; ders. (1990): Entwurf einer empirischen Theologie, 103-130; ders. (1999): Der Modus der Kooperation.

[240] Ven (1999): Der Modus der Kooperation, 269.

[241] Dieses Konzept liegt der für die Wissenschaft adaptierten Fassung des Dreischritts zugrunde.

(3) Interdisziplinarität. Dieses Modell zeichnet sich durch die Reziprozität der Beziehung zwischen Theologie und Sozialwissenschaften aus. Der Diskurs und die gegenseitige Kritik richten sich auf die Fragestellungen, die Methoden, die wissenschaftstheoretischen Voraussetzungen und die Ergebnisse der Forschung. Van der Ven unterscheidet zwei Formen der Interdisziplinarität: die intrapersonelle und die interpersonelle. Ein interdisziplinärer Dialog kann in einer einzelnen Person stattfinden, die ein Problem von verschiedenen Paradigmen, Bezugssystemen u.a. angeht. Dies setzt aber eine hohe theologische und sozialwissenschaftliche Kompetenz voraus. Er kann aber auch zwischen verschiedenen Personen oder Forschungsgruppen stattfinden. Auch dieser Dialog setzt Fähigkeiten und Kenntnisse der anderen Wissenschaften und die Bereitschaft zu einem unvoreingenommenen Dialog, zu konstruktiver Auseinandersetzung und Kritik voraus, will er gelingen. Nicht jede Zusammenarbeit ist ein echter interdisziplinärer Dialog; sie kann nach dem Modell der angewandten Theologie stattfinden (SozialwissenschaftlerInnen helfen bei der Anwendung der Theologie), nach dem Modell der Multidisziplinarität, (TheologInnen bewerten, was andere Wissenschaften an Daten zusammengetragen haben), aber auch nach dem Modell der Intradisziplinarität.

(4) Intradisziplinarität. In diesem Modell kommt die spezifische Ausrichtung der Kirche und der Praktischen Theologie auf die konkrete gegenwärtige Situation zum Ausdruck. Es geht davon aus, dass Praktische Theologie selbst empirisch arbeiten muss. Damit erweitert die Theologie ihre traditionellen historisch-kritischen, literarischen und systematischen Methoden um die empirischen Methoden und Dimensionen. Solche intradisziplinären Erweiterungen kommen in allen Wissenschaften und in anderen theologischen Disziplinen vor. Dieses Vorgehen kann den intensiven Dialog mit den anderen Wissenschaften aber nicht ersetzen, denn es muss sich mit der fortgeschrittenen Grundlagenforschung und methodologischen Diskussion auseinander setzen. Es bleibt also auf die vorhergehenden Modelle der Kooperation verwiesen. Die Fragen der Inter- und Intradisziplinarität muss besonders das Vorgehen des Regelkreismodells lösen.

1.4.1.2 Das Kooperationsmodell von Norbert Mette und Hermann Steinkamp

Während Van der Ven das Verhältnis zwischen Theologie und Humanwissenschaften in wissenschaftstheoretischen Begrifflichkeiten bestimmt, greifen *Norbert Mette und Hermann Steinkamp* hierfür Begriffe aus der theologischen Diskussion auf. [242] Sie entwickeln ihr Modell als das Fazit ihres kritischen Durchgangs durch zentrale Handlungsfelder der Praktischen Theologie. In der Praxis der Gemeinde, der Gruppen, der Beratung oder der Glaubensvermittlung stellt sich die Frage nach der Rezeption von Daten, Theorien und Methoden aus anderen Wissenschaften unausweichlich. Praktische Theologie muss das Verhältnis von Humanwissenschaften und

---

[242] Vgl. Mette/ Steinkamp (1983): Sozialwissenschaften und Praktische Theologie, 164-176; vgl. ähnlich zuvor: Mette (1978): Theorie der Praxis, 304-310.

Theologie wissenschaftstheoretisch reflektieren. Mette und Steinkamp unterscheiden idealtypisch vier Paradigmen, die in der Praxis freilich nicht so eindeutig voneinander geschieden vorkommen.

(1) Das ‚ancilla'-Paradigma. Die Erkenntnisse der Humanwissenschaften werden aufgrund eines theologischen Vorverständnisses über die „Wahrheit" eines Sachverhaltes selektiert; nützliche Erkenntnisse und Methoden werden für kirchliche oder theologische Zwecke ‚nutzbar' gemacht.

(2) Das ‚Fremdprophetie'-Paradigma. Es verhält sich komplementär zum vorhergehenden Modell: Die Theologie übernimmt ganze Theoriegebäude, Handlungsmethoden oder Wissensbestände mitsamt der ihnen innewohnenden Grundannahmen, Menschenbilder und Werte. Die Theologie entdeckt – darauf will der von J. Scharfenberg übernommene Begriff der Fremdprophetie hinweisen – in fremden Wissensbeständen und Methoden vergessene Bestandteile und Werte ihrer eigenen jüdisch-christlichen Tradition wieder oder stößt auf Bestandteile, die sie als Bereicherung betrachtet. Als ein Beispiel lässt sich die Übernahme der Gesprächstherapie nach Rogers in der Theorie und Praxis der Seelsorge anführen. Dieses Paradigma wird von zwei Seiten angefragt.

Führen einerseits antimodernistische Haltungen häufig zur generellen Ablehnung dessen, was nicht aus der eigenen theologischen Tradition stammt, so wird auf der anderen Seite auch kritisch angefragt, ob die Theologie nicht ihre Identität und ihr kritisches Potential zu verlieren droht.

(3) Das Paradigma der konvergierenden Optionen. Dieses Modell trägt der Einsicht Rechnung, dass jeder Erkenntnisprozess von Interessen bzw. Optionen geleitet ist. Im interdisziplinären Forschungsprozess vergewissern sich die Forschenden der jeweiligen erkenntnisleitenden Interessen. Die Auswahl der Wissensbestände erfolgt auf der Basis gleicher oder kompatibler Optionen. Als Beispiele für solche Optionen nennen Mette und Steinkamp die Option für das Subjekt, für Befreiung oder für bestimmte Minderheiten. Die gemeinsame Option selektiert die Wissensbestände, leitet zu gemeinsamen, interdisziplinären Suchbewegungen und produziert Problembewusstsein und Problemlösungswissen. Dieses Modell setzt die Kenntnis nicht nur einer anderen Wissenschaftsdisziplin voraus, sondern auch deren Schulen, Denkrichtungen und Diskurse. Nur eine solche Kenntnis kann eine willkürliche Auswahl des Wissens vermeiden, wie sie für das ‚ancilla'- und das ‚Fremdprophetie'-Modell kennzeichnend sind.

(4) Praktische Theologie als Sozialwissenschaft. Es gibt Teildisziplinen der Praktischen Theologie, die sich selbst als Sozialwissenschaften verstehen. „Praktische Theologie wird dadurch zur Sozialwissenschaft, daß sie (zusammen mit anderen Wissenschaften) das empirische Phänomen des Religiösen untersucht, insofern dies ein zur gesellschaftlichen Wirklichkeit und zum Menschen gehörendes Grundphänomen ist."[243] Dieses Modell verstehen Mette und Steinkamp als eine praktische Variante des vorhergehenden Modells; Beide sind aufeinander verwiesen.

---

[243] Mette/ Steinkamp (1983): Sozialwissenschaften und Praktische Theologie, 173.

Betrachtet man beide Modelle, lässt sich zusammenfassend festhalten: Ein pures Anwendungsmodell von Theologie ist weder theologisch angezeigt *(vgl. Kap. 1.1.3)* noch praktisch möglich, denn die Fragen nach dem Bereich, auf den Theologie angewendet wird, und nach den Voraussetzungen einer gelingenden Anwendung führen zwangsläufig bereits in nicht-theologische Bereiche hinein. Aber auch Modelle, nach denen Daten, Methoden und Theorien aus anderen Wissenschaften einfach nach eigenen Maßstäben ausgewählt, bewertet und für den eigenen Bedarf verwendet werden, sind theologisch und wissenschaftstheoretisch problematisch (Multidisziplinarität; das ‚ancilla'- und das ‚Fremdprophetie'-Paradigma).

Weiterführend sind Modelle, in denen das reziproke Gespräch und die Zusammenarbeit mit anderen Wissenschaften gesucht wird (Interdisziplinarität, Paradigma der konvergierenden Optionen), verbunden damit, dass Praktische Theologie selbst empirische und sozialwissenschaftliche Forschung betreibt (Intradisziplinarität; Praktische Theologie als Sozialwissenschaft). Dies führt zur gemeinsamen Grundlagenforschung und zur methodologischen Diskussion mit den Humanwissenschaften. Diese Formen des interdisziplinären Dialogs setzen jedoch voraus, dass Praktische Theologinnen und Theologen den Wissensstand der interdisziplinären humanwissenschaftlichen Diskussion teilen, dass sie sich in den Methoden und Theorien der einzelnen Wissenschaften auskennen und einen Einblick in die Schulen, Richtungen, Positionen und Diskurse in denjenigen Humanwissenschaften haben, mit denen sie im Gespräch sind. Umgekehrt setzen sie Offenheit, Interesse und Kenntnisse theologischer Fragestellungen bei den anderen Wissenschaften voraus.

1.4.2   Die Praxis des interdisziplinären Dialogs

1.4.2.1   Die Rezeption von Daten, Methoden und Theorien

Die Modelle des interdisziplinären Dialogs konnten helfen, einige zentrale Fragen des Verhältnisses zwischen Theologie und Humanwissenschaften auf einer grundsätzlichen Ebene anzugehen. Allerdings ist es lohnend, die Fragen auch der konkreten Praxis des interdisziplinären Dialogs in den Blick zu nehmen. In der Praxis ist es längst nicht mehr die Frage, *ob* Erkenntnisse aus anderen Disziplinen rezipiert werden, sondern es ist die Frage, *wie* dies auf eine angemessene Weise geschehen kann. Da die Erforschung der menschlichen und sozialen Wirklichkeit der genuine Gegenstand der Humanwissenschaften ist, kann sich die Praktische Theologie durchaus auf deren Daten, Methoden und Theorien und Forschungsergebnisse beziehen. In den anderen theologischen Disziplinen ist die Rezeption von humanwissenschaftlichen Theorien und Methoden schon lange üblich. Tatsächlich ist es angesichts der begrenzten Forschungsressourcen gar nicht möglich, Forschungen zu verdoppeln. Um allerdings einen instrumentellen Umgang mit und ein positivistisches Verständnis von den Methoden und Theorien anderer Wissenschaften zu vermeiden, ist Folgendes zu berücksichtigen:

- Die Theorien über die soziale Wirklichkeit sind keine wertneutralen allgemeingültigen „Abbildungen". Es sind voraussetzungsreiche Modelle, die ihre Gültigkeit nur innerhalb bestimmter wissenschaftlicher Bezugssysteme haben. Meistens gibt es eine differenzierte Diskussion um die vorliegenden Theorien. Eine unreflektierte Übernahme von „Ergebnissen" so, als seien dies objektive Darstellungen der Wirklichkeit, wäre wissenschaftstheoretisch naiv und nicht dem wissenschaftstheoretischen Stand heutiger interdisziplinärer Diskussion angemessen.
- Wenn Theorien von ihren Prämissen, Bezugsrahmen, den Diskursen um sie und den methodischen Wegen ihrer Genese abgeschnitten werden, durch die ihr Geltungsbereich abgesteckt ist, verlieren sie den Charakter ihrer Wissenschaftlichkeit, die ihnen genau durch den Diskurs und die Angabe des Geltungs- und Gültigkeitsbereichs zukommt.
- Das gleiche gilt für die Rezeption von Methoden, deren Prämissen, Bezugsrahmen und Entstehungsgeschichten und Diskurse berücksichtigt werden müssen.
- Zu beachten ist zudem das Problem der Kompatibilität von Begriffen, das allerdings auch innerhalb der und zwischen den theologischen Disziplinen und Konfessionen selbst besteht. So macht es zum Beispiel einen Unterschied, ob ein Begriff normativ oder beschreibend gebraucht und verstanden wird.

Wenn die Prämissen, Bezugsrahmen, Traditionslinien, Begrifflichkeiten und die Diskurse um sie angemessen berücksichtigt werden, ist die Rezeption von Daten, Methoden, Theorien und Forschungsergebnissen einer anderen Disziplin durchaus sinnvoll und weiterführend. Zwischen allen wissenschaftlichen Disziplinen sind solche Rezeptionen üblich, die Wissenschaft lebt von ihnen.

1.4.2.2 Formen eines echten interdisziplinären Dialogs und der Zusammenarbeit

Neben der kritischen Rezeption ist vor allem das gemeinsame interdisziplinäre Gespräch weiterführend. Dies kann sich nicht in einem Nebeneinander von Standpunkten oder einer einseitigen oder gegenseitigen Kritik erschöpfen. Der Pastoralpsychologe Heribert Wahl hat Formen eines gelingenden interdisziplinären Dialogs aufgezeigt und auch auf Fehlformen hingewiesen.[244] So kann es unter dem Deckmantel der Arbeitsteilung zu undurchschaubaren Formen der Kommunikationsverweigerung und Selbstabschottung kommen. Der Dialog muss vielmehr ein gegenseitiger Beziehungs- und Verständigungsvorgang sein. Dies bedeutet etwas anderes als die bloße Respektierung der Grenzen des Partners, wie sie in dem Modell der „Arbeitsteilung" oder der Multidisziplinarität vorgesehen ist, so dass jeder seine Grenzen scheinbar

---

[244] Vgl. Wahl (1990): Pastoralpsychologie – Teilgebiet und Grunddimension Praktischer Theologie.

wahren kann. Der ängstliche Blick auf die Abgrenzung und die Bewahrung der eigenen normativen Einspruchskraft verstellt den Blick auf die Gemeinsamkeiten und die Notwendigkeit der gemeinsamen Praxis.

Um zu einem wirklichen Dialog zu kommen, muss vor aller Abgrenzung zunächst der Kontakt und ein gewisses Maß an Verbundenheit hergestellt werden. Die „kognitive und gefühlshafte Verbindung, der ‚Kon-Takt' und die gegenseitige Angewiesenheit der Partner läßt sich allein in einem solchen Prozeß des Aushandelns, der lernbereiten Verständigung und Einigung verwirklichen. Dazu gehört ganz wesentlich, daß echte Gegensätze anerkannt, die Unterschiede zwischen beiden Positionen nicht verleugnet, sondern wechselseitig bestätigt werden."[245]

Wahl gibt zwei Kriterien für einen gelungenen Dialog an, der ein gegenseitiger Beziehungs- und Verständigungsvorgang ist: Er muss empathisch und diakonisch sein.

(1) *Das empathische Verstehen muss Vorrang vor der Kritik haben*: „ (...) *vor* der ‚gegenseitigen kritischen Funktion' zwischen Theologie und Psychologie (bzw. anderen Humanwissenschaften, S.K.) muß die *wechselseitige Empathie* entwickelt werden. Denn kritisieren kann ich hermeneutisch gesehen nur, was ich zuvor verstanden, d.h. in seiner Verschiedenheit wahr- und ernstgenommen habe. Andernfalls läßt die unvermeidliche *Empathie-Störung* keinen wirklichen Dialog zu"[246]. Die Unterschiede müssen „*empathisch anerkannt*"[247] werden. Die Empathie muss dabei konstruktiven Zielen dienen, nicht einem Verstehen, um den anderen umso besser zu beherrschen oder zurückzuweisen. Die konstruktive Empathie ist die Voraussetzung dafür, dass ein Dialog als ein Aushandlungsprozess überhaupt zustande kommt. Auf dieser Basis erst kann dann ein Dialog auch kritisch und in Abgrenzung geführt werden. Wenn die empathische Anerkennung nicht zustande kommt, kommt es zu Pseudo-Gesprächen, „bei denen jeder Beteiligte *weiß*, daß es seinem ‚Partner' nicht um ein Verstehenwollen der Position und Meinung des Anderen geht. Solche Pseudo-Dialoge haben, da sie Empathie nicht zu wohlwollenden Zielen, sondern defensiv oder aggressiv gegen den anderen einsetzen *(Kohut)*, eine ‚*diabolische*' Struktur *(H. Stenger)*, weil sie dem kommunikativen Anliegen jedes symbolischen Austauschs Hohn sprechen."[248]

(2) *Der Dialog muss diakonisch sein*: Es geht um die Probleme des Lebens und Überlebens der Menschen, die *gemeinsam* angegangen und gelöst werden müssen. Längst schon arbeiten die Humanwissenschaften zusammen an diesen Fragen. An der Lösung dieser Probleme muss sich die Praktische Theologie als Wissenschaft beteiligen. Dabei geht es nicht allein um das Postulieren von ethischen Idealen und das kritische Erheben der Stimme, sondern um die verändernde Praxis.

Wenn die Praktische Theologie ihrem pastoralen Auftrag nachkommen will, kann sie dies nicht allein aus der Position einer normativen kritischen Distanz zur Praxis

---

[245] Wahl (1990): Pastoralpsychologie – Teilgebiet und Grunddimension Praktischer Theologie, 44.
[246] Wahl (1990): Pastoralpsychologie – Teilgebiet und Grunddimension Praktischer Theologie, 57.
[247] Wahl (1990): Pastoralpsychologie – Teilgebiet und Grunddimension Praktischer Theologie, 57.
[248] Wahl (1990): Pastoralpsychologie - Teilgebiet und Grunddimension Praktischer Theologie, 57.

tun. Sie muss sich in den Dialog einlassen. Ein echter Dialog bedeutet immer auch die Bereitschaft, selbst zu lernen und sich im Dialog zu verändern.

1.4.2.3 Ein einseitiges Gespräch? Das Fehlen der Theologie im interdisziplinären Diskurs der Humanwissenschaften

Lange hat sich die Praktische Theologie dem Dialog der Humanwissenschaften untereinander ferngehalten oder sich in die Rolle einer normativen Instanz begeben und damit eine kritische Distanz hergestellt. Distanz ist aber nicht nur bei der Theologie festzustellen. Häufig wird nämlich umgekehrt von Seiten der Theologie beklagt, dass sie zwar Erkenntnisse und Methoden aus anderen Wissenschaften rezipiert, selbst aber kaum von den Humanwissenschaften wahrgenommen und rezipiert wird. Innerhalb der Universitäten wird die Theologie oftmals als ein für den Fortschritt der Wissenschaften letztlich entbehrliches Orchideenfach angesehen. Wie ist dann überhaupt ein wechselseitiges Gespräch möglich?

Tatsächlich wurde die Theologie im interdisziplinären methodologischen Diskurs der Humanwissenschaften bislang noch kaum wahrgenommen. Beispielhaft deutlich wird dies in dem erstmals 1991 erschienenen „Handbuch Qualitative Sozialforschung"[249]. Unter den „disziplinären Perspektiven" führt es die Psychologie, Soziologie, Psychoanalyse, Pädagogik, Geschichte, Politikwissenschaft, Volkskunde und Ethnologie auf. Die Theologie fehlt. Auch in anderen einschlägigen Handbüchern zu Methoden, die in den letzten zehn Jahren vermehrt erschienen sind, kommt die Theologie nicht vor. Die Nicht-Wahrnehmung der Praktischen Theologie im interdisziplinären methodologischen Diskurs liegt aber nicht unbedingt an dem fehlenden Willen der anderen Wissenschaften, sondern ganz einfach auch an der fehlenden Präsenz der Praktischen Theologie. Sie wurde und wird bis heute nicht als eine praktische, selbst auch empirisch arbeitende Wissenschaft wahrgenommen. Ihr Selbstverständnis als eine primär praktische Handlungswissenschaft ist noch jung. Nach einem recht großen Konsens darüber in den siebziger Jahren ist dieser heute nicht mehr unangefochten, so dass abzusehen ist, dass viele Energien wieder in den innertheologischen Dialog fließen werden, um handlungswissenschaftliche Ansätze und empirisches Vorgehen zu rechtfertigen, anstatt im interdisziplinären Dialog präsent zu sein und an gemeinsamen Projekten zu arbeiten.

Die notwendige Präsenz der Praktischen Theologie im interdisziplinären Gespräch lässt sich freilich nicht einfach durch Publikationen auf dem Büchermarkt herstellen in der Erwartung, dass diese rezipiert werden. Sie wird sich wahrscheinlich am ehesten durch die Zusammenarbeit in gemeinsamen Forschungsprojekten aufbauen, in denen sich die Beteiligten gegenseitig als Personen wahrnehmen, in denen miteinander gerungen wird und aus denen in der Regel gemeinsame Publikationen und Sammelbände hervorgehen. Eine solche Zusammenarbeit steht erst in den Anfängen. Eine Voraussetzung für sie ist, dass die Praktische Theologie nicht hinter dem wis-

---

[249] Vgl. Flick u.a. (1995): Handbuch Qualitative Sozialforschung.

senschaftstheoretischen und methodologischen Stand zurückbleibt, der im interdisziplinären Diskurs in den Humanwissenschaften erreicht ist.

1.4.2.4   Die Entwicklung einer empirischen Praktischen Theologie

Gerade zur Erkundung solcher Bereiche, in denen die Humanwissenschaften normalerweise keine Forschungen durchführen, muss Praktische Theologie selbst mit empirischen Methoden forschen. Dies gilt in erster Linie für die Fragen nach der gelebten Religiosität, die in der heutigen Gesellschaft immer schwieriger zu erfassen ist: nach den religiösen Vorstellungen und Gottesbildern von Menschen in verschiedenen biographischen und sozialen Lagen, nach ihren Hoffnungen, Suchbewegungen und Zweifeln, ihrer religiösen Sozialisation und Praxis usw. Ebenso wichtig ist die Beteiligung an interdisziplinären empirischen Forschungsprojekten wie z.B. zu Fragen des Alterns, des Umgangs mit Krankheit, Sterben oder Tod, des Umgangs mit Schuld, zu Fragen der Überwindung von Armut, der Geschlechtergerechtigkeit, des interkulturellen Zusammenlebens etc. Hier ist Theologie nicht nur als eine normative Wissenschaft gefordert, die entschieden für Werte eintritt, sondern auch als ein praktische und empirische, die hilft, die anstehenden Fragen und Probleme zu erheben und die entschieden an den Veränderungen mitarbeitet.

Damit Praktische Theologie selbst auch eine empirische Wissenschaft werden und sich im interdisziplinären Dialog an der gemeinsamen Bearbeitung und Lösung der anstehenden Fragen beteiligen kann, muss sie einen methodologischen Diskurs auch innerhalb der eigenen Disziplin führen. Dies hat Folgen für die Ausbildung in der Praktischen Theologie: Es bedarf einer methodischen Ausbildung und Qualifikation.

Gegen einige Aspekte der empirischen Praktischen Theologie sind Bedenken vorgetragen worden.[250] Einige Argumente aus der Diskussion lassen sich so zusammenfassen: Aus empirischen Feststellungen lassen sich keine Normen gewinnen. Wie ist der normative Anspruch der Theologie einzulösen? Verliert die Theologie nicht ihre kritische Einspruchskraft gegenüber der Praxis? Wird hier nicht einer affirmativen Anpassung an das Gegebene und an das, was sich als Mainstream siegreich durchgesetzt hat, das Wort geredet? Reproduziert empirische Theologie nicht einfach die Machtverhältnisse, die sich durchgesetzt haben und gesellschaftlich manifestieren?

---

[250] Zur Kritik vgl. Fuchs (2000): Wie funktioniert Theologie in empirischen Untersuchungen?, Fuchs/ Bucher (2000): Wider den Positivismus in der Praktischen Theologie; Fuchs (2001): Relationship between Practical Theology and Empirical Research; Fuchs (2002): „Komparative Theologie" in theologischer Absicht: Bucher (2002): Über Stärken und Grenzen der „Empirischen Theologie" u.a. Die Kritik hat inzwischen zu einigen Reaktionen geführt, vgl.: Feeser-Lichterfeld/ Kläden (2002): Empirisch-theologische Forschung – Stolperstein oder Baustein der Pastoralästhetik?; A. Bucher (2003): Überlegungen zu einer Metatheorie der Religionspädagogik; sowie zu Plädoyers für die Empirische Theologie, vgl. z.B. Hunze/ Feeser (2000): Von der Normativität zur Generativität des ‚Faktischen'; Ven (2002): An Empirical or a Normative Approach to Practical-Theological Research?; Ziebertz (2002): Normativity and Empirical Research in Practical Theology; Schmälzle (2003): Empirical Research in Practical Theology as a Strategy of Intervention; Ziebertz (2004): Empirische Forschung in der Praktischen Theologie als eigenständige Form des Theologie-Treibens u.a.

Hat die Theologie nicht gerade die Hoffnungen und Erfahrungen der Opfer gegenüber den Verdrängungstendenzen der Überlebenden und Sieger wachzuhalten?

Hier gilt es, eine umfassende Diskussion zu führen und empirische Theologie kritisch zu differenzieren und weiterzutreiben. Ich möchte hier nicht auf die gesamte Diskussion eingehen, aber darauf hinweisen, dass schon etwas gewonnen ist, wenn die kritische Kraft der Botschaft nicht auf die Theorie beschränkt und empirische Theologie nicht mit einem positivistischen Verständnis empirischer Forschung gleichgesetzt wird. Zum einen ist der kritische und normative Einspruch der Botschaft nicht der einer (richtigen) Theorie oder Theologie *gegenüber* einer (fehlerhaften) Praxis, sondern er muss sowohl in der Theorie als auch in der Praxis zur Geltung gebracht werden. Der Streit um die Orthodoxie und Orthopraxie wird *im theoretischen Diskurs* um Normen, Werte und die Definition der Wirklichkeit, *und* er wird *in der Praxis* durch das Glaubenszeugnis, die Glaubenspraxis und die Glaubensreflexionen der Gläubigen ausgetragen. Die kritische Einspruchskraft des Evangeliums ist in der Praxis der Gläubigen längst wirksam, und es ist Aufgabe empirischer Praktischer Theologie, diese Praxis zu erheben, zu reflektieren, zu unterstützen und in der Theologie sichtbar zu machen. Karl Lehmann stellt fest: „*Als Theorie einer Praxis muß die Praktische Theologie zunächst einmal die Lebensäußerungen der Kirche und die Handlungen des christlichen Glaubens voraussetzen.* Dies bedeutet noch nicht, daß diese Lebenspraxis in ihren Motiven, ihrem Verlauf und in ihren Ergebnissen von vornherein und schlechthin bejaht wird. Gerade weil Praxis nicht ein gedachter Gegenstand ist und auch nicht unmittelbar aus der Theorie abgeleitet werden kann, bedarf es dieser keineswegs trivialen Voraussetzung. In der Praxis wird sichtbar, was in der Theorie ausgearbeitet, verbessert und vielleicht über die bisherige Form hinaus neu angestoßen werden muß."[251]

Zum anderen reproduziert empirische Theologie nicht einfach die gegebenen Verhältnisse, zumindest dann nicht, wenn sie von theologisch begründeten Werten, Interessen und Optionen geleitet ist. Gerade jene Gruppen, die in der Theologie häufig als die „Armen", die „Besiegten", die „Ausgeschlossenen" oder die „Opfer" angeführt werden, bedürfen einer empirischen Forschung, die die empirische Realität deutlich macht, die sich hinter diesen Begriffen verbirgt und ihre Lebensbedingungen bestimmt. Sonst nämlich werden die Begriffe zu leeren Worthülsen im theologischen Diskurs. Die Menschen dieser Gruppen sind in besonderem Maße verzerrten Wahrnehmungen und gesellschaftlichen Klischees ausgesetzt und haben selbst oft kaum die Möglichkeit, sich in der Gesellschaft, der Kirche und der Theologie sichtbar zu machen. Empirische Forschung kann dazu beitragen, deren eigene Deutungen, Hoffnungen, Definitionen und Perspektiven zur Sprache zu bringen und ihnen in theologischen wie auch in anderen Diskursen Relevanz zu verleihen. Sie schafft die Grundlagen der Veränderung, indem sie hilft, dass sie ihr Leben besser durchschauen und die verschleierten Bedingungen ihres Lebens in den Blick bekommen.

---

[251] Lehmann (1974): Das Theorie-Praxis-Problem, 93.

1.5 Theologische Dimensionen im handlungswissenschaftlichen Forschungsprozess

Wenn nun die Praktische Theologie als eine praktische Wissenschaft ihren Gegenstandsbereich mit anderen Handlungswissenschaften zusammen in der menschlichen und gesellschaftlichen Wirklichkeit hat und damit selbst eine Human- und Sozialwissenschaft ist, worin unterscheidet sich sie sich dann von den anderen Wissenschaften? Wie kann sie ihrem Selbstverständnis, Theologie zu sein, gerecht werden und dies deutlich machen? Verrät sie nicht ihr Proprium? Wie lassen sich ihr theologisches und humanwissenschaftliches Selbstverständnis vereinbaren?

Diese virulenten Fragen werden hier nicht endgültig zu lösen sein. Zwar betreffen sie auch die gesamte Theologie, die nach Karl Rahner ein Moment praktischer Theologie in sich trägt[252] und von einigen Theologen zumindest *auch* als eine praktische Wissenschaft verstanden wird,[253] doch in der Praktischen Theologie spitzen sich die Fragen zu, da sie unausweichlich mit ihnen konfrontiert ist. In der Religionspädagogik schlägt sich das Zusammentreffen zweier Wissenschaften sogar in der Fachbezeichnung nieder. Die Diskussion um diese Fragen ist längst noch nicht abgeschlossen.

Im Folgenden lege ich als eine Arbeitsgrundlage einen Vorschlag vor, der sich aus einer handlungstheoretischen, mystagogischen und phänomenologischen Konzeption der Praktischen Theologie heraus nahe legt. Die theologische Dimension ist zum einen vom Gegenstand her als eine regionale und eine dimensionale Größe zu bestimmen, zum anderen vom Subjekt her als das vom Glauben bestimmte erkenntnisleitende Interesse und als die im Glauben getroffene Option. Die theologische Dimension der Praktischen Theologie kommt also zum Ausdruck im Blick auf die *religiöse Dimension im Gegenstandsbereich* als regionale und als dimensionale Größe, und im Blick auf die *religiöse Dimension des erkennenden Subjekts*, die als persönlicher Glaube und theologische Reflexion das erkenntnisleitende Interesse und die Option bestimmt.

1.5.1 Regionale und dimensionale Perspektiven

Es lassen sich zwei Perspektiven beschreiben, den menschlichen und sozialen Gegenstandsbereich, mit dem Praktische Theologie befasst ist, theologisch zu betrachten: eine regionale und eine dimensionale. Beide gehören zusammen.

Es gibt einen *regionalen Gegenstandsbereich*, der in den genuinen Forschungsbereich der Theologie fällt. Zu ihm gehören z.B. die kirchlichen Institutions- und Organisationsstrukturen, die Arbeit kirchlicher Gruppen, die Praxis und Berufsprofile von haupt- und ehrenamtlichen Mitarbeiterinnen und Mitarbeitern in kirchlichen Institu-

---

[252] Vgl. Rahner (1967): Die Praktische Theologie im Ganzen der theologischen Disziplinen, 140.

[253] Vgl. z.B. Peukert (1978): Wissenschaftstheorie, Handlungstheorie, Fundamentale Theologie; Metz (1977): Glaube in Geschichte und Gesellschaft u.a.

tionen, die religiöse Bildungsarbeit, die liturgische Praxis usw. Aufgrund der De-Institutionalisierung des Religiösen in der gegenwärtigen Gesellschaft kommt zudem der Frage nach der (oftmals diffusen) Religiosität der Menschen, nach ihren religiösen Vorstellungen und Fragen und nach ihrem religiösen Handeln ein immer größeres Gewicht zu *(vgl. Kap. 1.1.2).* Dieser regionale Bereich ist freilich weniger theologisch abgegrenzt, als es auf den ersten Blick scheinen mag. Längst schon beschäftigen sich andere Wissenschaften, wenn auch mit je eigenen Perspektiven und Forschungsfragen, mit dem Vorkommen des Religiösen in der Gesellschaft: Die Praxis des Nikolausfestes z.B. ist nicht nur ein Thema der Praktischen Theologie, sie kann auch Gegenstand der Religionssoziologie,[254] der Psychologie, der Ethnologie und Kulturwissenschaften oder und auch der Wirtschaftswissenschaften sein. Die Einteilung der wissenschaftlichen Disziplinen hat ihre Funktion in der universitären Organisation des Wissenschaftsbetriebs, sie sagt jedoch wenig über die Gegenstandsbereiche aus, die sich in den Handlungswissenschaften ständig vermischen.

Die theologische Dimension der Praktischen Theologie ist nicht nur eine partikuläre, regionale oder sektionale, sondern auch eine *dimensionale Größe.* Karl Rahner sieht in der religiösen Wirklichkeit „nicht eine Wirklichkeit *neben den* menschlichen Wirklichkeiten, mit denen sich die profanen Humanwissenschaften beschäftigen, sondern deren Radikalität selbst."[255] Damit kann aber nicht gemeint sein, dass die Humanwissenschaften eher flach seien und ihren Tiefgang erst durch die Theologie bekämen. Vielmehr ist das Theologische eine bestimmte Perspektive auf eine Dimension, die der gesamten Wirklichkeit als Schöpfung Gottes innewohnt und deshalb zu erschließen ist. In der dimensionalen Sichtweise drückt sich zugleich die vom Konzil als ihr Wesen bestimmte und geforderte pastorale Ausrichtung der Kirche aus: Das Reich Gottes, die Versöhnung und das Heil der ganzen Menschheit (vgl. GS 45, LG 1) sind keine regionalen Größen, sie müssen in der gesamten menschlichen Wirklichkeit gesucht und verwirklicht werden.

Während die regionale Dimension sich in der Praktischen Theologie leichter bestimmen lässt, stellt sich Frage, wie die dimensionale Größe in der Forschung und im interdisziplinären Gespräch zu bestimmen und zu benennen ist. Diese hat, wie das Beispiel des Nikolausfestes zeigt, mit der Perspektive zu tun, unter der der Gegenstandsbereich betrachtet wird. Diese lässt sich aber nicht allein aus der jeweiligen Wissenschaft bestimmen, sondern hängt unausweichlich auch mit dem Subjekt und seiner lebensgeschichtlichen Erfahrung zusammen.

---

[254] Die Religionssoziologie ist eine ausgewiesene Fachrichtung innerhalb der Soziologie und eine anerkannte Sektion der Deutschen Gesellschaft für Soziologie als dem Dachverband der wissenschaftlichen Soziologie in Deutschland. Hier ist die institutionelle Ausprägung des Interesses an der Religion wohl am weitesten fortgeschritten. Aber auch andere wissenschaftliche Disziplinen haben im Zuge ihrer Ausdifferenzierung eigene Forschungsrichtungen bezüglich der Religion entwickelt, die in der Theologie teilweise kaum bekannt sind. So besteht z.B. in der Geographie seit 1983 ein Arbeitskreis Religionsgeographie mit einer eigenen interdisziplinären Schriftenreihe *Geographia Religionum.*

[255] Rahner (1975): Die theologische Dimension der Frage nach dem Menschen, 395; vgl. auch Wahl (1990): Pastoralpsychologie - Teilgebiet und Grunddimension Praktischer Theologie, 46-50.

Ich möchte zwei Momente beschreiben, durch die die theologische Dimension zur Geltung kommt und auf die deshalb im Forschungsprozess reflektiert werden muss: das erkenntnisleitende Interesse und die Option. Die Reflexion auf das erkenntnisleitende Interesse gehört heute zu den Standards zur Bestimmung des Geltungsbereichs wissenschaftlicher Aussagen. Es ist ein Begriff aus der wissenschaftstheoretischen Diskussion, der hilfreich ist, um den erkenntnistheoretischen Ort des persönlichen Glaubens des forschenden Subjekts zu beschreiben. Die Option ist ein theologischer Begriff aus der kirchlichen Praxis in Lateinamerika, der von dort aus in die allgemeine theologische Diskussion übernommen worden ist.

1.5.2 Das erkenntnisleitende Interesse

In seiner berühmten Antrittsvorlesung im Jahr 1965 trat Jürgen Habermas mit seiner These vom erkenntnisleitenden Interesse den positivistischen Erkenntnismodellen der 1960er Jahre entgegen, die dem Schein einer autonomen Erkenntnis Vorschub leisteten.[256] Habermas knüpft an Husserls Wissenschaftskritik an *(vgl. Kap. 2)*,[257] führt sie jedoch weiter. „Mit Husserl nennen wir eine Einstellung, die theoretische Aussagen naiv auf Sachverhalte bezieht, objektivistisch. Sie unterstellt die Beziehungen zwischen empirischen Größen, die in theoretischen Aussagen dargestellt werden, als ein Ansichseiendes; zugleich unterschlägt sie den transzendentalen Rahmen, innerhalb dessen sich der Sinn solcher Aussagen erst bildet. Sobald die Aussagen relativ zu dem vorgängig mitgesetzten Bezugssystem verstanden werden, zerfällt der objektivistische Schein und gibt den Blick auf ein erkenntnisleitendes Interesse frei."[258]

In drei Arten von Forschungsprozessen, den empirisch-analytischen, den historisch-hermeneutische und den handlungswissenschaftlichen, zeigt Habermas den Zusammenhang von methodischen Regeln und erkenntnisleitenden Interessen auf:[259]

In den *empirisch-analytischen Wissenschaften* bestimmen die Regeln von *Beobachtung* und systematischer Überprüfung das Bezugssystem und die Erstellung von Theorien, die die Ableitung von empirisch gehaltvollen Gesetzeshypothesen gestatten.[260] Ziel sind Prognosen, also die technische Verwertbarkeit der Erkenntnis. Den objektivistischen Schein macht der Empirismus an den in Basissätzen formu-

---

[256] Vgl. Habermas (1969): Technik und Wissenschaft, 146-168. Eine theoretische Fundierung dieser systematischen Darlegung: Habermas (1973): Erkenntnis und Interesse.

[257] Husserl bleibt nach Habermas dem klassischen Begriff der Theorie verhaftet. Seine Kritik am Objektivismus der Wissenschaften reicht nicht weit genug: „Einen uneingestandenen Zusammenhang von Erkenntnis und Interesse vermuten wir nicht, weil sich die Wissenschaften vom klassischen Begriff der Theorie gelöst, sondern weil sie sich nicht vollends von ihm freigemacht haben. Der Verdacht des Objektivismus besteht wegen des *ontologischen Scheins reiner Theorie*, den die Wissenschaften *nach Abzug der Bildungselemente* immer noch mit der philosophischen Tradition trügerisch teilen." Habermas (1969): Technik und Wissenschaft, 154.

[258] Habermas (1969): Technik und Wissenschaft, 155.

[259] Vgl. Habermas (1969): Technik und Wissenschaft, 155-159.

[260] Habermas bezieht sich hier auf die Naturwissenschaften und auf die an deren Methoden angelehnten quantifizierenden Methoden in den Sozialwissenschaften.

lierten Beobachtungen fest, in denen ein evident Unmittelbares ohne subjektive Zutat verlässlich gegeben sein soll. „In Wahrheit sind die Basissätze keine Abbildungen von Tatsachen an sich, sie bringen vielmehr Erfolge oder Mißerfolge unserer Operationen zum Ausdruck. Wir können sagen, daß Tatsachen und die Relationen zwischen ihnen deskriptiv erfaßt werden; aber diese Redeweise darf nicht verschleiern, daß sich die erfahrungswissenschaftlich relevanten Tatsachen als solche durch eine vorgängige Organisation unserer Erfahrung im Funktionskreis instrumentalen Handelns erst konstituieren."[261] Das erkenntnisleitende Interesse ist ein *technisches*; es liegt in der Sicherung und Erweiterung erfolgskontrollierten Handelns, in „der technischen Verfügung über vergegenständlichte Prozesse".[262]

In den *historisch-hermeneutischen Wissenschaften* bestimmen die Regeln der Hermeneutik den möglichen Sinn geisteswissenschaftlicher Aussagen. Anstelle von Beobachtung stellt *Sinnverstehen* den Zugang zu den Tatsachen her. Hier ist der Historismus die objektivistische Variante, er unterschlägt das Vorverständnis des Interpreten, durch das jedes hermeneutische Wissen vermittelt ist. „Die Welt des tradierten Sinnes erschließt sich dem Interpreten nur in dem Maße, als sich dabei zugleich dessen eigene Welt aufklärt. Der Verstehende stellt eine Kommunikation zwischen beiden Welten her; er erfaßt den sachlichen Gehalt des Tradierten, indem er die Tradition auf sich und seine Situation *anwendet*."[263] Das Interesse nennt Habermas das *praktische Erkenntnisinteresse*; es zielt auf Verstehen, Intersubjektivität und Verständigung, auf einen möglichen Konsens von Handelnden im Rahmen eines tradierten Selbstverständnisses.

Die *Handlungswissenschaften* haben ähnlich wie die Naturwissenschaften das Ziel, nomologisches Wissen hervorzubringen. Die Ideologiekritik rechnet ebenso wie die Psychoanalyse damit, dass das Wissen um Gesetzeszusammenhänge Selbstreflexion und Veränderung auslösen kann. Habermas spricht deshalb von einem *emanzipatorischen Erkenntnisinteresse*. Der methodologische Rahmen ist durch die Kategorie der Selbstreflexion gegeben.

Erkenntnis und Interesse, Subjektivität und Theorie sind in der Theoriebildung nicht zu trennen. Wo das Interesse verleugnet wird, bekommt die Erkenntnis einen positivistischen Charakter. Gerade die reine Theorie, „die alles aus sich selber haben will"[264], verfällt dem verdrängten Interesse und wird ideologisch. Deshalb ist das verdrängte oder unterdrückte Interesse aus den geschichtlichen Spuren des unterdrückten Dialogs zu rekonstruieren. Die einzige Möglichkeit, dem Zusammenhang von Interesse und Erkenntnis zu entsprechen, ist die Selbstreflexion, in der das Interesse ins Bewusstsein kommt. „Gewiß ist jene voraussetzungslose Autonomie, in der Erkenntnis die Wirklichkeit erst theoretisch erfaßt, um hernach von erkenntnisfremden Interessen in Dienst genommen zu werden, auf dieser Ebene immer ein Schein. Aber der Geist kann sich auf den Interessenzusammenhang, der vorgängig Subjekt und Objekt verknüpft hat, zurückbeugen – und dies ist allein der Selbstreflexion vor-

---

[261] Habermas (1969): Technik und Wissenschaft, 156.
[262] Habermas (1969): Technik und Wissenschaft, 157.
[263] Habermas (1969): Technik und Wissenschaft, 158.
[264] Habermas (1969): Technik und Wissenschaft, 164.

behalten. Sie kann das Interesse gewissermaßen einholen, wenn auch nicht aufheben."[265].

Freilich möchte Habermas auch dem entgegengesetzten Pol nicht das Wort reden, den er in der ideologischen Rezitation von Bekenntnissen etwa im Faschismus und Stalinismus erkennt: „Sobald der objektivistische Schein ins weltanschaulich Affirmative gewendet wird, verkehrt sich die Not des methodologisch Unbewußten in die zweifelhafte Tugend eines szientistischen Glaubensbekenntnisses."[266] Die Kritik Habermas' richtet sich gegen ein Wissenschaftsverständnis, das seine Methoden ohne Reflexion auf das erkenntnisleitende Interesse anwendet und daraus seine wissenschaftliche „Ehre" bezieht. „Indem die Wissenschaften methodologisch nicht wissen, was sie tun, sind sie ihrer Disziplin um so gewisser, und das heißt: des methodischen Fortschritts innerhalb eines nicht problematisierten Rahmens."[267]

Nur wenn auf den unausweichlich bestehenden Zusammenhang von Interesse und Erkenntnis reflektiert wird, wenn die „Wahrheit von Aussagen in letzter Instanz an die Intention des wahren Lebens gebunden ist"[268], können der objektivistische Schein der Theorie und ein positivistisches Verständnis von Wissenschaft überwunden werden.

Mit den Erkenntnissen Habermas' ist ein neues Wissenschaftsverständnis gewonnen, das den Zusammenhang zwischen Subjektivität und objektiver Erkenntnis benennt und damit den transzendentalen Rahmen angibt, in dem wissenschaftliche Aussagen ihren Bezug und ihre Gültigkeit haben. Zusammenfassend lässt sich hier in Bezug auf die Praktische Theologie festhalten: Jede Theoriebildung ist durch Erkenntnisinteressen geprägt. Das praktisch-theologische Erkenntnisinteresse sollte wie das der Handlungstheorie ein emanzipatorisches sein. Es zielt dann auf veränderndes und befreiendes Handeln. Die Wissenschaftlichkeit lässt sich nicht durch die Ausklammerung der Erkenntnisinteressen, sondern gerade durch die Reflexion auf sie aufweisen. Damit hat nun der subjektive Glaube einen wissenschaftstheoretischen und epistemologischen Ort in der theologischen Theoriebildung.

1.5.3 Der subjektive Glaube als epistemologischer Ort in der praktisch-theologischen Theoriebildung

In der Theologie hat der Zusammenhang zwischen subjektiver Glaubenspraxis und theologischer Erkenntnis eine lange Tradition, an die hier in aller Kürze erinnert sei. In der Hebräischen Bibel ist das Erkennen Gottes nicht ein reiner Bewusstseinsakt, sondern eher ein unmittelbares Erfassen und Innewerden, das die erkennende Person beansprucht und verpflichtet. Erkenntnis ist nicht zu trennen von dem gerechten, Gott entsprechenden Leben (vgl. z.B. Jer 22,13-16 u.a.). In dieser Tradition stand auch Jesu Rede von Gott, die keine kognitive Lehre war, sondern die die Menschen

---

265 Habermas (1969): Technik und Wissenschaft, 163.
266 Habermas (1969): Technik und Wissenschaft, 165.
267 Habermas (1969): Technik und Wissenschaft, 165.
268 Habermas (1969): Technik und Wissenschaft, 167.

befreite und zur Umkehr aufrief. In seinem Leben und Handeln und schließlich in seinem Sterben und seiner Auferweckung hat sich diese Rede erwiesen und bewahrheitet. In der monastischen Theologie und Methodik, der lectio – meditatio – oratio, ist die Erkenntnis eng mit körperlichen und geistlichen Übungen im alltäglichen Leben verbunden. Diese Verbindung zwischen Alltagshandeln, Spiritualität und Erkenntnis begann sich in der scholastischen Theologie aufzulösen. In ihrer Methodik der lectio – quaestio – disputatio war schon nicht mehr die Weisheit, sondern die von der eigenen subjektiven Glaubenspraxis losgelöste Theorie das Ziel. Die Spekulationen der scholastischen Schultheologie und der wachsende Rationalismus waren aber zugleich auch Gegenstand der Kritik der monastischen Theologie.

Anknüpfend an diese Tradition ist heute in der Theologie der Befreiung der Zusammenhang zwischen dem gerechten Handeln bzw. solidarischer Praxis und Erkenntnis Gottes die Grundlage der Theoriebildung. *„Gott erkennen heißt Gerechtigkeit üben.* (...) Gott als Befreier erkennen heißt sich für Befreiung einsetzen und Gerechtigkeit praktizieren."[269] Der Zusammenhang zwischen persönlicher Spiritualität, Engagement und theologischer Erkenntnis ist konstitutiv für die Methode der wissenschaftlichen Erkenntnisgewinnung: „Ohne Kontemplation und Praxis können wir nicht Theologie treiben. Theologie ist ein Sprechen von Gott, sie kommt von diesen Fragen her, von dieser Begegnung mit Gott. Um vom Geheimnis sprechen zu können, besteht der erste Schritt darin, Gott zu begegnen. Danach folgt das zweite Moment, das Moment des Sprechens. (...) Den Armen zuzuhören ist eine Bedingung dafür, von Gott sprechen zu können, ihnen sagen zu können: ‚Gott liebt euch.' Diese beiden Momente bezeichnen Schlüsselthemen in der Methodologie der Theologie der Befreiung."[270]

Im europäischen Wissenschaftsdiskurs ist die Theologie unter den Druck des Wissenschaftsverständnisses der mit objektivierenden Methoden erfolgreich forschenden Naturwissenschaften geraten. Das Subjekt der theologischen Erkenntnis, sein Glaube und seine Lebenspraxis, wurden aus dem Erkenntniszusammenhang ausgeklammert. Mit der Theorie Habermas' ist jedoch ein Wissenschaftsverständnis im europäischen Diskurs gewonnen, in dem die Reflexion auf die Subjektivität im Erkenntnisprozess einen konstitutiven Ort hat.

Zur Subjektivität der theologisch forschenden Person gehören ihr persönlicher Glaube und ihr theologisches Wissen, aus denen ihre theologischen Forschungsinteressen entspringen. Für die Theoriebildung der Praktischen Theologie bedeutet dies, dass das forschende Subjekt zum einen auf die Erkenntnisinteressen und die Voraussetzungen der Theorien und Methoden reflektiert, die es verwendet, sei es aus der theologischen Tradition oder aus anderen wissenschaftlichen Disziplinen, und dass es sich zum anderen auf die eigenen subjektiven Voraussetzungen und Interessen besinnt.

Mit dem theoretischen Ort des Subjekts ist auch der seines Glaubens im Prozess der wissenschaftlichen Erkenntnis und Theoriebildung gewonnen. In Bezug auf die Ausgangsfrage nach den theologischen Dimensionen in der Praktischen Theologie

---

[269] Gutiérrez (1984): Die historische Macht der Armen, 13.
[270] Gutiérrez (1988): Theorie und Erfahrung, 56.

als einer Handlungswissenschaft lässt sich nun sagen: Die theologische Dimension bestimmt sich nicht nur über den Gegenstandsbereich, sondern auch über das erkenntnisleitende Interesse des forschenden Theologen oder der forschenden Theologin. Dieses wird durch die persönliche biographisch gewachsene Glaubensüberzeugung und -praxis, durch die angeeigneten theologischen Wissensbestände, durch theologische, wissenschaftliche und kirchliche Diskurszusammenhänge, in denen das Subjekt steht, aber auch durch internalisierte Erwartungen und Denkverbote bestimmt. Eine besondere Bedeutung haben neben dem Glauben, der das Leben und die Theologie des Subjekts trägt, aber gerade auch die religiösen Zweifel, Fragen und Suchbewegungen, die das Forschungsinteresse prägen und den Forschungsprozess vorantreiben.

Die theologische Erkenntnis, so lässt sich zusammenfassen, geschieht auf dem Boden des subjektiven Glaubens. Gerade die Reflexion auf die subjektiven Voraussetzungen der Erkenntnis sprengt ein positivistisches Verständnis der gewonnenen Erkenntnisse. Sie setzt den Rahmen, das Bezugssystem, innerhalb dessen die Erkenntnisse ihre Gültigkeit haben. Sie ist deshalb nicht aus dem Erkenntnisprozess auszuklammern, sondern sie ist ein Kriterium der Wissenschaftlichkeit der Aussage. So gehört die Reflexion auf den Glauben und die Erkenntnisinteressen, die die Erkenntnisgewinnung und Theoriebildung bestimmen, zu den Voraussetzungen, um den Objektivitäts- und Wissenschaftsanspruch einzulösen.

Ist somit der subjektive Glaube theoretisch im Erkenntnisprozess verortet, so stößt die erforderliche Reflexion auf die eigenen Erkenntnisinteressen in der Praxis auf erhebliche Schwierigkeiten. Den Menschen sind nur Teile ihrer Interessen wirklich bewusst und zugänglich. An der Darlegung und Reflexion und oftmals bereits am Eingestehen von erkenntnisleitenden Interessen können die Forschenden zudem durch innere Interessenkonflikte wie auch Konflikte mit Personen oder Institutionen gehindert sein.[271] Die *forschungspraktischen Fragen*, die sich hier auftun, sind also noch keineswegs gelöst. Auf sie wird später einzugehen sein; Hier führen die ethnopsychoanalytischen Arbeiten von Georges Devereux weiter *(vgl. Kap. 4)*.

1.5.4   Die Option

Während der Begriff des Interesses auf die Gründe und Motive der Erkenntnissuche verweist, die teilweise auch vorrational sind, deutet der Begriff der Option auf rationale Entscheidungen und Ziele hin. Gerhard Kruip beschreibt ihn so: „Die Frage nach Optionen ist eine Frage nach zeitlichen und sachlichen Prioritäten des Handelns. Sie wird immer dann aufgeworfen, wenn es nicht möglich ist, einfach so weiterzuarbeiten wie bisher.“[272]

Der Begriff der Option wurde in der lateinamerikanischen Kirche geprägt und stellt ein zentrales Moment der Methode der Theologie der Befreiung dar. Von dort aus ist er in den allgemeinen theologischen und kirchlichen Sprachgebrauch einge-

---

[271] Vgl. ausführlicher hierzu: Klein (1995): Theologie im Kontext der Lebensgeschichte.

[272] Kruip (1996): Welche Optionen braucht die kirchliche Jugendarbeit in Deutschland? 149.

flossen.[273] War zunächst nur von der Option für die Armen die Rede, so erfuhr der Begriff schon bald Erweiterungen. So hat die Bischofsversammlung von Puebla 1979 zwar grundsätzlich die Option für die Armen der pastoralen Arbeit zugrunde gelegt (Nr. 1134-1165),[274] jedoch daneben auch die Option für die Jugend (Nr. 1166-1205) gestellt, wobei das Verhältnis zwischen den beiden Optionen nicht eindeutig geklärt ist. Auf der vierten lateinamerikanischen Bischofsversammlung in Santo Domingo 1992 setzte sich der Prozess der Vervielfältigung der Optionen fort.[275]

Was bedeutet der Begriff der Option? Die Bischofsversammlung von Puebla definiert ihn so: „Die pastoralen Optionen sind der Prozess der Auswahl, der durch die Abwägung und Analyse der positiven und negativen Gegebenheiten im Lichte des Evangeliums erlaubt, die pastorale Antwort auf die Herausforderungen für die Evangelisierung auszuwählen und zu finden." (Nr. 1299) Gerhard Kruip beschreibt folgende Merkmale der Option:[276]

- Entscheidungssituationen, die Optionen verlangen, liegen erst vor, wenn die bestehende Praxis ihre fraglose Gültigkeit verliert.
- Ausgangspunkt ist die Analyse der Situation.
- Dem Treffen der Option liegt eine existentielle Grundentscheidung zugrunde, die die Richtung angibt, wie jemand das Evangelium für sich auslegt und sich daraus auf die Gegenwart beziehen will. Optionen haben einen spirituellen Charakter.
- Die Optionen sind abhängig von den Herausforderungen der aktuellen gesellschaftlichen Situation und von den Grundentscheidungen und Perspektiven derjenigen, die sie treffen. Verschiedene Personen oder Gruppen in unterschiedli-

---

[273] Erstmalig wurde der Begriff „Option für die Armen" 1970 in einem Dokument der peruanischen Priesterbewegung ONIS in Lima verwendet. 1971 wurde er in Dokumenten der peruanischen Bischöfe sowie der chilenischen Bischöfe aufgegriffen. Ab 1972 ging er in den allgemeinen lateinamerikanischen Sprachgebrauch ein. Die dritte lateinamerikanische Bischofsversammlung von Puebla 1979 legte sich auf die „vorrangige Option für die Armen" fest. Das Attribut „vorrangig" sollte das Missverständnis abwehren, dass es nicht um das Heil aller Menschen ginge. – Zur Geschichte des Begriffs der Option vgl. Collet (1992): ‚Den Bedürftigsten solidarisch verpflichtet', 76-82. Aus lateinamerikanischer Sicht vgl. Vigil (1997): Die Option für die Armen. Vigil vertritt ein radikales Optionsverständnis und grenzt sich ab gegenüber einem weiteren Optionsverständnis in Lateinamerika, wie es sich insbesondere infolge der Rezeption des Optionsbegriffs von der Texte der Bischofsversammlung von Puebla verbreitet hat. Vgl. auch die gute Darstellung und Diskussion des Begriffs der Option im europäischen Kontext bei Kruip (1996): Welche Optionen braucht die kirchliche Jugendarbeit in Deutschland? sowie bei Karrer (2001): Zu Optionen finden?

[274] Die Texte der Bischofsversammlungen von Puebla und Medellin sind dokumentiert in: Die Kirche Lateinamerikas (1979).

[275] Die Versammlung bekräftigt in ihrem Dokument „Neue Evangelisierung, Förderung des Menschen, Christliche Kultur" (vgl. Neue Evangelisierung, Förderung des Menschen, Christliche Kultur (1993)) die Option für die Armen (Nr. 296), optiert daneben aber noch für das Ja zu Leben und Familie (Nr. 296), die „Evangelisierung der städtischen Kultur" (Nr. 255-262; 298), die Präsenz der Kirche in der Welt der Kommunikationsmittel (Nr. 280-285; 300) und die Achtung vor den indianischen und afroamerikanischen Kulturen (Nr. 243-251, 299). Obwohl die „Option für die Frauen" und die „Option für die Ausgeschlossenen" in der kirchlichen und öffentlichen Diskussion eine große Rolle gespielt hatten, wurden sie nicht in das Dokument aufgenommen.

[276] Vgl. Kruip (1996): Welche Optionen braucht die kirchliche Jugendarbeit in Deutschland? 154f.

chen Situationen müssen unter Umständen auch unterschiedliche Optionen treffen.

- Optionen müssen im Blick auf konkrete Situationen getroffen werden und sich im konkreten Handeln bewähren. Das Abwägen der Konsequenzen ist Teil eines vernünftigen Entscheidungsfindungsprozesses.
- Einmal getroffene Optionen wirken erkenntnisleitend. Sie eröffnen einen Blick auf Phänomene, die sonst vielleicht übersehen worden wären.
- Optionen sind Richtungsweisungen auf einem Weg, der noch nicht begangen und bekannt ist. Sie sind die Voraussetzungen der möglichen Glaubenserfahrungen auf diesem Weg.

In Lateinamerika war die Option für die Armen aufgrund der konkreten Situation der Armen in diesem Erdteil in den 1970er Jahren getroffen worden. Faktisch stellten die Armen die Mehrheit der Bevölkerung dar. Armut war kein verborgenes Problem und kein Randproblem, sondern allgegenwärtig und die größte pastorale Herausforderung der Kirche.

In der deutschsprachigen Theologie ist der Optionsbegriff vielfältig aufgegriffen, aber dabei oft in seinem Verständnis verändert worden. Die Option für die Armen war nicht einfach zu übertragen, weil Armut in Deutschland ein anderes Phänomen darstellt als in Lateinamerika.[277] Eine Option für die Armen muss deshalb im deutschen Kontext anders entfaltet werden.[278] Zudem drängen sich von der Situation in Deutschland und Europa her auch noch andere Optionen auf.[279] Da sich die Herausforderungen und Handlungsmöglichkeiten in verschiedenen Situationen unterschiedlich darstellen, können nicht einfach Rezepte und Ziele rezipiert werden, vielmehr muss die Bereitschaft zu Grundentscheidungen und zu eigenen Lernwegen übernommen werden, die im deutschen Kontext ganz anders verlaufen können. Es „müßte versucht werden, von Lateinamerika in der Weise zu lernen, daß wir nicht einfach irgendwelche Formulierungen und Ergebnisse übernähmen, sondern versuchten, hier einen ähnlichen Lernprozeß unter Berücksichtigung unserer eigenen Situation und Möglichkeiten zu gehen. Nicht die Endergebnisse des Weges der lateinamerikanischen Kirche sind für uns entscheidend, sondern dieser Weg selbst,

---

[277] Vgl. Kruip (1996): Welche Optionen braucht die kirchliche Jugendarbeit in Deutschland? 159-164.

[278] An Entwürfen einer Pastoral, die die Option für die Armen trifft, arbeiten unter dem Begriff „Sozialpastoral" vor allem Hermann Steinkamp und Norbert Mette; vgl. Mette (1989): Sozialpastoral; Steinkamp (1994): Solidarität und Parteilichkeit.

[279] Kruip schlägt vor: die Option für soziale Gerechtigkeit weltweit, die Option für soziale Gerechtigkeit in Deutschland, die Option für nachhaltige Entwicklung und die Option für die Erhaltung lebensweltlicher Ressourcen von Humanität; vgl. Kruip (1996): Welche Optionen braucht die kirchliche Jugendarbeit in Deutschland? 162-164. Es fällt auf, dass hier Optionen für Verhältnisse und nicht für Menschen getroffen werden. Ich halte auch die „Option für die (gesellschaftlich und kirchlich) Unbedeutenden" für sinnvoll. Es handelt sich um einen Suchbegriff, der nach Menschen auf der Schattenseite der hegemonialen Kultur suchen lässt und nach Bedrängnissen, für die diese Kultur vielleicht gar keine Namen und Kategorien hat. Für die praktische Arbeit müsste die Zielgruppe jedoch eingegrenzt werden.

der allerdings, wenn wir ihn gehen, uns auch zu anderen Ergebnissen führen kann."[280]

Aufgrund der komplexen pluralistischen Struktur der Gesellschaft einerseits und der Pluralität der theologischen Interessen und Ansätze andererseits ist in Deutschland und Europa keine solche Eindeutigkeit in den Herausforderungen und Optionen zu finden wie in Lateinamerika Anfang der 1970er Jahre. Die feministische Bewegung und Theologie ist wahrscheinlich diejenige, die bislang die eindeutigste und umfassendste Option getroffen hat: die Option für die Frauen. Diese Option ist mit einer breiten Befreiungspraxis innerhalb und außerhalb der institutionalisierten Kirche verbunden. Weitere von größeren Bewegungen getragene Optionen sind die Option für die Schöpfung, an der ökologische Gruppen arbeiten, die Option für Solidarität und Gerechtigkeit, an der Solidaritäts- und Sozialbewegungen arbeiten, und die Option für Frieden und Versöhnung, an der Friedensgruppen arbeiten. Die zentralen gesellschaftlichen Herausforderungen werden nicht selten zunächst außerhalb der institutionalisierten Kirchen wahrgenommen. Sie führen zu sozialen Bewegungen, die aber von vielen Christinnen und Christen getragen werden. Diese machen sie dann oftmals auch innerhalb der Kirchen zu einem Problem, das der theologischen Reflexion und der praktischen Veränderung bedarf. Die christliche Option tendiert zur Zusammenarbeit von Christinnen und Christen mit anderen Menschen an den gleichen Zielen.

Optionen zielen auf konkrete politische Konzeptionen und Programme zur Veränderung von unheilvollen Situationen. Es geht um „weitreichende Änderungen in der Gesellschaft selbst" (GS 26). Wer Optionen getroffen hat und sich für sie einsetzt, setzt sich deshalb oftmals der Kritik und politischen wie auch kirchlichen Widerständen aus. Ein Blick auf die Geschichte der großen Bewegungen, die von Optionen getragen werden, wie die Theologie der Befreiung, die feministische Theologie oder die Friedensbewegung, macht dies deutlich. Hier zeigt sich, dass den Optionen existenzielle Grundentscheidungen zugrunde liegen müssen, die auch persönliche Nachteile zu tragen helfen. Oftmals kann das Engagement für Optionen von Einzelpersonen gar nicht alleine durchgetragen werden. Es bedarf einer Gruppe oder einer breiten Bewegung, damit es in der Sache Erfolg haben und persönlich durchgehalten werden kann.

Die Arbeit an einem Problem bringt sehr schnell die komplexen Strukturen und die wirkenden Machtverhältnisse in den Blick. Zudem haben Optionen latente korrespondierende Seiten: die Option für die Armen die Frage nach den Reichen; die Option für die Frauen die Frage nach den Männern, die Option für den Frieden die Frage nach den Rüstungsproduzenten und deren Arbeitsplätzen etc. Die Arbeit an der einen Seite verändert auch die korrespondierende andere. Deshalb muss deutlich gemacht werden: Die vorrangige Option für bestimmte Menschen oder eine Sache ist nicht eine Option gegen andere Menschen. Die Option für die Befreiung und das Heil und die damit verbundenen konkreten gesellschaftlichen Veränderungen strebt das von Gott gewollte Heil aller an, das sich nicht halbieren oder aufteilen lässt. Dennoch kann die Option auch die Einschränkung des Engagements für andere Op-

---

[280] Vgl. Kruip (1996): Welche Optionen braucht die kirchliche Jugendarbeit in Deutschland? 160.

tionen mit sich bringen. Wer vorrangig für die Armen optiert, kann sich nicht gleichzeitig für den Frieden, die Schöpfung, die alten Menschen etc. engagiert einsetzen. Umgekehrt tendieren Optionen aber auch oft zu einer Ausweitung des Engagements: Wer sich für Frieden und Versöhnung engagiert, wird sich z.B. auch mit Fragen der Ökologie, der Armut, des Arbeitsmarktes etc. beschäftigen müssen.

Für die Ausgangsfrage nach den Konturen des Theologischen im handlungswissenschaftlichen Forschungsprozess bringt der Begriff der Option den Bereich der bewussten theologisch begründeten Entscheidung in den Blick. Die Option drängt dazu, die praktisch-theologische Forschung nicht dem Zufall oder unreflektierten Interessengemengen zu überlassen, sondern gerade angesichts begrenzter Forschungsressourcen sich auf die wichtigsten konkreten pastoralen Herausforderungen zu besinnen und bewusste theologisch reflektierte Entscheidungen zu treffen. Die theologisch begründeten Optionen unterscheiden die praktisch-theologischen Forschungen von denen anderer Handlungswissenschaften, sie können aber zugleich auch zu einer intensiven Zusammenarbeit mit anderen Wissenschaften drängen, die an den gleichen Herausforderungen arbeiten.

Die konkreten Veränderungen, die durch die Option angestrebt werden, betreffen nicht allein die Sache, an der gearbeitet wird, sondern auch die Forschenden selbst. Ebenso wie die Option für die Armen das Leben, das Selbstverständnis und die Theologie der Theologinnen und Theologen in Lateinamerika verändert hat, werden die Optionen auch die Forschenden im europäischen wissenschaftlichen Kontext verändern. Die mit der Option verbundene existenzielle Entscheidung ist jedoch kein einmaliger Akt, sondern ein biographischer Prozess, in dem die Arbeit an der Sache, die Erfahrung der Konflikte und Widerstände und die wachsende spirituelle und theologische Reflexion die Option immer weiter vertiefen und zu einer existenziellen Angelegenheit werden lassen.

Wie verhalten sich nun die Begriffe des erkenntnisleitenden Interesses und der Option zu einander? Es ist m. E. nicht sinnvoll, sie gegeneinander abgrenzen zu wollen. In vielerlei Hinsicht überschneiden und ergänzen sie sich. Der Begriff des erkenntnisleitenden Interesses stammt aus dem wissenschaftstheoretischen Diskurs. Er hilft der Praktischen Theologie, die im Glauben begründete Subjektivität – die Glaubenspraxis, die theologischen Entscheidungen und Interessen – innerhalb dieses Diskurses zu verorten und zu begründen. Der Begriff der Option stammt aus dem theologischen und pastoralen Diskurs. Er macht deutlich, dass in der Praktischen Theologie grundsätzliche Entscheidungen in Bezug auf konkrete Situationen und pastorale Herausforderungen nötig sind, die auf spezifische verändernde Lösungen zielen.

Das erkenntnisleitende Interesse und die Option schränken die Weite des Gegenstandsbereichs der Praktischen Theologie ein, die sich in dem Selbstverständnis einer Handlungswissenschaft auftut, welche sich auf die gesamte menschliche und soziale Wirklichkeit bezieht. Das erkenntnisleitende Interesse und die Option zentrieren die Fragestellung und das Forschungsdesign auf die zentralen pastoralen Herausforderungen, die sich in einer konkreten Situation stellen.

1.6 Methodische Herausforderungen in der Praktischen Theologie

1.6.1 Die Entwicklung praktisch-theologischer Methoden

Vor dem Hintergrund der vorausgegangenen Überlegungen zeichnen sich folgende Herausforderungen für die Praktische Theologie ab:

1. Methodendiskussion und Weiterentwicklung der Methoden der Praktischen Theologie

Vor mehr als zwanzig Jahren haben Schröer, Mette, Steinkamp, Zerfaß, van der Ven und andere angemahnt, dass Praktische Theologie eine Diskussion um ihre Methoden brauche und selbst empirische Forschung betreiben müsse. Viele für den theologischen Diskurs relevante Bereiche der menschlichen und gesellschaftlichen Wirklichkeit werden von anderen Wissenschaften nicht erforscht. In vielen Bereichen kann es wichtig sein, dass die Praktische Theologie mit eigenen empirischen Forschungen und Theorien präsent ist und den Diskurs mitgestaltet; ein Beispiel hierfür sind die Armutsstudien der Caritas, die die interdisziplinäre wissenschaftliche und die politische Armutsforschung und -diskussion mitgeprägt haben. Die Methodenentwicklung und -begründung kann nicht allein am Rande einiger empirischer Arbeiten geschehen und auch nicht durch einige wenige methodologische Arbeiten geleistet werden. Notwendig ist ein lebendiger Diskurs innerhalb der Praktischen Theologie um ihre Methoden. In diesem Zusammenhang ist zu prüfen, inwieweit die eigenen in der Praktischen Theologie entwickelten Methoden weiterentwickelt und theologisch begründet werden können und interdisziplinär vermittelbar sind.

Damit ein Diskurs innerhalb der Praktischen Theologie und mit anderen Wissenschaften um Methoden und ihre Grundlagen in Gang kommt, ist eine *methodische Ausbildung* in der Praktischen Theologie angezeigt, wie sie im Studium der Soziologie und Psychologie oder der Exegese obligatorisch ist. Da die Fragen der Methoden und ihrer Grundlagen in der konkreten Forschungspraxis entstehen und meist erst dort in ihrer Tragweite erkennbar werden, bieten sich dafür Forschungswerkstätten und forschungspraktische Seminare an, in denen die Anwendung und Erprobung von Methoden mit der Diskussion der grundlagentheoretischen Voraussetzungen verbunden wird.

2. Die Wiedergewinnung des theologischen Subjekts in den Methoden

Die theologische Dimension der Forschung ist eng mit dem forschenden Subjekt verbunden. Die Theologin oder der Theologe als professionelles und gläubiges Subjekt gewährleistet, dass die theologische Dimension den gesamten Forschungsprozess bestimmt: die Fragestellung, die Auswahl des Untersuchungsgegenstandes, die Methodenwahl, die Interessen, Optionen, Prämissen und Ziele, die Forschungsethik, das Verhalten im Feld bei der Datenerhebung, die Datenauswertung, die Theoriebildung und die Entwicklung von Handlungskonzepten. Deshalb ist es notwendig, dass das Subjekt der Forschung einen *konstitutiven Ort* in den Methoden und den Modellen des methodischen Vorgehens erhält. Die Praktische Theologie kann hier sowohl an jene Methoden der Humanwissenschaften anknüpfen, in denen das forschende Subjekt einen eigenen Ort hat, als auch an Methoden aus der theologischen Tradition, wie z.B. an die Methode des Dreischritts von Cardijn oder an dessen Weiterentwicklung in der Theologie der Befreiung.

3. Der interdisziplinäre Dialog mit den Humanwissenschaften und Kenntnis der methodologischen Diskussion

Praktische Theologie muss den Dialog mit den Humanwissenschaften auf der empirischen, methodischen und theoretischen Ebene vorantreiben. Dabei geht es nicht allein um die *gegenseitige* Kenntnisnahme und Rezeption von Forschungsergebnissen – was lange gefordert und in der Praxis nur wenig verwirklicht worden ist –, sondern vor allem um die *praktische Zusammenarbeit*, z.B. in gemeinsamen Forschungsprojekten.

- Praktische Theologie muss mit anderen Wissenschaften gemeinsam an der Lösung der menschlichen und gesellschaftlichen Probleme der Gegenwart und Zukunft arbeiten (vgl. GS 21). Dabei muss sie kontextuell und bereichsspezifisch, konzept- und handlungsbezogen ausgerichtet sein.
- Praktische Theologie muss sich an dem Streit der Wissenschaften um die Deutung der Wirklichkeit beteiligen. Dabei kann sie nicht davon ausgehen, dass sie diesen Streit allein durch ihre Publikationen beeinflussen kann. Vielmehr muss der Streit konstruktiv in der Praxis der gemeinsamen Forschung und der daraus resultierenden gemeinsamen Publikationen ausgetragen werden.
- Die Theologie wird nur dann in der gegenwärtigen Umstrukturierung der Universitäts- und Forschungslandschaft ihren unverzichtbaren Ort an den öffentlichen Universitäten und in der Forschung deutlich machen können, wenn sie sich kompetent in den interdisziplinären Dialog einmischt und ihn in gemeinsamen Projekten mitgestaltet.
- Der Dialog mit anderen Wissenschaften kann, wenn es ein echter Dialog ist, alle Beteiligten verändern. Dies kann die Praktischen Theologinnen und Theologen in erhöhten Legitimationsdruck gegenüber anderen theologischen Disziplinen und dem kirchlichen Lehramt bringen. Es eröffnet aber zugleich eine Chance für die gegenwartsbezogene Reflexion und Weiterentwicklung der Theologie und der kirchlichen Lehre.
- Die Ressourcen der Forschung sind begrenzt. Die verschiedenen Wissenschaften haben enorme wissenschaftliche Erkenntnisse über die Sozialwelt erzielt, die die Praktische Theologie wahrnehmen und kritisch rezipieren muss. Für die kritische

Rezeption von Theorien, Methoden und Ergebnissen und für die fundierte Zusammenarbeit mit anderen Wissenschaften benötigt sie differenzierte Kenntnisse der Methoden, ihrer Grundlagen, Traditionen und Entwicklungen, ihrer Prämissen, Schulen und der Diskurse um sie.[281]

4. Die Einbeziehung anderer Subjekte in den Dialog

Wenn das forschende Subjekt einen konstitutiven Ort in der Methode hat, werden auch die kontextuellen und lebensweltlichen Einflüsse auf die Erkenntnis und ihre Grenzen systematisch reflektierbar *(vgl. Kap. 4)*. Wo die Grenzen der Erkenntnis bewusst sind, kann nach Möglichkeiten gesucht werden, die Erkenntnis zu erweitern – genau dies ist die Aufgabe der Wissenschaft. Die Theologie der Befreiung hat aufgrund der Einsicht in die kontextuelle Begrenztheit der theologischen Erkenntnis der akademischen Theologinnen und Theologen ihren Ortswechsel und ihr vortheoretisches Engagement an der Seite der Armen gefordert und das Hören auf die Armen zu einem konstitutiven Element der Methode gemacht. Doch auch dabei wurden die Grenzen durch die Erfahrung deutlich, dass sich Theologinnen und Theologen der Welt der Armen nur annähern können. Sie können versuchen, auf die Armen zu hören und sie in der Wissenschaft zur Sprache zu bringen, doch können sie letztlich keine Stellvertretungsfunktion für sie übernehmen. Ähnlich stellt sich das Problem für die Feministische Theologie dar. Für sie ist die Erfahrung von Frauen konstitutiv. Aus der Perspektive der Erfahrung von Frauen wurde die Universalisierung der männlichen Perspektive in der Wissenschaft sichtbar und kritisierbar. Die Feministische Theologie arbeitet nicht nur daran, das Leben und die Perspektiven von Frauen in der Geschichte und Gegenwart sichtbar zu machen, sie fordert auch die paritätische Beteiligung der Frauen an der Wissenschaft wie in allen Bereichen des gesellschaftlichen Lebens.

Um das Leben, die Perspektiven und Deutungen von Menschen aus anderen Kontexten in die Erkenntnis einzubeziehen, müssen Methoden gewählt werden, die die Menschen in ihrer eigenen Deutung zur Sprache bringen. Zusätzlich muss überlegt werden, wie marginalisierte Menschen selbst in den wissenschaftlichen Dialog mit einbezogen werden können, eine Forderung, die z.B. auch in der Armutsdiskussion laut wird.[282] Ein erster Schritt wäre, den Kreis der wissenschaftlichen Theologen für Laien und Frauen weiter zu öffnen.

---

[281] Der Anspruch dieser Kenntnisse ist in der interdisziplinären Zusammenarbeit der Humanwissenschaften untereinander obligatorisch, wird aber nicht immer eingelöst. Seitdem in den letzten Jahren eine Reihe von methodischen Überblickswerken erschienen sind, die die empirische Arbeit erleichtern, gerät, wie mir scheint, die Kenntnis und Diskussion der grundlagentheoretischen Voraussetzungen ins Hintertreffen. Die Auseinandersetzung mit den Grundlagen der Methoden ist deshalb nicht einfach eine „Nachholarbeit" der Praktischen Theologie, sondern zugleich ein Beitrag zu einem weiterführenden interdisziplinären methodologischen Diskurs.

[282] Vgl. dazu die Dissertation von Marie-Rose Blunschi-Ackermann zu Joseph Wresinki, die voraus. 2005 veröffentlicht wird.

5. Ein mögliches Modell einer praktisch-theologischen Methode

Graphische Modelle sind eine Orientierungshilfe. Sie stellen notwendig eine Reduktion der Komplexität dar und unterliegen dadurch der Gefahr der Verzerrung. Nur bestimmte Aspekte werden akzentuiert, viele Zusammenhänge bleiben unsichtbar. Unter Berücksichtung dieser Einschränkung sollen die Überlegungen zu den methodischen Aufgaben und Herausforderungen der Praktischen Theologie hier versuchsweise in einem Arbeitsmodell dargestellt werden. Es ist ein mögliches Modell, das je nach Fragestellung ergänzt und modifiziert werden muss; auch andere Darstellungen und Akzentuierungen sind möglich. Es soll nicht als eine Zusammenfassung der hier entwickelten Gedanken verstanden werden, sondern eher als eine Anregung für die Methodendiskussion in der Praktischen Theologie.

Die Praktische Theologie hat zwei zentrale Aufgabenbereiche, für die sie unterschiedliche Methoden entwickeln muss: die Erhebung der Erfahrungen, Handlungen und des Glaubens der Menschen, und die Entwicklung von Konzepten zur Unterstützung der Praxis. Für ihren ersten Bereich muss sie Methoden der Theoriebildung über die soziale Wirklichkeit entwickeln, für ihren zweiten Bereich Methoden der pastoralen Praxis. Beide Bereiche hängen eng miteinander zusammen, denn die Unterstützung der Praxis setzt ihre genaue Kenntnis und Analyse voraus, und die Erforschung der Praxis steht in der Verantwortung, zu ihrer Unterstützung beizutragen. Die Konzepte werden nicht allein am „grünen Tisch" erarbeitet, sondern sinnvollerweise oftmals in Zusammenarbeit mit Berufspraktikerinnen und Berufspraktikern, die ein großes Wissen um die Praktikabilität von Konzepten haben und auch schon innovatorische Modelle erprobt haben.[283]

In ihrer theoretischen Arbeit steht die Praktische Theologie im engen Diskurs mit den anderen theologischen und wissenschaftlichen Disziplinen. Das Austauschverhältnis ist wechselseitig und dialogisch. Sie stellt den anderen Disziplinen theologische Gegenwartsanalysen zur Verfügung. Zugleich rezipiert sie von den anderen theologischen Disziplinen theologische Erkenntnisse. Mit den Humanwissenschaften arbeitet sie zusammen an den Fragen der Bewältigung der Zukunft und mischt sich ein in den Streit um die Definition der Wirklichkeit. Sie knüpft an die interdisziplinäre Methodendiskussion an und kann humanwissenschaftliche Forschungsergebnisse kritisch rezipieren.

Die biblische und kirchliche Überlieferung wird in den anderen theologischen Disziplinen wissenschaftlich erschlossen. Zugleich wirkt sie als Traditionsgut auch unmittelbar im Leben der Menschen und wird hier entfaltet, reflektiert und tradiert. Das Verständnis der Menschen von Gott und seinem Heil sowie von dem erfahrenen Unheil – in der Theologie der Befreiung ist besonders das Verständnis der Armen, in der Feministischen Theologie besonders das Verständnis der Frauen im Blick – und die gelebte Glaubenspraxis muss die Praktische Theologie erheben und in den theologischen Diskurs einbringen.

---

[283] Vgl. hierzu: Klein (1999): Die Zusammenarbeit zwischen TheoretikerInnen und PraktikerInnen.

Arbeitsmodell des methodischen Vorgehens in der Praktischen Theologie (Stephanie Klein)

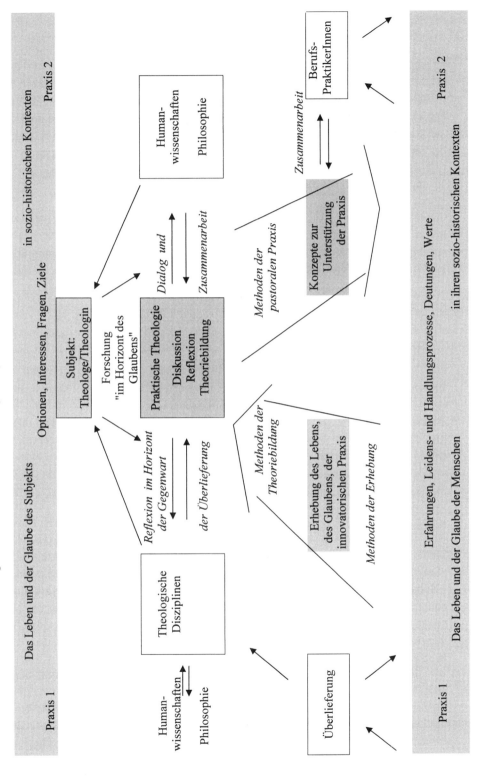

Einen konstitutiven Ort in der Methode hat das forschende Subjekt. Das theologische Wissen, die theologischen Fähigkeiten, das humanwissenschaftliche Wissen, aber auch alles, was das vortheoretische Leben dieser Person ausmacht, ihr subjektiver Glaube, ihre persönlichen Fähigkeiten und ihr historischer und sozio-kultureller Ort, bestimmen die Erkenntnis und Theoriebildung. Die forschende Person entwickelt Interessen, Fragen und Ziele der Forschung, entscheidet sich für Optionen und Vorgehensweisen, ihr sind räumliche, zeitliche, finanzielle Grenzen gesetzt, die zugleich den Rahmen ihrer Arbeit bestimmen. Die theologischen Positionen und der Glaube des Subjekts sind Dimensionen, die den gesamten Forschungsprozess bestimmen.

Nicht nur die Praxis, der die Forschung gilt, wird durch die Interaktionen im Forschungsprozess und die daraus resultierenden Erkenntnisse, Theorien, Konzepte und Handlungsstrategien verändert. Auch die forschende Person selbst verändert sich durch die Forschung. Aus einer Praxis 1 wird im Verlauf des Forschungsprozesses und in Konsequenz aus ihm für das forschende Subjekt und die Menschen im Forschungsfeld eine Praxis 2, die durch Reflexion und neue Forschung wiederum überprüfbar und veränderbar ist.

1.6.2 Die Ausarbeitung des Dreischritts „Sehen – Urteilen – Handeln" zu einer wissenschaftlichen Methode der Praktischen Theologie?

Der Dreischritt „Sehen – Urteilen – Handeln" in seiner ursprünglichen Form ist eine Bildungsmethode aus und für die Praxis. Seine Verwendung als eine Erkenntnismethode in der Wissenschaft bedarf einer umfassenden methodischen Reflexion und Begründung. In der lateinamerikanischen Theologie der Befreiung wurde dieses Problem erkannt. Der Dreischritt wurde für die Wissenschaft in eine wissenschaftliche Methode transformiert und umfassend begründet. Dadurch ist der Dreischritt zu einem wissenschaftlich begründeten Grundmodell der Methode der Theologie der Befreiung geworden, für das teilweise auch eigene Begrifflichkeiten verwendet werden. In der deutschsprachigen katholischen Praktischen Theologie wurde der Dreischritt als ein Modell des methodischen Vorgehens direkt in die Wissenschaft übernommen, wobei er sich insbesondere dadurch veränderte, dass das Subjekt aus der Methode eliminiert wurde und die drei Momente als konsekutive methodische „Schritte" verstanden wurden. Zudem gerieten die theologischen Prämissen und Begründungen teilweise in Vergessenheit, was der Methode den Anschein eines allgemeinen und universal einsetzbaren Vorgehensweges gab. Zur Begründung der Methode wird zuweilen auf die wissenschaftlichen Ausarbeitungen in Lateinamerika verwiesen, doch genügt dies nicht, da die zentralen Unterschiede zwischen den lateinamerikanischen und europäischen Varianten nicht reflektiert werden. Ebenso wie die Theologie der Befreiung selbst sind auch ihre Methoden nicht unmittelbar in andere Kontexte zu übertragen.

Vor dem Hintergrund einer bislang ungenügenden wissenschaftlichen Fundierung des Dreischritts in der deutschsprachigen Praktischen Theologie gibt es grundsätzlich zwei Möglichkeiten, mit dem Dreischritt als Methode der Praktischen Theologie weiter umzugehen. Die eine Möglichkeit ist, dass man die Methode aufgibt, unabhängig von ihr und aus anderen Quellen neue theologische Methoden entwickelt oder auf eine eigene theologische Methode ganz verzichtet und sich unter theologischen Prämissen am allgemeinen Methodendiskurs beteiligt, wie dies in der evangelischen Praktischen Theologie praktiziert wird. Für diesen Weg sprechen verschiedene Gründe:

- Der Dreischritt ist weder im interkonfessionellen noch im interdisziplinären Bereich rezipiert worden und stellt bislang keine zureichende Grundlage für die interdisziplinäre Arbeit dar.
- Zudem gibt es auch innerhalb der katholischen wissenschaftlichen Theologie Bedenken bis hin zu Aversionen gegen den oft formelhaften Gebrauch des Dreischritts.
- Ein Nachteil liegt weiterhin in den möglichen begrifflichen Verwischungen zwischen einer weiterentwickelten und begründeten wissenschaftlichen Methode und dem subjektlosen und zuweilen plakativen Gebrauch des Dreischritts in der Vergangenheit.
- Auch Verwischungen zwischen einer weiterentwickelten wissenschaftlichen Methode und der praxisbezogenen Bildungsmethode Cardijns sind möglich. Dies war vermutlich einer der Gründe, weshalb C. Boff zunächst auf Distanz zu der Methode Cardijns gegangen ist, für die wissenschaftliche Ausarbeitung einer Methode der Theologie der Befreiung neue Begrifflichkeiten gewählt hat und schließlich eine Abgrenzung dadurch schuf, dass er dem „Dreischritt" einen Ort in der pastoralen Praxis zugeordnet hat.

Die andere Möglichkeit besteht darin, die Methode weiter wissenschaftstheoretisch, methodologisch und theologisch zu begründen und sie zu einer wissenschaftlichen Methode der Praktischen Theologie auszubauen. Auch hierfür können verschiedene Gründe angeführt werden:

- Für diesen Weg spricht die lange Geschichte, die der Dreischritt in der katholischen Tradition und ihrer Praktischen Theologie hat.
- Die breite Rezeption des Dreischritts in der europäischen wie in der lateinamerikanischen Theologie zeigt die Bedeutung der Methode für die katholische Theologie und Praxis. Gerade die lateinamerikanische Geschichte des Dreischritts zeigt, wie selbstverständlich er im Bewusstsein verankert ist und sich gegen alle Versuche der begrifflichen Änderungen und der Abgrenzungen durchsetzt.[284]
- Ein wichtiger Faktor ist auch die lehramtliche Anerkennung der Methode.
- Und schließlich hat der Dreischritt sich geschichtlich mit dem Selbstverständnis der Praktischen Theologie als einer Handlungswissenschaft verbunden und steht für den induktiven Weg in der Praktischen Theologie, der die gegenwärtige Situation der Menschen zum Ausgangspunkt für die Theoriebildung in der Praktischen Theologie nimmt.

---

[284] So spricht Fornet-Betancourt von Sehen, Urteilen und Handeln und von den drei Vermittlungen nebeneinander oder ergänzend, er benutzt die Begriffe synonym; vgl. ders. (1997): Zur neuen theoretisch-methodischen Abgrenzung.

Aus der katholischen Tradition der Praktischen Theologie ist der Dreischritt nicht mehr wegzudenken. Ich halte es für ein interessantes Unterfangen, ihn weiter zu einer wissenschaftlichen Methode der europäischen Praktischen Theologie auszubauen. Indem die Theologin oder der Theologe als Subjekt der Forschung und der wissenschaftlichen Erkenntnis einen expliziten Ort bekommt, können der Glaube, der gesellschaftliche Ort, das erkenntnisleitende Interesse, das Ziel und die Option der Forschung formuliert, theologisch reflektiert und kritisiert werden, sie fließen nicht mehr unreflektiert in den Forschungs- und Theoriebildungsprozess ein. Damit ist einem zentralen Kriterium wissenschaftlicher Forschung heute Rechnung getragen.

Aus den vorangegangenen Überlegungen lassen sich einige Gesichtspunkte zusammenfassen, die für die Ausarbeitung der Methode „Sehen – Urteilen – Handeln" zu einer wissenschaftlichen Methode berücksichtigt werden müssen. Sowohl die Methode Cardijns als auch die theoretische Fundierung in der Theologie der Befreiung geben dafür wertvolle Impulse.

(1) Das *Subjekt des Forschens und der Erkenntnis* muss zurückgewonnen und einen reflektierten und *konstitutiven Ort in der Methode* haben. Sowohl in der Methode Cardijns als auch in der Weiterentwicklung in der Theologie der Befreiung ist der Ort des forschenden Subjekts konstitutiv für die Methode. Bei Cardijn sind die Subjekte die Arbeiterjugendlichen, in der Theologie der Befreiung sind es die Befreiungstheologinnen und Befreiungstheologen. Durch die Wiedergewinnung des Subjekts erlangt die Methode ihr Zentrum zurück, das Voraussetzung für alle anderen Gesichtspunkte der wissenschaftlichen Ausarbeitung der Methode ist.

(2) Ist das Subjekt in die Methode eingeführt, kann auch die *kontextuelle Verortung des Subjekts*, die die theologische Erkenntnis mitbestimmt, wie sein Glaube, seine Überzeugungen und theologischen Optionen sowie seine Lebenszusammenhänge wie der gesellschaftliche Status, das Geschlecht, der kulturelle Kontext, die historische Situiertheit u.a. in den Blick gefasst und kritisch reflektiert werden. Sie haben eine vortheoretische und eine theoretische Dimension. Zur theoretischen Seite gehören z.B. die bewusst getroffene und theologisch begründete Option, die Entscheidung für die Forschungsziele und die Methoden. Die vortheoretische Seite kann nur bedingt reflektiert werden. In Lateinamerika hat die theologisch begründete Option für die Armen aber dazu geführt, dass Befreiungstheologinnen und Befreiungstheologen ihren Ort physisch, gesellschaftlich und geistig gewechselt haben, sich an der Seite der Armen engagieren, auf die Armen hören, versuchen, die Welt und das Evangelium aus der Sicht der Armen zu verstehen und ihren Glauben und die theologische Theoriebildung und Erkenntnis dadurch zu erweitern.

(3) Mit der Wiedergewinnung des Subjekts des methodischen Forschens werden auch die Grenzen der wissenschaftlichen Erkenntnis reflektierbar. Es wird nun der Raum frei für die je *anderen theologischen Erkenntnisse von Subjekten an anderen Orten*. Dies wirft die Frage auf, wie diese in den wissenschaftlichen Diskurs einbezogen werden können. Die Allgemeinheit und Objektivität der Erkenntnis wird dann weniger in der Universalität der eigenen Erkenntnis als vielmehr in der Einbeziehung möglichst vieler Stimmen in den gemeinsamen wissenschaftlichen Diskurs gesucht.

Es ginge dann um die Frage, wie der Glaube und die Reflexionen anderer Menschen zur Sprache gebracht und wie bislang ausgeschlossene Menschen auch am wissenschaftlichen Diskurs beteiligt werden können.

(4) Die Methode muss wieder rückgebunden werden an *theologischen Prämissen und Begründungen*, die in verschiedenen kontextuellen Zusammenhängen weiter ausgearbeitet werden müssen. In Bezug auf die theologische Begründung wird deutlich, dass die Wahl der Methode nicht beliebig ist. Einen mystagogischen Begründungsweg weist Cardijn auf: Da die Menschen von Gott geschaffen und von Gott zum Heil berufen sind, und da Gott sich gerade den Menschen im Unheil zugewandt hat, ist jede alltägliche Erfahrung und Handlung auch des gesellschaftlich unbedeutendsten Menschen mit derselben Aufmerksamkeit und Achtsamkeit wahrzunehmen wie die eines gesellschaftlichen oder kirchlichen „Würdenträgers". Die Achtung vor dem Mitmenschen und die genaue Wahrnehmung seines Lebens tragen dazu bei, dass er lernt, seine eigene Würde zu entdecken, sich selbst zu achten, nach der eigenen Berufung zu suchen und alles, was dieser Würde entgegensteht, zu ändern bestrebt ist. Dieser Begründungsweg hat Anschluss gefunden in der mystagogischen Pastoraltheologie, wie sie etwa Stefan Knobloch erarbeitet hat. Einen anderen theologischen Begründungsweg hat die Theologie der Befreiung ausgearbeitet, die die Zuwendung Gottes zu den Armen und Marginalisierten zum Ausgangspunkt nimmt. Möglicherweise werden sich in Zukunft im mitteleuropäischen Raum angesichts der gesellschaftlichen Umbrüche auch andere Begründungswege aufdrängen. Wichtig scheint mir, die theologische Diskussion um die Begründung der Methoden neu zu führen.

(5) Die *drei „Schritte"* der Methode bilden eine *Einheit*. Sie sind nicht additiv oder konsekutiv zu verstehen, sondern als drei Momente oder Dimensionen eines Erkenntnisprozesses. Im Zentrum steht das „Sehen", die Wahrnehmung bzw. die Analyse der menschlichen Wirklichkeit. Der Glaube und die theologische Reflexion kommen nicht in einem „zweiten Schritt" hinzu, sondern sie bestimmen die Wahrnehmung der Lebenswirklichkeit, das Verstehen und Deuten und die Handlungsperspektive gleichermaßen. Das Moment „Urteilen" thematisiert das Verstehen und Deuten der Lebenswirklichkeit. Es bedeutet weder bei Cardijn noch in den wissenschaftlichen lateinamerikanischen Varianten der Methode die theologische Beurteilung einer nicht-theologisch erhobenen Situation. In der Methode Cardijns soll das Verstehen und Deuten durch Vergleiche vorangetrieben werden. Für diese Vergleiche werden nicht nur die Bibel und die Tradition, sondern zuerst die eigene Lebenserfahrung befragt, es wird nach anderen Situationen, etwas in anderen Kulturen oder in der Geschichte geforscht und es werden (mit kritischem Vorbehalt) wissenschaftliche Theorien herangezogen. Die Vergleiche und die dazu herangezogenen Erkenntnisse gelten aber nicht allein der erhobenen Situation, sondern auch der Frage nach den Veränderungs- und Handlungsmöglichkeiten; dazu wird vor allem nach schon vorhandenen alternativen Formen der Praxis geforscht. In Lateinamerika hat sich ein anderer Schwerpunkt ergeben: hier wird darauf Wert gelegt, die Situation aus dem Glauben und den Hoffnungen der Armen zu betrachten. Das Moment „Handeln" thematisiert die Zielperspektive der Veränderung, die auch wiederum den gesamten

Erkenntnisprozess bestimmt. Sie zeigt an, dass es um die konkrete Veränderung der Menschen und der Gesellschaft zum Besseren geht. In der Bildungsmethode Cardijns vollzieht sich diese Veränderung bereits in der Anwendung der Methode. Sie verändert die Persönlichkeit und das Leben der Arbeiterjugendlichen, und diese Jugendlichen, die an ihre Würde und Berufung glauben, sind der Kern einer neuen Gesellschaft. Die Ziele der Veränderung sind nicht vorgegeben, Cardijn vertraut darauf, dass die Arbeiterjugendlichen sie aufgrund ihrer göttlichen Berufung selbst finden. In der wissenschaftlichen Verwendung der Methode als einer Erkenntnismethode ergibt sich ein anderer Schwerpunkt: Hier geht es nicht um die Bildung, um die Veränderung des Verstehens, Lebens und Handelns der forschenden Subjekte, obwohl die Methode diese nicht unberührt lässt. Hier geht es auch nicht um unmittelbares Handeln, denn Wissenschaft zeichnet sich gerade durch eine gewisse Distanz von den praktischen Handlungszwängen aus. Vielmehr geht es hier um Erkenntnisgewinn und Theoriebildung. Das Moment „Handeln" besagt in diesem Zusammenhang, dass die Erkenntnis und Theorie nicht Selbstzweck sind, sondern auf die Praxis und das Leben bezogen sein und ihm dienen müssen. In soziologischer Sprache ausgedrückt: Die wissenschaftlichen Erkenntnisse und Theorien müssen gegenstandsbezogen und gegenstandsrelevant sein, und sie sind nicht allein im wissenschaftlichen Kontext, sondern auch im Kontext einer spezifischen Praxis zu verantworten *(vgl. Kap. 5 - 6)*.

(6) Die Methode muss *anschlussfähig an den interkonfessionellen und interdisziplinären methodischen Diskurs* sein. Dazu ist zu bedenken, dass der Dreischritt allenfalls eine Grundstruktur des methodischen Vorgehens darstellen, nicht aber den differenzierten interdisziplinären Methodendiskurs ersetzen kann. Soll die Hinwendung zu den Erfahrungen und Nöten der Menschen, die der Kirche und Theologie aufgegeben sind *(vgl. Kap. 1.1.3),* konzeptionell angegangen werden, wird sich die Theologie an der Diskussion der Humanwissenschaften um Grundlagenforschung, Methoden und Empirie beteiligen müssen. Die interdisziplinäre und intradisziplinäre Methodendiskussion muss bezüglich des Zugangs zur sozialen Wirklichkeit einen ähnlich zentralen Stellenwert einnehmen, wie sie ihn in der Exegese bezüglich des Zugangs zu biblischen Texten schon lange hat. Der Dialog muss offen sein für das Lernen und die Veränderung aller Beteiligten. Die aus der katholisch-theologischen Tradition stammende Grundstruktur „Sehen – Urteilen – Handeln" ruft den Praktischen Theologinnen und Theologen die Kontextualität und Subjektgebundenheit der Erkenntnis, die vorrationalen und rationalen Anteile der Prämissen und Überzeugungen, die Interessen, Ziele und Optionen kritisch ins Bewusstsein und macht sie benennbar, reflektierbar und kritisierbar. Diese Aspekte sind keine eigene Domäne von Theologinnen und Theologen, sondern Elemente eines jeden Forschungsprozesses. Ein eigenes Element der theologischen Forschung, Erkenntnis und Theoriebildung ist allerdings der Glaube als Lebensform und Glaubensinhalt (fides qua und fides quae). Insofern bietet der Dreischritt durchaus eine Basis, sich als Theologinnen und Theologen am interdisziplinären Methodendiskurs zu beteiligen. Bestimmte Elemente des allgemeinen Erkenntnisprozesses sind bei Theologinnen und Theologen in einer bestimmten Weise bestimmt.

(7) Sowohl der Dreischritt Cardijns als auch die lateinamerikanischen Entwicklungen sind *kontextuelle Methoden*. Für eine Weiterentwicklung der Methode in der deutschsprachigen Praktischen Theologie wäre es wichtig, die gesellschaftlichen Umbruchsprozesse Mitteleuropas in den Blick zu nehmen und die Methode in den gegenwärtigen gesellschaftlichen Kontexten auf eine spezifische Weise zu verorten.

Einen Beitrag zu einer wissenschaftstheoretischen Fundierung der eigenen Methodenentwicklung wie auch des interdisziplinären Dialogs um Methoden sollen die folgenden Kapitel leisten.

KAPITEL 2

DIE WIEDERGEWINNUNG DER ERFAHRUNG IN DER WISSENSCHAFT: PHÄNOMENOLOGISCHE ERKENNTNISSE VON EDMUND HUSSERL

Zu einem Verständnis des Verhältnisses zwischen Erfahrung und wissenschaftlicher Theorie können die Arbeiten Edmund Husserls Wesentliches beitragen. Husserl hat eine phänomenologische Analyse der Konstitution der Erfahrung vorgelegt, wobei er den Begriff der Erfahrung selbst allerdings nur wenig benutzt. Erfahrung ist für ihn bereits eine Synthese, und es interessieren ihn vorrangig die komplexen Vorgänge, durch die die Wahrnehmung, Erfahrung und Erkenntnis konstituiert werden. Den Ausgangs- und Zielpunkt seiner Untersuchungen bildet die Frage, wie wissenschaftliche Theorien mit dem Bewusstsein und der Erfahrung verbunden sind. Dazu entwickelt er das Konzept der Lebenswelt, das die spätere Philosophie und Soziologie stark beeinflusst hat.

Nach einer Darstellung des Lebens Husserls werde ich die Grundzüge seiner Analyse der Konstitution der Lebenswelt im Bewusstsein sowie die Methoden einer solchen phänomenologischen Analyse darlegen. Anschließend werde ich darstellen, wie sich Erfahrung und Wissenschaft zueinander verhalten, und werde die gewonnenen Erkenntnisse in Bezug auf die Gewinnung einer praktisch-theologischen Methodologie reflektieren. Ich folge dabei teilweise Husserls phänomenologisch-beschreibendem Stil, der die Gegenstände und Themen aus vielen Perspektiven umschreibt und dadurch zu immer tieferer Erkenntnis gelangt.

2.1 Biographische Notizen

Jugend und Studium. Edmund Husserl wird am 8. April 1859 als zweiter von drei Söhnen in Proßnitz in Mähren geboren, wo die jüdische Familie Husserl schon seit vielen Generationen ansässig ist.[285] Sein Vater ist einer der größten Tuchhändler der Stadt. Die beiden Brüder übernehmen das Geschäft nach dem Tod des Vaters. Edmund Husserl besucht das Gymnasium in Olmütz. Er ist ein schlechter Schüler, uninteressiert und ohne jeden Ehrgeiz, wie später berichtet wird.[286]

---

[285] Vgl. zum Folgenden: Sepp (1988): Edmund Husserl und die phänomenologische Bewegung; Prechtl (1998): Edmund Husserl, 10-18.

[286] Vgl. Sepp (1988): Edmund Husserl und die phänomenologische Bewegung, 120. Vor jedem Jahresabschluss lernt er gerade so viel, dass er versetzt werden muss. In der letzten Klasse wollen

1876 beginnt Husserl in Leipzig das Studium der Astronomie, daneben hört er Vorlesungen in Mathematik, Physik und Philosophie. Dort begegnet er Thomas G. Masaryk (dem späteren Präsidenten der tschechoslowakischen Republik), der ihn mit der neuzeitlichen Philosophie (Descartes, Leibniz und dem englischen Empirismus) bekannt macht sowie auf Franz Brentano hinweist. 1878 wechselt er nach Berlin und studiert Mathematik bei Leopold Kronecker und Karl Weierstraß[287] sowie Philosophie. Im Frühjahr 1881 geht er nach Wien und schließt sein mathematisches Studium im Herbst 1882 mit einer Dissertation zu dem Thema „Beiträge zur Theorie der Variationsrechnung" ab. In Wien begegnet er Masaryk wieder und wird von ihm zur Beschäftigung mit dem Neuen Testament angeregt. Die daraus erwachsende religiöse Erfahrung veranlasst ihn zur Beschäftigung mit der Philosophie, um „mittelst einer strengen philosophischen Wissenschaft den Weg zu Gott und zu einem wahrhaften Leben zu finden"[288]. Doch die Philosophie enttäuscht ihn. „Aber nun fand ich, durch einen Weierstraß und seine wurzelechteste Mathematik zu intellektueller Reinlichkeit erzogen, daß die zeitgenössische Philosophie, die mit ihrer Wissenschaftlichkeit so groß tat, völlig versagte und so der Idee der Philosophie – radikalst redliche Vollendung aller Wissenschaft sein zu sollen – Hohn sprach."[289] Für kurze Zeit ist Husserl Assistent bei Weierstraß und geht nach einer anschließenden Militärzeit nach Wien, wo er Vorlesungen von Franz Brentano hört. Diese bewegen ihn, Philosophie als Lebensberuf zu wählen, da er sieht, „daß auch Philosophie ein Feld ernster Arbeit sei, daß auch sie im Geiste strengster Wissenschaft behandelt werden könne und somit auch müsse."[290]

Halle (1886-1901). 1886 wird Husserl Privatdozent in Halle. Er habilitiert sich 1887 bei Carl Stumpf, einem Schüler von Franz Brentano, mit dem Thema: „Über den Begriff der Zahl". In dieser Arbeit versucht Husserl, die Fundamente der Mathematik durch Klärung der Grundbegriffe zu sichern. In dem 1891 publizierten Werk *Philosophie der Arithmetik* baut er auf diese Arbeit auf, doch bedient er sich einer deskriptiven Analyse der psychischen Akte. – 1887 heiratet er Malvine Steinschneider, die wie er jüdischer Abstammung ist. 1892 werden die Tochter Elisabeth, 1893 und 1895 die Söhne Gerhard und Wolfgang geboren.

In den neunziger Jahren entwickelt Husserl die ersten Ansätze zu einer phänomenologischen Philosophie, die er in dem zweibändigen Werk *Logische Untersuchungen* (1900/1901) veröffentlicht. Dieses Hauptwerk Husserls findet große Beachtung und wird zum philosophischen Ausgangspunkt der phänomenologischen Bewegung.

---

ihn seine Lehrer deshalb durchfallen zu lassen, woraufhin er mit größerem Einsatz lernt und dabei sein Interesse an der Mathematik entdeckt. Sein Reifezeugnis zeigt nur in Physik ein „vorzüglich", für Religionslehre und Naturgeschichte ein „lobenswert", während Mathematik, Deutsch und Geschichte mit „befriedigend" und Philosophie, Latein und Griechisch mit „genügend" bewertet sind (vgl. ebd., 129).

[287] Weierstraß ist für seine Forschungen im Bereich der analytischen und elliptischen Funktionen, der Abelschen Funktionen und der Variationsrechnung, für sein Bestehen auf logischer Stringenz der Beweisführung und auf klaren Definitionen der Begriffe bekannt; sein Schüler Cantor entwickelt später die Mengenlehre.

[288] Husserl, zit. o.A. in: Sepp (1988): Husserl und die phänomenologische Bewegung, 131.

[289] Husserl, zit. o.A. in: Sepp (1988): Husserl und die phänomenologische Bewegung, 131f.

[290] Husserl, zit. o.A. in: Sepp (1988): Husserl und die phänomenologische Bewegung, 132.

Im ersten Band *Prolegomena zur reinen Logik* (1900) kritisiert er psychologische Begründungsversuche der Logik, im zweiten Band *Untersuchungen zur Phänomenologie und Theorie der Erkenntnis* (1901) arbeitet er in sechs logischen Untersuchungen eine erkenntnistheoretische Fundierung der Logik aus.

Die Problemstellung, die Husserl sein Leben lang beschäftigt, ist die Frage, wie die Philosophie als eine strenge Wissenschaft zu begründen sei. Er misstraut allen großen Worten und Begriffen, er führt sie auf die Erfahrung zurück, um die Ursprünge ihrer Sinngehalte restlos aufzuklären. Er will „die großen Geldscheine der Philosophiegeschichte in Kleingeld einwechseln"[291]. Seine Arbeiten sind mitunter von Selbstzweifeln durchsetzt, ob ihm dies gelingen könne. Den Durchbruch zu seiner transzendentalen Methode beschreibt er wie ein religiöses Erlebnis, das ihn ein Leben lang verpflichtet: „Der erste Durchbruch dieses universalen Korrelationsapriori von Erfahrungsgegenstand und Gegebenheitsweisen (während der Ausarbeitung meiner ,Logischen Untersuchungen' ungefähr im Jahre 1898) erschütterte mich so tief, daß seitdem meine gesamte Lebensarbeit von dieser Aufgabe einer systematischen Ausarbeitung dieses Korrelationsapriori beherrscht war."[292] Sein Ringen um philosophische Klarheit wird in seinen Tagebuchaufzeichnungen deutlich. Am 4.11.1904 schreibt er: „Es waren doch wahrhaftig Jahre um Jahre ernstlicher Arbeit (...). Zum großen Teil war meine Lehrtätigkeit nach meinen Lebenszielen orientiert: wieviel Ansätze, wieviel Versuche, tiefer und weiter zu dringen, und nun die immer neuen Versuche, den Sinn der Logik, der Erkenntniskritik und der Methode zur Klarheit zu bringen. Und nach alledem, wie weit bin ich zurück. Das Leben verrinnt, die Jahre der Kraft rollen ab. Weh mir, wenn ich in diesen Arbeitsstudien und Arbeitsweisen steckenbliebe! Es wäre nicht viel weniger als ein Leben leidenschaftlichen Ringens, härtester Arbeit verloren zu haben. Umsonst gelebt: nie und nimmer. Ich will und werde nicht ablassen. Nun ist mein leidenschaftliches Bestreben zunächst kein anderes, als auf eine absolut feste Bahn zu kommen."[293]

Göttingen (1901-1916). 1901 verschafft ihm das preußische Unterrichtsministerium gegen den Widerstand der Göttinger Philosophischen Fakultät ein Extraordinariat in Göttingen. Mit dem Hinweis auf einen Mangel an wissenschaftlicher Bedeutung lehnen seine Kollegen auch 1905 den Vorschlag des Ministeriums ab, ihn zum ordentlichen Professor zu ernennen, doch setzt das Ministerium 1906 seine Professur durch. Auf Widerstand des Ministeriums in Weimar stößt 1911 der Versuch des Jenaer Philosophen Rudolph Eucken und seiner Fakultät, Husserl nach Jena zu berufen. 1911 wird der Aufsatz: *Phänomenologie als strenge Wissenschaft* veröffentlicht, es folgt 1913: *Ideen zu einer reinen Phänomenologie und phänomenologischen Philosophie. Erstes Buch: Allgemeine Einführung in die reine Phänomenologie.*

Die Göttinger Jahre sind von einem regen wissenschaftlichen Austausch und dem Entstehen der *phänomenologischen Bewegung* gekennzeichnet.[294] Um Husserl baut

---

[291] Sepp (1988): Husserl und die phänomenologische Bewegung, 160.

[292] Husserl (1956/ 1992): Die Krisis der europäischen Wissenschaften, 169, Fn. 1.

[293] Husserl zit. in: Sepp (1988): Husserl und die phänomenologische Bewegung, 225; Original unveröff. im Besitz von Anna-Maria Husserl.

[294] Vgl. zum Folgenden: Ströker/ Janssen (1989): Phänomenologische Philosophie, 55-73; 118-140; Avé-Lallemant (1988): Die Phänomenologische Bewegung.

sich ein Diskussionskreis auf, zu dem neben seinem engen Mitarbeiter Adolf Reinach auch Wilhelm Schapp, Hans Lipps, Helmuth Plessner, Hedwig Conrad-Martius, Edith Stein, Roman Ingarden, Fritz Kaufmann u.a. gehören. Einen Vorläufer hat der Kreis in dem „Akademisch psychologischen Verein" in München, einem Diskussions- und Arbeitskreis von Psychologen, den Theodor Lipps unter seinen Schülern anregt, um den Zusammenhalt und den wissenschaftlichen Austausch zu fördern. Zu diesem Kreis gehören Alexander Pfänder, Moritz Geiger, Johannes Daubert, später auch Max Scheler u.a. Nach dem Erscheinen der *Logischen Untersuchungen* wendete sich dieser Kreis verstärkt der Phänomenologie zu. Es entsteht ein reger Austausch zwischen der Münchener und der Göttinger Gruppe. Einige der Münchener (Daubert, Reinach, Geiger, Conrad u.a.) wechseln nach Göttingen. 1907 gründet Theodor Conrad nach dem Münchener Vorbild einen Diskussionskreis der Husserl-Schüler, der sich beständig vergrößert und der sich selbst als phänomenologische Bewegung versteht. 1913 tritt diese mit einem eigenen Publikationsorgan, dem *Jahrbuch für Phänomenologie und phänomenologische Forschungen* an die Öffentlichkeit, das bis 1930 erscheint. Unter Husserls Herausgeberschaft wird es gemeinsam von Pfänder, Geiger, Reinach und Scheler ediert.

Die meisten Personen, die sich der phänomenologischen Bewegung zurechnen, teilen Husserls Weg in die transzendentale Forschung nicht. Was sie verbindet und als Gemeinsames fortwirkt, ist die Phänomenologie als Stil oder Methodik eines neuen Philosophierens. „Fernab von aller bislang gewohnten Rezipierung und Kommentierung tradierter Philosopheme, die stets mehr oder weniger an die Persönlichkeit ihrer Schöpfer wie auch ihrer Interpreten gebunden waren, wollte die Phänomenologie nach Husserls Grundmaxime der Kultivierung aller Kräfte des Sehens und Anschauens nicht mehr, aber auch nicht weniger sein als eine Art philosophischen Handwerks, dessen Solidität und Gediegenheit sich einzig nach der getreulichen Beschreibung und anschaulichen Ausweisung aller Schritte bemessen sollte, die zum philosophischen Erfassen einer Sache führten."[295] In der Aneignung und Erprobung der phänomenologischen Methode wird jede Person selbst zur Mitarbeiterin an einem großen, gemeinsamen Arbeitsprojekt, das, ähnlich den naturwissenschaftlichen Forschungen, niemals durch eine einzige Person bewältigt werden kann. Reinach beschreibt dies so: „In dem Augenblick, wo an Stelle der Einfälle die mühsame Aufklärungsarbeit einsetzt, ist die philosophische Arbeit aus den Händen der einzelnen in die der fortarbeitenden und sich ablösenden Generationen gelegt. Spätere Geschlechter werden es nicht verstehen, daß ein einzelner Philosophien entwerfen konnte, so wenig, wie ein einzelner heute die Naturwissenschaft entwirft."[296] Aber nicht nur die gemeinsame Gedankenwelt verbindet die phänomenologische Bewegung, sondern auch ein Netz von Freundschaft und Hilfsbereitschaft. Die Mitglieder unterstützen sich gegenseitig bei Promotions- und Habilitations- und Veröffentlichungsvorhaben, helfen einander finanziell aus und bieten einander Unterkunft, vor allem in den für viele schwierigen Kriegs- und Zwischenkriegszeiten. Der

---

[295] Ströker/ Janssen (1989): Phänomenologische Philosophie, 58.
[296] Reinach (1921): Gesammelte Schriften, 72, zit. in: Ströker/ Janssen (1989): Phänomenologische Philosophie, 59.

„Meister", wie sie Husserl nennen, ist nur ideell der Promotor der Bewegung, in seinem persönlichen Umgang ist er schwierig.[297]

Die Kriegszeit hinterlässt Spuren auch im Lebenskreis Husserls: Beide Söhne werden schwer verwundet, der jüngere stirbt. Seine Tochter arbeitet im Lazarett. 1917 stirbt auch sein Mitarbeiter Reinach.

Freiburg 1916-1938. 1916 wird Husserl als Nachfolger von Heinrich Rickert nach Freiburg berufen. Wichtige Stützen in seiner Arbeit werden ihm seine Assistentin Edith Stein (1916-1918), die ihm aus Göttingen folgt,[298] Martin Heidegger (1918-1923), der 1923 als Privatdozent nach Marburg geht und 1928 sein Nachfolger wird, Ludwig Landgrebe (1923-1930) und Eugen Fink. Zu Husserls Schülern und Schülerinnen in Freiburg gehören Gerda Walther, Karl Löwith, Aron Gurwitsch, Felix Kaufmann, Hans-Georg Gadamer, Herbert Spiegelberg, Rudolf Carnap, Emmanuel Lévinas und andere. In der Freiburger Zeit erscheint nur noch ein Werk Husserls, die *Vorlesungen zur Phänomenologie des inneren Zeitbewußtseins*, das von Edith Stein bearbeitet und 1928 von Martin Heidegger herausgegeben wird.

An dieser Stelle sei noch ein Exkurs zur Arbeits- und Darstellungsweise Husserls eingefügt, die ein Licht auf ihn als Mensch und auf die Entwicklung seiner Phänomenologie wirft. Husserl ist ein Mensch, der schreibend denkt. Er erarbeitet sich seine Gedanken hauptsächlich in stenographierten Niederschriften, von denen über 40.000 Manuskriptseiten im Löwener Archiv erhalten sind, oder, wie seine Schüler und Schülerinnen übereinstimmend berichten, in langen Monologen.[299] Immer wie-

---

[297] Einen guten Einblick in das Netz persönlicher Beziehungen bieten die Briefe Edith Steins an Roman Ingarden; vgl. Stein (2001): Selbstbildnis in Briefen III. Auch die schwierige Stellung der wenigen Frauen in der Bewegung und die Schwierigkeiten im persönlichen Umgang mit Husserl kommen hier zum Ausdruck.

[298] Edith Stein (geb.1891, gest. 1942 oder 1943 in Auschwitz) gibt nach einem begeisterten Beginn ihrer Assistenzzeit zwei Jahre später (1918) resigniert auf. Die Gründe liegen einmal in der Arbeitsweise Husserls, der sich mehr für seine neuen Ideen als für seine alten Manuskripte interessiert, die sie zu bearbeiten hat, zum anderen darin, dass er ihr, wie schon bei ihrer Promotion – hier hatte sich Malvine Husserl bei ihrem Mann für sie eingesetzt –, bei ihrer Habilitation keine Unterstützung gibt. Ihre Kündigung hindert sie nicht daran, bei Husserls Krankheit im November 1918 im Haushalt der Husserls auszuhelfen. An Ingarden schreibt sie am 11.11.1919: „Daß ich lieber auf meine Habilitation verzichte, als Husserl noch einmal darum angehe, können Sie sich wohl denken." Stein (2001): Selbstbildnis in Briefen III, 125, und am 30.4.1920: „Im übrigen bin ich seit etwa 4 Monaten ohne Nachricht von Freiburg. Unser Herr und Meister betrachtet mich offenbar ebenso für erledigt wie früher Frau Conrad", ebd. 128. Die Anspielung auf Hedwig Conrad-Martius bezieht sich auf eine Kontroverse 1915 über die äußere Form eines Manuskripts, die Husserl wie auch Pfänder ‚unmöglich' fanden, woraufhin Reinach vermittelte, vgl. ebd. 129. Vgl. auch Wobbe (1997): Wahlverwandtschaften, 69-100, bes. 72-75. Dem Kreis der Phänomenologinnen und Phänomenologen bleibt Edith Stein freundschaftlich verbunden. Zu ihrer Konversion zur katholischen Kirche am 1.1.1922 wählt sie sich Hedwig Conrad-Martius zur Taufpatin.

[299] So berichtet sein Schüler Emmanuel Lévinas: „Die Frage des Studenten oder des auswärtigen Besuchers wurde schnell zum Vorwand fortgesetzter Ausführungen des Lehrers – den zu unterbrechen unmöglich war. Zwar entwickelte er die schon bekannten Ansichten, bezog sich jedoch auch auf faszinierende Gesichtspunkte seiner noch unveröffentlichten Forschungen, auf die Geheimnisse seiner Manuskripte... Man mußte zuhören, erfassen und im Gedächtnis behalten. Eine oft undankbare Form der Darlegung, vor allem für unerfahrene Hörer und eine Enttäuschung für alle, die – in Kenntnis des paradoxen Husserlschen Diktums ‚Philosoph, ewiger Anfänger' – gewünscht hätten, in seiner Rede die ‚Anfängerunsicherheiten' und die bleibenden zu erspüren, und

der geht er von den einfachen Dingen aus und dringt von dort her immer tiefer in die Bewusstseinsstrukturen ein. Er hält sich nicht gerne an der Überarbeitung alter Texte auf, die er seinen Assistenten überlässt, sondern beginnt immer wieder neu damit, Einleitungen und Einführungen in die Phänomenologie zu schreiben, wobei er immer neue Sphären erkundet und tiefer in die transzendentalen Strukturen der Erfahrung vordringt.[300] Allerdings haben seine Schriften nicht den Charakter von Einführungen, die die Phänomenologie erklären, sondern sie nehmen die Lesenden, ausgehend von den „Sachen selbst", quasi mit auf eine Begehung der komplexen Strukturen des intentionalen Bewusstseins. Die Sachen selbst erweisen sich damit nicht einfach als Objekte, sondern als Erfahrungen der leistenden Subjektivität. Hierin besteht die wissenschaftlich notwendige Reflexion auf die Prämissen. „Wir müssen uns über die Selbstvergessenheit des Theoretikers erheben, der im theoretischen Leisten den Sachen, den Theorien und Methoden hingegeben, von der Innerlichkeit seines Leistens nichts weiß, der in ihnen lebt, aber dieses leistende Leben selbst nicht im thematischen Blick hat. Nur durch eine prinzipielle Klärung, die in die Tiefen der Erkenntnis und Theorie leistenden Innerlichkeit, der *transzendentalen* Innerlichkeit, hinabsteigt, wird, was als echte Theorie und als echte Wissenschaft geleistet ist, verständlich. Nur dadurch wird aber auch der wahre Sinn jenes Seins verständlich, den die Wissenschaft als wahres Sein, als wahre Natur, als wahre Geisteswelt in ihren Theorien herausarbeiten wollte."[301] Bei dieser Vorgehensweise, die darauf verzichtet, von Theorien und definierten Begriffen auszugehen, ergibt sich die Schwierigkeit begrifflicher Unschärfe. So bemerkt Husserl in den *Logischen Untersuchungen*: „*1. Zusatz.* Unvermeidlich führen die bezeichneten Untersuchungen vielfach über die enge phänomenologische Sphäre hinaus, deren Studium zur Klärung, zur direkten Evidentmachung der logischen Ideen wirklich erfordert ist. Eben diese Sphäre ist ja nicht von vornherein gegeben, sondern begrenzt sich erst im Laufe der Untersuchung. Zumal zwingt die Sonderung der vielen und verschwommenen Begriffe, die im Verständnis der logischen Termini unklar durcheinanderlaufen, und die Ausfindung der wahrhaft logischen unter ihnen zur Erweiterung des Forschungskreises. *2. Zusatz.* Die phäno-

---

die vielleicht die Jahre der Arbeit vergaßen, nach denen das Unentscheidbare für den naiven Blick weniger sichtbar ist, jedoch, auf tiefere Weise, noch immer zu denken gibt." Lévinas (1988): Husserl – Heidegger, 31. Einen ganz ähnlichen Eindruck hat Ludwig Landgrebe bei einer seiner ersten Begegnungen gewonnen, bei der er dem Meister eine Frage stellen durfte. „Anstelle einer direkten Antwort hielt er nun einen längeren Vortrag, in dem ich bald den Faden verlor. Aber das störte ihn nicht. Erst später habe ich erfahren, daß dies seine Art war: Er war immer so sehr mit den Gedanken beschäftigt, an denen er gerade arbeitete, daß er seine früheren Darstellungen erst in Bezug zu dem gegenwärtigen Stand seines Denkens setzen mußte. Seine Antwort enthielt also nicht eine Erklärung des früheren Textes, sondern eine Korrektur aus der Perspektive seines jeweils gegenwärtigen Denkens. Er wollte, wie er auch gelegentlich sagte, nicht ein ‚Papagei seiner selbst' sein. Er hat auch gerne von sich selbst als dem ‚ewigen Anfänger' gesprochen." Landgrebe (1988): Erinnerungen an meinen Weg zu Edmund Husserl, 21. Vgl. ähnlich auch Müller (1988): Erinnerungen, 37.

[300] So trägt die „Krisis der europäischen Wissenschaften" den Untertitel „Eine Einleitung in die phänomenologische Philosophie", die „Cartesianischen Meditationen" sind untertitelt mit „Eine Einleitung in die Phänomenologie". Zum Charakter der „Einleitung" vgl. Orth (1999): Edmund Husserls „Krisis der europäischen Wissenschaften", 20-23.

[301] Husserl (1928/ 1992): Formale und transzendentale Logik, 20.

menologische Fundierung der Logik kämpft auch mit der Schwierigkeit, daß sie fast alle die Begriffe, auf deren Klärung sie abzielt, in der Darstellung selbst verwenden muß. Im Zusammenhang damit steht ein gewisser und schlechthin nicht auszugleichender Mangel hinsichtlich der systematischen Aufeinanderfolge der phänomenologischen (und zugleich erkenntnistheoretischen) Fundamentaluntersuchungen."[302] So bewegt sich die Untersuchung im „Zickzack"[303] zwischen systematischem Vorgehen und Begriffsklärungen. Dabei müssen die Begriffe häufig unscharf sein: „Im übrigen ist ganz allgemein zu bemerken, daß in der anfangenden Phänomenologie alle Begriffe bzw. Termini in gewisser Weise im Fluß bleiben müssen, immerfort auf dem Sprunge, sich gemäß den Fortschritten der Bewußtseinsanalyse und der Erkenntnis neuer phänomenologischer Schichtungen innerhalb des zunächst in ungeschiedener Einheit Erschauten zu differenzieren. Alle gewählten Termini haben ihre Zusammenhangstendenzen, sie weisen auf Beziehungsrichtungen hin, von denen sich hinterher oft herausstellt, daß sie nicht nur in *einer* Wesensschicht ihre Quelle haben; womit sich zugleich ergibt, daß die Terminologie besser zu beschränken oder sonst zu modifizieren sei. Es ist also erst auf einer sehr weit fortgeschrittenen Entwicklungsstufe der Wissenschaft auf endgültige Terminologien zu rechnen."[304]

Als Husserl 1927 emeritiert wird, schlägt er Martin Heidegger als Nachfolger vor. Husserl konzentriert sich nun auf die Ausarbeitung seiner Manuskripte und unternimmt Vortragsreisen. In nur wenigen Monaten verfasst er die *Formale und transzendentale Logik* (1929). In Paris gibt er 1929 eine Einführung in die transzendentale Philosophie, die später überarbeitet (1931 französisch, übersetzt von Emmanuel Lévinas; 1950 deutsch) als *Cartesianische Meditationen. Eine Einleitung in die Phänomenologie* erscheint.

Der Nationalsozialismus treibt Husserl in die Isolation. Am 14.4.1933 wird er wegen nicht-arischer Abstammung beurlaubt, was Husserl als eine der größten Enttäuschungen seines Lebens erfährt, auch wenn der Erlass bald darauf ausgesetzt wird.[305] Schmerzlich ist ihm auch der Bruch mit Heidegger.[306] Husserls öffentliches wissenschaftliches Wirken wird eingeschränkt.[307] Mit Ablauf des Jahres 1935 wird ihm die

---

[302] Husserl (1901/ 1992): Logische Untersuchungen, 2. Bd., 1. Teil, 2, 22.

[303] Husserl (1901/ 1992): Logische Untersuchungen, 2. Bd., 1. Teil, 2, 22.

[304] Husserl (1950/ 1992): Ideen zu einer reinen Phänomenologie, 206.

[305] Vgl. Ott (1988): Edmund Husserl und die Universität Freiburg, 100.

[306] Heidegger hat sich inhaltlich wohl schon seit seinen Marburger Zeiten (ab 1923) von Husserl entfernt. Für Husserl wird der Bruch jedoch erst durch Heideggers theatralisch am 1. Mai 1933 öffentlich vollzogenen Eintritt in die NSDAP offenkundig, der er bis Kriegsende treu bleibt; vgl. Ott (1988): Edmund Husserl und die Universität Freiburg, 99. In seiner Funktion als Rektor – er hat im April 1933 das Rektorat übernommen – untersagt Heidegger ihm das Betreten der Universität; vgl. Prechtl (1998): Edmund Husserl, 16. 1933 bricht der Kontakt zwischen beiden völlig ab. Vgl. zur wachsenden Entfremdung zwischen Husserl und Heidegger auch: Möckel (1998): Einleitung in die Transzendentale Phänomenologie, 218-224.

[307] Am VIII. internationalen Kongress für Philosophie in Prag im September 1934 kann er aufgrund eines Reiseverbots nicht teilnehmen, sein Manuskript wird stellvertretend von Roman Ingarden verlesen (vgl. Grathoff (1995): Milieu und Lebenswelt, 100. Im Januar 1936 wird er gezwungen, aus der philosophischen Organisation auszutreten. Sein Gesuch um Teilnahme am IX. internationalen Kongress für Philosophie in Paris im August 1937 wird abgelehnt; vgl. Sepp (1988): Edmund Husserl und die Phänomenologische Bewegung, 385-387.

Lehrerlaubnis entzogen. An der Freiburger Universität bekommt er Hausverbot. Im Sommer 1937 müssen seine Frau und er ihre Wohnung verlassen.[308]

In diesen Jahren arbeitet Husserl an seinem letzten Werk mit dem Titel: *Die Krisis der europäischen Wissenschaften und die transzendentale Phänomenologie*, das aber in Deutschland nicht mehr erscheinen kann.[309] Dieses Werk entfaltet eine große Wirkungsgeschichte. Hierin entwickelt er den Begriff der Lebenswelt, der später vor allem von Alfred Schütz und Jürgen Habermas aufgegriffen und zu einem der zentralen Begriffe in der Soziologie wird. Husserls Auseinandersetzungen mit der Krise der Wissenschaften zeigen allerdings, dass er sich mehr mit geistig-wissenschaftlichen Bereichen als mit den politisch-sozialen beschäftigt. Gegenüber dem politischen Geschehen, den erlebten politischen Repressalien und der Bedrohung seiner Familie und seiner jüdischen Bekannten bleibt er eigentümlich blind.[310] Am 27.4.1938 stirbt Husserl nach längerer Krankheit.[311]

Der Nachlass. Nach dem Tod ihres Mannes ist Malvine Husserl darum bemüht, dass sein Werk in Sicherheit gebracht und fachkundig bearbeitet und ediert wird.[312] In dem belgischen Franziskaner-Pater Herman Leo van Breda findet sie für ihr Anliegen die richtige Person.[313] Sie schließt einen Vertrag mit dem Philosophischen

---

[308] Für die öffentliche Wahrnehmung der Philosophie Husserls hatten die politischen Repressionen bis weit über die Zeit der Nationalsozialisten hinaus Folgen: „Die Verbannung aus der öffentlichen Diskussion zeigte auch in den Nachkriegsjahren noch ihre Wirkung, als Heideggers Phänomenologie und Existenzialismus das Feld beherrschten." Prechtl (1998), Edmund Husserl, 17.

[309] In diese letzte, unvollendete Schrift gehen Vorträge ein, die Husserl 1935 in Wien und Prag gehalten hat. Die Teile I. und II. erscheinen 1936 in einer Zeitschrift in Belgrad, der III. Teil basiert auf Transkripten des von Eugen Fink stenographierten Originals und erscheint erst 1956 zusammen mit den ersten beiden Teilen in Deutschland. Zu den geplanten Teilen IV. und V. ist Husserl nicht mehr gekommen. Vgl. hierzu Orth (1999): Edmund Husserls „Krisis der europäischen Wissenschaften", 9-28.

[310] Max Müller, damals Habilitand in Freiburg und selbst 1938 aus politischen Gründen von der Universität verwiesen, erinnert sich: „Er erschien mir dabei wie ein ,Weiser', denn ihn interessierte keine Tagesfrage, wo doch die Tagespolitik ihn als Juden und seine jüdische Frau ständig bedrohte. Es war, als ob er von der Bedrohung nichts wüßte oder sie einfach nicht zur Kenntnis nähme. (...) Anders als er scheint aber seine Frau Malvine (...) sehr unter der Zeit gelitten zu haben, ohne ihren tätigen Optimismus aufzugeben. Mir schien es aber, daß sie von ihm alle anderen Sorgen fernhielt und nicht darüber zu ihm sprach. Sonst hätte er nicht so philosophisch-heiter und gelöst sein können." Müller (1988): Erinnerungen, 37.

[311] Eine wohl realistische Einschätzung schreibt Werner Marx zu seinem Gedenken: „Heute, 50 Jahre nach Husserls Tod, empfinde ich keine Trauer, sondern tiefen Dank dafür, daß er im Jahre 1938 – wenige Monate vor der Pogromnacht – und nicht später gestorben ist. Denn so wurde er vor dem Schlimmsten bewahrt, der Deportation, dem Konzentrationslager und schließlich der Ermordung" Marx (1989): Zum Gedenken, 7. Seiner Frau dürfte dieser Todeszeitpunkt die letzte Möglichkeit zur Flucht eröffnet haben.

[312] Vgl. zum Folgenden: Biemel (1989): Dank an Löwen; Mödersheim (1988): Husserls Nachlaß und seine Erschließung.

[313] Van Breda promoviert in Löwen über Husserls Phänomenologie und reist einige Monate nach dessen Tod nach Freiburg, um nach unveröffentlichten Manuskripten zu forschen. Die Kontakte, die dabei entstehen, retten nicht nur den Nachlass Husserls, sondern wohl auch das Leben von Malvine Husserl. Sie folgt dem Werk ihres Mannes nach Löwen. Die für Mai 1939 geplante Auswanderung in die USA wird durch den deutschen Angriff auf Belgien verhindert. Mit einem falschen Pass kann sie jedoch den Krieg in Belgien überstehen und wandert nach dem Krieg nach Amerika aus.

Institut der Universität Löwen, und es gelingt van Breda, den Nachlass als Diplomatenfracht getarnt nach Löwen zu schmuggeln. Er gründet dort das Löwener Husserl-Archiv und betraut bereits während des Krieges kompetente Frauen und Männer, die er vor den Nationalsozialisten versteckt, mit der Bearbeitung der Texte.[314] Später werden Zweigstellen des Löwener Husserl-Instituts in Köln, Paris, New York und Freiburg gegründet.

2.2   Die Konstitution der Lebenswelt im Bewusstsein

Es ist unmöglich, hier der komplexen Philosophie Husserls auch nur annähernd gerecht zu werden. Ich kann hier nur selektiv einige Aspekte aufgreifen, die für meine Frage nach dem Zusammenhang von Erfahrung und wissenschaftlicher Theoriebildung erhellend sind. Von zentraler Bedeutung dafür ist Husserls Lebensweltkonzept, das er erst in seiner letzten Schrift: *Die Krisis der europäischen Wissenschaften und die transzendentale Phänomenologie* entwickelt hat.[315] Dieses Konzept hat eine große Wirkungsgeschichte in der Philosophie und den Sozialwissenschaften gezeitigt. Allerdings hat es in der Rezeption auch Unklarheiten gegeben, zu denen Husserls Darlegungen durchaus beigetragen haben. Husserl selbst hat den Begriff nie definiert und verwendet ihn keineswegs eindeutig.[316]

Ich werde im Folgenden zunächst in geraffter Form einige Aspekte der Bewusstseins- und Erfahrungsanalyse Husserls darstellen, die sein Lebensweltkonzept erst verständlich machen, und dann auf das Lebensweltkonzept näher eingehen. Dann werde ich die Methoden darstellen, mit denen die phänomenologischen Analysen durchgeführt werden. Schließlich werde ich Husserls Analyse des Zusammenhangs von Erfahrung, Lebenswelt und Wissenschaft erläutern.[317]

---

[314] Van Breda holt zunächst die letzten Mitarbeiter Husserls, Ludwig Landgrebe und Eugen Fink, mit ihren Familien nach Löwen, wo sie bis zum Einmarsch der deutschen Truppen im Mai 1940 arbeiteten, danach werden sie nach Südfrankreich deportiert. Van Breda versteckt den Nachlass an verschiedenen Orten im Land. Während des Krieges transkribieren versteckt Gertrude und Stephan Strasser Texte von Husserl. Die aus Wien stammende Musikologin Gelber, die van Breda ebenfalls versteckt, betraut er mit archivarischen Arbeiten. Im Herbst 1945 kommen Walter und Marly Biemel hinzu und arbeiten für das Husserl Archiv. Das Geld für die Mitarbeiterinnen und Mitarbeiter erbettelt sich van Breda von Spenderinnen und Spendern.

[315] Vgl. Husserl (1936/ 1992): Die Krisis der europäischen Wissenschaften, 114-116; 123-138.

[316] Vgl. dazu Claesges (1972): Zweideutigkeiten in Husserls Lebensweltbegriff; zu den Schwierigkeiten des methodischen Vorgehens Husserls bei der Aufdeckung der Lebenswelt vgl. Ströcker/ Jansen (1989): Phänomenologische Philosophie, 110-112; zum Lebensweltbegriff bei Husserl vgl. auch Orth (1999): Edmund Husserls „Krisis der europäischen Wissenschaften", 106-144.

[317] Ich verzichte darauf, auf die Traditionen einzugehen, in denen die Philosophie Husserls gründet, etwa die Transzendentalphilosophie Kants. Husserl selbst weist nur spärlich auf sie hin. Anstatt sich mit den Texten anderer Philosophen (oder auch mit den eigenen früheren Texten) auseinanderzusetzen, setzt er bei „den Sachen selbst" an und treibt von dort aus seine phänomenologischen Analysen voran.

2.2.1   Die Dinge als Gegenstände von Bewusstseinsakten

Ein zentraler Zugang zum Verständnis der Phänomenologie Husserls und seines Konzepts der Lebenswelt ist das, was er in den *Ideen zu einer reinen Phänomenologie und phänomenologischen Philosophie I* (1913) die *Generalthesis der natürlichen Einstellung* nennt: der natürliche Seinsglaube, mit dem wir die Welt um uns als wirklich, als so und unmittelbar gegeben nehmen.[318] Ein längeres Zitat mag hier zunächst in Husserls Denkweise von seinem Ausgangspunkt her einführen:

„Ich bin mir einer Welt bewußt, endlos ausgebreitet im Raum, endlos werdend und geworden in der Zeit. Ich bin mir ihrer bewußt, das sagt vor allem: ich finde sie unmittelbar anschaulich vor, ich erfahre sie. Durch Sehen, Tasten, Hören usw., in den verschiedenen Weisen sinnlicher Wahrnehmung sind körperliche Dinge in irgendeiner räumlichen Verteilung *für mich einfach da*, im wörtlichen oder bildlichen Sinne ‚*vorhanden*‘, ob ich auf sie besonders achtsam und mit ihnen betrachtend, denkend, fühlend, wollend beschäftigt bin oder nicht. Auch animalische Wesen, etwa Menschen, sind unmittelbar für mich da; ich blicke auf, ich sehe sie, ich höre ihr Herankommen, ich fasse sie bei der Hand, mit ihnen sprechend, verstehe ich unmittelbar, was sie sich vorstellen und denken, was für Gefühle sich in ihnen regen, was sie wünschen oder wollen. Auch sie sind in meinem Anschauungsfeld als Wirklichkeiten vorhanden, selbst wenn ich nicht auf sie achte. Es ist aber nicht nötig, daß sie, und ebenso sonstige Gegenstände, sich gerade in meinem *Wahrnehmungsfelde* befinden. Für mich da sind wirkliche Objekte, als bestimmte, mehr oder minder bekannte, in eins mit den aktuell wahrgenommenen, ohne daß sie selbst wahrgenommen, ja selbst anschaulich gegenwärtig sind. Ich kann meine Aufmerksamkeit wandern lassen von dem eben gesehenen und beachteten Schreibtisch aus durch die ungesehenen Teile des Zimmers hinter meinem Rücken zur Veranda, in den Garten, zu den Kindern in der Laube usw., zu all den Objekten, von denen ich gerade ‚weiß‘, als da und dort in meiner unmittelbar mitbewußten Umgebung seiend – ein Wissen, das nichts vom begrifflichen Denken hat und sich erst mit der Zuwendung der Aufmerksamkeit und auch da nur partiell und meist sehr unvollkommen in ein klares Anschauen verwandelt. Aber auch nicht mit dem Bereiche dieses anschaulich klar oder dunkel, deutlich oder undeutlich *Mitgegenwärtigen*, das einen beständigen Umring des aktuellen Wahrnehmungsfeldes ausmacht, erschöpft sich die Welt, die für mich in jedem wachen Moment bewußtseinsmäßig ‚vorhanden‘ ist. Sie reicht vielmehr in einer festen Seinsordnung ins Unbegrenzte. Das aktuell Wahrgenommene, das mehr oder minder klar Mitgegenwärtige und Bestimmte (oder mindestens einigermaßen Bestimmte) ist teils durchsetzt, teils umgeben von einem *dunkel bewußten Horizont unbestimmter Wirklichkeit*. Ich kann Strahlen des aufhellenden Blickes der Aufmerksamkeit in ihn hineinsenden, mit wechselndem Erfolge. Bestimmende, erst dunkle und dann sich verlebendigende Vergegenwärtigungen holen mir etwas heraus, eine Kette von solchen Erinnerungen schließt sich zusammen, der Kreis der Bestimmtheit erweitert sich immer mehr und ev. so weit, daß der Zusammenhang mit dem aktuellen Wahrnehmungs-

---

[318]   Vgl. hierzu Husserl (1950/ 1992): Ideen zu einer reinen Phänomenologie I, 57-66.

felde, als der *zentralen* Umgebung, hergestellt ist. Im allgemeinen ist der Erfolg aber ein anderer: ein leerer Nebel der dunkeln Unbestimmtheit bevölkert sich mit anschaulichen Möglichkeiten oder Vermutlichkeiten, und nur die ‚Form' der Welt, eben als ‚Welt', ist vorgezeichnet. Die unbestimmte Umgebung ist im übrigen unendlich. Der nebelhafte und nie voll zu bestimmende Horizont ist notwendig da."[319]

Ausgehend von der Beschreibung des Bewusstseins der natürlichen Einstellung dringt Husserl tiefer in die Analyse der Bewusstseinsvorgänge ein.[320] Im Anschluss an Franz Brentano geht er davon aus, dass Bewusstsein immer auf etwas gerichtet ist, es ist Bewusstsein *von etwas*. Darin unterscheidet sich das Bewusstsein als ein psychisches von den physischen Phänomenen. Zwischen den Vollzügen des Bewusstseins, die sich immer auf etwas beziehen und als solche Akte des Vermeinens (Noesen) sind, und dem Gegenstand oder dem Vermeinten, wie es in diesen Vollzügen dem Bewusstsein erscheint (Noema), gibt es einen durchgängigen Korrelationszusammenhang. Das Noema ist das Ergebnis eines hoch komplexen synthetischen Vorgangs. Die sensuellen Hyle (d.h. die hyletischen Daten bzw. Empfindungsdaten) erfahren durch sinngebende Akte des Vermeinens eine gegenständliche Auffassung. In der Perzeption werden sie zu Wahrnehmungen. Ihnen wird Sinn prädiziert, und in der Apperzeption werden sie zu gegenständlichen doxisch-thetischen Auffassungen. Dabei arbeitet das Bewusstsein mit typologischen Ergänzungen aus der Erfahrung, mit Appräsentationen.

Ich möchte dies an einem Beispiel verdeutlichen. Wenn ich die Kaffeetasse betrachte, die vor mir steht, so kann ich feststellen, dass ich nur eine Seite, die Vorderseite sehe. Faktisch ist immer nur eine Perspektive eines Dinges wahrzunehmen. Ich kann die Tasse von verschiedenen Seiten betrachten und bekomme so verschiedene perspektivische Wahrnehmungen von ihr. Doch ich sehe sie nie gleichzeitig von allen Seiten. In der Veränderung der Perspektive hört die eine Seite zwar auf, gesehen zu werden, doch kann sie erinnert werden. Bei dem Anblick der Tasse kann ich im Bewusstsein die andere Seite (und zusätzlich etwa den Inhalt) aufgrund von früheren anschaulichen Erinnerungen und von anschaulichen Vorerinnerungen (z.B. der Erwartung, dass sich Kaffee in ihr befindet) ergänzen und in Appräsentation als etwas Ganzes, als „Kaffeetasse" identifizieren. Im Bewusstseinsakt des Vermeinens, der Noesis, erscheint das Noema nun als Resultat einer Synthese. In ihr sind vielfältige Noesen zu einer Einheit gebracht. Für mich, in meiner „natürlichen Einstellung", hat das Sein der Tasse eine unmittelbare Evidenz. Ich nehme sie als doxisch-thetisch, als gegenständlich gegeben, und nicht als Gegenstand von Bewusstseinskonstitutionen hin. Diese Geltung schließt jedoch unbefragt eine Vielzahl von Seinsgeltungen ein, die bereits in die Konstitutionsakte des Noema mit eingeflossen sind.

---

[319] Husserl (1950/ 1992): Ideen zu einer reinen Phänomenologie I, 56f.
[320] Bereits im fünften („Über intentionale Erlebnisse und ihre ‚Inhalte'") und sechsten („Elemente einer phänomenologischen Aufklärung der Erkenntnis") Kapitel der *Logischen Untersuchungen* von 1901 legt Husserl Grundlagen für die phänomenologische Bewusstseinsanalyse, die er in den *Ideen* weiter ausarbeitet.

Für die Wahrnehmung und Konstitution von Erfahrung ist das innere Zeitbewusstsein von Bedeutung.[321] Der Mensch lebt im Zeitstrom der Gegenwart, der steter, grundsätzlich unreflektierter Prozess ist. Das Jetzt ist nie punktuell zu fassen, es ist immer Dauer und in einem unumkehrbaren, stetigen Ablauf begriffen. Die Impressionen im Jetzt haben die Evidenz der absoluten Gewissheit, doch sie sinken schnell ab und verflüchtigen sich. An die Urimpressionen schließen sich in stetiger Modifikation die Retentionen an – Eindrücke des Soeben-Gewesenen, die das neue Erleben mit konstituieren. Das aktuelle Jetzt im wahrnehmenden Gegenwartsbewusstsein ist zugleich Ort der Vergegenwärtigung von vergangenen und zukünftigen Erlebnissen, in denen Vergangenes in „Abschattungen" wiedererinnert (Retentionen) und Zukünftiges vorerinnert (Protentionen) wird.

Von dem grundsätzlich nicht reflektierten und der Reflexion nicht zugänglichen Leben im dauernden Zeitstrom unterscheidet Husserl die Erinnerung, die immer ein Konstrukt der reflektierenden Deutung ist. In der Wiedererinnerung einer Retention tritt das Bewusstsein aus dem Strom des Dahinlebens heraus und richtet seinen Blickstrahl zurück auf ein abgelaufenes Erlebnis, das nun, aus dem Zeitstrom genommen, anschaulich und abgegrenzt als Zustand, Bild oder Ding erscheint. Was sich in dauernder Veränderung aufbaute, wird nun als abgeschlossenes, gegenständliches bildhaftes Erlebnis, von anderen Erlebnissen scharf abgegrenzt, bewusst.

2.2.2   Die Lebenswelt als notwendiger Horizont des Dingbewusstseins

Die Synthesen des Bewusstseins, die zu einer anschaulichen Dingwahrnehmung führen, sind nur möglich im Horizont des subjektiven Bewusstseinsfeldes, das Husserl die Lebenswelt nennt. Die Lebenswelt ist also die Bedingung der Möglichkeit der Dingwahrnehmung wie jeder Wahrnehmung überhaupt. Die Dinge sind uns im Modus der Seinsgewissheit selbstverständlich geltend gegeben, doch dies ist nur möglich aufgrund der Konstruktionsleistungen des Bewusstseins, in die eine Vielfalt von subjektiv-perspektivischen Geltungen einfließt. Der selbstverständlich gegebene Horizont der Lebenswelt ist ein *Verweiszusammenhang*, der erst das Hervortreten der Gegenstände im Bewusstsein ermöglicht.

So besteht meine dingliche Wahrnehmung von der Kaffeetasse (der ich mir selbstverständlich gewiss bin) aus einer Synthese, in die nicht wahrgenommene Perspektiven in ihrer Geltung der Gewissheit, meine früheren Erfahrungen mit dieser Kaffeetasse, vielleicht auch kulturell-typologisches Wissen über „Kaffeetassen überhaupt", meine Vermutungen über den Inhalt etc. mit einfließen, die aus einem unthematischen, an das Subjekt rückgebundenen Horizont stammen. Jede Anschauung beruht auf der Antizipation der im Horizont bereitliegenden Erfahrungsmöglichkei-

---

[321] Die Analysen zum inneren Zeitbewusstsein entwickelt Husserl in seinen Manuskripten zu seinen *Vorlesungen zur Phänomenologie des inneren Zeitbewußtseins*, die von Edith Stein bearbeitet und von Martin Heidegger herausgegeben 1928 erscheinen. Das innere Zeitbewusstsein ist nicht der phänomenologischen Reduktion zugänglich, da es bei sich selbst nicht direkt beobachtet und reflektiert werden kann, sondern nur dumpf erlebt wird. Zu seiner Analyse kommt Husserl durch die eidetische Reduktion.

ten. Der Ausgriff in die Unanschaulichkeit ist in der natürlichen Einstellung nicht bewusst. In der Seinsgewissheit der Kaffeetasse lebe ich im Vertrauen auf die Richtigkeit dieser Vorgriffe und Ergänzungen, sie haben für mich unmittelbare Gültigkeit und Evidenz. Es ist ein Vertrauen auf die Erfahrungsressourcen des lebensweltlichen Horizonts, der dem intentionalen Bewusstsein selbstverständlich gegeben ist, ohne zum Thema zu werden. Die wahrgenommene Dingwelt ist so mit unmittelbarer Evidenz behaftet.

Die Lebenswelt ist für Husserl das „Reich" der subjektiv-relativen Vollzüge, perspektivischen Wahrnehmungen und Horizonte. Sie ist zurückbezogen auf das Subjekt in seinem biographischen Kontext, auf seine Perspektiven und Intentionen, Interessen, Vorstellungen und Neigungen und beinhaltet die Gesamtheit der subjektiven Sinnhorizonte. Alle Fragen, Interessen, Ziele, Handlungen, auch jeder Traum und Schein, selbst die Lüge oder die Unwirklichkeiten betreffen irgend etwas in diesem universalen unthematischen Horizont. Diese Lebenswelt ist das Universalfeld, auf das alle unsere Akte hin gerichtet sind. Sie ist ein einziger gegebener Zusammenhang, für den der Plural sinnlos wäre. Die Lebenswelt ist immer schon da, sie ist der Boden für alles alltägliche und theoretische Tun. Sie ist das „Universalfeld aller wirklichen und möglichen Praxis"[322].

Alles in der Lebenswelt hat mögliche *Modi des Geltens*. Vieles ist mit unmittelbarer Seinsgewissheit da (die Kaffeetasse steht vor mir), es können sich aber auch Zweifel regen (ist Kaffee in der Tasse, oder ist es Tee?), und es gibt auch fiktionale Objekte (die Phantasie eines italienischen Cappuccinos in meiner Tasse, die Vorstellung einer Fee, die mir einen Wunsch erfüllt u.a.). Doch für alle diese Dinge und ihre Geltungen ist die Lebenswelt der beständige Horizont, sie sind „etwas aus" der Welt. Ohne einen Horizont können Dinge nicht bewusst sein. Das Wort „Ganesh" wird ins Leere laufen oder ganz verschiedene lebensweltliche Phantasien hervorrufen bei denen, die es noch nie gehört haben; in der Vorstellung einer Inderin oder eines Inders hingegen wird eine ganz bestimmte Gestalt aufsteigen.

Die aktuelle, intentionale Wahrnehmung ist somit umspielt von einem lebendigen Horizont stummer, verborgener, aber mitfungierender Geltungen. Das aktuelle Ich reaktiviert alte Erwerbe bzw. Sedimentierungen des früheren aktiven Lebens oder ergreift apperzeptive Einfälle. In den Apperzeptionen fungiert der Horizont (z.B. des Wahrnehmungsfeldes) in seinen impliziten Geltungen mit. Aufgrund der ständig strömenden Horizonthaftigkeit setzt jede im natürlichen Weltleben vollzogene Geltung immer schon Geltungen voraus, die zurückreichen in einen notwendigen Untergrund teils dunkler, teils verfügbarer, reaktivierbarer Geltungen, die alle miteinander und mit den Akten einen einzigen, untrennbaren Lebenszusammenhang ausmachen. So implizieren Akte und ihre Geltungen einen unendlichen Horizont inaktueller Geltungen.[323]

Die Dinge können nicht ohne den Horizont bewusst sein, aber umgekehrt kann der Horizont auch ohne die Dinge nicht aktuell sein. Deshalb können die Dinge methodisch einen Zugang zum Horizont der Lebenswelt erschließen. In diesem Zusam-

---

[322] Husserl (1936/ 1992): Die Krisis der europäischen Wissenschaften, 145.
[323] Vgl. Husserl (1936/ 1992): Die Krisis der europäischen Wissenschaften, 152.

menhang ist Husserls bekannte Forderung: „zurück zu den Sachen" zu verstehen: Sie sind der Ausgangspunkt für den methodischen Zugang zu dem intentionalen Bewusstsein und seinen Verweiszusammenhängen der Lebenswelt, die die Auffassung von der objektiven Welt konstituieren.

2.2.3 Die Lebenswelt als Index eines subjektiven Korrelationssystems

Alle Menschen erfahren die Welt als eine subjektiv-perspektivische Relativität und zugleich als eine in ihrem Bewusstsein und in der Gemeinschaft mit den Mitmenschen vorgegebene Welt. Seiendes hat seine Weisen der Selbstgegebenheit, seine Weisen der Geltung und der Wandlungen der Geltungen in den subjektiven und kollektiven Synthesen der Einstimmigkeit oder Uneinstimmigkeit. Wenn sich die Dinge auch perspektivisch für das Subjekt oder für eine Gemeinschaft unterschiedlich präsentieren, so sind die Erscheinungen doch nicht beliebig, es bleibt bei allen Abschattungen eine Schnittmenge, durch die sich die Dinge doch immer wieder als spezifische präsentieren. Es besteht eine Korrelation von Erfahrungsgegenstand und Gegebenheitsweise – Husserl spricht von einem universalen Korrelationsapriori.[324]

Diese Korrelation ist ein allgemeines Faktum und bekundet eine Wesensnotwendigkeit. Husserl betrachtet alles Seiende als Index eines subjektiven Korrelationssystems. „Wo immer wir zufassen mögen: jedes Seiende, das für mich und jedes erdenkliche Subjekt als in Wirklichkeit seiend in Geltung ist, ist damit korrelativ, und in Wesensnotwendigkeit, Index seiner systematischen Mannigfaltigkeiten. Jedes indiziert eine ideelle Allgemeinheit der wirklichen und möglichen erfahrenden Gegebenheitsweisen, deren jede Erscheinung von diesem einen Seienden ist, und zwar derart, daß jede wirkliche konkrete Erfahrung einen einstimmigen, einen kontinuierlich die erfahrende Intention erfüllenden Verlauf von Gegebenheitsweisen aus dieser totalen Mannigfaltigkeit verwirklicht."[325]

Damit hat Husserl seinen transzendentalen Angelpunkt zum Verständnis der Wirklichkeit gefunden, aus dem sich das Programm weiterer Forschungen ergibt: die Beschreibung und Erforschung der Kinästhesen und Leibbewegungen, des Geltungswandels, des Wahrnehmungsfeldes, der Einstimmigkeit der Gesamtwahrnehmung der Welt oder der Intersubjektivität.[326] Durch methodische Rückfrage wird, angefangen von den oberflächlich sichtbaren Erscheinungsweisen, auf die vielstufige intentionale Gesamtleistung zurückgefragt und so an der Aufklärung der Leistung der intentionalen Synthesen gearbeitet. Die Erscheinungsweisen der Einheit bilden den Mannigfaltigkeiten weisen dabei selbst wieder auf tiefer liegende Mannigfaltigkeiten und ihre Sinnsynthesen zurück. Alle Stufen und Schichten bilden eine universale Einheit der Synthese. Durch sie kommt die erlebte Welt zustande. „Jeder erreichte ‚Grund' verweist in der Tat wieder auf Gründe, jeder eröffnete Horizont weckt neue Horizonte, und doch ist das unendliche Ganze in seiner Unendlichkeit

---

[324] Vgl. Husserl (1936/ 1992): Die Krisis der europäischen Wissenschaften, 168-170.
[325] Husserl (1936/ 1992): Die Krisis der europäischen Wissenschaften, 169.
[326] Vgl. dazu Husserl (1936/ 1992): Die Krisis der europäischen Wissenschaften, 163-167.

strömender Bewegung auf Einheit eines Sinnes gerichtet, aber freilich nicht so, als ob wir ihn ohne weiteres ganz erfassen und verstehen könnten; sondern die Weiten und Tiefen dieses gesamten Sinnes in seiner unendlichen Totalität gewinnen (...) axiotische Dimensionen."[327]

Auf diese Weise wird das in der natürlichen Einstellung gegebene Ding in der *Epoché*[328] Index und Leitfaden für die Rückfrage nach den Mannigfaltigkeiten der Erscheinungsweisen in ihren intentionalen Strukturen. So führt der Blick auf die gegebenen Dinge über die Deskription der Phänomene zu der Frage nach dem synthetisierenden, Einheit stiftenden Ich-Pol, in dem alles zentriert ist, und seinen subjektiven Konstitutionsleistungen. Diese sind jedoch nur zum Teil deskriptiv zu erfassen, denn der Fluss des Lebens lässt sich nicht deskriptiv erfassen. Die forschende Person kann bei sich selbst nichts von dem strömenden Leben festhalten. Die transzendentale Subjektivität ist nur in einer eidetischen Methode wissenschaftlich fassbar. Der Blick auf den Ich-Pol führt also weiter zu einer eidetisch durchgeführten apriorischen transzendentalen Wesenstypik. Das Ego ist apodiktisch gegeben. Es muss in systematischer, vom Weltphänomen aus zurückfragender intentionaler Analyse zur Auslegung gebracht werden. In diesem Vorgehen gewinnt man die Korrelation von Welt und transzendentaler Subjektivität.

Die Frage nach dem Ichpol und nach der konstituierenden Leistung der Subjektivität führt Husserl zu weiteren Fragestellungen und möglichen Arbeitsprogrammen, die er allerdings nur kurz benennt, aber nicht ausführt: zunächst zur Frage nach Wahnsinnigen, nach kleinen Kindern und nach Tieren als Bewusstseinssubjekten. Husserl ist der Meinung, dass ihnen in ihrer Weise in Analogie zu den Bewusstseinssubjekten, von denen er ausgegangen ist, Transzendentalität zugemessen werden müsse. Ferner tun sich als Arbeitsfelder die Generativität, die Gesellschaftlichkeit, die Geschlechter, Fragen nach Geburt und Tod sowie nach dem Nicht-Bewussten wie dem traumlosen Schlaf oder der Ohnmacht auf. In einer universalen *Epoché* sind „für Seiendes solcher wie jeder anderen Sinnhaftigkeit die dafür angemessenen konstitutiven Fragen zu stellen"[329]. Mit anderen Worten: Es wäre in phänomenologischen Analysen herauszuarbeiten: Wie konstituiert sich intentionales Bewusstsein in verschiedenen Generationen und zwischen ihnen, in der Gesellschaft, bei Frauen und Männern, bei nicht-menschlichen lebendigen Wesen, wann beginnt und endet es usw.

---

[327] Husserl (1936/ 1992): Die Krisis der europäischen Wissenschaften, 173.
[328] Der Begriff der *Epoché* wird im folgenden Kapitel näher erläutert.
[329] Husserl (1936/ 1992): Die Krisis der europäischen Wissenschaften, 192.

2.3 Die phänomenologische Methode: die in der *Epoché* durchgeführte Reduktion

Einige Grundzüge der phänomenologischen Methode sind in den vorangegangenen Abschnitten bereits angeklungen. Husserl geht es um die Begründung von Philosophie als strenger Wissenschaft, und er fragt deshalb nach den Grundlagen und Bedingungen der Erkenntnis. Im Rückgang auf die „Sachen selbst", angefangen von der Anschauung der einfachen Dinge, analysiert er die Wahrnehmungs- und Erkenntnisvorgänge. Diese bekommt er durch die Ausschaltung oder Enthaltung von vorgängigem Wissen, von Geltungsansprüchen und von den Gewissheiten, dass die Welt so ist, wie ich sie wahrnehme. Deshalb nennt Husserl diese Methode *Reduktion*. Zu dieser Reduktion kommt er durch eine Umstellung des Bewusstseins, die *Epoché* (Enthaltung),[330] das nicht mehr nach dem Sein der Objekte der Wahrnehmung fragt, sondern nach den Weisen, wie die Welt im Bewusstsein konstituiert wird. Es enthält sich jedes Urteils über das Sein der Dinge und lässt sie „dahingestellt". Diese Erkenntnisweise der *Epoché* unterscheidet sich von der Erkenntnisweise der „natürlichen Einstellung", in der die Aufmerksamkeit in unmittelbar-naiver Weise den Gegenständen gilt und in der die Welt der Dinge als Wirklichkeit immer da ist. In der natürlichen Einstellung machen wir uns nicht bewusst, welche Bewusstseinsleistungen wir vollziehen und welche Voraussetzungen wir machen, wenn wir Gegenständliches erfassen.

Anstatt nun danach zu fragen, *was* in der objektiven Welt ist, fragen wir in der *Epoché* nach der Weise, *wie* etwas im subjektiven Bewusstsein zustande kommt. Anstatt zu fragen, *ob* die Welt da ist, geht es darum, *wie* sie da ist und in ihrem Seinssinn zu verstehen ist. Wenn ich in der natürlichen Einstellung aufgrund von vielfachen Bezügen, Geltungen, Erinnerungen und erworbenen Kenntnissen etwas als „Kaffeetasse" sehe, meine ich mehr, als mir aktuell erscheint. Mit der Seinsgewissheit der unmittelbaren Evidenz, dass die Tasse wirklich ist, ist zugleich ein Geltungsanspruch verbunden, mit dem ich dieses Urteil fälle. In der natürlichen Einstellung unternehmen wir Zuschreibungen und fällen Urteile über das Sein der Welt, die in der *Epoché* ausgesetzt werden. Die uns selbstverständlichen Urteile, Sinnzuschreibungen und Geltungsansprüche werden „eingeklammert". Als „völlig ‚uninteressierter' Beobachter"[331] der Welt ist die forschende Person darauf aus, nicht ihr Sein und Sosein zu erforschen, sondern die Dinge unter dem Gesichtspunkt zu betrachten und zu beschreiben, wie sie subjektiv erscheinen und gelten. Dies ermöglicht eine neue Art des Erfahrens, Denkens und Theoriebildens.

Die aus der natürlichen Einstellung bekannte Welt verliert dabei nichts von ihrem Sein und ihren objektiven Wahrheiten. „*Die Thesis, die wir vollzogen haben, geben wir nicht preis, wir ändern nichts an unserer Überzeugung*, die in sich selbst bleibt, was sie ist, solange wir nicht neue Urteilsmotive einführen: was wir eben nicht tun. Und doch erfährt sie eine Modifikation – während sie in sich verbleibt, was sie ist,

---

[330] Husserl verwendet die Begriffe „Epoché" und „Reduktion" häufig auch synonym.
[331] Husserl (1936/ 1992): Die Krisis der europäischen Wissenschaften, 160.

setzen wir sie gleichsam , außer Aktion', wir *,schalten sie aus',* wir *,klammern sie ein'.* Sie ist weiter noch da, wie das Eingeklammerte in der Klammer, wie das Ausgeschaltete außerhalb des Zusammenhanges der Schaltung. Wir können auch sagen: Die Thesis ist Erlebnis, *wir machen von ihr aber , keinen Gebrauch'"*[332].

In der Umstellung des Bewusstseins erscheinen die Dinge nun nicht mehr in einem unabhängig in sich abgeschlossenen Sein, sondern als ein Korrelat der ihnen Sinn und Geltung gebenden Subjektivität. „In der Umstellung der Epoché geht nichts verloren, nichts von all den Interessen und Zwecken des Weltlebens, und so auch nicht von den Erkenntniszwecken. Nur, daß für alles seine wesensmäßigen subjektiven Korrelate aufgewiesen werden, wodurch der volle und wahre Seinssinn des objektiven Seins und so aller objektiven Wahrheit herausgestellt wird."[333]

Husserl betont, dass diese Haltung nicht zu verwechseln sei mit der vom Positivismus geforderten *Epoché*, der es um die Ausschaltung der Vorurteile und um die Konstitution einer „theoriefreien" und „metaphysikfreien" Wissenschaft gehe. Seine geforderte *Epoché* liegt auf einer anderen Ebene. „Die ganze, in der natürlichen Einstellung gesetzte, in der Erfahrung wirklich vorgefundene Welt, (...) gilt uns jetzt nichts, sie soll ungeprüft, aber auch unbestritten eingeklammert werden. In gleicher Weise sollen alle noch so guten, positivistisch oder andersbegründeten Theorien und Wissenschaften, die sich auf diese Welt beziehen, demselben Schicksal verfallen."[334]

In der *Epoché* werden die Erscheinungsweisen, die Modi der subjektiven Gegebenheitsweisen und das Netz der Geltungen sichtbar. Es zeigt sich, wie die Welt für uns zustande kommt und wie wir ein einheitliches Bewusstsein vom universalen Dasein erlangen. Durch die in der *Epoché* erfolgte phänomenologische, eidetische und transzendentale Reduktion treten nun nicht nur die Dinge in ihrer subjektiven Bezüglichkeit, sondern es tritt auch die Lebenswelt als Horizont der Dinge zutage, die, in der natürlichen Einstellung als fraglos-unbewusster Horizont gegeben, in der *Epoché* als Bedingung der Möglichkeit der Konstitution der objektiven Welt im Bewusstsein sichtbar wird.

Husserl untersucht auch die objektiven Wissenschaften und ihre Geltungsansprüche mit der phänomenologischen Methode. In der *Epoché* wird der Mitvollzug ihrer Interessen, Erkenntnisse und jeder an ihrer Wahrheit oder Falschheit interessierten Stellungnahme ausgesetzt. „In dieser Epoché aber sind für uns, die sie Übenden, die Wissenschaften und Wissenschaftler nicht verschwunden. Sie sind weiter, was sie früher jedenfalls auch waren: Tatsachen im Einheitszusammenhang der vorgegebenen Lebenswelt; nur daß wir, vermöge der Epoché, nicht als Mitinteressenten, als Mitarbeiter usw. fungieren. Wir stiften in uns nur eben eine besondere habituelle Interessenrichtung, mit einer gewissen berufsartigen Einstellung, zu welcher eine besondere ,Berufszeit' gehört."[335]

Während nun die Dinge der Wahrnehmung einer phänomenologischen Deskription unterzogen werden können, ist das im Zeitstrom lebende Ich der phänomenolo-

---

[332] Husserl (1950/ 1992): Ideen zu einer reinen Phänomenologie, 63.
[333] Husserl (1936/ 1992): Die Krisis der europäischen Wissenschaften, 179.
[334] Husserl (1950/ 1992): Ideen zu einer reinen Phänomenologie, 66.
[335] Husserl (1936/ 1992): Die Krisis der europäischen Wissenschaften, 139.

gischen Reduktion nicht zugänglich. Es ist allenfalls durch eine eidetische Reduktion erfassbar. Husserl unterscheidet noch eine dritte, die transzendentale Reduktion, die eine grundsätzliche Erkenntniserweiterung bedeutet und ein für alle Mal im Leben vollzogen wird.

2.4 Das Auseinandertreten von Erfahrung und Wissenschaft

2.4.1 Die Entstehung der objektiven Wissenschaften – das Beispiel Galilei

Die phänomenologische Methode wendet Husserl in der *Krisis* erstmals auch auf die Betrachtung geschichtlicher Konstitutionsprozesse von Bewusstseinsleistungen an, auf die Entstehung der Wissenschaften. Im zweiten Teil der Abhandlung zeichnet er den Weg nach, wie es zu der Welt objektiver und abstrakter Vorstellungen kommen konnte, die uns heute im naturwissenschaftlichen und mathematischen Denken so selbstverständlich gegeben sind. Dazu greift er auf zwei Pioniere des neuzeitlichen Denkens zurück: auf Galileo Galilei und René Descartes. Er verfährt so wie in seinen früheren phänomenologischen Analysen, nur dass der Gegenstand der Betrachtung hier nicht ein dinghaftes, sondern ein geschichtliches Phänomen ist. In Einklammerung bzw. in der *Epoché* unseres heutigen selbstverständlich gegebenen naturwissenschaftlichen Wissens beschreibt er, ausgehend von lebenspraktischen Problemen des Messens, die Prozesse der Theoriebildung der Geometrie, die weiter zur Ausbildung der reinen Mathematik und Logik führten.

Die Menschen nehmen die Welt in faktischen Gestalten, in anschaulichen Körpern, in stofflicher Fülle und mit spezifisch sinnlichen Qualitäten, mit Geruch, Farben, Tönen usw. wahr. Diese sind aufeinander bezogen und von einander abhängig. Im Gesamtstil der Wahrnehmung werden sie als zusammengehörig und verbunden, als Ganzes erfahren. Diese Körper und Füllen haben wenig gemeinsam mit den idealen Gebilden und Körpern der Geometrie – dem Kreis, der Gerade, dem rechten Winkel, dem Quadrat etc.

Aus den vorwissenschaftlichen *lebenspraktischen* Aufgaben des Bestimmens von anschaulichen Formen, Größenverhältnissen, Entfernungen oder Lagen, z.B. von Flüssen oder Häusern, ist die Messkunst entstanden. Waren die Bestimmungen zunächst auf bekannte, unverrückbare Orte bezogen, so wurden sie durch empirische Grundgestalten als Maßeinheiten vom subjektiven Standort unabhängig und verobjektivierbar. Die Messkunst wurde weiter verfeinert, sie wurde idealisiert und in das rein geometrische Verfahren überführt. Die Relativität der subjektiven Auffassung, die der anschaulichen Welt eigen ist, wurde überwunden und *„eine identische, irrelative Wahrheit"*[336] gewonnen, von der sich jeder Mensch mit Hilfe der angewandten Methoden überzeugen kann. Die Messkunst wird idealisiert und in das rein geometrische Denkverfahren überführt. *„Hier also erkennen wir ein wahrhaft*

---

[336] Husserl (1936/ 1992): Die Krisis der europäischen Wissenschaften, 27.

Seiendes selbst – obschon nur in Form einer vom empirisch Gegebenen aus stetig zu steigernden Approximation an die geometrische Idealgestalt, die als leitender Pol fungiert."[337] Das Eindringen in die Horizonte erdenklicher Vervollkommnung führt in die ideale Praxis des „reinen Denkens", in das Reich reiner Limesgestalten. Die reine Mathematik schließlich abstrahiert völlig von der körperlichen Welt und hat es nur mit den abstrakten Gestalten als rein idealen Limesgestalten zu tun.

Es tritt nun eine von der subjektiven Wahrnehmung unabhängige, objektive, weil methodisch „immer wieder" aufzeigbare Welt hervor, die eine hohe reale Valenz zu haben scheint. Die Mathematik hat durch die Idealisierung der Körperwelt ideale Objektivitäten hinsichtlich raumzeitlich Gesthaftem geschaffen. Sie hat eine objektive (vom subjektiven Standpunkt unabhängig und von jedem Menschen eindeutig bestimmbare und einsehbare) Welt erzeugt. „Sie hat damit zum ersten Male gezeigt, daß eine Unendlichkeit von subjektiv-relativen und nur in einer vagen Allgemeinvorstellung gedachten Gegenständen in einer a priori allumfassenden Methode *objektiv bestimmbar und als an sich bestimmte wirklich zu denken sei.*"[338]

In der Mathematik scheint sich nun das Ideal der antiken Philosophie zu erfüllen, die Alltagserkenntnis, die *doxa* zu überwinden und durch die *episteme*, die rationale Erkenntnis vom Seienden, Allwissenheit zu erlangen, die vor einem liegt und approximativ zu erreichen wäre. Doch in der ständigen Suche nach Vervollkommnung der Idealitäten wird die erfahrbare Welt unter diese subsumiert. „Man lebt also in der beglückenden Gewißheit eines von den Nähen in die Fernen, vom mehr oder minder Bekannten zum Unbekannten fortlaufenden Weges, als einer unfehlbaren Methode der Erkenntniserweiterung, in welcher vom All des Seienden wirklich alles in seinem vollen ‚An-sich-sein' erkannt werden müßte – im unendlichen Progressus. Dazu gehört aber beständig auch ein anderer Progressus: derjenige der Approximation des in der Lebensumwelt sinnlich-anschaulich Gegebenen an das mathematisch Ideale, nämlich in der Vervollkommnung der immer nur angenäherten ‚Subsumtion' der empirischen Daten unter die ihnen zugehörigen Idealbegriffe, die hierfür auszubildende Methodik, die Verfeinerung der Messungen, die Steigerung der Leistungsfähigkeit ihrer Instrumente usw."[339]

Die ursprünglich aus der Alltagswelt entwickelte Methodik des Messens kommt schließlich in ihrer verwandelten Form als Geometrie und Mathematik auf die Alltagswelt zurück. Denn indem die ideale Geometrie Voraussagen ermöglicht und Sachverhalte berechenbar macht, die der direkten Messung nicht zugänglich sind, findet sie *Anwendung* im praktischen Leben. Mit fortschreitender Erkenntnis gewinnt der Mensch auch eine immer vollkommenere Herrschaft über seine Umwelt, über sich selbst und seine Mitmenschen und über das Schicksal. Der Mensch ist auf der Suche nach einer Allwissenheit, sein Ideal ist die Universalität und Rationalität der Erkenntnis. „Der Mensch ist so wirklich Ebenbild Gottes. In einem analogen Sinne, wie die Mathematik von unendlichen fernen Punkten, Geraden, usw. spricht, kann man hier im Gleichnis sagen: Gott ist der ‚*unendlich ferne Mensch*'. Der Philosoph

---

337 Husserl (1936/ 1992): Die Krisis der europäischen Wissenschaften, 27.
338 Husserl (1936/ 1992): Die Krisis der europäischen Wissenschaften, 30.
339 Husserl (1936/ 1992): Die Krisis der europäischen Wissenschaften, 67.

hat eben, korrelativ mit der Mathematisierung der Welt und Philosophie, sich selbst und zugleich Gott in gewisser Weise mathematisch idealisiert."[340]

Das neue Ideal der Universalität und Rationalität bringt Fortschritt dort, wo es entstanden ist, in der Mathematik und Physik. Husserl bewertet diese Entwicklung grundsätzlich durchaus positiv, er nennt sie „fast ein Wunder"[341]. Als problematisch bezeichnet er den mit dieser Entwicklung verbundenen Verlust des Sinnfundaments.

Im Prozess der Überführung der gegenständlichen Messung in Geometrie und der Arithmetisierung der Geometrie in der Mathematik geschehen mehrfache *Sinnverschiebungen*. Das lebensweltliche Sinnfundament der Naturwissenschaften geht verloren. Es vollzieht sich eine „Unterschiebung" der mathematisch substruierten Welt der Idealitäten für die einzig wirkliche, die alltägliche Lebenswelt. Diese Substruktion wird vererbt, und bereits Galilei war selbst schon Erbe. Es war sein Versäumnis, dass er nicht auf die ursprünglich sinngebende Leistung zurückfragte, die für ihn freilich schon nicht mehr lebendig war. Aufgrund des lebensweltlichen Sinnverlusts entstand der Anschein, als könne die Geometrie eine eigenständige Wahrheit schaffen. „So konnte es scheinen, daß die Geometrie in einem eigenen unmittelbar evidenten apriorischen ‚Anschauen' und damit hantierenden Denken eine eigenständige absolute Wahrheit schaffe, die als solche – selbstverständlich – ohne weiteres anwendbar sei."[342]

Galilei „*abstrahiert* von den Subjekten als Personen eines personellen Lebens"[343]. Es entsteht auf diese Weise eine scheinbar wahre, objektive und lebenspraktisch anwendbare Welt reiner Idealitäten. So entsteht „die Idee einer Natur als einer in sich *real abgeschlossenen Körperwelt*"[344] mit einer in sich geschlossenen Naturkausalität, in der alles Geschehen eindeutig im Voraus determiniert ist.

Damit ist der Dualismus vorbereitet, den Descartes philosophisch ausarbeitet. Die neue Idee von der Natur als einer abgekapselten, einer in sich geschlossenen Körperwelt hat die Verwandlung der Idee von Welt zur Folge. Sie spaltet die Welt in die Naturwelt und die seelische Welt, das Objektive und das Subjektive. Die griechischen Philosophen, so Husserl, hatten Untersuchungen und Theorien über Körper, aber keine geschlossene Körperwelt als Thema einer universalen Naturwissenschaft; sie hatten Untersuchungen und Theorien über die Seele, aber keine Psychologie, die erst durch die Gegenüberstellung der Naturwissenschaft möglich wurde.

Es ist Husserl, selbst leidenschaftlicher Mathematiker und Logiker, darum zu tun, den Ursprungssinn oder das Sinnfundament der objektiven idealen Welt der Wissenschaften wiederzugewinnen und damit die sich verselbständigte objektive Welt der Wissenschaften wieder zurück an die subjektive Lebenswelt und die Intentionalität des Bewusstseins zu binden. Nur ein radikales Zurückfragen auf die Subjektivität, die alle Weltgeltung vorwissenschaftlich und wissenschaftlich zustande bringt, und

---

[340] Husserl (1936/ 1992): Die Krisis der europäischen Wissenschaften, 67.
[341] Husserl (1936/ 1992): Die Krisis der europäischen Wissenschaften, 68.
[342] Husserl (1936/ 1992): Die Krisis der europäischen Wissenschaften, 49.
[343] Husserl (1936/ 1992): Die Krisis der europäischen Wissenschaften, 60.
[344] Husserl (1936/ 1992): Die Krisis der europäischen Wissenschaften, 61.

auf das „Was" und „Wie" der Vernunftleistungen kann die objektive Wahrheit verständlich machen und so den Seinssinn der Welt erreichen.

2.4.2 Das Auseinandertreten von objektiver und subjektiver Wirklichkeit in der Philosophie – das Beispiel Descartes

In Descartes findet Husserl einen Weggefährten für sein Anliegen, nach den letzten Voraussetzungen und Gründen der Erkenntnis zu suchen. In vielen seiner Schriften kommt er auf Descartes und seinen methodischen Zweifel zu sprechen. In seiner Suche nach einem zweifelsfreien Grund zieht Descartes alles in Zweifel, die Wissenschaften einschließlich der Mathematik, aber auch erstmals die Geltung der vorwissenschaftlichen Welt, die gewöhnliche, sinnliche Erfahrung. In seinem „sum cogitans" oder „ego cogito" findet er zwar ein Ego und fragt, was dies für ein Ich sei, das er gefunden hat. Doch schaltet er den Leib aus: „(Wie) die sinnliche Welt überhaupt verfällt auch dieser der Epoché"[345]. Das Ego bleibt als körperlose reine Seele übrig. Damit begründet Descartes philosophisch die Trennung von Körper und Geist, von einem subjektiven geistigen „Innen" und einem objektiven „Außen", und legt die Basis für den neuzeitlichen Dualismus. Die Seele wird nach der Abstraktion ein Ergänzungsstück des Körpers. Es entsteht die Konzeption einer in sich geschlossenen Körperwelt und einer korrelierenden, in sich geschlossenen Seelenwelt bzw. geistigen Welt. Diese Trennung ist für Husserl allerdings eine Inkonsequenz in der radikalen Voraussetzungslosigkeit, die sich bereits dem Interesse am Objektivismus verdankt.[346] Der methodische Zweifel führte Descartes zum *cogito* und darüber zum *ego*. Doch ist Descartes an der Frage interessiert, ob die Welt ist und wie ihre Wirklichkeit zweifelsfrei zu sichern ist. Es geht um Existenz und Nichtexistenz. Das Ego wird zur Prämisse für die weitere Deduktion. Er bleibt dabei der „natürlichen Einstellung" verhaftet.

Husserl bedient sich in seiner Suche nach einer Letztbegründung von Wissenschaft ebenfalls der Methode des radikalen Zweifels, doch kommt er zu einem anderen Ergebnis. Er trennt nicht Leib und Geist von einander, denn der Leib ist ein integraler Bestandteil des Bewusstseins und umgekehrt. Der Leib wird von innen her erlebt und ist die Voraussetzung und der Orientierungspunkt der Sinneswahrnehmungen. Das vorprädikative Leibempfinden, das Wahrnehmen und das Denken gehören zusammen. Infolge des radikalen Zweifels gelangt Husserl zu dem, was er in der *Krisis* als „Lebenswelt" beschreibt. In ihr sind Leib und Geist, Subjektives und Objektives verbunden. Ähnlich wie für Descartes das *cogito* der Angelpunkt ist, hinter den nicht mehr zurückgefragt werden kann und auf den er seine Wissenschaft aufbaut, ist für Husserl die Lebenswelt dieser Boden, der Untergrund und Begründungszusammenhang von Wissenschaft. Zur Lebenswelt gehört der eigene Leib mit

---

[345] Husserl (1936/ 1992): Die Krisis der europäischen Wissenschaften, 81.
[346] Vgl. Husserl (1936/ 1992): Die Krisis der europäischen Wissenschaften, 83f. Zum Fehlschluss Descartes' vgl. Cramer (1996): Das cartesianische Paradigma; Prechtl (2000): Descartes, 103-105.

allen seinen Kinästhesen und Wahrnehmungen wie Sehen, Hören, Riechen etc. dazu. Der eigene Leib ist in ganz einziger Weise ständig im Wahrnehmungsfeld.[347]

Husserl greift in der Durchführung seiner phänomenologischen Reduktion weiter als Descartes. In der *Epoché* wird das Ego bei ihm als ein transzendentales sichtbar. Aufgabe ist nun die phänomenologische Deskription. Die Welt und das Ego sind (als Noema) noetisch zu analysieren. Das Ego und seine Strukturen werden erst in der transzendentalen Bewusstseinswendung oder Reduktion der Analyse zugänglich. In der *Epoché* bleibt das Sein „dahingestellt", damit es als noematisches Korrelat im transzendentalen Bewusstsein in seinem *Seinssinn* erfasst werden kann.

Zusammenfassend lässt sich festhalten: Husserl zeigt auf, wie sich die objektiven Wissenschaften durch Idealisierungen von der subjektiven Wahrnehmung und Auffassung getrennt haben. Die objektive Welt erscheint als eine in sich geschlossene, selbst-evidente Welt, in deren Gegenüber die Welt der Psyche ebenfalls als eine eigenständige und objektiv beschreibbare erscheint. Die ursprünglichen Sinnbezüge wurden verschüttet, und es kam zu Sinnverschiebungen, die die objektive Welt als ein subjektunbezügliches Sein erscheinen lassen. Im dem Verlust dieser ursprünglichen Sinnbezüge sieht Husserl nun den Kern der Krise der Wissenschaften.

2.4.3   Die Krisis

In der Objektivierung von Theorien geschieht eine Loslösung von den ursprünglichen Sinnbezügen und den qualitativen „Füllen"[348] der subjektiven Welt. Diese Entleerung des Naturbegriffs durch die Ausschaltung des Subjektiv-Sinnlichen ist nicht in sich falsch, sie hat die Möglichkeit der Voraussage, Kontrolle und Technisierung der Welt eröffnet. Ein Irrtum ist es jedoch, wenn der so entstandene Begriff von Natur für die Natur selbst gehalten wird. „Der Fehler entsteht dort, wo der so präparierte Begriff von Natur – gleichsam im Sinne der Suggestion einer sekundären Ontologisierung – zur Natur selbst erklärt wird."[349]

Der Erkenntnisanspruch wurde dadurch, dass das Subjektive aus der Erkenntnis ausgeschieden wurde, ein allumfassender und totalitärer. Nur objektive Erkenntnis gilt als wahr und richtig, die subjektive Erkenntnis gilt als verdächtig, bruchstückhaft, unvollkommen. Dies verändert auch den Menschen. „Bloße Tatsachenwissenschaften machen bloße Tatsachenmenschen."[350] Durch die „Unterschiebung" kommt es zwar zu einer enormen Machtsteigerung, doch zugleich zu einer Wertverschiebung, die darin besteht, dass die reduzierten Begriffe der Theorien und Wissenschaften als die Wirklichkeit selbst genommen werden und darunter die alltägliche Erfahrung entwertet wird. Die Loslösung der Theorien von den subjektiven Sinnbe-

---

[347] In meinem Wahrnehmungsfeld kann nur mein eigener Leib, nie ein fremder Leib wahrgenommen werden, ihn nehme ich als Körper wahr. Husserl betont zwar, dass der Leib zur Lebenswelt dazugehört, doch gilt sein Interesse mehr den Bewusstseinsakten. Die Bedeutung des Leibes hat später vor allem Maurice Merleau-Ponty herausgearbeitet.

[348] Vgl. Husserl (1936/ 1992): Die Krisis der europäischen Wissenschaften, 27f; 32-36.

[349] Orth (1999): Edmund Husserls „Krisis der europäischen Wissenschaften", 101.

[350] Husserl (1936/ 1992): Die Krisis der europäischen Wissenschaften, 4.

zügen ist der Grund einer wachsenden Sinnkrise, „der radikalen Lebenskrisis des europäischen Menschentums"[351].

Diese Sinnkrisen kann eine Wissenschaft nicht lösen, die so beschaffen ist, dass sie sie selbst hervorgebracht hat. Zur Lösung der Lebensnot und Sinnkrise, die Husserl bei der jüngeren Generation seiner Zeit beobachtet, kann die Wissenschaft nichts beitragen. „Gerade die Fragen schließt sie prinzipiell aus, die für den in unseren unseligen Zeiten den schicksalsvollsten Umwälzungen preisgegebenen Menschen die brennenden sind: die Fragen nach Sinn oder Sinnlosigkeit dieses ganzen menschlichen Daseins."[352]

Husserls Ausführungen zur Krise bleiben nur andeutungshaft und sporadisch, obwohl er seine letzten Vorträge und sein letztes Manuskript mit dem Begriff betitelt. Sein Thema ist nicht die Krise der Menschen oder der Gesellschaft, sondern die der Wissenschaften, und es ist ihm weniger um ihre Darstellung als um ihre Überwindung zu tun. Der Weg aus der Sinnkrise liegt in einem neuen Wissenschaftsverständnis, das die Trennung von Objektivität und Subjektivität überwindet und die ursprünglichen Sinnbezüge wiedergewinnt. Diese Trennung ist in der Wissenschaft entstanden und wurde durch sie vorangetrieben, und deshalb arbeitet Husserl daran, sie auch in der Wissenschaft zu überwinden. Er zeigt die Wurzeln der Objektivität in der Lebenswelt und die verborgenen Sinnbezüge auf und verbindet dadurch die beiden Bereiche. Er gibt der *doxa*, der subjektiven Erkenntnisweise, ihren unentbehrlichen Ort im Erkenntniszusammenhang zurück, indem er in ihr den Ursprung aller Erkenntnis aufspürt.

2.5   Die Lebenswelt als Boden der Wissenschaft

Den Begriff der Lebenswelt entwickelt Husserl erst in seinem letzten Werk, der *Krisis,* der Sache nach hat er jedoch sein Leben lang an ihrer Analyse gearbeitet. In der *Krisis* dient der Begriff ihm als Gegensatz zum Anspruch der Wissenschaften, eine objektive Wahrheit zu sein, die nicht an die subjektive Perspektive gebunden ist. „Die Idee der objektiven Wahrheit ist in ihrem ganzen Sinne nach vorweg bestimmt durch den Kontrast zur Idee der Wahrheit des vor- und außerwissenschaftlichen Lebens."[353] Mit der Einführung des Begriffs der Lebenswelt ist es ihm jedoch nicht um die Ausschließlichkeit der Subjektivität, sondern gerade um den Aufweis der inneren Verbindung zwischen Objektivität und Subjektivität zu tun. Der Lebensweltbegriff dient ihm zum einen dazu, den „Boden" oder das „Sinnfundament" der Wissenschaft wiederzugewinnen, zum anderen dient er ihm als ein „Leitfaden" zum Rückgang auf die Subjektivität und ihre Konstitutionsleistungen.

---

[351]   Husserl (1936/ 1992): Die Krisis der europäischen Wissenschaften, 1.
[352]   Husserl (1936/ 1992): Die Krisis der europäischen Wissenschaften, 4.
[353]   Husserl (1936/ 1992): Die Krisis der europäischen Wissenschaften, 127.

Die Deskription der Lebenswelt in der *Epoché* hat ein ganzes „Reich" selbstverständlicher und nie befragter Seinsgeltungen sichtbar werden lassen, die beständige Voraussetzungen auch des wissenschaftlichen Denkens sind. Betrachtet man die Sinn- und Geltungsimplikationen von alltäglichen oder wissenschaftlichen Selbstverständlichkeiten, erschließen sich immer neue Phänomene. Es zeigt sich, „daß jedes in dieser Sinnentfaltung erreichte und zunächst lebensweltlich als selbstverständlich seiend gegebene Phänomen selbst schon Sinn- und Geltungsimplikationen in sich trägt, deren Auslegung dann wieder auf neue Phänomene führt usw."[354] Dieses „Reich" des Subjektiven wurde als eine Voraussetzung der Wissenschaft bislang noch nicht thematisch gemacht und wirklich aufgeschlüsselt. Auch die Psychologie und die Philosophie Kants, der doch explizit auf die subjektiven Bedingungen der Möglichkeiten objektiv erfahrbarer Welt zurückfragte, entdeckten es nicht wirklich.[355] Es ist „in allem Erfahren, allem Denken, in allem Leben fungierend, also überall unablösbar dabei, und doch nie ins Auge gefaßt, nie ergriffen und begriffen."[356]

Doch wozu solche Überlegungen? „Muß man über dergleichen, und so umständlich, sprechen? Im Leben gewiß nicht. Aber auch nicht als Philosoph? Eröffnet sich hier nicht ein Reich, ja ein unendliches Reich immer bereiter und verfügbarer, aber nie befragter *Seinsgeltungen*, und sind es nicht *beständige Voraussetzungen* des wissenschaftlichen und zuhöchst des philosophischen Denkens?"[357] Dieses „Reich" und seine verwobenen Geltungsbezüge gilt es als Voraussetzung des Denkens und der Wissenschaft zu erforschen und sie so in ihrem Seins- und Geltungssinn zu befragen. Allerdings geht es dabei nicht darum, diese Seinsgeltungen in ihrer objektiven Wahrheit herauszustellen, sondern darum, die Zusammenhänge zwischen den lebensweltlichen Voraussetzungen und den objektiven Erkenntnissen und damit die unausgesprochenen Voraussetzungen aller Wissenschaft zu erkennen. „Es gilt nicht, Objektivität zu sichern, sondern sie zu verstehen."[358] Die Frage nach der Lebenswelt ist nicht einfach ein weiteres Objekt des wissenschaftlichen Forschens, sondern sie gehört in seinen transzendentalen Begründungszusammenhang. Erst wenn sie gestellt und untersucht wird, lässt sich Objektivität verstehen. Die Aufklärung der Aufgabe der Wissenschaft und ihrer Geltung erfordert, dass zurückgefragt wird auf die vorge-

---

[354] Husserl (1936/ 1992): Die Krisis der europäischen Wissenschaften, 114.

[355] Husserl sieht den Grund, warum Kant die Lebenswelt als Voraussetzung des wissenschaftlichen Denkens nicht entdeckt hat, einerseits in einem empiristischen psychologischen Verständnis der Wahrnehmung und andererseits in seiner „regressiven Methode" und einem Mangel an einer anschaulich-aufweisenden Methode. „Er verwehrt seinen Lesern, die Ergebnisse seines regressiven Verfahrens in anschauliche Begriffe umzusetzen und jeden Versuch, einen von ursprünglichen und rein evidenten Anschauungen ausgehenden und in wirklich evidenten Einzelschritten verlaufenden progressiven Aufbau durchzuführen." Husserl (1936/ 1992): Die Krisis der europäischen Wissenschaften, 117. Zu seiner Auseinandersetzung mit Kant vgl. ebd., 93-104, 116-123. Zur Abgrenzung gegenüber einer Psychologie als einer „objektiven" Wissenschaft vom Subjektiven vgl. ebd. 129 und 194-276. Auch hier darf keine Substruktion von Objektivität stattfinden, wo das Lebensweltliche in Frage steht.

[356] Husserl (1936/ 1992): Die Krisis der europäischen Wissenschaften, 114.

[357] Husserl (1936/ 1992): Die Krisis der europäischen Wissenschaften, 112.

[358] Husserl (1936/ 1992): Die Krisis der europäischen Wissenschaften, 193.

gebene Lebenswelt, die der ständige Geltungsboden, die ständig Quelle von Selbstverständlichkeiten ist, die wir in der Wissenschaft gleichermaßen wie im Alltag ohne weiteres in Anspruch nehmen. Im Dienst der Begründung von Wissenschaft muss die Lebenswelt und das immer wieder erfolgende Zurückgreifen des Wissenschaftlers oder der Wissenschaftlerin auf die Lebenswelt mit ihren stets verfügbaren anschaulichen Gegebenheiten und unhinterfragten Seinsgeltungen erhellt werden. Es ist die philosophische Aufgabe zu fragen, „wie die Lebenswelt beständig als Untergrund fungiert, wie ihre mannigfaltigen vorlogischen Geltungen begründende sind für die logischen, die theoretischen Wahrheiten.“[359]

Da die Lebenswelt der umfassende Horizont des Bewusstseins ist, kann es gar keine Tätigkeit und kein Denken außerhalb der Lebenswelt geben. Auch die objektive und die logische Wahrheit der Wissenschaften entspringt den lebensweltlichen Tätigkeiten und weist in vielfachen Sinn- und Geltungsbezügen und in ihren Resultaten in die Lebenswelt zurück. „Es gehört zu den allem wissenschaftlichen Denken und allen philosophischen Fragestellungen vorausliegenden Selbstverständlichkeiten, daß die Welt ist, immer im voraus ist, und daß jede Korrektur einer Meinung, einer erfahrenden oder sonstigen Meinung, schon seiende Welt voraussetzt, nämlich als einen Horizont von jeweils unzweifelhaft Seiend-Geltendem, und darin irgendeinen Bestand von Bekanntem und zweifellos Gewissem, mit dem das ev. als nichtig Entwertete in Widerspruch trat. Auch objektive Wissenschaft stellt nur Fragen auf dem Boden dieser ständig im voraus, aus dem vorwissenschaftlichen Leben her, seienden Welt.“[360]

Auf welche Weise nun ist die Lebenswelt der Boden der Wissenschaft? Die Fragen und Aufgabenstellungen, die Methoden, die Instrumente der Wissenschaft, die Geschicklichkeit bei der Durchführung von Experimenten, all dies gehört in den Bereich der lebensweltlichen Praxis. Die Wissenschaften bauen auf der Selbstverständlichkeit und Evidenz der Lebenswelt auf und machen sich das jeweils Nötige zunutze. Zwar wollen sie das Subjektiv-Relative im Rahmen einer objektiven Aufgabenstellung überwinden und streben eine objektive Wahrheit an. Doch fungiert dabei das Subjektiv-Relative, die Lebenswelt immer schon als Evidenzquelle und Bewährungsquelle. „Die gesehenen Maßstäbe, Teilstriche usw. sind benützt als wirklich seiend, und nicht als Illusionen; also das wirklich lebensweltlich Seiende als gültiges ist eine Prämisse.“[361]

Die wissenschaftliche Erkenntnis (*episteme*) mit ihren objektiven Wahrheiten weist auf die lebensweltliche, subjektiv-perspektivische Erkenntnis (*doxa*) mit ihren unmittelbaren Evidenzen und alltäglich-praktischen Situationswahrheiten zurück. Die *doxa* ist die ursprüngliche Erkenntnisform. Sie ist die Voraussetzung und Sinnstiftung, auf die jede andere Sinnstiftung und Erkenntnisform, jede *episteme* aufbaut. „Das wirklich Erste ist die ‚bloß subjektiv-relative‘ Anschauung des vorwissenschaftlichen Weltlebens. Freilich für uns hat das ‚bloß‘ als alte Erbschaft die verächtliche Färbung der *doxa*. Im vorwissenschaftlichen Leben selbst hat sie davon

---

[359] Husserl (1936/ 1992): Die Krisis der europäischen Wissenschaften, 127.
[360] Husserl (1936/ 1992): Die Krisis der europäischen Wissenschaften, 112f.
[361] Husserl (1936/ 1992): Die Krisis der europäischen Wissenschaften, 129.

natürlich nichts; da ist sie ein Bereich guter Bewährung, von da aus wohlbewährter prädikativer Erkenntnisse und genau so gesicherter Wahrheiten, als wie die ihren Sinn bestimmenden praktischen Vorhaben des Lebens es selbst fordern. Die Verächtlichkeit, mit welcher alles ‚bloß Subjektiv-Relative' von dem neuzeitlichen Objektivitätsideal folgenden Wissenschaftler behandelt wird, ändert an seiner eigenen Seinsweise nichts, wie es daran nichts ändert, daß es ihm doch selbst gut genug sein muß, wo immer er darauf rekurriert und unvermeidlich rekurrieren muß."[362]

Die objektiven Wissenschaften benötigen die Ursprungsevidenzen der Lebenswelt. Diese ist erfahrbar und anschaulich, bewährt, von unmittelbarer Seinsgewissheit und Evidenz. „Die Lebenswelt ist ein Reich ursprünglicher Evidenzen."[363] Sie ist der Boden und das Sinnfundament der Wissenschaft. Alle Aufgaben und praktischen oder theoretischen Ziele der objektiven Wissenschaft sind zur Einheit der Lebenswelt gehörig. Ihre Lehrgebäude sind aus lebensweltlichen Aktivitäten geboren. Auch die theoretischen Ergebnisse haben den Charakter von Geltungen für die Lebenswelt. Die objektiv-wahre Welt als solche ist unanschaulich, abstrakt, nicht wahrnehmbar und nicht erfahrbar, so wenig wie etwa die reine Geometrie, wie eine Idee oder eine unendliche Anzahlenreihe. Sie hat keine unmittelbare Evidenz; alle Evidenzen objektiv-logischer Leistungen haben ihre verborgenen Begründungsquellen in dem letztlich leistenden subjektiv-relativen Leben. Von der objektiv-logischen Evidenz reicht eine Spur zurück zur Urevidenz der vorgegebenen Lebenswelt. „Natürlich sind die ‚Veranschaulichungen' von Ideen in der Weise von mathematischen oder naturwissenschaftlichen ‚Modellen' nicht etwa Anschauungen von dem Objektiven selbst, sondern lebensweltliche Anschauungen, die geeignet sind, die Konzeption der betreffenden objektiven Ideale zu erleichtern. Hier spielen zumeist vielfältige Mittelbarkeiten der Konzeption mit, welche nicht überall so unmittelbar eingesetzt und in ihrer Art evident werden kann wie die Konzeption der geometrischen Geraden aufgrund der lebensweltlichen Evidenz der geraden Tischkante und dgl. Es bedarf, wie man sieht, um hier überhaupt die Voraussetzungen für eine reinliche Fragestellung zu gewinnen, großer Umständlichkeiten, nämlich um uns zunächst frei zu machen von den beständigen Unterschiebungen, welche uns alle durch die Schulherrschaft der objektiv-wissenschaftlichen Denkweisen verführen."[364]

Das wissenschaftliche Denken und seine Sprache, die von Körpern, Energie, Kraft, Feld, Wellen, Umwandlung usw. spricht, greift notwendig auf lebensweltlich-anschauliche Evidenzen zurück. Dabei unterlaufen beständig *Substruktionen*[365] oder „Unterschiebungen", und diese sind der eigentliche Grund für die Krise der Wissenschaften und der europäischen Menschen. Den Begriff der Substruktion benutzt Husserl in zweierlei Hinsicht. Erstens geschieht eine Substruktion oder auch Unterschiebung oder Unterlegung, wenn eine Sache an die Stelle einer anderen gesetzt wird und sie diese Stelle (und deren Funktionen) einnimmt oder für die andere Sache

---

[362] Husserl (1936/ 1992): Die Krisis der europäischen Wissenschaften, 127f; z.T. im Orig. in griech. Buchst.

[363] Husserl (1936/ 1992): Die Krisis der europäischen Wissenschaften, 132.

[364] Husserl (1936/ 1992): Die Krisis der europäischen Wissenschaften, 132.

[365] Zum Begriff der Substruktion bei Husserl vgl. Rang (1989): Die bodenlose Wissenschaft, 95f.

gehalten wird. Solche Substruktionen geschehen zwischen Wissenschaft und Lebenswelt, wenn z.B. die anschauliche Natur für das Uneigentliche und das wissenschaftliche Modell für das Eigentliche, Wahre gehalten wird. Die Modelle, die idealisierte Natur der wissenschaftlichen Theorie werden für das gehalten, was die unmittelbar erfahrbare Natur ist. „Eine Substruktion dieses Sinnes liegt z.B. vor, wenn gesagt wird, daß wir, wenn uns die Dinge unserer alltäglichen Umwelt farbig erscheinen, ‚in Wahrheit' nichts anderes sehen als von den materiellen Körpern reflektierte elektromagnetische Wellen unterschiedlicher Länge."[366] Die wissenschaftlichen Modelle werden als die „eigentliche", die bewährte und evidente Wirklichkeit genommen, während die unmittelbar erfahrbare anschauliche Welt zur scheinbaren, uneigentlichen und zweifelhaften wird. Damit geht eine Abwertung der subjektivrelativen Erkenntnis, der *doxa* einher: das Vertrauen in die eigene Wahrheit der subjektiven Wahrnehmung und Deutung schwindet, Wahrheit und sichere Erkenntnis wird von der Wissenschaft erwartet. Zweitens geschieht eine Substruktion auch in der Verschiebung des Ursprungssinns und des Anwendungssinns. Wenn eine Theorie in der Lebenswelt angewandt wird, entfaltet sie oftmals einen anderen Sinn als sie ursprünglich in ihrer Entstehung aus der Lebenswelt hatte.

Wie ist es nun möglich, dass es überhaupt zu solchen Unterschiebungen kommen kann? Die Bezüge der Wissenschaft auf die vorwissenschaftliche Lebenswelt sind möglich, weil beide die gleichen Strukturen aufweisen. Husserl spricht von einem „Korrelationsapriori"[367]. In den subjektbezogenen Relativitäten lassen sich allgemeine Strukturen wie Raumgestalt, Bewegung, sinnliche Qualitäten etc. ausmachen. Sie liegen allem Seienden zugrunde und sind selbst nicht relativ. Vorwissenschaftlich ist die Welt schon raumzeitliche Welt, in der lebendige Wesen und wirkliche Dinge vorkommen, die sich von idealen mathematischen Geraden, Ebenen, Körpern, Zahlenverhältnissen etc. unterscheiden. „Die lebensweltlich uns wohlvertrauten Körper sind wirkliche Körper, nicht Körper im Sinne der Physik. Ebenso steht es mit der Kausalität, mit der raumzeitlichen Unendlichkeit. Das Kategoriale der Lebenswelt hat die gleichen Namen, aber kümmert sich sozusagen nicht um die theoretischen Idealisierungen und hypothetischen Substruktionen der Geometer und Physiker. Wir wissen schon: die Physiker, Menschen wie andere Menschen, lebend im Sich-Wissen in der Lebenswelt, der Welt ihrer menschlichen Interessen, haben unter dem Titel der Physik eine besondere Art von Fragen und (in einem weiteren Sinne) von praktischen Vorhaben, auf die lebensweltlichen Dinge gerichtet, und ihre ‚Theorien' sind die praktischen Ergebnisse. Wie andere Vorhaben, praktische Interessen und die Verwirklichungen derselben der Lebenswelt zugehören, sie voraussetzen als Boden und sie im Handeln bereichern, so gilt das auch für die Wissenschaft, als menschliche Vorhabe und Praxis. Und dazu gehört, wie gesagt, alles objektive Apriori, in seiner notwendigen Rückbezogenheit auf ein entsprechendes lebensweltliches Apriori. Diese Rückbezogenheit ist die einer Geltungsfundierung."[368]

---

[366] Rang (1989): Die bodenlose Wissenschaft, 96.
[367] Vgl. Husserl (1936/ 1992): Die Krisis der europäischen Wissenschaften, 140-145.
[368] Husserl (1936/ 1992): Die Krisis der europäischen Wissenschaften, 142f.

Das objektive Apriori ist eine idealisierende Leistung, die das Denken als eine höherstufige Sinnbildung und Seinsgeltung zustande bringt. Es ist nun die Aufgabe, zur Begründung der Wissenschaften systematisch zu erforschen, wie das objektiv-logische Apriori zustande kommt und wie es im subjektiv-relativen der Lebenswelt gründet. Dazu bedarf es einer Scheidung zwischen den universalen Strukturen eines universalen objektiven Aprioris und eines universalen lebensweltlichen Aprioris. „Nur durch Rekurs auf dieses, in einer eigenen apriorischen Wissenschaft zu entfaltende Apriori können unsere apriorischen Wissenschaften, die objektiv-logischen, eine wirklich radikale, eine ernstlich wissenschaftliche Begründung gewinnen, die sie bei dieser Sachlage unbedingt fordern."[369]

Die Notwendigkeit einer noch ausstehenden Begründung der Wissenschaften in der Herstellung des Bezugs zu ihrem lebensweltlichen Fundament zeigt Husserl, nicht ohne Polemik, am Beispiel der Logik als Fundamentalwissenschaft für die objektiven Wissenschaften auf – wobei in Rechnung zu stellen ist, dass er selbst biographisch als Mathematiker und Logiker begonnen hat, die Frage nach der Fundierung dieser Wissenschaften zu stellen und über diese Frage zur Philosophie gelangt ist: „Wir können (...) sagen: die vermeintlich völlig eigenständige Logik, welche die modernen Logistiker – sogar unter dem Titel einer wahrhaft wissenschaftlichen Philosophie – glauben ausbilden zu können, nämlich als die universale apriorische Fundamentalwissenschaft für alle objektiven Wissenschaften, ist nichts anderes als eine Naivität. Ihre Evidenz entbehrt der wissenschaftlichen Begründung aus dem universalen lebensweltlichen Apriori, das sie beständig, in Form wissenschaftlich nie universal formulierter, nie auf wesenswissenschaftliche Allgemeinheit gebrachter Selbstverständlichkeiten, immerzu voraussetzt. Erst wenn einmal diese radikale Grundwissenschaft da ist, kann jene Logik selbst zur Wissenschaft werden. Vorher schwebt sie grundlos in der Luft und ist, wie bisher, so sehr naiv, daß sie nicht einmal der Aufgabe inne geworden ist, welche jeder objektiven Logik, jeder apriorischen Wissenschaft gewöhnlichen Sinnes anhaftet: nämlich zu erforschen, wie sie selbst zu begründen sei, also nicht mehr ‚logisch', sondern durch Rückleitung auf das universale vor-logische Apriori, aus dem alles Logische, der Gesamtbau einer objektiven Theorie, nach allen ihren methodologischen Formen, seinen rechtmäßigen Sinn ausweist, durch welchen also alle Logik selbst erst zu normieren ist."[370]

2.6 Ertrag und Weiterführung für die praktisch-theologische Fragestellung

Im Folgenden sollen einige zentrale Erkenntnisse Husserls noch einmal kurz zusammengefasst, ein Blick auf die Wirkungsgeschichte geworfen und der Frage nach ihrer Bedeutung für die praktisch-theologische Theoriebildung und für die Pastoral nachgegangen werden.

---

[369] Husserl (1936/ 1992): Die Krisis der europäischen Wissenschaften, 144.
[370] Husserl (1936/ 1992): Die Krisis der europäischen Wissenschaften, 144.

2.6.1　Zusammenfassung

Husserl zeigt auf, wie im neuzeitlichen Wissenschaftsverständnis eine „objektive Welt" als eine allgemeine, abstrakte, ideelle, in sich geschlossene, unanschauliche und körperlose Welt durch ihre Loslösung von den ursprünglichen subjektiven Sinnbezügen und Seinsgeltungen entstanden ist. Sie bildet ein Gegenüber zur subjektiv-relativen Welt.

Diese objektive Welt führte zu einer enormen Steigerung der Planbarkeit und der Effektivität des Handelns der Menschen. Die ursprünglichen Sinnbezüge und Seinsgeltungen in der Lebenswelt, in der sie entstanden sind, wurden gekappt und gerieten in Vergessenheit. Zwar können im Anwendungsbereich der Wissenschaften neue, instrumentelle Sinnbezüge hergestellt werden, doch kommt es dabei zu Verschiebungen in Bezug auf das ursprügliche Sinnfundament. Es kommt zur Substruktion der Erfahrungswelt.

Die Objektivität wird zur Totalität. Sie erscheint als die wirkliche, gültige allgemeine Welt und Wahrheit. Die subjektiv-relative Erkenntnisform, die *doxa*, und ihre Wahrheit erfahren eine Abwertung. Die subjektive Welt mit ihren lebendigen Körpern, mit ihren Füllen und Qualitäten erscheint als eine zweifelhafte, partikulare, unwichtige und nicht eigentliche, unwahre Welt.

Der Verlust der Ursprungsevidenzen der körperhaften Welt, der qualitativen Füllen und der Sinnbezüge zur subjektiven Welt führte zur Krise der Wissenschaft und der Gesellschaft. Die modernen Wissenschaften sind zwar erfolgreich, können aber keine Sinnantworten geben.

Der Weg aus der Krise und zugleich zu einer begründeten Wissenschaft besteht in der Wiedergewinnung der Sinnbezüge und der Verbindung zwischen objektiver und subjektiver Welt. Diese Verbindung ist in dem Konzept der Lebenswelt gegeben. Die Lebenswelt ist der umfassende Horizont und Verweiszusammenhang jeder Erfahrung, jeden Denkens und jeder Erkenntnis. Sie ist der Boden auch der wissenschaftlichen Theoriebildung. Jede wissenschaftliche Theorie hat ihr Sinnfundament in der Lebenswelt. Im Lebensweltkonzept gewinnt die subjektiv-relative Welt und die Erkenntnisform der *doxa* ihren Ort im wissenschaftlichen Erkenntniszusammenhang zurück.

2.6.2　Wirkungsgeschichte

Husserl hat die Lebenswelt in seinen Konstitutionsanalysen des Bewusstseins umfänglich erforscht und beschrieben. Den Begriff der Lebenswelt hat er allerdings erst in seinem letzten Werk, der *Krisis*, eingeführt. Dennoch hat dieses Konzept eine enorme Wirkung entfaltet und einen wesentlichen Beitrag zu einem neuen Wissenschaftsverständnis geleistet. Husserls nicht immer eindeutige Darstellungen lassen viele Fragen offen, so dass auch der Begriff der Lebenswelt bis heute umstritten ist. In seiner Offenheit war das Werk Husserls zugleich auch anschlussfähig für Ausarbeitungen in verschiedene Richtungen. In der Philosophie fand es Anschluss in der

Existenzphilosophie Martin Heideggers und Jean-Paul Sartres, in Maurice Merleau-Pontys Phänomenologie des inkarnierten Sinnes und des Leibes, in Max Schelers Wesens- und Wertphänomenologie; ebenso knüpften Helmuth Plessner, Emmanuel Lévinas, Jacques Derrida, Bernhard Waldenfels und viele andere an Husserl an.

Für die Rezeption in den Sozialwissenschaften bildet Alfred Schütz die entscheidende Brücke *(vgl. Kap. 3)*. Er verband das philosophische Lebensweltkonzept Husserls mit dem handlungstheoretischen Ansatz Max Webers und führte es sozialphänomenologisch und handlungstheoretisch weiter. Husserl hat an der erkenntnistheoretischen Frage gearbeitet, wie die objektive Welt im subjektiven Bewusstsein konstituiert wird, Schütz fragte danach, wie die gemeinsame Welt intersubjektiv hervorgebracht wird. Peter Berger und Thomas Luckmann haben die Arbeiten Schütz' zu einer wissenssoziologischen und alltagssoziologischen Theorie weiter ausgearbeitet. Die Lebenswelt gehört seitdem zu den Grundbegriffen in den Sozialwissenschaften. Oft ohne dass die Beziehungen zu Husserl und Schütz hergestellt werden, haben deren Erkenntnisse zur Lebenswelt einen großen Einfluss auf die interpretative Sozialforschung und die Entwicklung der qualitativen Methoden gehabt, die die lebensweltlichen Sinnbezüge für die Theoriegenerierung nutzbar machen, sowie auf die sogenannte „Alltagswende" in der Pädagogik und den Sozialwissenschaften.

Jürgen Habermas hat in seiner *Theorie des kommunikativen Handelns* das Lebensweltkonzept Husserls, vor allem aber die erweiterte Ausarbeitung durch Schütz und Luckmann, aufgegriffen und das Konzept im Zusammenhang seiner Theorie kommunikativen Handelns weiter ausgearbeitet.[371] Dabei veränderte er den Begriff: Was bei Husserl als ein Gegenbegriff zur objektiven Wissenschaft fungiert, wird bei Habermas zu einem „Komplementärbegriff zum kommunikativen Handeln"[372]. Für den wissenschaftstheoretischen Diskurs ist vor allem Habermas' frühe These wegweisend geworden, dass jeder Theorie ein erkenntnisleitendes Interesse innewohnt *(vgl. Kap. 1.5.2)*. In ihr spitzt er die Erkenntnisse Husserls über den Zusammenhang zwischen Subjektivität und objektiver Theoriebildung forschungspraktisch zu. Die Konsequenz für die wissenschaftlich begründete Theoriebildung ist, dass auf die lebensweltlichen Verankerungen, auf die vorwissenschaftlichen Prämissen und Interessen reflektiert werden muss.

2.6.3 Bedeutung und Weiterführung für die praktisch-theologische Methodologie und Theoriebildung

Für die Theologie ist der Denkansatz Husserls bislang noch wenig fruchtbar gemacht worden. Doch lassen sich für die praktisch-theologischen Fragestellungen dieser Arbeit weiterführende Erkenntnisse in Bezug auf die wissenschaftliche praktisch-theologische Theoriebildung und den wissenschaftlichen Status ihrer Theorien sowie auf ihre Methodologie gewinnen.

---

[371] Vgl. Habermas (1987): Theorie des kommunikativen Handelns, Bd.1, 107-113; Bd. 2, 182-293.
[372] Habermas (1987): Theorie des kommunikativen Handelns, Bd. 2, 182.

Da Theoriebildung notwendig im lebensweltlichen Horizont geschieht und auf lebensweltliche Evidenzen zurückgreift, ist eine wissenschaftlich begründete Theorie eine solche, die in ihrer Verallgemeinerung und Abstraktion zugleich die Sinnbezüge in die Lebenswelt und den Rahmen der Gültigkeit angibt, der sich aus lebensweltlichen Kontexten, Sinnbezügen, Prämissen, Interessen etc. ergibt. Für die Theoriebildung und ihre Methoden in der Praktischen Theologie bedeutet dies:

(1) Die Wissenschaftlichkeit der Theoriebildung der Praktischen Theologie erweist sich dann nicht darin, dass die verborgenen Sinnbezüge zur Lebenswelt ausgeblendet werden, sondern gerade darin, dass auf die vorwissenschaftlichen Prämissen, Zusammenhänge und Interessen reflektiert und der Zusammenhang zwischen subjektiver Lebenswelt und objektiver Theorie hergestellt werden. Ihre Theorien gewinnen ihre Gültigkeit im Rahmen der subjektiven Fragen und Interessen und der biographischen und zeitgeschichtlichen Kontexte. Diese Theorien haben nicht den Status einer objektiven, von allen subjektiven Bezügen getrennten allgemeingültigen Wahrheit, sondern sie erhalten ihre wissenschaftliche Gültigkeit und Reichweite genau innerhalb dieses Bezugsrahmens.

(2) Das forschende Subjekt darf nicht aus dem Erkenntnisprozess und der Theoriegenerierung ausgeklammert werden, sondern es muss in Beziehung zu dem Gewinnungsprozess der Theorie und dem theoretischen Modell gesetzt werden. Statt der Trennung zwischen objektiver Theorie und der Subjektivität des leistenden Subjekts sind die Sinnzusammenhänge zwischen ihnen herzustellen, um eine wissenschaftlich begründete Theorie zu generieren.

(3) Bei der Generierung von Theorien darf es zu keinen Verschiebungen der Sinnbezüge kommen. Die Begriffe und Sinnzusammenhänge der Theorien müssen sich auf jene in den Lebenswelten beziehen, aus denen sie stammen, und sie sollten ihnen möglichst gut entsprechen. Auch die rezipierten theologischen oder handlungswissenschaftlichen Theorien sind auf solche möglichen Verschiebungen hin zu befragen. Es muss kritisch gefragt werden, ob es Verschiebungen in den Sinnbezügen der Theorien und Begriffe gegeben hat, die nicht reproduziert werden dürfen.

(4) Die Methodologie muss diesen Bedingungen gerecht werden. Es müssen dann Methoden der praktisch-theologischen Theoriegenerierung zum Einsatz gebracht werden, die das Subjekt der Forschung nicht ausklammern, sondern für die die Sinnbezüge zwischen der subjektiven Lebenswelt und den objektiven Theorien, die sie generieren, konstitutiv sind. Die Methoden müssen die ursprünglichen subjektiven Sinnbezüge mit erfassen. Dies bezieht sich nicht nur auf die Zusammenhänge zwischen der Subjektivität bzw. Lebenswelt der forschenden Person und ihrer Theorie, sondern auch, wie im folgenden Kapitel aufgezeigt wird, auf die Zusammenhänge zwischen der Lebenswelt der Menschen, auf die sich die Forschung bezieht, ihren unreflektierten Voraussetzungen wie auch ihren reflektierten Alltagstheorien, und der praktisch-theologischen Theorie über diesen Lebensbereich. Dies bezieht sich zudem auf die Konzepte und Methoden zur Unterstützung der Praxis dieser Menschen.

(5) Innerhalb der Methoden in der Tradition der Praktischen Theologie könnte hier an das Ursprungsmodell des Dreischritts Cardijns angeknüpft werden. Hier ist das forschende Subjekt mit seinen Interessen und lebensweltlichen Bezügen in allen

methodischen Schritten konstitutiv für die Erkenntnis. Es müsste geprüft werden, inwieweit dieses Praxismodell für ein wissenschaftliches Vorgehen neu aufgegriffen und ausgearbeitet werden kann. Das wissenschaftliche Folgemodell des Dreischritts hat das zentrale Moment, nämlich das forschende Subjekt und seine lebensweltlichen Bezüge, beseitigt. Auch im Regelkreismodell ist das forschende Subjekt nicht thematisiert.

Im Blick auf die handlungswissenschaftlichen Methoden kann an die umfassende grundlagentheoretisch fundierte Methodendiskussion angeknüpft werden, die im Zusammenhang der interpretativen Sozialforschung geführt worden ist. Sie hat die Bedeutung der forschenden Person bei der Erhebung der Daten[373] und bei der Auswertung und Theoriebildung *(vgl Kap. 4 und 5)* reflektiert und Methoden entwickelt, die die Subjektivität der forschenden Person und die der Personen, denen die Forschung gilt, berücksichtigen.

(6) Für die konkrete Forschungspraxis tun sich allerdings noch Fragen auf: Die Lebenswelt ist ein weitgehend nicht bewusster, „dunkler" Horizont. Wie lassen sich die vorwissenschaftlichen Bezüge feststellen und benennen, da sie ja teilweise der Reflexion entzogen sind? Wie lassen sie sich angemessen berücksichtigen, wenn nicht sie selbst, wie in Husserls Forschungen, der eigentliche Gegenstand der Forschung sind? Wie können sie zur Darstellung kommen, ohne den Rahmen der Darstellung zu sprengen? Diese Fragen stellen sich erst in der Forschungspraxis und werden, da sie nicht das unmittelbare Thema der Forschungen sind, meist kaum diskutiert, sondern pragmatisch gelöst. Sie sollen später eingehender behandelt werden *(vgl. Kap. 4-6)*.

2.6.4 Bedeutung und Weiterführung für die Pastoral und Religionspädagogik

Husserl hat nicht nur die Bedeutung der subjektiv-relativen Lebenswelt für die Begründung der wissenschaftlichen Theorie aufgezeigt, sondern auch umgekehrt die Auswirkungen des objektiv-allgemeinen wissenschaftlichen Denkens auf die Lebenswelt der Menschen. Seine Analyse dieser Auswirkungen ist für die Pastoraltheologie und Religionspädagogik von Interesse, da sie Hinweise auf die Gründe einer „Krisis" der Menschen gibt. Diese Hinweise wurden bislang noch wenig aufgegriffen, und auch Husserl selbst führt sie nicht weiter aus, da seine Fragestellung nicht eine lebenspraktische ist. Für die Pastoraltheologie und Religionspädagogik lassen sich jedoch wertvolle Perspektiven daraus gewinnen.

Durch das Entstehen des neuzeitlichen Wissenschaftsverständnisses und der objektiven Wissenschaften, die sich durch die Nivellierung der Sinnbezüge und im Gegenüber zum lebensweltlichen Sinnfundament als allgemeine, subjekt-unabhängige Wissenschaften und in einem Gegenüber zur Lebenswelt etablierten, kam es zu einer

---

[373] Vgl. dazu auch Hoffmann-Riem (1980): Die Sozialforschung einer interpretativen Soziologie.

„radikalen Krisis des europäischen Menschentums"[374], denn die Wissenschaften konnten auf die Sinnfragen der Menschen keine Antworten geben. Den Grund für die Sinnkrisen sieht Husserl in den *Substruktionen* oder „Unterschiebungen". Die objektive, abstrakte und ideelle Welt wird für die wahre, eigentliche gehalten, während die subjektiv-relative, erfahrbare Welt als uneigentlich und zweifelhaft angesehen wird und eine Geringschätzung erfährt. Dies hat Auswirkungen auf das Selbst-Bewusstsein der Menschen in einem doppelten Sinn: auf das Bewusstsein vom Selbst, d.h. auf die Wahrnehmung der eigenen Gefühle, subjektiven Erfahrungen und Erkenntnisse, und auf die Selbst-Achtung, d.h. auf die Wertschätzung der eigenen und fremden subjektiven Erfahrungen. Viele Menschen vertrauen nicht mehr auf die Gültigkeit ihrer unmittelbaren Wahrnehmungen, Gefühle und Erkenntnisse, ja sie achten nicht einmal auf sie, vielmehr erwarten sie die Wahrheit von den objektiven Wissenschaften. Dadurch entsteht eine innere Sinnentleerung. Es wird verlernt, subjektiven Sinn herzustellen, was jedes Kind zu Beginn seines Lebens noch tut, stattdessen wird objektiver, z.B. technischer Anwendungssinn rezipiert. Dies hat vermutlich Auswirkungen auf alle subjektiven Lebensdimensionen: Die Signale des eigenen Leibes werden häufig nicht mehr beachtet oder überhaupt wahrgenommen, sodass es zum gesundheitlichen Kollaps kommen kann, dessen Symptome vorher nicht bemerkt wurden; die „Reparatur" wird von der Medizin und ihren Arzneien erwartet, an deren Wirkungen man mehr glaubt als dass man sie versteht. Dabei ist die Medizin selbst schon längst dabei, ihr Verständnis vom Menschen zu verändern. Oft ist es erst ein Kollaps, eine chronische oder psychosomatische Krankheit, durch die die Menschen neu lernen, ihre eigenen Gefühle, Bedürfnisse und Erfahrungen als die Grundlage ihres Lebens ernst zu nehmen. Die Geringschätzung der eigenen Wahrnehmungen und dadurch der Verlust von Gefühlen wie Freude oder Trauer ist vermutlich auch ein Grund für die Expansion der Unterhaltungs-, Erlebnis- und Freizeitindustrie, die das Bedürfnis nach intensiven Gefühlen quasi objektiv, von außen vermittelt befriedigt.[375]

Auch in der Theologie ist ein verobjektivierendes Wirklichkeitsverständnis virulent. Den lebensweltlichen, subjektiv-relativen religiösen Sinnbezügen wurde ähnlich wie in anderen Wissenschaften wenig Beachtung geschenkt. Während jedoch die Naturwissenschaften durch ihre Erfolge ein Vorschussvertrauen in ihre objektiven Wahrheiten aufbauen konnten, die in der lebenspraktischen *Anwendung* (sicherlich) ihren Sinn erweisen werden, liegt dieser Anwendungssinn der Religion nicht auf der Hand. Wenn aber kein Sinn der objektiven Religion im alltäglichen Leben oder in der Gesellschaft mehr feststellbar ist, wird Religion überflüssig. An die Praktische Theologie wurde deshalb die Erwartung herangetragen, als eine Anwendungswissen-

---

[374] So in der Überschrift des ersten Kapitels der *Krisis*; vgl. Husserl (1992): Die Krisis der europäischen Wissenschaften, 1.

[375] Eine solche Analyse mag in einer individualisierten Gesellschaft überraschen, in der permanent subjektive Entscheidungen getroffen werden müssen. Doch mit David Riesmann muss zwischen innengeleiteten und außengeleiteten Entscheidungen unterschieden werden. Vgl. hierzu das bis heute aktuelle und aufschlussreiche Werk von Riesman (1972): Die einsame Masse, das in Amerika 1950 erschien (The Lonly Crowd. A Study of the Changing American Charakter) und 1958 erstmals ins Deutsche übersetzt wurde.

schaft die Sinnbezüge der Theologie wiederherzustellen. Allerdings ist es ein fast unmögliches Unterfangen, in einem zweiten Schritt die Bedeutung der Religion und Theologie im Leben der Menschen aufzuweisen, wenn in einem ersten Schritt die lebensweltlichen Sinnbezüge gelöscht wurden, um die Objektivität, die logische Schlüssigkeit und Allgemeingültigkeit herauszustellen und damit dem neuzeitlichen Wissenschaftsideal zu genügen.

Praktische Theologie muss an anderer Stelle ansetzen. Anstatt die „Unterschiebung" zu reproduzieren, muss sie die *ursprüngliche Verbindung der Sinnbezüge* zwischen subjektiver und objektiver Welt deutlich machen. Sie muss die Dignität der Subjektivität und das Vertrauen in die Gültigkeit der subjektiv-relativen Wahrnehmung, Erfahrung und Deutung wiedergewinnen. Dadurch gewinnt sie die Grundlage religiöser Vollzüge zurück. Aber nicht nur dies. Auch über das Interesse an der Religiosität der Menschen hinaus leistet sie einen Dienst an den Menschen, indem sie ihr Selbst-Bewusstsein unterstützt, d.h. das Vertrauen in die Gültigkeit der eigenen Wahrnehmungen und die Fähigkeiten zur eigenen Sinnstiftung. Dies hat Auswirkungen sowohl auf den Ansatz der Praktischen Theologie und ihre Theoriebildung als auch auf Pastoral und Religionspädagogik und ihre Konzepte.

Als ein Ergebnis dieser Überlegungen lässt sich die These formulieren: Pastoraltheologie und Religionspädagogik müssen die Fähigkeit zu sinnlichen subjektiv-unmittelbaren Wahrnehmungen, das Ernstnehmen dieser Wahrnehmungen und das Vertrauen in die eigenen Erkenntnisse stärken als Voraussetzung für die Ausbildung einer subjektiv gelebten Religiosität, die das Leben trägt. *Gelebte Religiosität bedeutet dann die Fähigkeit, im Leben religiöse Sinnbezüge herzustellen, die Wahrnehmungen, Erlebnisse und Erkenntnisse auf Gott hin zu transzendieren, die religiöse Überlieferung auf die eigenen Erfahrungen zu beziehen und im Leben bedeutsam werden zu lassen und das Leben und die gesellschaftlichen Bezüge aus einer solchen Religiosität heraus zu reflektieren und zu deuten, zu gestalten und zu bewältigen.*

Damit sind ein praktisch-theologisches Forschungsprogramm zur Erforschung der Religiosität und pastoraltheologische und religionspädagogische Perspektiven für die Konzeptionalisierung zur Unterstützung der Religiosität der Menschen verbunden.

1. Ein praktisch-theologisches Forschungsprogramm

Es gilt, die lebensweltlichen Strukturen des Religiösen und seine Erscheinungsweisen in verschiedenen gesellschaftlichen und psychischen Zusammenhängen sowie ihre Bildungs- und Veränderungsprozesse zu erforschen: Welche Vorstellungen haben die Menschen heute von Gott? Wie konstituieren und verändern sich diese Vorstellungen? Welche Bedeutung haben sie für die Gestaltung des Lebens und das gesellschaftliche Handeln? Wie bilden und verändern sich die Beziehungen zu Gott? Wie geschieht religiöse Deutung? Wie werden Sinnbezüge der Überlieferung zum Leben hergestellt, und wie bekommt die Überlieferung im Leben Bedeutung? Wie werden theologische Begriffe und Konzepte im Leben rezipiert? Wie bedient sich das theologisch-abstrakte Denken der lebensweltlichen Ursprungsevidenzen und ihrer Anschaulichkeit? Die Fragen ließen sich fortsetzen. Sie müssen zudem weiter differenziert werden nach Altersgruppen, Geschlechtsrollen, sozialen und konfessionellen Gruppen usw.

Die praktisch-theologische Forschung steht hier noch am Anfang. Für sie sind Methoden der qualitativen Sozialforschung relevant, die geeignet sind, die komplexen subjektiven Sinnstrukturen der Religiosität zu erfassen. Hier muss die Praktische Theologie das interdisziplinäre Gespräch mit den Sozialwissenschaften suchen.

Einen Zugang zur Erforschung lebensweltlicher Religiosität und seiner Veränderung eröffnet die Religiosität von Kindern. Die subjektiv-relative Wahrnehmungs- und Erkenntnisweise ist entwicklungsgeschichtlich die grundlegende und von Beginn des Lebens an gegeben, während sich die Fähigkeit zum abstrakten und objektiven Denken erst mit der Zeit ausbildet. Bei Kindern können zum einen die Entfaltung und Veränderung der subjektiven Strukturen der Religiosität beobachtet werden, die die Grundlage für die Ausformung der Religiosität im gesamten Leben bildet: für das, was gebildet, modifiziert, abgelehnt oder bekämpft wird. Zum anderen können auch die Veränderungen der Religiosität erforscht werden, die mit dem Erlernen abstrakter Denkweisen und objektiver und naturwissenschaftlicher Wissensgehalte einhergehen.

2. Pastoraltheologische und religionspädagogische Perspektiven für die Erarbeitung von Konzepten

Die gewonnenen Erkenntnisse müssen in die Entwicklung von Konzepten zur Unterstützung der gelebten Religiosität einfließen. Hierfür können folgende Perspek-tiven festgehalten werden:

- Es soll das Vertrauen der Menschen in die eigenen Fähigkeiten gestärkt werden, die unmittelbar gegebene Welt mit ihren Körpern, Füllen und Qualitäten „mit eigenen Augen", d.h. subjektiv-relativ wahrzunehmen, ernst zu nehmen und zu deuten.
- Es gilt, die Menschen zu befähigen und zu bestärken, ihre Wahrnehmungen und Erfahrungen auf Gott hin zu transzendieren und von Gott her zu deuten, religiöse Fragen zu stellen und eine Beziehung zu Gott aufzubauen.
- Die Menschen sollen bestärkt werden, sich als Fragende und Suchende zu verstehen, die selbst fähig sind, theologisch zu reflektieren, zu deuten und zu gültigen Ergebnissen zu kommen. Eine solche Suchbewegung ist die Bedingung der Möglichkeit, dass es zur kritischen Aneignung von theologischen Theorien kommt und diese im Leben bedeutsam werden.

KAPITEL 3

VON DER ERFAHRUNG ZUM SINNHAFTEN AUFBAU DER SOZIALEN WELT: SOZIALPHÄNOMENOLOGISCHE ERKENNTNISSE VON ALFRED SCHÜTZ

Husserl untersuchte die philosophische Frage nach den Bedingungen der Möglichkeiten des Erkennens. Doch blieb er dem einsamen ego und den subjektiven Konstitutionsprozessen der Welt im Bewusstsein verhaftet. Die Frage der Intersubjektivität konnte er nicht lösen. Dieser Frage nun, wie Menschen einander verstehen können und wie die gemeinsame gesellschaftliche Welt im Bewusstsein entsteht, wendet sich Alfred Schütz zu. Er schließt eng an die Erkenntnisse Husserls an und verwendet dessen phänomenologische Methode, doch verfolgt er eine andere Fragerichtung als Husserl: Er fragt nicht nach der Konstitution der Erkenntnis im Bewusstsein des Einzelnen, sondern danach, wie ein gemeinsam geteiltes Bewusstsein von den Strukturen der Sozialwelt zustande kommt. Anders als Husserl betreibt er seine phänomenologischen Analysen bewusst in der „natürlichen Einstellung", das heißt, er fragt nicht nach der transzendentalen Konstitution. Sein Interesse gilt einer wissenschaftstheoretischen Fundierung der Sozialwissenschaften. Schütz kann dabei auf den handlungstheoretischen Arbeiten Max Webers aufbauen, doch ist es ihm ein Anliegen, sie wissenschaftstheoretisch weit reichender zu begründen, als dies Weber getan hat. Mit Weber setzt er bei der handelnden Person an. Doch differenziert er den Handlungs- und den mit ihm verbundenen Sinnbegriff weiter aus. In Abgrenzung zu strukturfunktionalen[376] oder behavioristischen Ansätzen[377] sieht Schütz die Möglichkeit, zwischenmenschliche und gesellschaftliche Vorgänge zu verstehen und zu deuten, nur darin, dass die subjektive Wahrnehmung, Erfahrung und Deutung und die Prozesse der subjektiven Sinnkonstitution der Handelnden nachvollzogen werden und von daher die Konstitution von Gesellschaft rekonstruiert wird. Das Handeln von Menschen, das Funktionieren ihrer Organisationen und Institutionen, kann nur wirklich verständlich und adäquat deutbar werden, wenn der subjektive Sinn und die Formen ihrer Objektivierung nachvollzogen werden.

Die von Alfred Schütz entwickelte Sozialphänomenologie stellt die Brücke zwischen den philosophischen Fragestellungen der Phänomenologie und den Fragestellungen der Soziologie dar. Bevor ich auf die für die Fragestellung der vorliegenden Arbeit relevanten Theorieansätze von Alfred Schütz eingehe, werde ich ein Blick auf seine Biographie werfen.

---

[376] Vgl. hierzu den Disput mit Parsons in: Schütz/ Parsons (1977): Zur Theorie sozialen Handelns.
[377] Vgl. hierzu Schütz (1971): Gesammelte Aufsätze I, 240.

3.1 Biographische Notizen

Alfred Schütz wird am 13. April 1899 in Wien als einziges Kind seiner jüdischen Eltern Johanna und Otto Schütz geboren.[378] Sein Vater ist Prokurist bei einer Wiener Privatbank. Nach der „Notmatura" 1917 dient er bis zum Ende des Krieges in der österreichisch-ungarischen Armee und immatrikuliert sich anschließend an der rechts- und staatswissenschaftlichen Fakultät der Wiener Universität. Wien ist auch nach dem Krieg und dem Untergang der österreichisch-ungarischen Doppelmonarchie noch ein wirtschaftliches, kulturelles und wissenschaftliches Zentrum. In seinem Studium wird Schütz von drei einflussreichen Schulen in Wien geprägt. Einer seiner wichtigsten Lehrer ist Ludwig von Mieses, der zu dem Kreis der von Friedrich von Wieser gegründeten „Österreichischen Grenznutzenschule" gehört, die an einer mit exakten Methoden forschenden, quantifizierenden Nationalökonomie arbeitet. Sein Lehrer Hans Kelsen, der an einer positiven Grundlegung der Rechtsphilosophie arbeitet, veranlasst Schütz zur Auseinandersetzung mit der Theorie und Methodologie Max Webers. Schließlich wird er von dem *Wiener Kreis* (Moritz Schlick, Otto Neurath, Rudolf Carnap, Hans Reichenbach u.a.), der in Anschluss an die positivistische Philosophie Ernst Machs einen „logischen Empirismus" vertritt, zur kritischen Auseinandersetzung mit dem Positivismus veranlasst.

Im Jahr 1921 schließt Schütz sein rechtswissenschaftliches Studium mit dem Staatsexamen und dem juristischen Doktorat ab. Von da an arbeitet er hauptberuflich als Finanzjurist, zunächst bei der „Bankenvereinigung" in Wien. 1927 wechselt er als Prokurist zum Bankhaus Reitler & Co in Wien, Paris und New York, für das er bis 1952 tätig bleibt. Erst am Ende seines Lebens kann er diesen Beruf aufgeben, um sich ganz den wissenschaftlichen Studien zu widmen.[379]

Im März 1926 heiratet er Ilse Heim (geb. 1902). 1933 wird die Tochter Eva Elisabeth, 1938 der Sohn Georg geboren. Ilse Schütz unterstützt ihren Mann bei seinen wissenschaftlichen Arbeiten und der Fertigstellung der Typoskripte. Alfred Schütz betreibt seine wissenschaftlichen Arbeiten und seine umfangreiche Korrespondenz in der Zeit, die ihm neben seinem Beruf und Familienleben bleibt – abends, an Wochenenden und vor allem im Urlaub. Viele seiner Manuskripte tragen den Namen eines Urlaubsortes, manche brechen ab, ohne abgeschlossen worden zu sein. Ilse

---

[378] Zur Biographie von Alfred Schütz ist wenig bekannt und erst in den letzten Jahren vereinzelt etwas geschrieben worden. Meine folgende Darstellung stützt sich auf Darstellungen von Endreß (1999): Alfred Schütz und Grathoff (1995): Milieu und Lebenswelt, bes. 17-32. Die Jahreszahlen sowie einige Namen von Institutionen differieren bei beiden Autoren, ich halte mich hier an die Angaben von Endreß, der als Geschäftsführer des Sozialwissenschaftlichen Archivs in Konstanz tätig ist, wo der Nachlass von Schütz aufbewahrt ist, und der somit unmittelbaren Zugang zu den Dokumenten hat.

[379] Die Gründe für das nichtwissenschaftliche Berufsleben als Justitiar im Bankgewerbe sind nicht ganz eindeutig. Grathoff schreibt: „Schütz verfolgte keine akademische Karriere", Grathoff (1995): Milieu und Lebenswelt, 18f, modifiziert aber diese Einschätzung aufgrund eines Briefes von Herbert Furth, der darauf hinweist, dass Schütz als Jude, wie andere wissenschaftlich arbeitenden Juden auch, keine bezahlte Anstellung in der Wissenschaft finden konnte; vgl. Grathoff, (1995): Milieu und Lebenswelt, 19, Fn. 3.

Schütz stellt die Entwürfe, Überarbeitungen und neuen Fassungen maschinenschriftlich zusammen.

Das Interesse Alfred Schütz' gilt der philosophischen Grundlegung der Sozialwissenschaften. Zunächst ist er auf der sozialwissenschaftlichen Seite stark von der Handlungstheorie Georg Simmels und Max Webers beeinflusst, philosophisch ist er von der Lebensphilosophie Henri Bergsons beeindruckt. Über diesen gewinnt er erst relativ spät einen Zugang zu Husserls Denken und Sprache, zunächst zu Husserls *Vorlesungen über das innere Zeitbewußtsein* (1928). Auf Simmel, Weber, Bergson und Husserl stützt Schütz sein erstes und einziges zu Lebzeiten publiziertes Buch *Der sinnhafte Aufbau der sozialen Welt*, das 1932 erscheint. Der Titel lässt eine Gegenüberstellung zu Carnaps Werk *Der logische Aufbau der Welt* (1928) anklingen. Schütz schickt das Buch zusammen mit einer Rezension, die er zu Husserls *Cartesianischen Meditationen* geschrieben hat, an Husserl, der ihm daraufhin offenbar beeindruckt eine Einladung zukommen lässt. So gewinnt Schütz Zugang zu dem Freiburger Phänomenologenkreis, er trifft dort Ludwig Landgrebe, Eugen Fink, Dorion Cairns und andere. Von 1932 an trifft Schütz Husserl mehrmals jährlich in Freiburg, Prag oder Wien.[380] So ist er bereits vor der Veröffentlichung mit den Gedanken der *Krisis* vertraut, die Husserl in seinen letzten Jahren umtreiben.

Husserl bietet ihm an, sein Assistent zu werden – was die große Wertschätzung Husserls gegenüber dem Soziologen zeigt –, doch lehnt Schütz das Angebot ab. Er hat die politische Lage realistisch im Blick und bereitet seinen Rückzug vor. Als die Deutschen im März 1938 den Anschluss Österreichs vollziehen, hält sich Schütz beruflich in Paris auf. Er kehrt nicht nach Wien zurück, vielmehr zieht Ilse Schütz mit den Kindern nach Paris. In dieser Zeit lernt er Aron Gurwitsch kennen, der bereits 1933 aus Berlin nach Paris geflohen war. Beide verbindet Zeit ihres Lebens nicht nur eine herzliche Freundschaft, sondern auch ein intensiver Briefwechsel,[381] der das Bemühen um das Verstehen der Schriften Husserls kundgibt und das Ringen um die eigenen Positionen vorantreibt.[382]

Im Juli 1939 emigriert die Familie Schütz nach New York. Hier sucht Schütz Anschluss an die universitäre Sozialwissenschaft, die von Talcott Parsons dominiert ist. Doch seine Bemühungen um einen konstruktiven Dialog scheitern. Parsons lädt ihn zwar zu einem Vortrag ein, fühlt sich aber kritisiert. Im nachfolgenden Briefwechsel 1940/41 stellen sie ihren jeweiligen phänomenologischen bzw. strukturfunktionalen Ansatz klar, finden aber zu keiner konstruktiven Dialogbasis. Der Briefwechsel endet 1941 abrupt.[383] Schütz' Versuch, in dem universitären sozialwissenschaftlichen Diskurs in Amerika einen Ort zu finden, ist gescheitert.

---

[380] Vgl. hierzu Schütz' biographischen Rückblick, zit. in Baeyer (1971): Einleitung, 9-12.

[381] Vgl. Grathoff (1985): Alfred Schütz – Aron Gurwitsch: Briefwechsel 1939-1959.

[382] Aron Gurwitsch folgt Schütz später nach New York und wird sein Nachfolger auf seinem Lehrstuhl an der *New School for Social Research*.

[383] Der Briefwechsel ist dokumentiert in: Schütz/ Parsons (1977): Zur Theorie sozialen Handelns. Parsons gesteht ein, dass er an den Fragen, die Schütz bewegen, kaum interessiert ist. „Wenn Sie sagen, daß ich offenbar an ihren Problemen nicht in dem Maße interessiert bin, wie Sie an den meinen, so mögen Sie damit sehr wohl recht haben.", ebd., 120. Nach diesem Brief bricht Parsons den Briefkontakt ab; den folgenden Brief von Schütz beantwortet er nicht mehr.

Doch findet Schütz Aufnahme in dem Kreis amerikanischer Phänomenologen um Marvin Farber und Dorion Cairns, die er aus dem Freiburger Husserl-Kreis kennt. Er wird Ende 1939 Gründungsmitglied der „International Phenomenological Society" und 1940 Mitherausgeber der von Marvin Farber gegründeten Zeitschrift „Philosophy and Phenomenological Research". Über Kongresse und Tagungen entfaltet er eine eigene Wirksamkeit. Ab 1943 nimmt er zunächst als Lecturer für Soziologie eine Lehrtätigkeit an der *New School for Social Research*[384] in New York auf, wo er 1944 zum Visiting Professor und 1952 zum Full Professor ernannt wird. Erst jetzt gibt er seinen nichtwissenschaftlichen Beruf auf. An der New School kann er seinen sozialphänomenologischen Ansatz diskutieren und an einen Schülerkreis, zu dem Peter Berger, Thomas Luckmann, Harold Garfinkel, Maurice Natanson u.a. gehören, weitergeben.

In der Emigration wird Schütz mit amerikanischen sozialwissenschaftlichen und philosophischen Ansätzen vertraut. Hatte er in Europa vorrangig an die Handlungstheorie Georg Simmels und Max Webers, an die Lebensphilosophie Henri Bergsons und die Phänomenologie Max Schelers und Edmund Husserls angeknüpft, findet er nun Anschluss an die Sozialphilosophie George Herbert Meads, an den Pragmatismus William James' und die Prozessphilosophie Alfred North Whiteheads und integriert diese Ansätze in seinen sozialphänomenologischen Entwurf.

Das publizierte *Werk* Alfred Schütz' ist nicht sehr umfangreich. Er hat nur ein einziges Buch, *Der sinnhafte Aufbau der sozialen Welt*, geschrieben, das 1932 veröffentlicht wurde.[385] Daneben hat er etwa dreißig Arbeiten, meist in Englisch, in verschiedenen mehr oder weniger bekannten Zeitschriften publiziert, die von kleineren Aufsätzen bis zu größeren Abhandlungen reichen. Viele von ihnen sind in Deutsch 1971/72 in drei Bänden als *Gesammelte Aufsätze* publiziert worden. Die Aufsätze beleuchten verschiedene Aspekte seiner Forschungen. Sein Hauptwerk, in dem er seine Forschungen systematisch zusammenfassen will, bleibt jedoch unvollendet. Da er absehen kann, dass er es nicht mehr selbst ausarbeiten kann, fügt er ein halbes Jahr vor seinem Tod die Facetten seiner Arbeiten zu einem Konzept zusammen. Am 20.5.1959 stirbt er.

Ilse Schütz transkribiert die in seinen Notizbüchern festgehaltenen Aufzeichnungen. Thomas Luckmann übernimmt mit ihrer Unterstützung die Ausarbeitung der Notizen und veröffentlicht das gemeinsame Werk in zwei Bänden unter dem Titel *Strukturen der Lebenswelt,* die 1979 und 1984 erscheinen. Ilse Schütz ist bestrebt, den Nachlass der Öffentlichkeit zugänglich zu machen. Sie arbeitet an der Vervollständigung der unvollendeten Arbeiten, wobei ihre ausgezeichneten Kenntnisse der

---

[384] Die *New School for Social Research* wurde 1919 als erste amerikanische Hochschule für Erwachsenenbildung gegründet. Auf Initiative ihres damaligen Direktors Alvin Johnson wurde 1933 eine sozialwissenschaftliche Fakultät eingerichtet, die verfolgten Wissenschaftlerinnen und Wissenschaftlern aus Europa bei der Auswanderung oder Flucht half. Die Liste der von der *New School* unterstützten Emigrantinnen und Emigranten nennt 176 Namen, unter anderen Felix Kaufmann, Max Wertheimer, Frieda Wunderlich u.a. Vgl. Grathoff (1995): Milieu und Lebenswelt, 24-26.

[385] Die beabsichtigte Ergänzung zu einer zweiten Auflage konnte Schütz nicht mehr erarbeiten; Ilse Schütz ließ das Buch deshalb kurz nach dem Tod ihres Mannes unverändert neu auflegen.

Schriften hilfreich sind.[386] Zu seinem heute zugänglichen Werk gehören neben den genannten Arbeiten einige Manuskripte und Briefe, die Schütz selbst nicht für eine Veröffentlichung vorgesehen hatte und die später aus seinem Nachlass publiziert wurden.[387]

Eine eigene Wirkung entfalten die Arbeiten Alfred Schütz' zunächst in den Schriften seiner Schüler, vor allem in dem wissenssoziologischen Werk von Peter Berger und Thomas Luckmann: *Die gesellschaftliche Konstruktion der Wirklichkeit*. Schütz hat nie die Bekanntheit wie etwa Max Weber oder Talcott Parsons erlangt. Dennoch haben seine Schriften eine große Bedeutung für die Begründung der verstehenden Soziologie. Erst seit Beginn der siebziger Jahre, als seine *Gesammelten Aufsätze* auf deutsch erschienen (bis heute ohne Neuauflage), begann man, Schütz in Europa wahrzunehmen. Seine Wirkung hat er vor allem durch die Rezeption durch seine Schüler erlangt. Neben Peter Berger und Thomas Luckmann hat zur Rezeption auch Jürgen Habermas beigetragen, der sich in der *Theorie des kommunikativen Handelns* auf Schütz bezieht.

3.2   Grundlagen: Der handlungstheoretische Ansatz und die Phänomenologie

Ging es Husserl um die Begründung der Philosophie als strenger Wissenschaft, so kann analog gesagt werden, dass es Alfred Schütz um eine Fundierung und Begründung der Sozialwissenschaft als „strenger Wissenschaft" ging. „Der Kampf um den Wissenschaftscharakter der Soziologie ist eines der merkwürdigsten Phänomene in der deutschen Geistesgeschichte der letzten fünfzig Jahre. Seitdem der Beziehung des Einzelnen zum gesellschaftlichen Ganzen systematisch nachgeforscht wird, herrscht über das Verfahren und Ziel solcher Betätigung erbitterter Streit. Anders als in anderen Wissensgebieten geht der Kampf nicht allein um die Bewährung einzelner Theorien und Methoden, vielmehr wird der Gegenstandsbereich der Sozialwissenschaften selbst und seine Vorgegebenheit als Realität der vorwissenschaftlichen Erfahrung in Frage gestellt."[388] Mit dieser Problembeschreibung beginnt Schütz seine Abhandlung *Der sinnhafte Aufbau der sozialen Welt*. Was ist das gesellschaftliche

---

[386] Was Ilse Schütz für das Werk ihres Mannes getan hat, bringt Thomas Luckmann im Vorwort zu den *Strukturen der Lebenswelt* zum Ausdruck: „Sie ist zu sehr ein Teil des Lebens von Alfred Schütz, auch seines wissenschaftlichen Lebens, und viel zu eng mit den Bemühungen verbunden, sein Vermächtnis Früchte tragen zu lassen, als daß es sich irgend jemand – sogar jemand, der eng an diesen Bemühungen teilhatte – erlauben dürfte, ihr für etwas zu danken, was jetzt Teil *ihres* Lebens ist." Schütz/ Luckmann (1991): Strukturen der Lebenswelt I, 22.

[387] Vgl. Schütz (1981): Theorie der Lebensformen; Schütz (1982): Das Problem der Relevanz; Schütz/ Parsons (1977): Zur Theorie sozialen Handelns; Grathoff (1985): Alfred Schütz – Aron Gurwitsch, Briefwechsel 1939-1959. Der Nachlass von Schütz befindet sich heute im Sozialwissenschaftlichen Archiv der Universität Konstanz.

[388] Schütz (1981): Der sinnhafte Aufbau der sozialen Welt, 11.

Sein des Menschen, das die Sozialwissenschaft erkundet? Wie lässt es sich verstehen und erforschen? Diese Fragen sucht Schütz zu ergründen.

Bei seinen Forschungen zur Begründung der Sozialwissenschaft knüpft Schütz an zwei Wissenschaftsdiskurse an, die er miteinander verbindet und weiterführt: Zum einen greift er die handlungstheoretischen soziologischen Ansätze seiner Zeit auf, besonders die von Georg Simmel und Max Weber, zum anderen schließt er an die Lebensphilosophie und die Phänomenologie an – an Henri Bergson, Max Scheler, Helmuth Plessner und vor allem später dann an Edmund Husserl.

Mit der Darstellung der Phänomenologie Husserls im vorangegangenen Kapitel wurden bereits einige seiner philosophischen Grundlagen erläutert. Schütz greift nicht nur Husserls Konstitutionsanalysen der menschlichen Wahrnehmung und Erkenntnis auf, sondern vor allem auch dessen phänomenologische Methode, mit der er die Konstitution gesellschaftlichen Wissens und Handelns untersucht. Auf die sozialwissenschaftliche Grundlage, die handlungstheoretischen Ansätze seiner Zeit, möchte ich im Folgenden kurz eingehen.

Georg Simmel (1858-1918)[389] führt die sozialen Phänomene auf die Verhaltensweisen Einzelner zurück und versucht, das individuelle Verhalten deskriptiv zu erfassen – allerdings noch in einer, wie Schütz feststellt, verworrenen und unsystematischen Weise.[390] Er definiert Soziologie als eine Wissenschaft von den Prozessen und Formen der Wechselwirkungen von Individuen. Diese erzeugen die Wechselwirkungen, sind aber zugleich auch von ihnen betroffen. Dadurch kommen die Menschen als Handelnde und Erleidende in den Blick. Diese Perspektive schlägt sich in seinem gesamten sozialwissenschaftlichen Forschungsansatz nieder. Die zentralen Kategorien seiner Gesellschaftsanalyse lassen sich unter den Stichworten Wechselwirkung, Form, Handeln, Leiden, Inhalt und Vergesellschaftung wiedergeben. Die Wechselwirkungen entfalten in Triaden Widersprüche und gesellschaftlich Spannungen – Simmel reflektiert auf die soziologische Bedeutung der Dreizahl – und entwickeln ihre Dynamik in Raum (Kategorien: Nähe und Distanz, Fremder und Wanderer) und Zeit (Kategorien: Tempo, Rhythmik, Kontinuität und Diskontinuität).

---

[389] Simmel, das siebte Kind einer Kaufmannsfamilie, wächst in Berlin auf und studiert Geschichte, Völkerpsychologie, Philosophie und Kunstgeschichte. Seine Dissertation („Psychologisch-ethnographische Studien über die Musik") wird 1880 abgelehnt, dafür wird er 1881 mit einer Arbeit über Kant promoviert. Zu Kant arbeitet er auch in seiner Habilitationsschrift, doch scheitert er bei seinem Probevortrag 1884, und erst ein Jahr später kann er nach einem zweiten Probevortrag das Verfahren abschließen. Es folgt eine Zeit als unbesoldeter Privatdozent und ab 1901 als außerordentlicher Professor ohne Gehaltsansprüche. Eine Berufung nach Heidelberg scheitert, da ihm in einem Gutachten vorgehalten wird, Jude zu sein (was er nicht ist). 1890 heiratet er Gertrud Kinel, die unter dem Pseudonym Marie-Luise Enckendorff literarische und philosophische Arbeiten publiziert und freundschaftliche Beziehungen zu Marianne und Max Weber herstellt. Zwischen Georg Simmel und Marianne Weber entwickelt sich ein die Arbeiten beider befruchtender Gedankenaustausch. Erst mit 56 Jahren kann er 1914 einen Ruf auf eine Professur in Philosophie in Straßburg annehmen, die er bis zu seinem Tod 1918 innehat. Vgl. Nedelmann (1999): Georg Simmel; Wobbe (1997): Wahlverwandtschaften, 29-68.

[390] Vgl. Schütz (1981): Der sinnhafte Aufbau der sozialen Welt, 12.

Es ist *Max Weber* (1864-1920)[391], der die Theorieansätze einer „verstehenden Soziologie" seiner Zeit integrativ zusammenfasst und in seinem unvollendet gebliebenen Hauptwerk *Wirtschaft und Gesellschaft*[392] systematisiert. Als eine ausgezeichnete Zusammenfassung des Denkens und der soziologischen Grundlagen Max Webers liest sich das erste Kapitel. Es ist der Definition wichtiger Grundbegriffe gewidmet, die auch für das Verständnis der weiteren Ausführungen der vorliegenden Arbeit grundlegend sind.

„§ 1. Soziologie (im hier verstandenen Sinn dieses sehr vieldeutig gebrauchten Wortes) soll heißen: eine Wissenschaft, welche soziales Handeln deutend verstehen und dadurch in seinem Ablauf und seinen Wirkungen ursächlich erklären will. ‚Handeln' soll dabei ein menschliches Verhalten (einerlei ob äußeres oder innerliches Tun, Unterlassen oder Dulden) heißen, wenn und insofern als der oder die Handelnden mit ihm einen subjektiven *Sinn* verbinden. ‚Soziales Handeln' aber soll ein solches Handeln heißen, welches seinem von dem oder den Handelnden gemeinten Sinn nach auf das Verhalten *anderer* bezogen wird und daran in seinem Ablauf orientiert ist."[393]

„§ 2. Wie jedes Handeln kann auch das soziale Handeln bestimmt sein 1. *zweckrational*: durch Erwartungen des Verhaltens von Gegenständen der Außenwelt und von anderen Menschen und unter Benutzung dieser Erwartun-

---

[391] Max Weber wird am 21.4.1864 als ältester Sohn in einer großbürgerlichen protestantischen Kaufmannsfamilie geboren. Er studiert Jura, Nationalökonomie, Agrargeschichte, Philosophie und Theologie in Berlin, Heidelberg und Göttingen. 1889 promoviert er in Handelsrecht und habilitiert sich 1892 für Römisches Recht. Lückenlos schließen sich eine Privatdozentur (1892), die Berufung auf den Lehrstuhl für Nationalökonomie nach Freiburg (1893) und auf den Lehrstuhl für Nationalökonomie nach Heidelberg (1897) an. 1894 heiratet er Marianne Schnittger, die in der Frauenbewegung engagiert ist und Arbeiten zur Rolle der Frau in der Gesellschaft publiziert (vgl. Weber, Frauenfragen und Frauengedanken (1919)). Die Lehre und persönliche Probleme zehren an seinen Kräften. Zwischen 1897 und 1904 erlebt er Phasen von Erschöpfung und Depression und hält sich monatelang in psychiatrischen Sanatorien auf. 1903 scheidet er endgültig aus dem universitären Lehramt aus und wird Heidelberger Honorarprofessor. Den Lebensunterhalt bestreitet er aus Kapitalerträgen seiner Mutter und seiner Ehefrau. Die Position als freischaffender Privatgelehrter erlaubt es ihm, sich, unterstützt und begleitet von seiner Frau, ganz seinen wissenschaftlichen Forschungen und Reisen zu widmen. – Eine große Bedeutung hat das Haus der Webers in Heidelberg als ein Zentrum des intellektuellen Austauschs. Mehrmals in der Woche ist hier Gelegenheit zur Diskussion, ab 1912 findet ein wöchentlicher „jour fixe" statt, an dem auch Studenten teilnehmen können. Zudem sind die Webers regelmäßige Gäste in den zahlreichen anderen Diskussionszirkeln in Heidelberg: in der religionswissenschaftlichen Diskussionsrunde „Erasmus" um Georg Jellinik und Ernst Troeltsch, im naturwissenschaftlichen Kreis „Janus" um Ernst Robert Curtius und Karl Jaspers oder im Montagskreis von Cosima Wagner und ihrer Tochter Daniela von Bühlow. Enge Freundschaft verbindet die Webers mit dem Ehepaar Simmel. Erst zu Kriegsende sieht sich Weber aus finanziellen Gründen gezwungen, noch einmal in die Lehre zurückzukehren. Er nimmt einen Ruf an die Universität in München an, stirbt aber schon bald darauf 1920 an der grassierenden Spanischen Grippe. Marianne Weber gibt nach seinem Tod sein Hauptwerk *Wirtschaft und Gesellschaft* und eine Biographie Max Webers heraus, die die Grundlage zu seinem Ruhm legen.

[392] Weber konnte nur die ersten 180 Seiten selbst für den Druck vorbereiten. Das Werk wird nach seinem Tod von seiner Frau Marianne, später zusammen mit seinem Schüler Johannes Winckelmann, herausgegeben. Es besteht aus einer redaktionell erheblich bearbeiteten Textsammlung. Vgl. hierzu: Kaesler (2000): Max Weber – Wirtschaft und Gesellschaft.

[393] Weber (1980): Wirtschaft und Gesellschaft, 1.

gen als ‚Bedingungen' oder als ‚Mittel' für rational, als Erfolg, erstrebte und abgewogene eigene *Zwecke*, – 2. *wertrational*: durch bewußten Glauben an den – ethischen, ästhetischen, religiösen oder wie immer sonst zu deutenden – unbedingten *Eigen*wert eines bestimmten Sichverhaltens rein als solchen und unabhängig vom Erfolg, – 3. *affektuell*, insbesondere *emotional*: durch aktuelle Affekte und Gefühlslagen, – 4. *traditional*: durch eingelebte Gewohnheit."[394]

„§ 3. Soziale ‚Beziehung' soll ein seinem Sinngehalt nach aufeinander gegenseitig *eingestelltes* und dadurch orientiertes Sichverhalten mehrerer heißen. Die soziale Beziehung *besteht* also durchaus und ganz ausschließlich: in der *Chance*, daß in einer (sinnhaft) angebbaren Art sozial gehandelt wird, einerlei zunächst: worauf diese Chance beruht."[395]

Weber geht von dem Begriff des sozialen Handelns und der sozialen Beziehung aus und gelangt durch Deskription und Typisierung zu den Kategorien der „Vergemeinschaftung" und „Vergesellschaftung". Er führt alle Phänomene der Sozialwelt, alle Arten sozialer Beziehungen und Institutionen auf das individuelle Handeln und Verhalten Einzelner und ihrer Sinngebung als ursprünglichstes Geschehenselement zurück. Deshalb gewinnt die Sozialwissenschaft Zugang zum Verstehen der gesellschaftlichen Prozesse und Gebilde nur durch das Verstehen der Beziehungen und Sinngebungen, die sich im Handeln der Individuen in der sozialen Welt konstituieren. So stellt der *Sinn* eine zentrale Kategorie der Handlungs- und Gesellschaftstheorie dar, während das *Verstehen* im Zentrum der Methode steht. Nur mit Hilfe der Methode des Verstehens des subjektiven oder gemeinten Sinnes ist ein Zugang zur Gesellschaft möglich. Das Verstehen führt freilich nicht zu einer kausal richtigen Deutung, sondern zu einer besonders evidenten kausalen Hypothese.[396]

Alfred Schütz übernimmt den handlungstheoretischen Ansatz der verstehenden Soziologie, die auf das Handeln, Verstehen, Deuten, Beurteilen und Sinngeben der Einzelnen und auf die bewussten und unbewussten Folgen und Wirkungen des Handelns rekurriert. Jede Frage nach dem Sinnhaften ist eine Frage nach der ursprünglichen Konstitution des Sinnes für das Ich. Doch geht Schütz über den Ansatz Webers hinaus – schon auch deshalb, weil er von anderen Fragestellungen bewegt wird. Während Weber in immer neuen Studien an einer generalistischen Rationalisierungstheorie arbeitet, geht es Schütz um eine wissenschaftstheoretische *Fundierung* der Sozialwissenschaften. Er stellt fest, „daß Max Webers Fragestellung zwar den Ansatzpunkt jeder echten Theorie der Sozialwissenschaften endgültig bestimmt hat, daß aber seine Analysen noch nicht bis in jene Tiefenschicht geführt sind, von der allein aus viele wichtige, aus dem Verfahren der Geisteswissenschaften selbst erwachsende Aufgaben bewältigt werden können."[397]

Schütz kritisiert Weber vor allem in zwei Punkten: in der unzureichenden Analyse des Sinns als der grundlegenden Kategorie der verstehenden Soziologie und in der unzureichenden erkenntnistheoretischen Fundierung seiner Handlungstheorie. We-

---

[394] Weber (1980): Wirtschaft und Gesellschaft, 12.
[395] Weber (1980): Wirtschaft und Gesellschaft, 13.
[396] Vgl. Weber (1980): Wirtschaft und Gesellschaft, 14f.
[397] Schütz (1981): Der sinnhafte Aufbau der sozialen Welt, 9.

bers Konzeption der verstehenden Soziologie beruht, so Schütz, auf unbenannten Prämissen: „Aber so großartig Webers Konzeption dieser ‚verstehenden' Soziologie ist, auch sie beruht auf einer Reihe stillschweigend gemachter Voraussetzungen, deren Explikation ein um so dringlicheres Postulat bleibt, als nur eine radikale Analyse der echten und ursprünglichen Elemente des sozialen Handelns eine gesicherte Fundierung der weiteren gesellschaftswissenschaftlichen Arbeit verbürgt. Nur notgedrungen und anfänglich mit sichtbarem Widerstreben hat Max Weber sich um die theoretischen Grundlagen seiner Wissenschaft bemüht, da er dieser Betätigung die Arbeit an konkreten Problemen seines fachlichen Forschungsgebiets bei weitem vorgezogen hat. (...) (An) der radikalen Rückführung seiner Ergebnisse auf eine gesicherte philosophische Grundposition lag ihm ebensowenig, wie an der Erhellung der Unterschichten der von ihm aufgestellten Grundbegriffe."[398]

Weber setzt zwar bei der sinnhaften und deshalb verstehbaren Handlung des Einzelnen ein und macht sie zum Grundbegriff der verstehenden Soziologie, doch macht er keinen Unterschied zwischen dem Ablauf einer Handlung und der abgeschlossenen Handlung, zwischen dem Sinn des eigenen und des fremden Handelns, zwischen dem Selbstverstehen und dem Fremdverstehen. Er fragt nicht nach der Konstitution des Sinns für den Handelnden oder für Fremde, nicht nach der Verschiedenheit der Sinnstruktur, die das eigene Verhalten, das selbst erlebte Verhalten anderer oder das nur mittelbar gewusste Verhalten der Mit- oder Vorwelt hat. Schütz ist es deshalb darum zu tun, den Begriff des Sinnes genauer zu bestimmen. „Erst wenn wir uns dieses Fundamentalbegriffes versichert haben, werden wir in der Lage sein, in schrittweisen Analysen die Sinnstruktur der Sozialwelt zu untersuchen und auf diese Weise den methodischen Apparat der verstehenden Soziologie in einer tieferen Schicht, als dies durch Max Weber geschehen ist, zu verankern."[399]

Zu der Analyse dieser tieferen Schichten der Sinnstruktur als Grundlage der sozialwissenschaftlichen Methodologie gelangt Schütz durch seine sozialphänomenologischen Untersuchungen. Er untersucht die Konstitution des Sinns im Erleben, Erfahren und Deuten in der Dimension des inneren Zeitbewusstseins. Erst in dieser tiefsten der Reflexion zugänglichen Erlebnisschicht ist der Ursprung der Phänomene „Sinn" und „Verstehen" aufweisbar. Grundlegend sind ihm dabei die Arbeiten von Henri Bergson, vor allem dessen 1888 erschienene Schrift *Essay sur les données immédiates de la conscience*, und von Edmund Husserl, vor allem seine *Vorlesungen über die Phänomenologie des inneren Zeitbewußtseins* (erschienen 1928) geworden. „Nur mit Hilfe einer allgemeinen Theorie des Bewußtseins, wie Bergsons Philosophie der Dauer oder Husserls transzendentaler Phänomenologie, kann die Lösung der Rätsel gefunden werden, mit denen die Problematik der Sinnsetzungs- und Sinndeutungsphänomene umlagert ist."[400] Erst auf der Grundlage der Konstitutionsanalyse des Phänomens des Sinnes im Erleben kann die Sinnstruktur der Sozialwelt untersucht werden.

---

[398] Schütz (1981): Der sinnhafte Aufbau der sozialen Welt, 14f.
[399] Schütz (1981): Der sinnhafte Aufbau der sozialen Welt, 21.
[400] Schütz (1981): Der sinnhafte Aufbau der sozialen Welt, 21.

3.3   Die Konstitution des sinnhaften Erlebens

Die zentrale Kategorie einer verstehenden Soziologie ist der Begriff des *Sinns*. Sinn ist weder eine Art zusätzlichen Erlebnisses noch ein Prädikat eines Erlebnisses, sondern „die Bezeichnung einer bestimmten Blickrichtung auf ein eigenes Erlebnis, welches wir, im Dauerablauf schlicht dahinlebend, als wohlumgrenztes nur in einem reflexiven Akt aus allen anderen Erlebnissen ‚herausheben' können. Sinn bezeichnet also eine besondere Attitüde des Ich zum Ablauf seiner Dauer."[401] Der Sinnbegriff Max Webers ist nach Schütz unzureichend, da er statisch gedacht ist. Das Sinnproblem stellt sich als ein Zeitproblem heraus, als „ein solches des ‚inneren Zeitbewußtseins', des Bewußtseins der je eigenen Dauer, in dem sich für den Erlebenden der Sinn seiner Erlebnisse konstituiert"[402].

Zur Erforschung der Konstitution des Sinns geht Schütz zunächst von dem vereinfachten hypothetischen Fall des einsamen Ichs aus, um mit der phänomenologischen Methode der Konstitutionsanalyse die zeitlichen Prozesse des sinnhaften Erlebens des Subjekts zu untersuchen.[403] Er unterscheidet im Anschluss an Henri Bergson zwei Zeitformen des Lebens: das schlichte Dahinleben im Erlebnisstrom der inneren Dauer oder der *durée*, und das Leben in der raum-zeitlichen begrifflichen Welt.[404]

Das Leben oder Erleben in der reinen Dauer ist prinzipiell unreflektiert, es ist ein kontinuierliches Werden und Entwerden, ein Dahinleben, in dem das „Jetzt" immer Phase ist, die mit anderen Phasen verschmilzt. Es ist grundsätzlich unreflektiert. An die Urimpression schließen sich Retentionen an, die sich schnell verflüchtigen, aber das neue Erleben mitkonstituieren. Die Urimpression hat die Evidenz der unmittelbaren Gewissheit, die in der Retention, wenn auch modifiziert, erhalten bleibt.

Das Leben in der raum-zeitlichen Welt hingegen ist reflektiert, hier gibt es Zustände, Wahrnehmungen, abgegrenzte Bilder und Objekte. Das reflektierende Bewusstsein tritt aus dem Zeitstrom des reinen Dahinlebens heraus und wendet sich reflexiv dem Erleben zu. Dabei hebt es Erlebnisse aus dem Strom des reinen Dahinlebens heraus. Die Urimpression des „Innewerdens" wird dabei als „Erinnerung" modifiziert. In dem reflexiven Akt der Zuwendung wird das Erleben als ein abgelaufenes, fertiges und abgegrenztes *Erlebnis* erfasst. Hier gibt es nun Phänomene oder fest umrissene Gegenstände, Bilder, Zustände usw. Was sich polythetisch aufbaute, wird im monothetischen Blickstrahl der Zuwendung vergegenständlicht. Dabei kommen die vielfältigen Prozesse der Konstituierung nicht in den Blick. Diese Zu-

---

[401] Schütz (1981): Der sinnhafte Aufbau der sozialen Welt, 54; im Orig. teilw. hervorg.
[402] Schütz (1981): Der sinnhafte Aufbau der sozialen Welt, 20.
[403] Es ist von Vertreterinnen und Vertretern des Symbolischen Interaktionismus kritisch angefragt worden, warum Schütz nicht von Anfang an die intersubjektive Verfasstheit der Gesellschaft zum Ausgangspunkt seiner Analysen nimmt. Obwohl Schütz den Symbolischen Interaktionismus zur Kenntnis nimmt und sich auch teilweise auf ihn bezieht, hat er sich offenbar zu einem solchen Ansatz nicht entschließen können.
[404] Vgl. zum Folgenden: Schütz (1981): Der sinnhafte Aufbau der sozialen Welt, 62-70. Die grundlegenden Zusammenhänge der Sinnkonstitution in Erleben, Erinnern, Deuten und Handeln stelle ich hier in geraffter Form dar, ich habe sie ausführlicher behandelt in: Klein (1994): Theologie und empirische Biographieforschung, 116-123.

wendung geschieht immer aus einer bestimmten attentionalen Haltung des Ichs, der *attention à la vie* heraus.

In der (Wieder-)erinnerung wird die Reproduktion, das Bild des Erlebnisses, immer klarer, während sich die Retentionen in steter Abschattung verflüchtigen. Doch die Erinnerung hat nicht mehr die Evidenz der absoluten Gewissheit, die die Urimpression und auch noch die Retentionen besaßen. Es gibt allerdings auch ein Erleben, das gar nicht oder nur in einem äußerst vagen Zugriff reflektiert und das nicht in anschaulicher Weise, sondern höchstens als eine Leervorstellung, als ein ‚Etwas-erlebt-Haben', reproduziert oder erinnert werden kann. Schütz nennt solche Reproduktionen „‚wesentlich aktuelle' Erlebnisse"[405]. Hierzu gehören z.B. die leiblichen Vorgänge wie die Verdauung oder der Herzschlag, Schmerzen oder Wohlbefinden, aber auch psychische Vorgänge wie z.B. ein Schock, Angst, Liebe, Freude usw. Sie gehören zum innersten Kern des Ichs.

Zusammenfassend lassen sich also zwei zeitliche Strukturen unterscheiden, die für die Analyse von Erleben und Handeln und damit auch für die weitere Konstitutionsanalyse der Sozialwelt grundlegend sind: einmal der präphänomenale Prozess des Erlebens, der innere Zeitstrom des Dahinlebens, die innere Zeit oder die *durée*, in der es nur ein schlichtes Erleben gibt, und zum anderen die Zeitstruktur der reflexiven Zuwendung zum Erleben, die Erinnerung, in der es Phänomene, fest umrissene Objekte, Zeitpunkte und Erlebnisse gibt.

In der reflexiven Zuwendung zu Vergangenem wird diesem *Sinn* (Bedeutung) zugesprochen. Sinn beschreibt Schütz „als die ‚aufmerkende Zuwendung', welche nur auf ein abgelaufenes, niemals jedoch auf ein ablaufendes Erleben vollzogen werden kann"[406]. Da nicht alles Erleben der reflexiven Zuwendung zugänglich ist, entzieht es sich damit auch der Deutung und Sinngebung. Da Sinngebung ein intentionaler Akt ist und Sinn eine Leistung der Intentionalität, kann nun nur demjenigen Erlebnis Sinnhaftigkeit zuerkannt werden, das sich dem reflexiven Blick als ein abgegrenztes zeigt. „Nur das Erlebte ist sinnvoll, nicht aber das Erleben."[407]

Auf dieser Grundlage unterscheidet Schütz zwei Formen der Aktivität der Menschen und kommt damit zu seinem Handlungsbegriff: das Verhalten und das Handeln. Das *Verhalten* definiert er als ein durch spontane Aktivität „sinngebendes Bewußtseinserlebnis"[408]. Verhalten hat keinen Bezug auf eine Absicht. Zum Verhalten gehören automatische Handlungen wie gewohnheitsmäßige, traditionelle oder affektive Handlungen.[409] Das *Handeln* ist eine auf Zukünftiges gerichtete intentionale Aktivität. Es beruht auf einem vorgefassten Entwurf. Es ist von Protentionen, vorausblickenden Erwartungen, begleitet. Der Entwurf beruht auf der Vorstellung der vollzogenen Handlung, die in der Phantasie entworfen wird. Dabei blicke ich auf die vollzogene Handlung im zeitlichen Modus der vollendeten Zukunft, modo futuri exacti. Diese Erwartung kann sich erfüllen oder nicht, und die vollzogene Handlung

---

[405] Schütz (1981): Der sinnhafte Aufbau der sozialen Welt, 69; vgl. ebd. 112f.
[406] Schütz (1981): Der sinnhafte Aufbau der sozialen Welt, 69.
[407] Schütz (1981): Der sinnhafte Aufbau der sozialen Welt, 69; im Orig. hervorg.
[408] Schütz (1981): Der sinnhafte Aufbau der sozialen Welt, 71; im Orig. hervorg.
[409] Vgl. hierzu Schütz (1971): Gesammelte Aufsätze I, 242.

kann an der Erwartung gemessen werden. Das in der aktuellen Gegenwart ablaufende Handeln kann jedoch nicht reflektiert und gemessen werden. Das Handeln hat damit eine doppelte zeitliche Struktur. Der Entwurf greift auf den in der Vergangenheit angereicherten Vorrat an Wissen und Erfahrung zurück, und er konstruiert zugleich die Phantasie einer in der Zukunft vollzogenen Handlung. Entsprechend liegt ihm eine doppelte Motivstruktur zugrunde: die „Weil-Motive", die auf die Vergangenheit, und die „Um-zu-Motive", die auf das Ziel verweisen.

3.4 Das Verstehen von Sinnkonstitutionsprozessen anderer

Die in aller Kürze dargelegten Grundzüge der Konstitution des sinnhaften Erlebens legen die Grundlage, um das Fremdverstehen und die sinnhafte Konstitution der sozialen Welt zu analysieren. Zum Verstehen und Fremdverstehen ist die Unterscheidung zwischen subjektivem und objektivem Sinn wegweisend.

3.4.1 Fremdverstehen als Nachvollzug von Bewusstseinsprozessen

Zunächst sollen die Vorgänge des Verstehens anderer bzw. des Fremdverstehens untersucht werden.[410] Als Beispiele können einmal die Beobachtung einer anderen Person – Schütz wählt das Beispiel der Beobachtung eines Holzfällers[411] – oder die Wahrnehmung einer Aussage eines anderen als einer bewussten Kundgabe angeführt werden. Die Wahrnehmung eines anderen ist immer zunächst eine *Selbstauslegung der eigenen Erlebnisse* der beobachtenden Person. Sie deutet ihr Erleben des Einschlagens auf einen Baum im Gesamthorizont der eigenen Erfahrung und benennt es vielleicht mit dem Begriff „Holz fällen". Wird etwas beobachtet, was noch nie in irgendeiner Form (und sei es in Form eines Berichts) erfahren worden ist, so kann es nicht spontan gedeutet und benannt werden, sondern es müssen Deutungsmuster und Begriffe erst gesucht werden. Doch die Selbstauslegung der eigenen Erlebnisse führt noch nicht zu einem Verstehen des anderen. Zu einem echten Fremdverstehen muss ein Weiteres kommen: Der Blick wird nicht nur auf den äußeren Hergang gerichtet, sondern auf die Erlebnisse des anderen als handelnder Mensch. Es wird danach gefragt, warum er etwas tut („Weil-Motiv") und welchen Zweck er damit verbindet, welche Absicht er hat („Um-zu-Motiv"). Der beobachtete Vorgang wird als Ausdruck des Bewusstseinserlebens von einem alter ego begriffen und in seinem Erleben nachvollzogen. Ähnlich verhält es sich mit einem gesprochenen Satz. Deute ich ihn allein im Rahmen meines eigenen Sinnzusammenhangs, so führt dies noch nicht zum

---

[410] Zum Folgenden vgl. Schütz (1981): Der sinnhafte Aufbau der sozialen Welt, 148-157.

[411] Vgl. Schütz (1981): Der sinnhafte Aufbau der sozialen Welt, 152f. Schütz greift hier ein Beispiel von Max Weber auf, der das Verstehen am Beispiel der Beobachtung einer Person, die Holz hackt, verdeutlicht; vgl. Weber (1980): Wirtschaft und Gesellschaft, 4.

echten Verstehen des anderen, sondern nur zu einer eigenen Deutung. Frage ich hingegen, warum jemand diesen Satz sagt und wozu das alter ego den Satz spricht, was er damit intendiert und meint, versuche ich seine Bewusstseinserlebnisse nachzuvollziehen, so ist dies ein Weg zum Verstehen des anderen. Zusammenfassend lässt sich festhalten, „daß also alles echte Fremdverstehen auf Akten der Selbstauslegung des Verstehenden fundiert ist"[412], dass es aber zugleich nach dem Sinnzusammenhang fragt, in welchem das wahrgenommene Erlebnis für alter ego steht.

Wie aber kann ich die Erlebnisabläufe und Sinnzusammenhänge im Bewusstsein von alter ego erfassen? Schütz zeigt zwei Wege auf: Entweder ich entwerfe das fremde Handlungsziel als Ziel meines eigenen Handelns und phantasiere den Hergang des an diesem Ziel orientierten Handelns, oder ich erinnere mich an ein eigenes entsprechendes Handeln und reproduziere die Erlebnisse des eigenen Handelns. In beiden Fällen geschieht praktisch eine „Personenvertauschung"[413], wir supponieren unsere eigenen Bewusstseinsabläufe den Abläufen des fremden Bewusstseins, wobei uns immer nur unser eigenes Bewusstsein, nicht aber das fremde erschlossen wird. Es „identifiziert sich das ego vorwärtsschreitend in den einzelnen Phasen des Handelns mit dem in seiner Fülle erfaßten Erlebnisablauf des alter ego im gemeinsamen Wir."[414] Allerdings ist uns in der Beobachtung zugleich unmittelbar evident, dass das Erleben des alter ego ein anderes ist als das eigene phantasierte oder rekapitulierte. Wenn wir vermeiden wollen, dass das phantasierte Handeln dem des Fremdhandelns inadäquat ist, müssen wir uns alle Sinnzusammenhänge, die wir aufgrund unseres Vorwissens haben (z.B. über den kulturellen und zeitgeschichtlichen Kontext, die Erfahrungen und Deutungen der beobachteten Person etc.), phantasierend zu Eigen machen.

Eine größere Sicherheit im Verstehen ist in der direkten wechselseitigen Interaktion gewährleistet, etwa im Gespräch oder im gemeinsamen Fällen eines Baumes. Hier bestimmt jeweils das Bewusstsein von den Bewusstseinsabläufen des anderen das eigene Handeln. Die Bewusstseinsabläufe können sich aufeinander einstellen und einander angleichen.

3.4.2   Zeichen und Anzeichen – Zeugnis und Erzeugnis

Um eine andere Person zu verstehen, muss ich mich auf meine unmittelbaren oder mittelbaren Wahrnehmungen von ihr beziehen. In der direkten Wahrnehmung in einer face-to-face Beziehung dient mir der Körper als Ausdrucksfeld. Ist eine Person nicht anwesend, können mir auch Objektivationen wie ein Brief oder auch ein Schild: „Eintritt verboten" als Hinweise auf ihre Bewusstseinsprozesse dienen. Zur Analyse des Vorgangs des Verstehens müssen Unterscheidungen getroffen werden, die ihre Wurzeln in der zeitlichen Struktur des Erlebens, Deutens und Handelns

---

[412] Schütz (1981): Der sinnhafte Aufbau der sozialen Welt, 156; im Orig. hervorg.
[413] Schütz (1981): Der sinnhafte Aufbau der sozialen Welt, 159.
[414] Schütz (1981): Der sinnhafte Aufbau der sozialen Welt, 161.

haben: zwischen Ausdrucksbewegung und Ausdruckshandlung, Anzeichen und Zeichen, Erzeugnis und Zeugnis.

Anzeichen und Zeichen

In der unmittelbaren Wir-Beziehung, d.h. der unmittelbaren Gegenwart der anderen Person, kann der Körper der anderen Person als Ausdrucksfeld wahrgenommen werden. Von all dem her, was ich an ihrem Körper wahrnehme, kann ich auf ihre Bewusstseinsabläufe schließen, um sie zu verstehen. Die Bewegungen deute ich vielleicht als Handlungen, die Laute als Sprache. Dabei kann ich grundsätzlich zwischen nicht intendierten Ausdrucksbewegungen und intendiertem Ausdruckshandeln unterscheiden. Eine Ausdrucksbewegung, etwa das Minenspiel oder die Gestik, erfolgt nicht in kommunikativer Absicht, es ist kein Handeln, sondern ein Verhalten. Die Ausdrucksbewegung ist ein *Anzeichen oder Symptom*, denn sie ist nicht mit einem intentionalen Entwurf, einer geplanten Handlung verbunden. Sie ist für die Person, die diese Bewegung ausführt, ein unreflektiertes, präphänomenales Verhalten. Anders verhält es sich mit dem Ausdruckshandeln, dem eine Intention und ein geplanter Entwurf zugrunde liegen. Die handelnde Person möchte etwas erreichen oder mitteilen. Die Ausdruckshandlung ist *ein bedeutsames Zeichen*.

Anzeichen haben keine eigene, subjektive Bedeutung, da sie nicht intendiert sind, ihnen also spontan kein gemeinter Sinn zugemessen wird, wiewohl sie nachträglich oder von anderen gedeutet werden können. In der unbelebten Natur gibt es deshalb nur Anzeichen, aber keine Zeichen. Jedes Zeichen ist gesetzt und mit Sinn verbunden. Es steht zum Bezeichneten in der Beziehung der Repräsentation. Eine Person, die sich um Verstehen bemüht, hat nicht das Zeichen selbst im Blick, sondern dasjenige, *wofür* es steht, die Bedeutung des Zeichens. Drei Striche auf einem Schild, die in einem Punkt zusammentreffen, werden nicht als „Striche" wahrgenommen, sondern als „Pfeil" oder „Richtungsangabe".

Das Zeichen bekommt innerhalb eines *Zeichensystems* seine *objektive Bedeutung*. „Unter einem Zeichensystem verstehen wir einen Sinnzusammenhang zwischen Deutungsschemata, in den das betreffende Zeichen für denjenigen, der es deutend oder setzend gebraucht, eingestellt ist."[415] Das Zeichensystem ist ein Sinnzusammenhang höherer Ordnung zwischen den Zeichen. So bekommt eine Musiknote ihre Bedeutung im Sinnzusammenhang der Notenschrift; ein Wort aus dem Zusammenhang einer Sprache usw. Die Zuordnung eines Zeichens zu einem Zeichensystem geschieht aus dem Gesamtzusammenhang der Erfahrung. Es genügt ein Vorwissen um das gesamte System, auch ohne die Kenntnisse der einzelnen Zeichen, um ein Zeichen zuordnen zu können. Ein mit Stenokürzeln bedecktes Blatt kann ich als stenographierte Niederschrift erkennen, auch wenn ich die Schrift nicht entziffern kann.

Innerhalb eines Zeichensystems kommt einem Zeichen eine spezifische Bedeutung zu. Ein Zeichen hat innerhalb eines Zeichensystems insofern einen *objektiven Sinn*, als es unabhängig von der Zeichen setzenden und von der Zeichen deutenden Person ist. Jede Person, die das Zeichensystem kennt, versteht das vom Zeichen Bezeichnete.

---

[415] Schütz (1981): Der sinnhafte Aufbau der sozialen Welt, 168, im Orig. hervorg.

Über die objektive Bedeutung hinaus haben alle Zeichen für diejenige Person, die sie benutzt, auch noch einen *subjektiven und okkasionellen Sinn.* Die Bedeutung des Wortes „dämonisch" bei Goethe, um ein Beispiel von Schütz anzuführen,[416] kann nur aus dem Gesamtsprachwerk Goethes erschlossen werden. Um ein Zeichen oder Wort richtig begreifen zu können, müssen wir möglichst viel Vorwissen über diejenige Person haben, die es gebraucht, über ihre Denkgewohnheiten, Deutungssysteme, etc. Die Bedeutung erschließt sich aber auch aus dem Zusammenhang, in dem es zu einem bestimmten Zeitpunkt und in einer bestimmten Situation gebraucht wird. Die verstehende Person gewinnt allerdings immer nur Annäherungswerte an das von der sprechenden Person Gemeinte, die von ihrem aktuellen Vorwissen abhängig sind.

Wer ein Zeichen setzt, möchte, dass es verstanden wird. Zeichensetzung und -deutung sind eng ineinander verwoben.[417] Ich setze das Zeichen so, wie ich vermute, dass die andere Person es am besten verstehen kann, und dies wird von meinen Kenntnissen und Erfahrungen von der anderen Person abhängen. In einem Gespräch vollziehen sich Sinnsetzung und Sinndeutung fast gleichzeitig und in wechselseitiger Verwobenheit. Die sprechende (bzw. Zeichen setzende) Person antizipiert das mögliche Verständnis der zuhörenden und wählt die Zeichen, die sie setzt, und Mitteilungen, die sie macht, nach dem aus, was sie glaubt, dass die zuhörende hier und jetzt so versteht, wie sie es möchte, dass sie es versteht. Die Worte, die gewählt werden, sind nicht nur von den eigenen Deutungsschemata und Denkgewohnheiten abhängig, sondern auch auf die fremden Denkgewohnheiten bezogen, die jedoch nur in Annäherungswerten erfasst werden. „Der vom Deutenden erfaßte subjektive Sinn ist bestenfalls ein Näherungswert zu dem gemeinten Sinn des Sinnsetzenden, aber niemals dieser selbst, denn dieser hängt von den Auffassungsperspektiven und dem notwendig immer fragmentarischen Vorwissen um die Deutungsschemata des Du ab. Das gleiche gilt natürlich für den Sinnsetzenden, der die Sinndeutung durch das Du im Entwurf antizipiert."[418]

Erzeugnis und Zeugnis

Das Fremdverstehen vollzieht sich immer an Objektivationen, in denen sich die fremden Bewusstseinserlebnisse kundtun. Eine Objektivation kann als *Erzeugnis,* als Gegenständlichkeit unabhängig von der erzeugenden Person verstanden werden, oder aber als *Zeugnis* für den Bewusstseinsablauf der Person, die sie hervorgebracht hat. „Wird ein Erzeugtes schlicht als Erzeugnis, als Gegenständlichkeit an sich interpretiert, so heißt dies, daß der Deutende seine erfahrenden Akte von diesem Gegenstand in Selbstauslegung unter seine vorrätigen Deutungsschemata subsumiert. Wird ein Erzeugnis als Zeugnis aufgefaßt, so wird darüber hinaus die Blickwendung auf die konstituierenden Bewußtseinsakte des Erzeugenden (meiner selbst oder eines alter ego) gerichtet, in welchen sich das Erzeugte aus den erzeugenden Akten konsti-

---

[416] Vgl. Schütz (1981): Der sinnhafte Aufbau der sozialen Welt, 174. Schütz greift hier ein Beispiel auf, das bereits Karl Jaspers verwendet hat; vgl. Jaspers (1925): Psychologie der Weltanschauung, 193f.
[417] Vgl. zum Folgenden: Schütz (1981): Der sinnhafte Aufbau der sozialen Welt, 175-182.
[418] Schütz (1981): Der sinnhafte Aufbau der sozialen Welt, 181.

tuierte."[419] Ich kann z.B. ein Kleidungsstück, etwa einen Pullover, als Erzeugnis betrachten und ihn in meinen Deutungs- und Lebenszusammenhang einordnen. Ich kann ihn aber auch als ein Zeugnis betrachten und nach den Konstitutions- bzw. Herstellungsprozessen und den subjektiven Bedeutungen und Sinngebungen der Personen fragen, die ihn angefertigt haben: Ich kann z.B. darauf sehen, warum und wieso meine Freundin ihn gestrickt hat, warum sie ihn mir geschenkt hat usw. Oder aufgrund des Waschzettels „Made in India" kann ich nach den Produktionsbedingungen fragen, unter denen Menschen in Indien ihn hergestellt haben, nach ihren Gründen, warum Menschen dies taten oder tun mussten, nach den Materialien, die sie benutzten, nach der Bedeutung, die die Herstellung von Kleidung für sie hat usw.

Hier wird die politische Dimension der einen oder anderen Einstellung oder Sichtweise deutlich. Der Blick allein auf die Dinge als Erzeugnisse, die Loslösung von den subjektiven Sinnprozessen, die die Gegenstände und Kulturgüter hervorgebracht haben, macht es möglich, dass ich sie allein meinen eigenen Deutungen und meinen Zielen und einem instrumentellen Umgang unterwerfe. Blicke ich auf die Erzeugungsprozesse, dann nötigt mir dies die Berücksichtigung eines fremden Willens und einer fremden Deutung und die Achtung vor einem fremden Du ab. Nicht mehr ich bin alleinige Schöpferin oder alleiniger Schöpfer, sondern ich bin eingebunden in ein Beziehungsnetz von Menschen, die meinem uneingeschränkten Handeln und Deuten Grenzen setzen. Ich muss in meinem Handeln nun fremden Willen, fremde Deutungen und Herstellungsprozesse berücksichtigen. Nicht mehr ich alleine messe Bedeutung nach eigenen Vorstellungen zu, sondern ich bin in eine Welt eingebunden, die mit vielfältigen, auch gegenläufigen Bedeutungen behaftet ist.

Hier liegt der Kern für moralisches und verantwortliches Handeln. Dieses beschränkt sich nicht nur auf den guten Willen, den ich mit einem Handeln verbinde, sondern es hat auch den Willen, die Sinn- und Erzeugungsprozesse der anderen im Blick und reiht das Handeln in diese Zusammenhänge ein. Dann ist der Kaffee nicht einfach der Kaffee, der mir zur freien Verfügung steht, sondern ich blicke auf die Herstellungs- und Handelswege und ich wähle die Kaffeesorte, bei der mir garantiert wird, dass sie ohne Einsatz von für die erzeugenden Menschen giftigen Schädlingsbekämpfungsmitteln hergestellt worden ist und dass die Erzeugenden einen angemessenen Lohn erhalten haben.

3.4.3   Subjektiver und objektiver Sinn

Aufgrund der vorhergehenden Analysen lässt sich nun die Unterscheidung zwischen subjektivem und objektivem Sinn klarer fassen, die für das Verstehen der Konstitution der Sozialwelt grundlegend ist. Objektiver Sinn bezieht sich auf ein Erzeugnis, ohne dass dessen Erzeugungsprozesse im fremden Bewusstsein und Handeln beachtet würden. Die polythetischen Akte, in denen sich ein Gegenstand im Bewusstsein einer anderen Person aufbaute, werden ausgeblendet, und der Gegenstand wird in den Gesamtzusammenhang der Erfahrung der deutenden Person eingeordnet.

---

[419]   Schütz (1981): Der sinnhafte Aufbau der sozialen Welt, 187.

Vom subjektiven Sinn wird gesprochen, wenn die polythetischen Akte im Blick sind, in denen sich die Erlebnisse derjenigen Person aufbauten, die ein Erzeugnis hervorgebracht hat und sie in Quasigleichzeitigkeit zur eigenen Dauer nachvollzogen werden. Hier ist also auch (über den nie zu überspringenden Sinnzusammenhang der deutenden Person hinaus) der Sinnzusammenhang im Blick, in dem die Erlebnisse der Erzeugung und das Erzeugnis für die erzeugende Person stehen. „Objektiver Sinn steht daher nur in einem Sinnzusammenhang für das Bewußtsein des Deutenden, subjektiver Sinn verweist daneben und darüber hinaus auf einen Sinnzusammenhang für das Bewußtsein des Setzenden."[420]

Der objektive Sinn ist von jeder Dauer und von jedem alter ego cogitans und seinem Erleben gelöst. Er ist zeit- und ortübergreifend, von allgemeiner Bedeutung. Der subjektive Sinn verweist auf die Sinngebungsprozesse eines konkreten Du. „Aus diesen Darlegungen geht hervor, daß jede Deutung des subjektiven Sinnes eines Erzeugnisses auf ein besonderes Du verweist, von welchem der Deutende Erfahrung hat und dessen aufbauende Bewußtseinsakte er in Gleichzeitigkeit oder Quasigleichzeitigkeit nachvollziehen kann, indessen der objektive Sinn von jedem Du losgelöst und unabhängig ist."[421]

Die Invarianz des Sinngehaltes eines Erzeugnisses gegenüber den Akten des Erzeugens hängt von dem Grad der Anonymität ab, in dem der Bewusstseinsablauf des Erzeugenden erfasst wird. Je anonymer die Handelnden bleiben, desto eher können die Erzeugnisse und Handlungen unter Deutungsschemata der Deutenden subsumiert werden. Dies gilt auch für wissenschaftliche Theoriebildung über die Sozialwelt. Je anonymer und typisierter die Handelnden, ihre Bewusstseins- und Handlungsprozesse sind, desto leichter lassen sich die Handlungen unter wissenschaftliche Deutungssysteme subsumieren, und desto leichter und konsistenter lässt sich auch eine allgemeine Theorie bilden. Doch bleibt die Frage, ob sie noch den sozialen Prozessen adäquat ist, die sie fassen soll.

Folgen für die Theoriebildung

Die Unterscheidung von objektivem und subjektivem Sinn hat weitreichende Folgen für die sozialwissenschaftliche Methodik und Theoriebildung. Sie ist die Grundlage für die Entwicklung einer interpretativen oder verstehenden Sozialforschung geworden, die davon ausgeht, dass die Sozialwelt nur angemessen gedeutet und theoretisch gefasst werden kann, wenn sie auch verstanden worden ist, d.h. wenn versucht wird, den subjektiven Sinn und die polythetischen Erzeugungsprozesse der sozialen Objektivationen zu rekonstruieren.

Die Unterscheidung hat aber auch über die Sozialwissenschaften hinaus weitreichende Bedeutung für die gesamten Geisteswissenschaften und findet ihren Niederschlag in deren Methoden und Theorien. Alle geistigen und materiellen Kulturprodukte sind Erzeugnisse, die auf die Erzeugung durch andere Menschen und ihre Be-

---

[420] Schütz (1981): Der sinnhafte Aufbau der sozialen Welt, 188; im Orig. hervorg.
[421] Schütz (1981): Der sinnhafte Aufbau der sozialen Welt, 190.

wusstseinsabläufe hinweisen. Alle Kulturobjektivationen können in einer zweifachen Weise angesehen werden: Sie können von ihrem objektiven Sinn her als fertige Gegenständlichkeiten betrachtet, beschrieben und theoretisch gefasst werden. Sie können aber auch als Zeugnisse für den Bewusstseinsablauf derjenigen, die sie erzeugt haben, interpretiert werden.

Schütz führt einige Beispiele aus verschiedenen Wissenschaften und Kulturbereichen an.[422] Auf drei seiner Beispiele möchte ich hier eingehen. In den Rechtswissenschaften kann eine Gesetzesstelle als Satz innerhalb eines Rechtssystems nach philologischen oder juristischen Interpretationsregeln oder aber durch die Frage nach dem „Willen des Gesetzgebers" gefasst werden. Die Sätze der theoretischen Nationalökonomie haben Handlungen (als Erzeugnisse) zum Gegenstand, nicht aber das Handeln als Erzeugen. Ihr Sinn konstituiert sich aus der Subsumtion der Handlungen unter die Deutungsschemata der interpretierenden Wissenschaftler. Man könnte aber auch die Handelnden selbst und ihre Bewusstseinsabläufe in den Blick nehmen, dann würde man, so Schütz, aber nicht mehr theoretische Nationalökonomie, sondern Wirtschaftsgeschichte oder -soziologie betreiben, und hierfür hat Max Weber in seinem ersten Buch von *Wirtschaft und Gesellschaft* ein hervorragendes Beispiel geliefert.

Der Rekurs von Schütz auf die verschiedenen Wissenschaftsdisziplinen endet mit einem interessanten Ausblick auf die Theologie, den ich hier wiedergeben möchte: „So tief ist das Bestreben nach Aufsuchung eines subjektiven Sinns alles Vorfindlichen im menschlichen Geiste verwurzelt, so sehr verknüpft sich die sinnhafte Deutung jedes Gegenstandes mit der Möglichkeit seiner Rückführung auf eine sinnhafte Setzung durch ein Bewußtsein, daß schlechthin alles als Erzeugnis und damit als Zeugnis für den Bewußtseinsablauf dessen, der es erzeugte, aufgefaßt werden kann: Die Welt als Erzeugnis Gottes, für dessen schöpferischen Akt sie zeugt, und auch der Mensch als Kreatur des Schöpfers, für dessen Sein und Bewußtsein sein Leben Zeugnis ablegt. An dieser Stelle kann auf diesen – der strengen Wissenschaft entrückten – Problemkreis nur hingewiesen werden. Jedenfalls ist die Problematik des subjektiven und objektiven Sinns die Eingangspforte zu jeder Theologie und Metaphysik."[423]

Schütz berührt hier die Grundüberzeugung der jüdisch-christlichen Tradition und Spiritualität, dass die Schöpfung auf den Schöpfer verweist. Aber noch etwas anderes wird deutlich: mit der Frage nach dem subjektiven oder objektiven Sinn und der ihr zugrundeliegenden Haltung ist ein Grundvollzug der Religiosität berührt. Sehe ich die Welt einfach als gegeben und mir zur Verfügung stehend, dann bin ich Schöpfer dessen, was ich daraus mache. Sehe ich aber in allen natürlichen und kulturellen Phänomenen und in den Ereignissen der Welt die Verweise auf das Du anderer Menschen und die Verweise auf das Göttliche, dann ist mein Schaffen rückgebunden an die Gemeinschaft meiner Vor-, Mit- und Nachwelt und an die Beziehung zu Gott.

---

[422] Vgl. Schütz (1981): Der sinnhafte Aufbau der sozialen Welt, 191-193.
[423] Schütz (1981): Der sinnhafte Aufbau der sozialen Welt, 193.

3.5 Die Konstitution der Sozialwelt im Bewusstsein

Auf den Grundlagen der Analysen des Erlebens, Handelns und der Sinngebung fragt Schütz nach den Prozessen der Konstitution der Sozialwelt.[424] Die Grundlage einer gemeinsamen Sozialwelt ist das Verstehen des anderen Menschen, das Fremdverstehen. Schütz untersucht zunächst die Wir-Beziehung als den Prototyp der sozialen Beziehung. Die erlebte Sozialwelt ist in vielfacher Weise nach ihrer Intimität und Zeitlichkeit gegliedert, und jeder Gegebenheitsweise ist eine besondere Technik des Fremdverstehens eigen. Anders als die Wir-Beziehung, aber auf ihrer Erfahrungsgrundlage, bauen sich die Beziehungen zu anonymen Mitmenschen, die Ihr-Beziehungen, sowie die Selbstwahrnehmung auf.

3.5.1 Die Wir-Beziehung

Zu den Menschen, die ich direkt in unmittelbarer Umgebung von Angesicht zu Angesicht erlebe (face-to-face relation), stehe ich in einer *Wir-Beziehung*. Sie gehören zu meiner *sozialen Umwelt*. Schütz bezeichnet sie als *Mitmenschen*.

Die Beziehung zum Du in der Wir-Beziehung
In der Wir-Beziehung (face-to-face relation) teile ich Zeit und Raum mit dem Du. Die Umgebung ist unsere Umgebung, eine einheitliche und gemeinsame, und die Zeit ist eine geteilte, gemeinsame Zeit. Wie beim beschriebenen Erleben überhaupt kann auch in der Wir-Beziehung zwischen zwei Zeitstrukturen, zwischen einem gemeinsamen präphänomenalen Erleben in der Dauer und dem reflexiven Heraustreten aus der Dauer unterschieden werden. Solange ich im „Wir" lebe, lebe ich in „unserer" Dauer. „So wie ich, um über meine Erlebnisse in der Dauer zu reflektieren, aus dieser gewissermaßen heraustreten, mich abseits stellen, den beständigen Fluß zum Stehen bringen muß, so muß ich und du: so müssen wir, um ein Erlebnis der ,Wirsphäre' in den Blick zu bekommen, aus der umweltlichen Sozialwelt heraustreten, in der unsere attentionalen Modifikationen alle unsere eigenen Erlebnisinhalte auf das Wir hin umformten. Wir müssen unsere Aufmerksamkeit, die in der Wirbeziehung unmittelbar auf das *Du* gerichtet war, von ihm ab und in einer besonderen Art dem *Wir* selbst zuwenden, um dieses in den Blick zu bekommen. In der umweltlichen Sozialbeziehung, *aber auch nur in ihr*, leben wir *im* Wir, in der Reflexion *auf* das Wir treten wir aus diesem heraus."[425]

Das unmittelbare Erleben des Du ist unreflektiert. Erst durch die reflexive Zuwendung zu dem Wir trete ich aus dem Erlebnisstrom heraus. „Je mehr ich aber dem Wir aufmerkend zugewendet bin, um so weniger lebe ich im Wir, um so weniger erlebe ich aber auch das Du in schlichter Gegebenheit. Denn nur im Wir lebend, bin ich dem Du als einem Lebendigen zugekehrt. Über das Wir reflektierend, erfasse ich das Du nur als einen Gesamtzusammenhang von Erfahrungsgegenständlichkei-

---

[424] Vgl. zum Folgenden Schütz (1981): Der sinnhafte Aufbau der sozialen Welt, 198-244.
[425] Schütz (1981): Der sinnhafte Aufbau der sozialen Welt, 232.

ten."[426] Ein Beispiel mag diesen Gedanken verdeutlichen. Wenn zwei Menschen z.B. miteinander ein Essen kochen und anschließend gemeinsam speisen, teilen sie die lebendige Gegenwart des Du, den Raum und die Zeit, sie erleben gemeinsame Dauer (*durée*), sie leben *im Wir*. Wenn sie aber gemeinsam über ihre Beziehung sprechen, wird das erlebte Wir aus dem Zeitfluss gehoben, es wird vergegenständlicht. Das Wir ist nun ein Gegenstand der gemeinsamen Reflexion.

In der Wir-Beziehung ist es mir möglich, in Gleichzeitigkeit auf die aufbauenden Phasen der Bewusstseinserlebnisse und der Sinnkonstitution des alter ego hinzublicken. „Weil und wofern wir diese Gleichzeitigkeit *gemeinsam alternd* erleben, weil und wofern wir *in* ihr leben oder prinzipiell leben könnten, ist auch ein Leben ‚im' subjektiven Sinnzusammenhang möglich."[427]

Am Beispiel einer gemeinsamen Beobachtung eines fliegenden Vogels verdeutlicht Schütz, wie die Wechselseitigkeit des Erlebens zustande kommt:[428] Wenn ich und du einen fliegenden Vogel beobachten, dann hat die Beobachtung, die im Bewusstsein konstituierte Gegenständlichkeit, für mich und dich einen je eigenen Sinn. Wenn ich nun merke, dass auch du den Vogel beobachtest, koordiniere ich den Ablauf meiner Bewusstseinsphasen mit dem Ablauf der deinen. Ich gehe davon aus, dass in deinem Bewusstsein Erlebnisse ablaufen, die mit denen in meinem Bewusstsein korrespondieren, doch sind Inhalt und Aufbau der Bewusstseinsphasen dahingestellt. Ich kann nicht sagen, ob mein Erlebnis vom fliegenden Vogel mit dem deinen identisch ist und umgekehrt, weil eigener und fremder Sinn nicht zur Deckung zu bringen sind. Doch wir sind zusammen gealtert, deine Dauer war für mich gleichzeitig und umgekehrt. Die wechselseitige Blickwendung auf den anderen bei der Beobachtung des Vogelflugs berechtigt dazu zu sagen: *Wir* haben einen Vogel fliegen gesehen.

Handeln und Deuten in der Wir-Beziehung
Mehr noch als in der gemeinsamen Beobachtung sind im gemeinsamen Handeln, z.B. im gemeinsamen Kochen oder Gespräch, die Blickwendungen miteinander verbunden. Das Du signalisiert mir unmittelbar durch nichtintendierte und intendierte Reaktionen sein Erleben von mir wie umgekehrt. Das Ineinandergreifen der Blickwendungen auf die Erlebnisse des Du ist wie ein „Blick gleichsam in einen in tausend Facetten geschliffenen Spiegel, von dem mein Ich im Bilde zurückgeworfen wird"[429]. Weil die reine Wir-Beziehung nicht reflektiert, sondern schlicht erlebt wird, werden die Spiegelungen als Einheit erfahren. „In einer Einheit kann das Ich gleichzeitig auf die phasenweise sich aufbauenden Erlebnisse seines eigenen Bewußtseins und auf die phasenweisen Abläufe im Bewußtsein des Du hinsehen und beide Abläufe als einen einzigen erleben, als den des gemeinsamen Wir".[430] In dieser Einheit kann ich auch das Handeln und Deuten des Du miterleben. Ich kann, da wir die Um-

---

[426] Schütz (1981): Der sinnhafte Aufbau der sozialen Welt, 232; im Orig. teilw. hervorg.
[427] Schütz (1981): Der sinnhafte Aufbau der sozialen Welt, 231.
[428] Vgl. Schütz (1981): Der sinnhafte Aufbau der sozialen Welt, 229f. Dieses Beispiel ist zugleich ein gutes Exempel dafür, wie Schütz eine phänomenologische Konstitutionsanalyse betreibt.
[429] Schütz (1981): Der sinnhafte Aufbau der sozialen Welt, 236.
[430] Schütz (1981): Der sinnhafte Aufbau der sozialen Welt, 236f; im Orig. hervorg.

gebung teilen und sie für uns eine einheitliche und gemeinsame ist, annehmen, dass der von mir und dir gesehene Gegenstand identisch ist. Zudem kann ich beständig die Ergebnisse meiner Deutung deiner Bewusstseinserlebnisse verifizieren, denn das Du ist unmittelbar befragbar und reagiert auf meine Deutungen und Handlungen. Die wechselseitigen Erfahrungen vom Du korrigieren sich in beständiger Erweiterung und Bereicherung. Wenn wir in eine Wirbeziehung miteinander treten, setzen wir wechselseitig fraglos eine Anzahl von Weil- und Um-zu-Motiven voraus und orientieren daran unsere Weil- und Um-zu-Motive. Dein Um-zu-Motiv wird zu meinem Weil-Motiv und umgekehrt. „In einem einheitlichen ungeteilten Strom umfaßt meine Dauer den Entwurf deines Handelns und dessen tatsächliche Erfüllung durch deine Handlung als ein Einheitliches. Dieser Abschnitt meiner Dauer ist kontinuierlich erfüllt mit Erlebnissen von dir, deren ich in der Weise des Wir gewahr werde, und dasselbe vermagst du von dir und deiner Dauer in bezug auf mich auszusagen und auch darauf sehe ich hin und weiß davon."[431]

Du und ich als Selbst

Allein in der Wir-Beziehung ist es möglich, das Du als ein Selbst zu erleben. Das Du ist dem Ich „in der Fülle seines Jetzt und So leibhaftig gegenwärtig"[432]. In der Erfahrung der Leibhaftigkeit des Du ist mir ein Maximum an Symptomfülle gegeben: nicht nur in den Zeichen und Bedeutungen, die es intendiert, sondern in einer Gesamtheit aller Symptome wie Erscheinung, Tonfall, Bewegung, Mimik usw. Der Leib wird als Ausdrucksfeld des Du und als Träger der Anzeichen für die Erlebnisse des fremden Bewusstseins wahrgenommen.

Das Erleben des einheitlichen Selbst des Du in der Wir-Beziehung ermöglicht mir zugleich auch *den einzig möglichen Zugang zum eigenen Selbst.* „Weil jedem der Augenblicke seiner Dauer auch ein Augenblick der Dauer des alter ego entspricht, auf den es hinzusehen vermag, gewinnt das Ich in einer ungleich größeren Fülle Zugangsprinzipien zu den Bewußtseinserlebnissen des Du als zu seinen eigenen Erlebnissen. Das Ich ‚weiß' seine Vergangenheit, soweit sie überhaupt phänomenal in wohlunterschiedene Erlebnisse eingefangen werden kann. Aber *es hat niemals sich selbst in leibhaftiger Gegenwart und in der Fülle des Jetzt und So ‚gegeben'*, und zwar deshalb nicht, weil es *in* der Fülle seines Jetzt und So leibhaftig lebt, und sich nur abgelaufenen eigenen Erlebnissen zurückschauend zuwenden kann. Hingegen ist das umweltliche Du dem Ich, auch wenn dieses von der fremden Vergangenheit nichts weiß, in der Fülle seines Jetzt und So leibhaftig gegenwärtig."[433] Mit anderen Worten: Das Ich ist sich nie im Modus des im Zeitstrom lebenden ganzen Selbst gegenwärtig, sondern nur der reflektierenden Erinnerung, die begrenzte Teile ins Bewusstsein hebt. Im Du hingegen erlebt es ein Selbst, im Modus der *durée*, in der Fülle des Jetzt und So, im gemeinsamen Zeitstrom.

Die Selbsthabe des Du kann nach Intimität, Intensität und Erlebnisnähe variieren. Die *reine* Du-Einstellung und die *reine* Wir-Beziehung sind lediglich Limesbegriffe.

---

[431] Schütz (1981): Der sinnhafte Aufbau der sozialen Welt, 240.
[432] Schütz (1981): Der sinnhafte Aufbau der sozialen Welt, 235.
[433] Schütz (1981): Der sinnhafte Aufbau der sozialen Welt, 235; Hervorh. S.K.

Die Einstellung auf das Du kann in unterschiedlicher Weise akzentuiert sein. Doch dies soll später näher erläutert werden, denn zunächst sind die Zusammenhänge der Ihr-Beziehung zu klären.

3.5.2   Die Ihr-Beziehung

Nur ein Teil unserer Beziehungen in der Sozialwelt sind unmittelbare Wir-Beziehungen. Wir unterhalten Beziehungen zu Menschen, die zwar gleichzeitig leben, die wir aber nicht unmittelbar erfahren, und stehen in Beziehung zu unseren Vorfahren und Nachfahren, die wir nicht kennen.[434]

Die Menschen, die nicht in meiner unmittelbaren Reichweite, aber gleichzeitig leben, nennt Schütz *Nebenmenschen* bzw. *Zeitgenossen*,[435] die Welt jenseits meiner unmittelbaren Reichweite *Mitwelt*. Das Du in der Mitwelt kann nicht mehr vorprädikativ und nicht mehr als Selbst erfahren werden. Die Erfahrung der Mitwelt ist eine prädikative, die sich urteilend aus dem Erfahrungsvorrat vollzieht.

Wie gewinnen wir von einem mitweltlichen Du Kenntnis, und wie ist ein Verstehen dieses Du möglich? Hier stehen zwei Wege offen. Ich kann zum einen meine Kenntnis aus einer vorangegangenen selbsterlebten umweltlichen Situation ableiten. Wenn ich mich z.B. mit einem Gast unterhalten habe und er sich dann verabschiedet und den Raum verlässt, geschieht ein Übergang von einer unmittelbaren zu einer mittelbaren Erfahrung. Er ist nun nicht mehr in der Fülle wahrnehmbarer Symptome zugegen, er ist mir nun in einer anderen Auffassungsperspektive gegeben. Mein Wissen von ihm schöpft sich aus der Erfahrung der soeben erlebten Wir-Beziehung. Dabei setze ich das erfahrene Sosein gegenüber der Vielfalt an Modifikationen invariant. Wenn er ankündigt, er gehe jetzt nach Hause, dann kann ich zwar seinen Heimweg und seine Ankunft zu Hause phantasieren. Von seinen neuen Erlebnissen und seinem gegenwärtigen Sosein habe ich jedoch keine unmittelbare Kenntnis mehr.

Ein anderer Weg, von einem anderen Menschen Kenntnis zu nehmen, ist der Schluss von einer Objektivation auf den fremden Bewusstseinsablauf. Wenn ich z.B. einen Brief in meinem Briefkasten vorfinde, dann kann ich daraus schließen, dass mir die Absenderin oder der Absender eine Botschaft zukommen lassen will. Ich kann zudem daraus schließen, dass mir unbekannte Menschen, Angestellte der Post, den für sie typischen Tätigkeitsweisen nachgekommen sind und den Brief von einem anderen Ort bis zu meinem Briefkasten befördert haben.

Für die Ihr-Beziehung ist die Typisierung konstitutiv, die in ihrer Grundform auf der Apperzeption dessen beruht, was ich nicht unmittelbar wahrnehmen kann.

---

[434] Vgl. zum Folgenden Schütz (1981): Der sinnhafte Aufbau der sozialen Welt, 252-261, und Schütz/ Luckmann (1991): Strukturen der Lebenswelt I, 103-124. Auf die Analyse der Beziehungen zu den Vor- und Nachfahren gehe ich hier nicht ein.

[435] Von „Nebenmenschen" spricht Schütz in *Der sinnhafte Aufbau der sozialen Welt*, während Schütz und Luckmann in *Strukturen der Lebenswelt* von „Zeitgenossen" sprechen.

3.5.3 Die Typisierung

Grade der Anonymität

Die Wahrnehmung und das Verstehen des anderen Menschen in der Wir- und Ihr-Beziehung ist durch die Art der Einstellung sowie durch den Grad an Anonymität gekennzeichnet. Je weniger ich von einem Menschen weiß, mit zunehmendem Grad der Anonymität und Unkenntnis also, desto mehr bin ich gezwungen, das, was ich nicht sehen, hören oder fühlen kann, durch *Typen* zu ersetzen. Dies geschieht auf eine ähnliche Weise, wie sie Husserl für die Wahrnehmung von Phänomenen als Appräsentation und Apperzeption beschrieben hat *(vgl. Kap. 2.2.1)*. „Was in der tatsächlichen Wahrnehmung eines Gegenstandes erfahren wird, erfährt eine apperzeptive Übertragung auf jeden anderen ähnlichen Gegenstand, der dann nur als Typ wahrgenommen wird."[436] Die Typenbildung kann aufgrund früherer Erfahrungen mit der abwesenden Person geschehen und ist dann angefüllt mit personalen Inhalten. Sie kann sich aber auch aus einem Vorrat gesellschaftlichen abstrakten Wissens ableiten, dem keine persönliche Erfahrung zugrunde liegt.

Mit wachsender Anonymität lösen sich die typisierenden Konstruktionen immer mehr von der Einzigartigkeit des individuellen Mitmenschen. Immer weniger Aspekte seiner Persönlichkeit werden in die Typisierung für das vorgegebene Ziel, für das dieser Typ konstruiert worden ist, aufgenommen. Die zunehmende Anonymisierung der Konstruktion führt zum Ersatz der subjektiven personalen Typen durch objektive Typen des Handlungsablaufs. Die Personen werden austauschbar, der Typ des Handlungsablaufs verweist auf „irgendjemand", der in typischer Weise handelt.

Wenn ich, um ein Beispiel von Schütz aufzugreifen, einen Brief in einen Briefkasten werfe, beziehe ich andere Personen in mein Handeln und meinen Zukunftsentwurf ein, doch beziehe ich mich nur auf bestimmte Funktionen. Ich erwarte, dass bestimmte Menschen bestimmte Funktionen ausführen werden, dass sie den in der Adresse kundgegebenen Wunsch deuten und ausführen werden. Ich habe hierbei nicht die Menschen als individuelle Personen und auch nicht das Verhalten von Individuen im Blick, die ich nicht kenne und kennenlernen werde, und es ist mir gleichgültig, was sie sich denken und wie sie den Brief befördern. Die subjektiven Sinnzusammenhänge und individuellen Handlungsprozesse sind für mich irrelevant, wichtig ist nur, dass sie ihren Funktionen nachkommen und das Ergebnis stimmt.

Der Nähe zur eigenen Erfahrung entspricht der Grad der Inhaltserfülltheit und der Individualisierung des sozialen Typus. Entwerfe ich also eine Typologie von einem Menschen aus einer unmittelbaren früheren Begegnung mit ihm, so kann sie verhältnismäßig detailliert mit spezifischen Inhalten gefüllt sein. Gründet die Typologie auf Verallgemeinerungen der sozialen Wirklichkeit überhaupt, so werden die Typisierungen verhältnismäßig inhaltsleer und generell sein.

Schütz und Luckmann unterscheiden drei Anonymitätsgrade der Typik:[437] bei den *personalen Typen* durchdringt die Erinnerung an den lebendigen Mitmenschen die

---

[436] Schütz (1953/ 1971): Wissenschaftliche Interpretation und Alltagsverständnis menschlichen Handelns, 9.

[437] Vgl. Schütz/ Luckmann (1971): Strukturen der Lebenswelt I, 113f.

Typisierung. Als *Funktionärstypen* bezeichnen sie Typisierungen, die sich auf bestimmte Funktionen beziehen. Diesen liegen Erfahrungen mit dem Typus zugrunde. Wenn ich auch genau diesem Briefträger, der mir heute die Post zugestellt hat, vielleicht noch nicht begegnet bin, bin ich doch schon Briefträgerinnen und Briefträgern begegnet, ich weiß, was sie tun und verbinde ein Bild damit. Dieser Typ ist auf bestimmte standardisierte Abläufe von Verhaltenstypen bezogen. *Soziale Kollektiva* wie „der Staat", „der Aufsichtsrat", „der Bundestag" sind extrem anonym, da sie nie unmittelbar erfahren werden können. Besonders unklar ist die Typologie, wenn die bezeichnete Gruppe von Menschen diffusen Grenzen unterliegt wie „die Rechten", „die Unterschicht", „die Armen" usw. Je anonymer die Typik, desto mehr arbeitet sie mit Zuschreibungen von objektiven Sinnzusammenhängen und Symbolen, die gemeinschaftsbezeichnend – oder auch gemeinschaftsstiftend, besonders wenn es Selbstzuschreibungen sind – wirken.

Übergänge zwischen der Wir- und Ihr-Beziehung
Zwischen der personalen Wir-Beziehung und der typologischen Ihr-Beziehung gibt es vielfältige Übergänge und Überschneidungen. Zwar ist die reine Wir-Beziehung nur in der raum-zeitlichen Einheit einer face-to-face-Beziehung möglich, doch auch hier ist sie, genaugenommen, ein Limesbegriff. Die lebendige gemeinsame, aufeinander bezogene Gegenwart des Ich und Du in der reinen Wir-Beziehung dürfte es, wenn es sie überhaupt gibt, nur in seltenen kurzen Momenten einer mystischen Einheitsbeziehung geben. In den Wahrnehmungen und Konstruktionen des Alltags erscheint die andere Person immer nur als partielles Selbst, wenn auch in der lebendigen Gegenwart in einer großen inhaltlichen Fülle.

Die Art der Wahrnehmung des anderen hängt nicht allein von der raum-zeitlichen Nähe, sondern auch von der Einstellung und dem Interesse ab. Ich kann einem anderen Menschen auch in der lebendigen Gegenwart als Typus begegnen und mich gegen alle Veränderungen und Differenzierungen meiner typologischen Wahrnehmung sperren. Ich kann ihn als einen Funktionär bestimmter Aufgaben behandeln und seine Individualität übersehen. Meine Typisierung der anderen Person kann zwar am ehesten in der unmittelbaren Wir-Beziehung aufgebrochen werden, sie kann in die erlebte Einzigartigkeit hineingezogen, „belebt" und von der lebendigen erfahrenen Wirklichkeit modifiziert werden. Es besteht allerdings auch die Möglichkeit, sich dieser Modifikation einer echten Begegnung zu entziehen, sich „herauszuhalten" und den Menschen nicht in der Wir-Beziehung, sondern in der typisierten „Ihr-Beziehung" zu begegnen. Institutionelle Handlungsabläufe funktionieren aufgrund von wechselseitigen Typisierungen, die den sozialen Umgang entlasten und reibungslos vonstatten gehen lassen. Doch gibt es auch Zwischenstufen. Verkäuferin und Käuferin begegnen sich z.B. oftmals nicht nur in typisierten Rollen, sondern sie nehmen sich weit über diese hinaus aus der Fülle ihrer leibhaftigen Gegenwart wahr. Die lebendige Gegenwart *wirkt* und bricht die wechselseitige Typisierung auf. Inwieweit ich den anderen als Typus wahrnehme und behandele, ist immer auch eine Frage der wechselseitigen Aushandlung und der Definition der Situation sowie eine Frage, wie ich mich selbst sehe, definiere und in die Beziehung einbringe – ob ich mich selbst auf einen Typus oder eine Funktion reduziere und damit nur einen Teil des Selbst zeige, oder ob ich mich mit der Fülle meines Selbstverständnisses einbringe. „Indem ich die Rolle des Anderen definiere, nehme ich selbst eine Rolle an. Indem ich das Verhalten des Anderen typisiere, typisiere ich mein eigenes Verhalten, das mit dem seinigen verbunden ist...“[438].

Die Ihr-Beziehung kann unterschiedliche Grade der personalen Füllen bzw. der Anonymität haben. Die Frage, wie ich einen anderen Menschen wahrnehme, hängt von meiner Einstellung ab. Einen Menschen, dem ich nie begegnet bin, kann ich als einen äußerst reduzierten Typus auffassen. Solange ich von *einem* Menschen rede, taucht noch die Vorstellung eines Individuums auf. Wenn ich Menschen als Kollektiv (im Plural oder im kollektiven Singular) fasse, kann ich sie auf eine einzige Eigenschaft oder ein Bündel von Eigenschaften reduzieren, die ich mit dem Begriff des Kollektivs bezeichne.

Ich kann aber auch versuchen, einen mir unbekannten Menschen differenziert, als einmaliges Individuum und in einer möglichst großen Fülle seines Lebens wahrzunehmen. Ich kann z.B. Joachim Ringelnatz als einen deutschen Dichter klassifizieren, was zunächst eine gesellschaftlich geteilte objektive Zuschreibung ist, ohne dass dabei interessiert, ob er sich selbst so verstanden hat. Seinen Ort in diesem Klassifikationssystem hat er vielleicht zwischen Goethe, Schiller, Brecht usw. Ich kann aber auch nach der Genese seines Lebens und seines Werkes fragen. Ich kann seine Autobiographie lesen und versuchen, die Vielschichtigkeit der Konstitutionsprozesse nachzuvollziehen, in denen sich im Handeln und Erleiden und im Deuten sein Leben und sein Werk aufbauten. Dadurch nähere ich mich einem Verständnis von ihm als Person an, das sich nicht allein gesellschaftlichen Typologien oder Klassifizierungen und meinen Verständnis von ihnen verdankt, sondern in dem auch Spuren seiner eigenen Selbstkonstitution sichtbar sind.

3.6 Wissenschaftliche Theoriebildung über die Sozialwelt

Es ist nach Schütz „die erste Aufgabe der Methodologie der Sozialwissenschaften, die allgemeinen Prinzipien zu erforschen, nach denen der Mensch im Alltag seine Erfahrungen und insbesondere die der Sozialwelt ordnet.“[439] Ihr Hauptproblem ist es, „eine Methode zu entwickeln, um in objektiver Weise den subjektiven Sinn menschlichen Handelns erfassen zu können. Dabei müssen die gedanklichen Gegenstände der Sozialwissenschaften mit jenen vereinbar bleiben, die von Menschen im Alltag gebildet werden“[440]. Es geht um „die Entwicklung einer Typologie der ‚Füllen'“[441].

---

[438] Schütz (1953/ 1971): Wissenschaftliche Interpretation und Alltagsverständnis menschlichen Handelns, 21. Hier verbindet sich Schütz' Analyse mit Theorien von George H. Mead, von dem er die Unterscheidung von „I" und „me" aufgreift.

[439] Schütz (1953/ 1971): Begriffs- und Theoriebildung in den Sozialwissenschaften, 68.

[440] Schütz (1953/ 1971): Wissenschaftliche Interpretation und Alltagsverständnis menschlichen Handelns, 49.

Wie stellt sich Schütz die Methoden der Theoriebildung vor? Schütz gibt nur eine allgemeine Richtungsanzeige, die aus seinen sozialphänomenologischen Konstitutionsanalysen der Sozialwelt erwächst. Sein Schwerpunkt sind nicht Methodenfragen, sondern Begründungsfragen. Doch diese Richtungsanzeige legt die Grundlage für die Feinarbeit methodischer Reflexionen, die später in den verschiedenen Methoden der verstehenden Sozialforschung ausgearbeitet wurden.

3.6.1 Theorien als wissenschaftliche Konstruktionen über alltagsweltliche Konstruktionen

Die Konstitutionsanalysen haben gezeigt: Die soziale Wirklichkeit, in der die Menschen leben und selbstverständlich handeln, ist immer schon eine sinnhaft gedeutete, eine von Menschen interpretierte und typologisch geordnete Welt. „Das Alltagswissen des Einzelnen von der Welt ist ein System von Konstruktionen ihrer typischen Aspekte."[442] Die Menschen werden in eine vorab sinnhaft gegliederte objektive Welt hineingeboren, zu der sie sich subjektiv verhalten. Sie eignen sich im Lauf ihres Lebens die vorliegenden Deutungssysteme und Typologien an, sie können ihre neuen Erfahrungen diesen Typologien zuordnen und erwarten, dass sich die Dinge in einer für sie typischen Weise verhalten. Es hängt von den Interessen und dem jeweiligen Relevanzsystem ab, welche Typologie in einem bestimmten Moment im Vordergrund steht. Ich kann z.B. ein Tier als den einmaligen und individuellen Hund „Rover" wahrnehmen, oder aber in allgemeiner Typologie als einen Vierbeiner, ein Säugetier, als einen Kampfhund usw. Verschiedene Menschen werden denselben Gegenstand unterschiedlich typisieren, wobei mit dem Typus unterschiedliche Erwartungen verbunden sind: sehe ich in dem Tier meinen Hund Rover, so erwarte ich, dass er sich zu meinen Füßen niederlegt, wenn ich es ihm sage. Sehe ich in ihm einen Kampfhund, erwarte ich vielleicht, dass er mich angreifen wird. Während wir in einer gemeinsamen Kultur von einer Vielzahl möglicher Typologien Kenntnis haben, sind uns Typologien anderer Kulturen zuweilen fremd. Es könnte z.B. sein, dass eine Person aus einer anderen Kultur das Tier einer bestimmten Art von potentieller Speise zuordnet, in ihm eine bestimmte Verkörperung Gottes sieht usw.

Die Sozialwelt, so lässt sich festhalten, ist eine konstruierte und sinnhaft gegliederte Welt. „Unser gesamtes Wissen von der Welt, sei es im wissenschaftlichen oder alltäglichen Denken, enthält Konstruktionen, das heißt einen Verband von Abstraktionen, Generalisierungen, Formalisierungen und Idealisierungen, die der jeweiligen Stufe gedanklicher Organisation gemäß sind. Genau genommen gibt es nirgends so etwas wie reine und einfache Tatsachen. Alle Tatsachen sind immer schon aus einem universellen Zusammenhang durch unsere Bewusstseinsabläufe ausgewählte Tatsachen. Somit sind sie immer interpretierte Tatsachen: entweder sind sie in künstlicher Abstraktion aus ihrem Zusammenhang gelöst oder aber sie werden nur in ihrem

---

[441] Schütz (1940/ 1971): Phänomenologie und die Sozialwissenschaften, 160; im Orig. hervorg.
[442] Schütz (1953/ 1971): Wissenschaftliche Interpretation und Alltagsverständnis menschlichen Handelns, 8, Überschrift; im Orig. hervorg.

partikulären Zusammenhang gesehen. Daher tragen in beiden Fällen die Tatsachen ihren interpretativen inneren und äußeren Horizont mit sich. Für das alltägliche Leben wie für die Wissenschaft heißt dies nicht, daß wir die Wirklichkeit der Welt nicht begreifen können. Es folgt nur, daß wir jeweils bloß bestimmte ihrer Aspekte erfassen, sofern sie entweder für die Bewältigung des Alltags oder vom Standpunkt der akzeptierten Verfahrensregeln des Denkens, die wir Wissenschaftsmethodik nennen, relevant sind."[443]

In dieser sinnhaften Gliederung der Sozialwelt ergibt sich ein wesentlicher Unterschied zu den Naturwissenschaften, die sich mit der unbelebten Natur beschäftigen, denn diese ist nicht sinnhaft strukturiert. Die Naturwissenschaftler können selbst entscheiden, welcher Sektor und welche Tatsachen für sie relevant sind. Die Tatsachen und Ereignisse der Natur sind nicht im Voraus gedeutet und ausgewählt, sie haben keine spezifischen Relevanzstrukturen. „Relevanz ist der Natur als solcher nicht immanent, sie ist das Ergebnis der selektiven und interpretativen Tätigkeit des Menschen im Umgang mit oder bei der Beobachtung der Natur."[444] Es bleibt den Naturwissenschaftlerinnen und Naturwissenschaftlern vorbehalten, die Tatsachen auszuwählen und zu deuten. Aus diesem Grund müssen sich auch die Methoden der Sozialwissenschaften von denen der Naturwissenschaften unterscheiden. Natürlich wählen auch die Sozialwissenschaftlerinnen und Sozialwissenschaftler aus und deuten, doch beziehen sie sich auf die Relevanz- und Deutungsstrukturen, auf die Konstruktionen der Menschen in der Sozialwelt.

Schütz bezeichnet die Interpretationen der Alltagswelt als *Konstruktionen ersten Grades*.[445] Die WissenschaftlerInnen bilden wissenschaftliche Konstruktionen über die Konstruktionen der Alltagswelt. Schütz nennt diese *Konstruktionen zweiten Grades*. „Die wissenschaftlichen Konstruktionen zweiter Stufe, in Übereinstimmung mit den in allen empirischen Wissenschaften gültigen Verfahrensregeln gebildet, sind objektive, idealtypische Konstruktionen und als solche von den Konstruktionen verschieden, die auf der ersten Stufe im Alltagswissen gebildet werden und die sie ersetzen müssen. Es sind theoretische Systeme, die überprüfbare, allgemeine Hypothesen einschließen"[446].

Schütz stellt drei Postulate auf, die eine sozialwissenschaftliche Theorie erfüllen soll:
- das Postulat der logischen Konsistenz: Die wissenschaftlichen Konstruktionen müssen einen hohen Grad an Klarheit, Bestimmtheit und Logik haben;
- das Postulat der subjektiven Interpretation: Die wissenschaftlichen Konstruktionen über das Handeln müssen auf den subjektiven Sinn zurückgeführt werden, den die Handlungen für die Handelnden gehabt haben;

---

[443] Schütz (1953/ 1971): Wissenschaftliche Interpretation und Alltagsverständnis menschlichen Handelns, 5f. Schütz bezieht sich hier nicht nur auf seine Husserl-Studien, sondern auch auf Alfred North Whitehead, William James, Henri Bergson und John Dewey.

[444] Schütz (1953/ 1971): Wissenschaftliche Interpretation und Alltagsverständnis menschlichen Handelns, 6.

[445] Vgl. Schütz (1953/ 1971): Wissenschaftliche Interpretation und Alltagsverständnis menschlichen Handelns, 7. An anderer Stelle spricht Schütz auch von Konstruktionen der ersten und zweiten Stufe; vgl. ders. (1953/ 1971): Begriffs- und Theoriebildung in den Sozialwissenschaften, 71f.

[446] Schütz (1953/ 1971): Begriffs- und Theoriebildung in den Sozialwissenschaften, 72.

- das Postulat der Adäquanz: Die wissenschaftlichen Konstruktionen müssen den Konstruktionen der Menschen in der Sozialwelt adäquat sein.

Was Adäquanz bedeutet, die für die sozialwissenschaftliche Theoriebildung zentral ist, erklärt Schütz an anderer Stelle im Zusammenhang mit der Adäquanz der Deutung von Erfahrung so: „Adäquat aber soll (...) ein Deutungsschema für einen erfahrenen Gegenstand dann heißen, wenn seine Konstitution aus polythetisch erfahrenden Erlebnissen von eben diesem Gegenstand als einem Selbst erfolgt."[447] Schütz führt die Striche des Buchstabens „A" auf einem Papier an. Eine adäquate Interpretation folgt der Konstitution des visuellen Erlebnisses dieser besonderen Gestalt. Inadäquat wäre die Interpretation als Zeichen für den „Vokal A" mit einem Ausdrucksgehalt. Das adäquate Deutungsschema für den Vokal konstituiert sich nicht aus visuellen, sondern aus akustischen Erlebnissen.

3.6.2   Die theoretische Fassung des subjektiven Sinns

Alle Konstruktionen des ersten Grades weisen objektive und subjektive Sinndimensionen auf. Um eine adäquate sozialwissenschaftliche Theorie zu bilden, müssen auch die Konstruktionen des zweiten Grades über den objektiven Sinn hinaus den subjektiven Sinn erfassen, wenn sie „ernsthaft auf eine Erklärung sozialer Wirklichkeit gerichtet sind"[448]. Doch hier entsteht ein zentrales Problem: „Dies ist in der Tat die schwierigste Frage, die die Methodologie der Sozialwissenschaften beantworten muß: Wie kann man objektive Begriffe und eine objektiv verifizierbare Theorie von subjektiven Sinnstrukturen bilden?"[449]

Das Postulat, das Verstehen des subjektiven Sinns zur Grundlage der Sozialwissenschaften zu machen, hatte schon Max Weber erhoben, und Schütz fundiert und bekräftigt es erneut. Die sozialwissenschaftliche Frage ist nicht allein eine äußere Beschreibung dessen, was der Mensch hervorbringt oder was ihm zustößt. Um die Sozialwelt angemessen beschreiben zu können, muss nach dem subjektiven Sinn gefragt werden, der dem Handeln der Menschen zugrunde liegt: „Was dem Beobachter, objektiv gesehen, als ein und dasselbe Verhalten erscheinen mag, kann für das handelnde Subjekt einen sehr verschiedenen – oder überhaupt keinen – Sinn haben."[450]

Die Methode, den subjektiven Sinn zu erfassen, ist das Verstehen. Doch obwohl das Verstehen ein subjektiver Bewusstseinsprozess ist und auf den subjektiven Sinn eines anderen Menschen gerichtet ist, ist es keineswegs ein Vorgang, der nicht durch Erfahrungen anderer überprüft werden könnte. Verstehen wird als subjektiv bezeichnet, weil es den subjektiv gemeinten Sinn zu erfassen sucht, nicht weil es intersubjektiv nicht nachvollziehbar wäre. „Verstehen hat mit Introspektion nichts zu tun ...

---

[447] Schütz (1981): Der sinnhafte Aufbau der sozialen Welt, 166f; im Orig. hervorg.
[448] Schütz (1953/ 1971): Begriffs- und Theoriebildung in den Sozialwissenschaften, 72.
[449] Schütz (1953/ 1971): Begriffs- und Theoriebildung in den Sozialwissenschaften, 72.
[450] Schütz (1945/ 1971): Über die mannigfaltigen Wirklichkeiten, 240.

(Es ist) keineswegs eine private Angelegenheit des Beobachters, die nicht durch die Erfahrungen anderer Beobachter überprüft werden könnte. Es ist zumindest in dem Maß überprüfbar, in dem die privaten Sinneswahrnehmungen eines Individuums durch andere Individuen unter bestimmten Bedingungen kontrolliert werden können."[451] Schütz führt das Beispiel der Rechtsprechung an, wo durchaus die Geschworenen gemeinsam über Gründe bzw. Motive und Ziele einer Tat übereinstimmen können. Die subjektive Handlung ist intersubjektiv rekonstruierbar.

Schütz unterscheidet drei Dimensionen des Verstehens voneinander: Erstens ist das Verstehen eine Erfahrensweise des Alltagsverstandes, zweitens ist es ein epistemologisches Problem, und drittens ist es eine Methode der Sozialwissenschaften.

Zunächst ist das Verstehen eine Methode des alltäglichen Umgangs der Menschen miteinander. Faktisch basiert es auf der reziproken Perspektivenübernahme bzw. auf der „Personenvertauschung" oder der „Generalthesis der Reziprozität", wie es Schütz genannt hat. Im Alltag ist das Verstehen in den meisten Fällen kein großes Problem, und wo Probleme auftreten, werden sie (zwangsläufig) schnell und pragmatisch gelöst.

Die *epistemologische Frage*, wie ein Verstehen überhaupt möglich ist, ist bis heute noch nicht restlos geklärt. Schütz bezeichnet es mit Kant als einen „Skandal der Philosophie", dass bisher noch keine befriedigende Lösung gefunden wurde, wie sich unser Wissen vom fremden Bewusstsein konstituiert und wie die Intersubjektivität unserer Erfahrungen zustande kommt.[452] Auf die von Schütz vorgelegten Konstitutionsanalysen des Fremdverstehens und Handelns wurde bereits eingegangen, inzwischen sind die Forschungen des Symbolischen Interaktionismus und der Ethnomethodologie sowie die neueren Forschungen zum Fremdverstehen zwar weiter gekommen, jedoch sind viele Fragen noch offen.

Das Verstehen ist zudem eine *sozialwissenschaftliche Methode*. Die methodologische Begründungsarbeit haben vor allem Max Weber und Alfred Schütz geleistet, indem sie die Bedeutung des subjektiven Sinns für das Verstehen und Erklären der Gesellschaft herausgestellt haben. Sie haben damit Grundlagen für eine handlungstheoretische Theoriebildung und die weitere Entwicklung der verstehenden bzw. interpretativen empirischen Sozialforschung gelegt.

Doch die methodischen Probleme tun sich mit diesem Ansatz erst wirklich auf. Wie der subjektive Sinn nun methodisch zu erfassen sei, bleibt bei Weber und Schütz noch unklar. Die Details der methodischen Fragen wurden später von der qualitativen (bzw. verstehenden, interpretativen oder rekonstruktiven) Sozialforschung weiter ausgearbeitet. Näher als Schütz war noch Max Weber an diesen Fragen. Ausgehend von den Typisierungen im Alltag schlägt er den methodischen Weg der Bildung von *Idealtypen* ein. Die Konstruktion von Idealtypen gehört bis heute zum methodischen Repertoire der qualitativen Sozialforschung und kann zu adäquaten Theorien über die soziale Welt führen. Doch ist hier die Frage der Füllen und der Individualität der Sozialwelt nicht gelöst. Schütz schließt sich bei seiner Suche nach einer Methode an Webers Modell der Typenbildung an. Doch bleibt Schütz in seinem methodischen

---

[451] Schütz (1953/ 1971): Begriffs- und Theoriebildung in den Sozialwissenschaften, 64f.
[452] Vgl. Schütz (1953/ 1971): Begriffs- und Theoriebildung in den Sozialwissenschaften, 66.

Versuch den naturwissenschaftlichen Verfahren der Reduktion auf zentrale Eigenschaften verhaftet: Er entwirft die Figur eines „Homunkulus" – einen marionettenartigen, auf wenige Eigenschaften reduzierten Typus eines „handelnden" Menschen, der keinen oder nur einen sehr reduzierten Kontext hat. Damit reproduziert diese Gestalt jedoch eher die Vorstellungen und die ihr zugewiesenen Eigenschaften ihres Schöpfers als die komplexe Struktur der sozialen Welt.[453]

Die Probleme einer verstehenden bzw. handlungstheoretischen Sozialwissenschaft, die methodisch gelöst werden müssen, liegen in der Frage der Transformation der alltäglichen in die wissenschaftlichen Konstrukte und ihrer Regeln sowie der Adäquanz der wissenschaftlichen Konstrukte. Es müssen Transformationsverfahren entwickelt werden, in denen die gedanklichen Gegenstände der alltäglichen Erfahrung in die der Wissenschaft überführt werden. Auf die methodischen Implikationen werde ich in den folgenden Kapiteln eingehen. Doch zunächst möchte ich den Darlegungen von Schütz zur Theoriebildung des Sozialwissenschaftlers oder der Sozialwissenschaftlerin folgen.

3.6.3   Alltagswelt und Wissenschaft

Die Theoriebildung über die Sozialwelt ist keineswegs nur ein äußerlich zu beschreibender Vorgang, sondern auch ein subjektiver Bewusstseinsprozess des Wissenschaftlers oder der Wissenschaftlerin. Konsequent führt Schütz die wissenschaftliche Theorie auf die Theorie- und Sinnbildungsprozesse der forschenden Person zurück. Diese untersucht er in seinem Aufsatz *Über die mannigfaltigen Wirklichkeiten* (On Multiple Realities)[454] mit Hilfe des Lebensweltkonzepts Husserls und des Wirklichkeitskonzepts des amerikanischen Pragmatikers William James. Der Begriff der Lebenswelt bezeichnet den gesamten Erfahrungs- und Sinnhorizont einer Person *(vgl. Kap. 2.2)*. In Anschluss an James differenziert Schütz die Lebenswelt nach verschiedenen Wirklichkeitsbereichen. „Wirklichkeit, stellt er (James, S.K.) fest, bedeutet ganz einfach ein Verhältnis zu unserem emotionalen und tätigen Leben. Der Ursprung aller Wirklichkeit ist subjektiv", schreibt Schütz, und zitiert dann James mit dem Satz: „Das Wort ‚wirklich' ist kurzum ein Sinnhorizont."[455] Damit möchte er deutlich machen, dass „nicht die ontologische Struktur der Gegenstände, sondern der Sinn unserer Erfahrungen die Wirklichkeit konstituiert"[456].

---

[453] Vgl. Schütz (1953/ 1971): Wissenschaftliche Interpretation und Alltagsverständnis menschlichen Handelns, 46-49 und ders. (1953/ 1971): Begriffs- und Theoriebildung in den Sozialwissenschaften, 73-75. Bei diesen Entwürfen handelt es sich um eher beiläufige Versuche, die auf wenigen Seiten abgehandelt werden. Schütz hat sich mehr für die Fragen der soziologischen Grundlagenforschung als für die Problemstellungen konkreter Methoden interessiert. Es muss zudem berücksichtigt werden, dass die breite Entwicklung von qualitativen Methoden und die Diskussion ihrer Probleme erst später einsetzte.

[454] Erschienen 1945, dt. in: Schütz (1945/ 1971): Über die mannigfaltigen Wirklichkeiten, 237-298.

[455] „The word ‚real' is, in short, a fringe": James (1893): Principles of Psychology, 320, zit. in: Schütz (1945/ 1971): Über die mannigfaltigen Wirklichkeiten, 237. „Fringe" bedeutet eigentlich Franse, Zipfel.

[456] Schütz (1945/ 1971): Über die mannigfaltigen Wirklichkeiten, 264.

Mit James unterscheidet Schütz viele verschiedene Wirklichkeitsbereiche, die James „sub-universa" und Schütz „mannigfaltige Wirklichkeiten" (multiple realities) oder auch „geschlossene Sinnbereiche" (finite provinces of meaning) nennt. Als geschlossen bezeichnet er sie deshalb, da es an Transformationsregeln fehlt, durch die die Sinnbereiche untereinander in Bezug gesetzt werden könnten. Der Übergang geschieht durch einen „Sprung", der in der subjektiven Erfahrung als ein „Schock" erlebt wird. Solche Übergänge zwischen den Sinnbereichen kommen täglich vielfach vor. Beispiele für geschlossene Sinnbereiche sind die Welt des Alltags, der Kunst, des Traumes, des Spiels, der religiösen Erfahrung, der Phantasie, der Wissenschaft oder des Wahnsinns.

Ein geschlossener Sinnbereich beinhaltet eine bestimmte, begrenzte Sicht der Wirklichkeit. Er zeichnet sich dadurch aus, dass er zum einen bestimmte Erfahrungen und einen spezifischen Erkenntnisstil aufweist und zum anderen in Bezug auf diesen Stil und in den Grenzen des jeweiligen Wirklichkeitsbereichs in sich stimmig ist. Der Erkenntnisstil zeichnet sich unter anderem durch folgende Elemente aus: (1) eine spezifische Bewusstseinsspannung, die in einer unterschiedlichen *attention à la vie* gründet (etwa das Hell-Wachsein im Alltag, die Entspannung im Traum, die Konzentration in der Wissenschaft); (2) eine spezifische *Epoché*, d.h. die Einklammerung eines bestimmten Zweifels oder bestimmter Wirklichkeitsbereiche; (3) eine vorherrschende Form der Spontaneität, d.h. des Handelns oder der Passivität; (4) eine spezifische Form der Selbsterfahrung; (5) eine spezifische Form der Sozialität und (6) eine spezifische Zeitperspektive.

Die *Alltagswelt* ist die Grundform unserer Erfahrung der Wirklichkeit, von der alle anderen Sinnbereiche abgeleitet sind. Sie ist die „ausgezeichnete Welt" (paramount reality). Die Alltagswelt ist die Welt meines Leibes, meiner körperlichen Tätigkeiten und meines Wirkens, und sie ist die Welt der physischen Dinge. Sie ist nicht vorrangig Gegenstand des Denkens, sondern des Handelns und Wirkens, ein zu beherrschender Raum, mit dem wir in praktischem Interesse umgehen. Die Grunderfahrung, die alle Relevanzsysteme in der natürlichen Einstellung des Alltags leitet, ist die Begrenztheit des Lebens – „ich weiß, daß ich sterben werde und fürchte mich davor"[457]. Die daraus resultierende „*grundlegende Sorge*"[458] bedingt das Geflecht von Hoffnungen und Befürchtungen, Wünschen und Erfüllungen, Chancen und Wagnissen, die uns anspornen, das Leben zu gestalten, Pläne zu schmieden und Hindernisse zu überwinden.

Es ist bezeichnend für die natürliche Einstellung in der Alltagswelt, dass die Welt und ihre Gegenstände als fraglos gegeben hingenommen werden. Der Zweifel an der Wirklichkeit, die Frage nach dem Sein oder Schein der Dinge, ist eingeklammert. Hatte Husserl die *Epoché* als eine Methode verwendet, die die natürliche Einstellung einklammert, um damit die Weise, *wie* die Dinge gegeben sind, in den Blick zu bekommen, so macht Schütz nun darauf aufmerksam, dass auch die natürliche Einstellung des Alltags sich einer *Epoché* bedient: hier wird der Zweifel an der Selbstverständlichkeit der Gegebenheit der Dinge eingeklammert.

---

[457] Schütz (1945/ 1971): Über die mannigfaltigen Wirklichkeiten, 262.
[458] Schütz (1945/ 1971): Über die mannigfaltigen Wirklichkeiten, 262.

Die *Wissenschaft* ist eine finite Sinnwelt, die von der Alltagswelt abgeleitet ist.[459] Ihr Ziel ist es zu beobachten, zu verstehen und zu erkennen, nicht aber, direkt in der Welt zu agieren. Die *Einstellung* des theoretischen Denkers ist die des „unbeteiligten Beobachters"[460]. Sie gründet in einer „eigenartigen *attention à la vie*"[461], die auf der Loslösung aus den Relevanzsystemen des Alltags beruht. Sobald ein Wissenschaftler oder eine Wissenschaftlerin ein Forschungsproblem festgelegt hat, tritt er oder sie in eine durch die wissenschaftliche Tradition der Forschungsgemeinschaft vorkonstruierte Welt ein und ist nun dem Postulat der Stimmigkeit innerhalb dieser Welt unterworfen. Er oder sie ist von der grundlegenden Sorge um das Leben gelöst und an theoretischen Fragen interessiert. Da sich das theoretische Denken nicht in die Außenwelt einschaltet, kann es beliebig verändert oder revidiert werden. Es können Folgerungen widerrufen und für nichtig erklärt werden, ohne dass dies Veränderungen in der Außenwelt bedingt. Das theoretische Denken ist, anders als das alltagsweltliche, unabhängig von dem Ausschnitt der Welt in der Reichweite des oder der Denkenden. Es ist an Problemen und Lösungen interessiert, die allgemein, an jedem Ort und jeder Zeit gültig sind. Dazu muss es – so Schütz – den subjektiven Standpunkt einklammern. In der theoretischen Sinnwelt handelt nun nicht mehr das gesamte, ungeteilte Selbst, sondern nur ein partielles „me". „Diesem partiellen Selbst fehlen alle ‚wesentlich aktuellen' Erlebnisse und auch alle Erfahrungen, die mit seinem eigenen Körper, den Bewegungen und den Grenzen seines Körpers, verbunden sind."[462] In der Epoché der wissenschaftlichen Einstellung werden also eingeklammert: „(1) die Subjektivität des Denkers als Mensch unter Mitmenschen einschließlich seiner körperlichen Existenz als psycho-physisches menschliches Wesen in der Welt; ... (2) das Orientierungssystem, durch das die Alltagswelt nach der tatsächlichen, der wiederherstellbaren, der erreichbaren Reichweite usw. gegliedert ist; (3) die grundlegende Sorge und das in ihr gründende System pragmatischer Relevanzen."[463]

Ungelöste Fragen

Die Bedeutung dieser Analysen besteht darin, dass sie die Unterschiede zwischen wissenschaftlichem und alltäglichem Denken herausstellen. Doch wenn nur die Unterschiede betrachtet werden, wie dies Schütz tut, zeigen sich auch die Aporien eines solchen Wissenschaftsverständnisses. Schütz selbst benennt zwei wichtige Problemkreise, die sich auf die Vermittlung zwischen der wissenschaftlich-theoretischen und der alltagspraktischen Welt beziehen: Er stellt die Frage, wie (1) Sozialität zum Gegenstand von Theorieentwicklung werden kann, und wie (2) Theorie zum Gegenstand von sozialen Diskursen werden kann.

[459] Vgl. Schütz (1945/ 1971): Über die mannigfaltigen Wirklichkeiten, 281-298.
[460] Vgl. Schütz ((1945/ 1971): Über die mannigfaltigen Wirklichkeiten, 284.
[461] Schütz (1945/ 1971): Über die mannigfaltigen Wirklichkeiten, 284.
[462] Schütz (1945/ 1971): Über die mannigfaltigen Wirklichkeiten, 286.
[463] Schütz (1945/ 1971): Über die mannigfaltigen Wirklichkeiten, 286.

(1) Wie kann der theoretisch Denkende, der „unbeteiligte Beobachter", der sich in der theoretischen Einstellung aus allen sozialen Beziehungen heraushält, Zugang zur „Welt des Wirkens" finden, zur Alltagswelt, in der Menschen unter ihren Mitmenschen agieren? Wenn der andere Mensch nur in der raum-zeitlichen Gemeinsamkeit der Wir-Beziehung in seiner Ganzheit erfahren werden kann: „Wie kann dann der Mensch in seiner vollen Menschlichkeit, wie können die sozialen Beziehungen, die ihn mit anderen Menschen verbinden, durch theoretisches Denken erfaßt werden? Daß jedoch all dies möglich ist, ist die ungeklärte Voraussetzung der Theorie aller Sozialwissenschaften."[464]

Zudem muss die sozialwissenschaftlich forschende Person auf den eigenen Vorrat an Vorerfahrungen zurückgreifen, den sie in der alltagsweltlichen Einstellung in der Interaktion mit anderen erworben hat, den sie als Theoretikerin aber gerade „einklammern" soll. Die lebendige Welt des Alltagslebens entgeht ihr in der theoretischen Einstellung. Sie bringt nur ein unlebendiges Konstrukt von dieser Welt zustande, „ein Abbild von ihr, in der die menschliche Welt wiederersteht, aber unter Einbuße ihrer Lebendigkeit, und in der der Mensch vorkommt, aber ohne seine ungebrochene Menschlichkeit."[465] Ist aber ein solches Konstrukt noch der Sozialwelt, die sich durch Lebendigkeit auszeichnet, adäquat?

(2) Theoriebildung ist selbst eine Praxis, ein Handeln im sozialen Zusammenhang des wissenschaftlichen Diskurses. Sie geschieht in Auseinandersetzung mit wissenschaftlichen Erkenntnissen anderer. Die Erkenntnisse werden von anderen Wissenschaftlerinnen und Wissenschaftlern diskutiert. Die wechselseitige Übereinstimmung, Widerlegung und Kritik setzt Kommunikation voraus, die der Welt des Wirkens, dem sozialen Alltag angehört. Theoriebildung ist also auch Alltag. Die Welt der Wissenschaft ist nach Schütz jedoch einsam. „Das theoretisch denkende Selbst ist einsam; es hat keine soziale Umwelt; es steht außerhalb aller sozialer Beziehungen."[466]

Schütz versucht die Widersprüche mit dem Hinweis zu lösen, dass die geschlossenen Sinnbereiche nicht jenseits der einheitlichen Lebenswelt stehen, sondern nur verschiedene Spannungen desselben Bewusstseins und desselben Lebens in seiner Einheit sind.[467] Alle Erfahrungen in den verschiedenen Sinnbereichen gehören derselben inneren Zeit an. Doch die Probleme sind nicht wirklich zu lösen, solange nicht das innere Verhältnis zwischen Alltagswelt und wissenschaftlicher Theoriebildung im (selben) Horizont der Lebenswelt gründlicher untersucht wird. Sie werden drängend, wenn Wissenschaft nicht nur als rein theoretische, sondern auch als empirische Forschung betrieben wird. Sozialforschung kann auf empirische Forschung nicht verzichten, doch spätestens hier ist die Trennung zwischen Alltagswelt und wissenschaftlicher Theoriebildung, so wie Schütz sie konzipiert hat, nicht mehr aufrecht zu erhalten. Es müssen vielmehr die Verbindungen reflektiert werden. Mit dieser Problemstellung befassen sich die Kapitel 4 und 5.

---

[464] Schütz (1945/ 1971): Über die mannigfaltigen Wirklichkeiten, 293.
[465] Schütz ((1945/ 1971): Über die mannigfaltigen Wirklichkeiten, 293.
[466] Schütz (1945/ 1971): Über die mannigfaltigen Wirklichkeiten, 292.
[467] Vgl. Schütz (1945/ 1971): Über die mannigfaltigen Wirklichkeiten, 297.

3.7 Ertrag und Weiterführung

3.7.1 Zusammenfassung

Alfred Schütz führt die phänomenologischen Analysen Husserls weiter, indem er fragt, wie die *gemeinsame* Welt im Bewusstsein der Menschen entsteht, wie Menschen einander verstehen und in der gemeinsamen Sozialwelt handeln können. Er bedient sich nicht nur der phänomenologischen Methode der Konstitutionsanalyse, sondern kann sich auch auf die theoretischen Ergebnisse der Phänomenologie stützen. Für seine Frage nach der Fundierung der wissenschaftlichen Theorie der Sozialwelt kann er zugleich an die handlungstheoretischen Arbeiten Max Webers anknüpfen. Mit Weber geht er davon aus, dass der Aufbau der menschlichen Sozialwelt nicht allein strukturell erfasst werden kann, sondern dass der Nachvollzug der sinnhaften Leistung der in der Welt Handelnden unabdingbar ist. Den Zentralbegriff des Sinns differenziert Schütz stärker als Weber, indem er ihn in Anschluss an Husserl und Bergson in seiner zeitlichen Struktur reflektiert.

Die wissenschaftliche Theoriebildung über die Sozialwelt muss der Sinnstrukturiertheit ihres Gegenstandsbereichs gerecht werden. Wissenschaftliche Theorien sind Konstruktionen zweiten Grades über die Konstruktionen ersten Grades in der Alltagswelt. Sie müssen konsistent und adäquat sein, und sie müssen über den objektiven Sinn hinaus auch den subjektiven Sinn erfassen. Es genügt also nicht, alleine die Typologien zu erheben, die die Sozialwelt hervorgebracht hat, sondern es müssen auch ihre Konstitutionsprozesse rekonstruiert werden.

Für die praktisch-theologische Methodologie und Theoriebildung scheinen mir vor allem die Unterscheidung zwischen subjektivem und objektivem Sinn und die Theorie des Fremdverstehens weiterführend zu sein. Ich möchte deshalb speziell auf diese Aspekte gesondert eingehen.

Der subjektive und objektive Sinn
Alles Handeln und alle menschlichen Erzeugnisse sind durch *subjektiven (gemeinten) Sinn* konstituiert. Die handelnde Person hat Gründe, Absichten und Deutungen, die sie mit der Handlung verbindet, und die Handlung hat Relevanz für sie. Sie handelt im lebensweltlichen Horizont *ihres* lebensgeschichtlichen Erfahrungs- und Deutungszusammenhangs.

Da die handelnde Person in eine Kultur hineingeboren wird, die bereits Bedeutungen in großen Kategorien- und Zeichensystemen festgelegt hat, kann sie sich auf den *objektiven (gemeinsam geteilten) Sinn* der Zeichen beziehen. Im wechselseitigen Umgang miteinander bedienen sich die Menschen der kulturellen Zeichensysteme, um sich kundzutun und einander zu verständigen. Der objektive Sinn ist unabhängig von der subjektiven Deutung und ergibt sich allein aus dem Ort eines Zeichens in dem gesellschaftlich geteilten Kategorien- und Zeichensystem. Er ist zeit- und ortsunabhängig von allen zu verstehen, die das Zeichensystem kennen, und besitzt Allgemeingültigkeit in Bezug auf die Kultur, die das System hervorgebracht hat, wird aber von den Mitgliedern der Kultur häufig auch als schlechthin allgemeingültig angesehen.

Subjektiver und objektiver Sinn sind miteinander verbunden. Die Handelnden haben den objektiven Sinn z.B. eines Zeichensystems wie der Sprache oder der Schrift internalisiert und machen Gebrauch von ihm, sie behaften ihn mit subjektivem Sinn. So ist der objektive Sinn in seinem Gebrauch immer mit subjektivem Sinn behaftet. Der objektive Sinn eines Zeichens, Zeichensystems oder Erzeugnisses verweist aber nicht nur synchron auf den subjektiven Sinn derer, die sich auf ihn beziehen, sondern auch diachron auf die Bewusstseinsprozesse von Gesellschaften, die ihn hervorgebracht haben.

Das Fremdverstehen

Gemeinsames Handeln und wechselseitige Kommunikation setzen das *Verstehen* des anderen voraus. Einen ersten Zugang zum Verstehen bekommen wir über den objektiven Sinn der Erzeugnisse. Wenn ich eine Sprache nicht spreche, kann ich nicht verstehen, was eine Person in dieser Sprache sagt. Doch auch wenn ich die Sprache kenne, habe ich noch nicht verstanden, was sie gemeint hat. Um einen Satz, eine Handlung oder ein Erzeugnis zu verstehen, kann ich mich zunächst auf den objektiven Sinn beziehen, muss aber *darüber hinaus* nach dem subjektiven Sinn suchen. Dies geschieht, indem ich die Bewusstseins- und Herstellungsprozesse nachvollziehe. Auf der Grundlage der unterstellten *Generalthesis der Reziprozität* – dass nämlich andere Menschen im Prinzip genauso handeln und denken wie ich –, nehme ich eine „Personenvertauschung" vor und rekonstruiere die polythetischen Bewusstseinsakte und den polythetischen Ablauf des Handelns des alter ego so, als wären es meine Bewusstseinsakte. Dabei kann ich nur auf meine eigenen Erfahrungs- und Deutungszusammenhänge zurückgreifen. *Alles Wahrnehmen und Fremdverstehen ist auf Akte der Selbstauslegung fundiert.* Diese Voraussetzung kann nicht übersprungen werden.

Um das alter ego besser zu verstehen, muss ich mir Informationen über seine biographisch gewordenen Erfahrungs- und Deutungszusammenhänge „zu Eigen" machen, so dass ich quasi aus seinen Erfahrungs- und Deutungsrahmen heraus seinen gemeinten Sinn rekonstruiere. Die bestmögliche Annäherung an das Verstehen eines alter ego ist in der unmittelbaren echten Wir-Beziehung gegeben, vor allem im gemeinsamen Handeln und im kommunikativen Austausch. Hier können Handlungen und Bewusstseinserlebnisse synchronisiert, korrigiert, wechselseitig ausgetauscht und angeglichen werden. Eine echte Wir-Beziehung setzt aber voraus, dass ich die andere Person in der Fülle ihres Selbst und nicht als Typus wahrnehme und mich in der Fülle meines Selbst und nicht als Typus beteilige. Aber auch eine echte Wir-Beziehung ist nur ein Limesbegriff, denn ich und du als Selbst sind nie in ihrer ganzen Fülle vollständig erlebbar.

Die Menschen, die wir nicht unmittelbar erleben können, nehmen wir als *Typen* wahr. Diese sind geschichtslos, allgemein und beständig und werden nur durch neue Informationen oder eine unmittelbare Begegnung verändert. Je anonymer sie sind, je weniger sie mit eigenen Erinnerungen und Erlebnissen gefüllt sind, desto undifferenzierter sind sie und desto mehr sind sie auf einige wenige allgemeine Eigenschaften reduziert. Typen gehen in die gesellschaftlichen Zeichen- und Kultursysteme ein; damit sind mir auch Menschen, Verhaltensweisen, Dinge u.a. zugänglich, die ich selbst nie erlebt habe.

3.7.2 Zur Wirkungsgeschichte

Schütz hat nur eine relativ kurze Zeit im universitären Zusammenhang gelehrt und war über den Kreis seiner persönlichen FreundInnen und SchülerInnen hinaus kaum bekannt. Zu Lebzeiten hat er nur ein Buch veröffentlicht, seine Aufsätze waren in oft unzugänglichen Zeitschriften weit verstreut. Die Rezeption seines Werks begann zunächst durch seine Schüler Peter Berger und Thomas Luckmann, die seinen Ansatz in ihrem Buch *Die gesellschaftliche Konstruktion der Wirklichkeit*[468] zu einem weithin beachteten Entwurf einer Wissenssoziologie zusammenfassten und weiterentwickelten. Allerdings wird in diesem Buch kaum deutlich, wie viel es den Arbeiten von Schütz verdankt. Für die Rezeption seiner Theorien in Deutschland kommt zudem Jürgen Habermas eine zentrale Rolle zu, der Schütz in dem zuerst 1967 erschienenen Aufsatz *Zur Logik der Sozialwissenschaften*[469] würdigt und sich in seinem handlungstheoretischen Werk *Theorie des kommunikativen Handelns*[470] auf Schütz bezieht. Für eine handlungstheoretisch und empirisch orientierte Sozialwissenschaft gehört das Gedankengut von Schütz seitdem zu den Grundlagen. Hilfreich für die Rezeption war das Erscheinen der *Gesammelten Aufsätze* in deutscher Übersetzung in drei Bänden 1971/ 1972.[471]

Das Werk von Alfred Schütz wurde Anfang der siebziger Jahre besonders für jene Sozialwissenschaftlerinnen und Sozialwissenschaftler zu einer wichtigen Bezugsgröße, die sich von dem in den fünfziger und sechziger Jahren dominierenden strukturfunktionalistischen Ansatz Talcott Parsons' und den zeitgenössischen systemtheoretischen Ansätzen abwandten und eine konzeptionelle Alternative in einer verstehenden oder interpretativen Sozialforschung suchten.[472]

In den siebziger und achtziger Jahren wurde die empirische qualitativ orientierte verstehende bzw. interpretative Sozialforschung rasch fortentwickelt, für die die Erkenntnisse von Schütz zu den Grundlagen gehören. Die phänomenologische Methode ging dabei in bestimmte empirische Methoden ein bzw. sie wurde in bestimmten Verfahren spezifisch weiterentwickelt. Bedingt durch die praktischen Fragestellun-

---

[468] Vgl. Berger/ Luckmann (1982): Die gesellschaftliche Konstruktion der Wirklichkeit.

[469] Vgl. Habermas (1970): Die Logik der Sozialwissenschaften.

[470] Vgl. Habermas (1987): Theorie des kommunikativen Handelns Bd.1, 176-179; Bd.2, 182-205 u.a.

[471] Schütz (1971/ 1972), Gesammelte Aufsätze Bd. 1-3. Dieses Werk ist bislang nicht neu aufgelegt worden.

[472] Zum Folgenden vgl. auch Endreß (1999): Alfred Schütz, 347. Schütz war Anfang der 1970er Jahre so unbekannt, dass es gleich zwei Verlegern unterlief, auf das Cover der Auflagen seines Buches einen falschen Vornamen zu drucken; vgl. Grathoff (1995): Milieu und Lebenswelt (1995), 17, Fn. 2.

gen in den empirischen Forschungen verlagerte sich die Diskussion von den Grundlagenfragen hin zur Entwicklung und Diskussion konkreter qualitativer Methoden.

Ein neues Interesse an dem Werk von Schütz könnte sich mit der zeitgenössischen Wiederentdeckung der Phänomenologie ergeben. In der Praktischen Theologie richtet sich das Interesse allerdings zur Zeit vor allem auf die Rezeption der Phänomenologie durch Bernhard Waldenfels und ist vielfach eher ästhetisch als sozialwissenschaftlich ausgerichtet.

3.7.3 Weiterführung für die praktisch-theologische Methodologie und Theoriebildung

1. Subjektiver und objektiver Sinn in der Praktischen Theologie

Die Unterscheidung zwischen subjektivem und objektivem Sinn ist auch für die Sozial- und Glaubensforschung in der Praktischen Theologie weiterführend. Bezogen auf den Glauben der Kirche kann ein objektiver (gemeinsam geteilter) Sinn von Glaubensaussagen im Glaubenssystem untersucht werden. Glaubensaussagen können in ihrem objektiven Sinn definiert, analysiert, tradiert und diskutiert werden. Doch ist der objektive Sinn von Glaubensaussagen nie ohne den subjektiven Sinn in diachroner und synchroner Hinsicht gegeben. So untersucht die Dogmengeschichte die Konstitution und Bedeutung des gemeinten Sinns von allgemeinen tradierten Glaubensaussagen. Es ist die Aufgabe vorrangig der Praktischen Theologie, die Ebene der subjektiven Glaubensdeutung, des Glaubensverständnisses, der Bedeutung des Glaubens im Leben der Menschen und der Glaubensvollzüge im Handeln zu reflektieren. In ihrem Bemühen um das Verstehen und Nachvollziehen der subjektiven Konstitutionsprozesse des Glaubens ist sie auf verstehende Methoden der Sozialforschung verwiesen.

Gegen eine verstehende und rekonstruktive Sozialforschung in der Praktischen Theologie können allerdings auch *Einwände* vorgebracht werden: Reproduziert eine solche nicht nur die Mängel dieser Welt? Hat solche Forschung nicht affirmativen, unkritischen Charakter, der die bestehenden Herrschafts- und Unrechtsverhältnisse nur theoretisch verdoppelt? Hat die Theologie nicht die Aufgabe, die Botschaft vom Heil Gottes kritisch gegenüber den bestehenden Verhältnissen vorzubringen? Gegenüber solchen Einwänden lässt sich nun Folgendes verdeutlichen:

Eine Theorie über die soziale Welt, die sinnverstehend und nachvollziehend ist, zeigt zwar in gewissem Sinne die soziale Welt mit allen ihren Unzulänglichkeiten auf und fasst sie in einem theoretischen Modell. Doch ein solches Modell ist gerade die unabdingbare Voraussetzung für die Veränderung der sozialen Welt. Es ermöglicht es den Menschen, die in die vielfältigen Bezüge der Welt verstrickt sind, auf diese Welt zu schauen und sie zu reflektieren, ihre Welt besser zu durchschauen, sich in ihr zu orientieren und sie zu verändern oder besser in ihr zu handeln. In dem Verstehen und Durchschauen der sozialen Welt, wie sie ist, liegt bereits der Kern zu ihrer Veränderung. Im Verstehen der sozialen und religiösen Prozesse liegt der Anfang für eine reflektierte Umgestaltung.

2. Subjektiver und objektiver Sinn in der wissenschaftlichen Theoriebildung

Der unterschiedliche Bezug auf den objektiven oder subjektiven Sinn hat in der Wissenschaftsgeschichte zu verschiedenen Ausarbeitungen von Methoden und Theorien geführt. Systemische, strukturalistische und funktionalistische Ansätze beziehen sich vorrangig auf den objektiven Sinn der Sozial- und Kulturwelt und bedienen sich analytischer und quantitativ-empirischer Methoden. Der Blick handlungstheoretischer Ansätze ist auf den subjektiven Sinn und damit auf das Verstehen der Konstitutionsprozesse der Sozialwelt gerichtet. Sie bedienen sich vorwiegend verstehender und qualitativ-empirischer Methoden. Der Theorie- und Methodenstreit der letzten Jahrzehnte zwischen diesen Ansätzen hat sich heute abgeschwächt, und es werden zunehmend die Verbindungen zwischen den verschiedenen Richtungen gesucht.

Dennoch müssen die *Implikationen* des Bezugs auf den objektiven oder subjektiven Sinn bedacht werden. Der objektive Sinn trägt den Anschein der Allgemeingültigkeit. Er scheint losgelöst zu sein von meinem und deinem Verständnis, von dem gemeinten Sinn, von geschichtlichen, sozialen und räumlichen Kontexten. Meine Teilhabe am objektiven Sinn – und mein Wissen um die Teilhabe anderer – kann mich dazu verleiten, zu glauben, mein Verständnis sei ein objektives, allgemeingültiges. Doch ist der objektive Sinn nicht zugänglich ohne subjektive Deutung. „Objektiver Sinn ist nichts anderes als die Einordnung der erfahrenden Erlebnisse von einem Erzeugten in den Gesamtzusammenhang der Erfahrung der Deutenden."[473] In meinem Bezug auf den objektiven Sinn subsumiere ich die Bedeutung der Objektivation unter mein Deutungssystem. Was als objektive Bedeutung erscheint, ist meine Deutung, und meine Deutung erscheint als objektiv.

In der wissenschaftlichen Theoriebildung kann mit dem Bezug auf den objektiven Sinn der Typologien und Erzeugnisse der Sozialwelt relativ rasch eine Übereinstimmung mit dem Kriterium der Objektivität und Allgemeingültigkeit hergestellt werden. In der Subsumtion unter die eigenen, subjektiven Deutungsmuster der forschenden WissenschaftlerInnen kann problemlos Konsistenz der Theorie hergestellt werden, da die eigenen Deutungsmuster einer Person in sich konsistent sind und die Deutungen von WissenschaftlerInnen zudem weitgehend mit denen der wissenschaftlichen Gemeinschaft übereinstimmen. Doch mit dem Bezug auf den objektiven Sinn lässt sich die Sozialwelt zwar beschreiben und deuten, aber nicht verstehen. Es lassen sich Objektivität und Konsistenz der Theorie herstellen, aber damit ist noch nicht gesagt, dass sie dem sozialen Wirklichkeitsbereich adäquat ist. Da die Sozialwelt sinnstrukturiert ist, lässt sich die Adäquanz einer Theorie über die Sozialwelt nur im Nachvollzug und Verstehen des subjektiven, gemeinten Sinns und der Sinngebungsprozesse herstellen.

---

[473] Schütz (1981): Der sinnhafte Aufbau der sozialen Welt, 190.

Eine adäquate Theorie über die Sozialwelt ist nur über das Verstehen möglich, das über den objektiven Sinn hinaus auch nach den subjektiven Herstellungs- und Bewusstseinsprozessen fragt. Für die Theoriebildung bedeutet dies eine Einschränkung der Reichweite der Theorie, denn die Frage nach dem subjektiven Sinn verweist auf konkrete, zeit- und ortsgebundene Subjekte und ihre Bewusstseinsprozesse. Der Versuch zu verstehen schränkt die Verfügungs- und Deutungsmacht der WissenschaftlerInnen ein. Denn jetzt ist es nicht allein die eigene Deutung, der ein Phänomen eingeordnet wird. Versuche ich, deinen gemeinten Sinn nachzuvollziehen, kann dies mit meinen Deutungen und Interessen in Konflikt geraten; ich muss verschiedene Deutungen wahrnehmen, in Beziehung setzen und in einem mühsamen Prozess Konsistenz herstellen.

3. Machtverlust bringt Diskursgewinn

Zweifelsohne machen die komplexen Zeichensysteme unserer Zeit in der Praxis ein rasches, zielgerichtetes und effektives Handeln möglich, das zu einer ungeheuren Steigerung der menschlichen Verfügungsmacht geführt hat.

Wenn ich nach den Sinngebungsprozessen anderer frage, kann dies eine Einschränkung der eigenen Effizienz, des eigenen Deutungs- und damit auch Machtmonopols bedeuten. Denn in Ergänzung zu der eigenen Deutung, die nie übersprungen werden kann, werden auch andere Deutungen in den eigenen Deutungsprozess integriert. Dies kann zu erheblichen Störungen und Irritationen des eigenen Konzepts führen, und es bedarf vielleicht komplizierter Prozesse, Konsistenz herzustellen. Im Verstehen anderer verliert meine Deutung an Durchsetzungskraft, zugleich aber gewinnen *wir* größere Möglichkeiten des reziproken Verstehens und der gemeinsamen Lösung von sozialen Konflikten. Soziale Konflikte können durch die Durchsetzung des eigenen Deutungsmonopols zwar unterdrückt, nicht aber gelöst werden. Gerade der Blick auf die kulturellen, politischen und religiösen Spannungen in einer Welt, die heute nicht mehr anders als eine gemeinsame, globale Welt begriffen werden kann, macht noch einmal mehr das Bemühen um ein angemessenes *Verstehen* der sozialen Welt und der Deutungen und Handlungen anderer dringlich, das die Voraussetzung zu gemeinsamen Konfliktlösungen ist.

4. Praktisch-theologische Rückbindung

Diese Überlegungen zur Theoriebildung können noch einmal explizit unter praktisch-theologischer Perspektive reflektiert werden. Denn die Entscheidung, wie und mit welchem Anliegen ich die soziale Welt wahrnehme und erforsche, ist von theologischen Prämissen bestimmt.

Der biblische Gott ist ein Gott, für den jeder Mensch ein Du ist und der den Menschen ein Du sein will. Er kümmert sich um die Alltagsnöte von einfachen Frauen und Männern, er sieht die Not eines kleinen unterdrückten Volkes und hört sein

Rufen. Der Gott, von dem Jesus erzählt hat, ist wie ein Vater oder eine Mutter, und die Menschen sollen sich wie an einen Vater oder eine Mutter an diesen Gott wenden. Dieses Verhältnis soll auch das Verhältnis des Menschen zu seinen Mitmenschen bestimmen. Wenn nun jeder einzelne Mensch für Gott nicht ein „Typus", sondern ein einmaliges Ich in seiner ganzen lebendigen Fülle ist, wenn der Mensch von Gott angesprochen ist und zu Gott „du" sagen kann und sein Leben in Beziehung zu diesem Du und auf es hin gestalten kann, dann darf die Theorie über die Menschen und ihre Sozialwelt dieses Selbst des Menschen nicht reduzieren, sondern muss es zumindest ansatzweise mitkonzeptionalisieren. Wenn ich mich in der Sozialforschung aber nur auf allgemeine Typologien, auf den objektiven Sinn von Zeichen und Erzeugnissen beziehe, dann verschwindet das menschliche Subjekt in seinen vielfältigen Füllen, Qualitäten und Veränderungsprozessen.

Die Ziele der Praktischen Theologie, die Unterstützung der Praxis der Gläubigen und der heilvollen Gestaltung der sozialen Welt, setzen das Verstehen der Menschen voraus. Praktische Theologie muss sich deshalb um das Nachvollziehen subjektiver Deutungs- und Handlungsprozesse bemühen. Nur eine Theorie, die die soziale Welt in ihren Veränderungsprozessen und subjektiven Sinngebungsprozessen adäquat erfasst, legt die Grundlage dafür, dass sie auch angemessen verändert werden kann. Es müssen Methoden entwickelt werden, die den subjektiven Sinn zu erheben vermögen.

5. Empirisch-qualitative Feldforschung als Konsequenz aus der Suche um das Verstehen der Sozialwelt

Die Erkenntnisse zum Fremdverstehen haben gezeigt, dass die größte Chance, andere Menschen zu verstehen, in der unmittelbaren echten Wir-Beziehung gegeben ist. Denn, so wurde deutlich, alles Verstehen und Deuten, und damit auch die wissenschaftliche Theoriebildung, ist eine Selbstauslegung der eigenen Erlebnisse. Will ich einen anderen Menschen (annähernd) verstehen, muss ich meinen Erfahrungshorizont um das Wissen um den anderen erweitern. Die unmittelbare Begegnung mit dem anderen Menschen verändert meine Erfahrung und damit auch meinen Erkenntnishorizont am differenziertesten. In der Begegnung muss ich mein Relevanz- und Orientierungssystem auf das Du einstellen. Das Du sprengt meine Typik, die stellvertretend steht für das, was ich nicht unmittelbar erfahren und überprüfen kann. Die lebendige Gegenwart des Du löst die Typologie auf und ersetzt sie durch differenzierte Erfahrungen – vorausgesetzt, es kommt zu einer echten Begegnung, auf die sich die Beteiligten einlassen. Eine solche Begegnung ist riskant, denn sie bringt wechselseitige Veränderungen mit sich. Wenn ich mich jedoch der Begegnung mit dem anderen Menschen verschließe und ihn in Form einer Ihr-Beziehung, d.h. als unveränderlichen Typus wahrnehme und behandle, dann werde ich nicht nur der Fülle *seiner* Menschlichkeit nicht gerecht, sondern es geschieht darin zugleich auch eine Typisierung und damit Selbst-Reduktion *meiner selbst*, da mein Selbstverständnis und Handeln mit dem des anderen verbunden ist.

Eine handlungstheoretisch und sinnverstehend ansetzende praktisch-theologische Sozialforschung kann deshalb nicht allein als „Lehnstuhlwissenschaft" betrieben werden. Sie muss auch empirische Feldforschung[474] sein, bei der die Forschenden sich selbst „ins Feld" begeben und die Begegnung mit den Menschen suchen, über deren Sozialwelt sie eine Theorie bilden wollen.

6. Grenzen und Weiterführung

Die sozialphänomenologischen Analysen von Schütz bleiben der Grundlagenforschung verhaftet. Aus der Forschungspraxis heraus drängen sich Fragen nach den Zusammenhängen zwischen dem Alltagsleben der Forschenden, den Erfahrungen im Feld und der Theoriebildung auf. Zwar konstatiert Schütz Zusammenhänge, analysiert sie aber nicht, sondern untersucht den Alltag und das wissenschaftliche Denken als Gegensätze. Doch zum Verfertigen theoretischer Gedanken und Texte bedürfen die Forschenden der Räume und Gegenstände des Alltags.[475] Wie beeinflussen der Leib, die alltäglichen Vorgänge wie Einkaufen, Kochen, Essen, das Waschen der Wäsche usw., Räume, Terminabfolgen und zeitliche Rhythmen, finanzielle Ressourcen und die sozialen Beziehungen die wissenschaftliche Erkenntnis? Wie beeinflussen die Begegnungen mit anderen Menschen im Feld und die Beziehungen zu ihnen die Erkenntnis über die Sozialwelt? Und schließlich: mit welchen Methoden lassen sich konkret verstehende Zugänge zur sozialen Wirklichkeit erschließen? Diesen Fragen wird in den nächsten beiden Kapiteln aus der Sicht der praktischen Kultur- und Sozialforschung nachgegangen.

---

[474] Der Begriff der Feldforschung stammt aus der Ethnologie und wurde in die empirische Sozialforschung der Sozialwissenschaften übernommen. Er bezeichnete zunächst den Aufenthalt eines Anthropologen oder Ethnologen, einer Anthropologin oder Ethnologin bei einer Stammesgesellschaft. Die Feldforschung ist durch Offenheit gegenüber unerwarteten Ereignissen gekennzeichnet und steht damit im Gegensatz zur Laboratoriumsforschung, bei der Untersuchungen unter kontrollierten Bedingungen und in künstlichen Situationen durchgeführt werden.

[475] Vgl. hierzu ausführlicher: Klein (1999): Der Alltag als theologiegenerativer Ort.

KAPITEL 4

DIE METHODOLOGIE DER ERFORSCHUNG DER SOZIALEN WELT: BEITRÄGE GEORGES DEVEREUX' ZUR GEWINNUNG WISSENSCHAFTLICHER ERKENNTNISSE

Die bisherigen Überlegungen haben deutlich gemacht, dass das forschende Subjekt nicht aus dem Prozess der Theoriebildung ausgeschlossen werden darf, sondern dass es für diesen konstitutiv ist. Diese Erkenntnis wirft jedoch methodologische und forschungspraktische Fragen auf: Auf welche Weise beeinflusst das forschende Subjekt die Theoriebildung? Wie ist mit solchen Einflüssen umzugehen? Wie ist eine wissenschaftliche Theoriebildung über die Sozialwelt unter solchen Einflüssen möglich?

Der Klärung dieser Fragen hat sich der Anthropologe, Ethnologe und Ethnopsychoanalytiker Georges Devereux gewidmet. Er hat die Bedeutung der Subjektivität für die Gewinnung wissenschaftlicher Ergebnisse systematisch erarbeitet. Aus seinen jahrzehntelangen Feldforschungen heraus hat Devereux wichtige Grundlagen des methodischen Forschens im sozialen Feld entwickelt. Bereits in den 1930er Jahren entstehen erste Entwürfe zu einer Methodologie, die er später weiter ergänzt und modifiziert. 1967 schließlich erscheint seine zusammenfassende Darstellung *From Anxiety to Method in Behavioral Sciences* (deutsch 1973: *Angst und Methode in den Verhaltenswissenschaften*). Seine Thesen entfaltet er systematisch und erläutert, veranschaulicht oder belegt sie mit einer Fülle von insgesamt 440 Fallbeispielen. Sein besonderes Interesse gilt der Wechselseitigkeit in der Forschung mit lebendigen Wesen. Devereux vertritt die These, dass es zu Verzerrungen in der wissenschaftlichen Erkenntnis kommt, wenn diese Wechselseitigkeit nicht berücksichtigt wird. Solche Verzerrungen sind nicht zu vermeiden, aber sie können verstanden und benannt werden, wenn die Subjektivität der forschenden Person und der Menschen, für die sie sich interessiert, sowie die Wechselseitigkeit beider reflektiert werden. Wenn die Erkenntnisse über die möglichen Verzerrungen den Bezugsrahmen der Ergebnisse bilden, können die wissenschaftliche Gültigkeit der Ergebnisse gesichert und ihre Reichweite benannt werden.

Man könnte Devereux als einen Grenzgänger im wissenschaftlichen Diskurs bezeichnen. Bislang wird er vor allem in ethno-pschoanalytisch ausgerichteten Forschungen rezipiert; in die sozialwissenschaftlichen Methodenbücher und Diskussionen hat er noch kaum Eingang gefunden. Wer jedoch in der Forschungspraxis vor den vielfältigen methodischen Fragen steht und sich mit den Einflüssen seiner eigenen Interessen und Handlungen auf die Ergebnisse seiner Forschung auseinandersetzen muss, findet in den methodologischen Reflexionen Devereux' wichtige Perspektiven.

Devereux' methodologische Einsichten sind auch für praktisch-theologische Forschungen weiterführend. Im Folgenden werde ich einige der methodologischen Erkenntnisse Devereux' darstellen und sie dann im Hinblick auf die praktisch-theologische Forschung reflektieren. Nach einer Einführung in seine Lebensgeschichte werde ich zunächst auf die von Devereux herausgearbeiteten Grundlagen eingehen, die jede Forschung mit lebendigen Wesen bestimmen: die Lebendigkeit der Organismen, die wechselseitige Wahrnehmungsfähigkeit, die wechselseitige Bestimmung der Grenzen und die Anerkennung der eigenen Menschlichkeit der forschenden Person als Weg zu wissenschaftlichen Erkenntnissen. In den darauf folgenden Abschnitten werde ich die wesentlichen, aus diesen Grundlagen resultierenden Merkmale der Forschung mit lebendigen Wesen darstellen, die in der Forschungspraxis berücksichtigt werden müssen: die Wechselseitigkeit von Rollen und Mustern, die Bedeutung der Persönlichkeit der forschenden Person und ihre Reaktion auf die Lebendigkeit ihres Forschungsbereichs. Daraus ergeben sich Erkenntnisse zu den Möglichkeiten von objektiven wissenschaftlichen Erkenntnissen über die belebte Welt. Die methodologischen Erkenntnisse Devereux' werden im Hinblick auf die praktisch-theologische Forschung weitergeführt.

4.1   Biographische Notizen

Eine umfassende Darstellung des Lebens Devereux' ist bislang noch kaum zu finden. Die folgenden Ausführungen beruhen im Wesentlichen auf einem Aufsatz von Ulrike Bokelmann über das Leben Devereux'[476], der auf zwei mehrstündigen Gesprächen von ihr und Elizabeth Burgos mit Devereux basiert und der von Devereux selbst als eine „zärtlich-tiefschürfende Darstellung meines Seins und Tuns"[477] bezeichnet wird, sowie auf dem Nachwort Devereux' zu einer ihm gewidmeten Festschrift, in dem er vier Monate vor seinem Tod, bereits an Bett und Sauerstoff-Flasche gefesselt, noch einige autobiographische Bemerkungen festhält.[478]

Georges Devereux wird am 13.9.1908 in Lugos[479] geboren, einer Kleinstadt im südöstlichen Zipfel im damaligen Ungarn. Seine Kindheit und Jugend sind von drei widersprüchlichen Erfahrungen geprägt, die sein Leben durchziehen und sich auch in seinen methodologischen Fragestellungen niederschlagen: von dem Mangel an Ehrlichkeit und Warmherzigkeit in seiner Familie und seiner Sehnsucht nach Menschlichkeit, Anerkennung und Erkenntnis; von seinen persönlichen Neigungen zu Musik und Literatur und dem Interesse an den objektiven Wissenschaften; und schließlich

---

[476] Vgl. Bokelmann (1987): Georges Devereux.
[477] Devereux (1987): Nachwort, 449.
[478] Vgl. Devereux (1987): Nachwort.
[479] Lugos, heute Lugoj, liegt an der Timiş etwa 50 km östlich von Timişoara im heutigen Rumänien. Kulturell teilt es die wechselhafte und spannungsreiche Geschichte Siebenbürgens.

von den politischen Spannungen zwischen den Bevölkerungsgruppen und den Veränderungen der Machtverhältnisse durch die Angliederung Siebenbürgens an Rumänien im Jahr 1918. Diese Erfahrungen finden Ausdruck in seinen lebenslangen Reflexionen über Subjektivität und Objektivität, über Grenzziehung und das Verhältnis von „Innen und Außen".

Die Atmosphäre in seiner Herkunftsfamilie ist, wie er sagt, von Verlogenheit und Mangel an Liebe geprägt. „Als Achtjähriger sagte ich auf der Straße (ich erinnere mich noch genau an den Ort): ‚Niemand hat mich lieb.' Meine Cousine, etwas älter als ich, antwortete geniert: ‚Dein Vater ist stolz auf dich.'"[480] Während sein Vater, ein angesehener Anwalt, ihm aufgrund seiner Fähigkeiten eine gewisse Achtung entgegen bringt, fühlt er sich von seiner Mutter in seinen Fähigkeiten unverstanden und missachtet. Liebe findet er allenfalls außerhalb der Familie, zunächst bei der ungarischen Kinderfrau, der er bis zu seinem vierten Lebensjahr anvertraut ist. Die Familie bietet ihm keine Geborgenheit; er leidet unter der Unaufrichtigkeit der Erwachsenen, die auch die Kinder zur Falschheit zwingen. „Es gab weder Ehrlichkeit in den Tatsachen noch Aufrichtigkeit der Gefühle. Ich mußte oft etwas vortäuschen."[481]

Die gleiche Unaufrichtigkeit begegnet ihm in der Gesellschaft, in der er aufwächst. In Siebenbürgen herrschen große Spannungen zwischen den Bevölkerungsgruppen der Ungarn, Rumänen und Deutschen. Devereux lernt in den ersten Lebensjahren ungarisch, vom vierten bis zum sechsten Lebensjahr darf er nur deutsch sprechen, und als er in die Schule kommt, spricht er wieder ungarisch. Als er zehn Jahre alt ist, wird Lugos 1918 rumänisch. In der Schule wird Ungarisch verboten und Rumänisch Umgangssprache. Die Geschichte des Landes und der Völker wird im Schulunterricht völlig neu interpretiert. Dies wirft für Devereux die Frage nach der Wahrheit und Objektivität der jeweiligen Geschichtssicht auf.

Devereux fühlt sich in seiner Familie und seiner Heimatstadt nicht glücklich und sehnt sich nach der Ferne: „So lange ich mich erinnere, hatte ich nur einen Wunsch, weg, weg, weg."[482] Besonders die Kultur Frankreichs fasziniert ihn, und er lernt intensiv französisch. Inneren Ausgleich zu seiner unglücklichen Situation findet er in der Musik und der Literatur.[483] Er schreibt bereits als Kind Gedichte. Doch sein Wunsch, die Musik zum Beruf zu machen, wird 1925 durch eine Operation an der rechten Hand zunichte gemacht.

Nach dem Abitur 1926 geht er gegen den Wunsch seiner Eltern nach Paris und beginnt ein Physikstudium (unter anderem bei Marie Curie und Jean Perin), in dem er sich auf die Suche nach der objektiven Welt begibt. „Die Wahrheit der Gefühle fand ich in der Musik Mozarts, Beethovens, Chopins ... Das kommt von innen heraus. Es mußte auch eine objektive Wahrheit geben. Ich suchte sie in der Mathematik und der theoretischen Physik."[484] Seine vielfältigen Interessen halten ihn jedoch of-

---

[480] Devereux (1987): Nachwort, 447.
[481] Devereux, zit. in: Bokelmann (1987): Georges Devereux, 12.
[482] Devereux/ Schröder (1984): Ich habe das Recht, ich zu sein, 18.
[483] Dieser Ausgleich ist ihm sein Leben lang wichtig. So nimmt er auch zu seinem Forschungsaufenthalt bei den Sedang-Moi ein Grammophon mit und hört zum Erstaunen des Stammes klassische Musik; vgl. Bokelmann (1987): Georges Devereux, 17.
[484] Devereux, zit. in Bokelmann (1987): Georges Devereux, 13.

fen für verschiedene Wissenschaftsbereiche. Nach einem Jahr kehrt er schwer erkrankt nach Lugos zurück. Nach der Genesung beginnt er 1928 in Leipzig eine Verlagsbuchhändlerlehre, nach deren Abschluss 1929 er in einem Verlag in Paris eine Anstellung findet. Es beginnt nun für ihn eine glückliche Zeit. Unter den Menschen in Paris fühlt er sich wohl, er trifft berühmte Leute, unter anderem befreundet er sich mit Klaus Mann.[485] Die äußeren Bedingungen erlauben es ihm, sich wieder seiner Schriftstellerei zuzuwenden. Die Veröffentlichung seines damals verfassten Romans scheitert allerdings an unglücklichen Zufällen; Devereux zerstört den größten Teil des Manuskripts und bewahrt nur die lyrischen Teile auf.

Devereux' Weg zum Beruf des Ethnologen ist von einer Verknüpfung verschiedener Zufälle gezeichnet. Aufgrund einer Typhuserkrankung kehrt er wieder zurück nach Lugos, schreibt sich aber zuvor noch an der Pariser Universität ein, um dem rumänischen Militärdienst zu entgehen. Wegen der geringen Semester-Wochenstundenzahl wählt er die malayische Sprache als Studienfach. Nach seiner Rückkehr nach Paris absolviert er das dreijährige Pensum in eineinhalb Jahren. Kurz vor dem Examen 1931 beschließt er, auch einen Abschluss in Ethnologie zu machen. Mit seinem Ansinnen, ohne vorausgegangenes Studium Prüfungen ablegen zu wollen, stößt er jedoch bei den Ethnologen Marcel Mauss und Lucien Lévy-Bruhl auf Widerstand. „Nicht bereit aufzugeben, wandte er sich schließlich an Paul Rivet, der ihn zwar nicht für weniger unverfroren hielt, ihm aber wenigstens einen Rat gab, wie er die Sache in Angriff nehmen könne."[486] Seine schriftliche Prüfung besteht er, indem er eine Darlegung über die Klassifikation von Musikinstrumenten schreibt. Die mündliche Prüfung besteht er als Zweitbester. Erst jetzt entdeckt er den Beruf des Ethnologen, von dem er bis dahin nur verschwommene Vorstellungen hatte.[487] Er setzt das Ethnologiestudium fort und erhält 1932 die sogenannte freie *licene*. Zudem bekommt er mit Unterstützung der Pariser Professoren, vor allem durch Marcel Mauss, ein Rockefeller-Stipendium zur Erforschung der Sedang-Moi, einem Bergvolk im heutigen Süd-Vietnam. Da die Sedang-Moi als ein gefährliches Volk gelten, wird Devereux zu einem vorbereitenden Praktikum zunächst in die Vereinigten Staaten geschickt. Hier gestalten sich die Beziehungen schwierig. Er stößt auf Ablehnung unter seinen Kollegen, und der leitende Professor seiner Gruppe wirft ihm Inkompetenz vor, um einen Entzug seines Stipendiums zu erreichen. Nur Alfred Louis Kroeber setzt sich für ihn ein und bewirkt, dass ihm die Aufgabe übertragen wird, das Geschlechtsleben der Mohave, eines nordamerikanischen Indianerstammes, zu erforschen.

---

[485] Klaus Mann hat Devereux in seinem Roman *Treffpunkt im Unendlichen* in der Person des Sylvester Marschalk treffend dargestellt, eine Darstellung, mit der sich Devereux auch selbst identifizierte.

[486] Bokelmann (1987): Georges Devereux, 14.

[487] „Mein Vater hatte aus der Bibliothek eines verstorbenen Freundes unter anderem Ratzels *Völkerkunde* gekauft. Das interessierte mich besonders als Junge; es gab darin auch viele Abbildungen mehr oder weniger bekleideter hübscher Mädchen zu sehen. Ich hatte großes Vergnügen, das Buch anzuschauen. Dann hatte ich natürlich Abenteuerromane, die bei den ‚Wilden' spielten, verschlungen: Karl May usw." Bokelmann (1987): Georges Devereux, 14f.

Bei den Mohave wird er freundschaftlich aufgenommen. Den Aufenthalt bei ichnen zählt er zu den glücklichsten Zeiten seines Lebens. Hier findet er Zugehörigkeit und Mitmenschlichkeit, bei ihnen fühlt er sich, wie er sagt, mehr als irgendwo auf der Erde zu Hause.[488] Bei den Mohave beobachtet er, wie diese ihre Träume ernst nehmen, interpretieren und hierdurch psychische Störungen erklären. Dies weckt sein Interesse an der Psychoanalyse, in der er eine brauchbare Forschungsmethode findet. Seine Forschungen finden ihren Niederschlag in vielen Aufsätzen und in seinem Buch *Mohave Ethnopsychiatry* (Washington 1969). Seine Forschungsergebnisse bei den Mohave beeindrucken auch Kroeber, der ihn als Doktoranden annimmt.

Zunächst aber reist er nach Indochina und lebt 18 Monate bei den Sedang-Moi. Diese Kultur bleibt ihm gefühlsmäßig fremd, doch macht er wichtige Erfahrungen, die sich in vielen Fallbeispielen in seinem Buch *Angst und Methode in den Verhaltenswissenschaften* widerspiegeln. Zurückgekehrt nach Berkeley promoviert er in Anthropologie bei Kroeber zu dem Thema *The Sexual Life of the Mohave Indians*. Seinen Lebensunterhalt bestreitet er durch unregelmäßige Lehraufträge. 1943 dient er in der amerikanischen Armee, aus der er 1944 mit einer Kriegsverletzung ausscheidet.

1946 bis 1953 absolviert Devereux eine psychoanalytische Ausbildung am Menninger-Institut in Topeka/ Kansas. Er findet gleichzeitig eine Anstellung am Veteran Hospital und hat hier Gelegenheit, klinische Erfahrung zu sammeln. Besondere Bedeutung für die interkulturelle Psychologie erlangt die Therapie mit einem Plains-Indianer, deren Protokolle und Erörterung in dem Buch *Reality and Dream. The Psychotherapy of a Plain Indian* (New York 1951) veröffentlicht sind. Daran schließt sich von 1953 bis 1955 eine Tätigkeit als Analytiker und Forschungsleiter an einer privaten psychiatrischen Anstalt für Kinder und Jugendliche an. Von 1956 bis 1963 lebt Devereux in New York und nimmt von dort aus eine Lehr- und Forschungstätigkeit an der medizinischen Fakultät der Temple University in Philadelphia wahr. Ab 1959 ist er zudem freiberuflich als Psychoanalytiker tätig. In seinen Forschungen pflegt er zwar wissenschaftlichen Austausch mit anderen Ethnologinnen und Ethnologen wie mit Ralph Linton, Weston La Barre und Margaret Mead, mit denen er auch freundschaftlich verbunden ist, folgt aber seinem eigenen Forschungsweg. Insgesamt fühlt sich Devereux in den drei Jahrzehnten, in denen er in den Vereinigten Staaten lebt, nicht glücklich – mit Ausnahme der Zeit bei den Mohave.

1963 kehrt Devereux, nun 55 Jahre alt, nach Paris zurück. Dort hatte ihm Claude Lévi-Strauss, den er während dessen Exilszeit kennen gelernt hatte, eine Stelle an der *Ecole pratique des hautes études* beschafft. Bis 1981 ist er Studiendirektor für Ethnopsychiatrie. Doch seine Rückkehr nach Paris fällt mit dem Höhepunkt des Einflusses Lacans auf die französische Psychoanalyse und mit dem Verlust der Bedeutung der Ethnologie und der Anthropologie in den Humanwissenschaften zusammen. Sein bedeutendes Werk *From Anxiety to Method*, das auf Entwürfe in den dreißiger Jahren zurückgeht, erscheint erst 1967 auf englisch und 1973 auf deutsch, bevor es

---

[488] Mit seiner Mohave-Dolmetscherin Agnes Savilla, die ihm bei seiner ersten Feldforschung behilflich ist und der er nach eigenen Angaben das Überleben und den Erfolg bei dieser Forschung verdankt, steht er auch nach 50 Jahren noch in Verbindung.

Ende der 1970er Jahre auch einen Verleger in Frankreich findet. Devereux fühlt sich als Ethnologe und Kulturanthropologe wenig anerkannt. Erst in seinen letzten Lebensjahren finden seine Ideen eine breitere Rezeption. Als bedrückend empfindet er auch die beständige finanzielle Unsicherheit. Zu einem der wichtigsten Momente seines Lebens zählt er den Augenblick in seinem 73. Lebensjahr, „in dem ich zum ersten Male im Leben wußte, daß ich auch in einem Jahr noch, dank meiner Rente, etwas zu essen haben würde, denn ich hatte immer Verträge, die auf ein Jahr befristet waren.“[489]

Enttäuscht durch den Mangel an Anerkennung in der Ethnologie und Anthropologie begeistert sich Devereux noch spät für ein neues Gebiet, die griechische Antike, wo er es zur Anerkennung als Altphilologe bringt. „Ich bin Gräzist geworden, zunächst weil mich Dodds' Buch *Die Griechen und das Irrationale* ganz und gar begeistert hatte. Und zweitens weil ich die Erfahrung gemacht habe, von den Ethnologen mißverstanden und abgelehnt zu werden, so daß ich hoffen konnte, als Gräzist von ihnen gar nicht erst beachtet und folglich in Ruhe gelassen zu werden. Ich war 54 Jahre alt, als ich zu Margaret Mead bemerkte: ‚Ich will Gräzist werden!' – Dodds hat sehr gelacht, als ich ihm erzählte, daß seine Äußerung, ich sei zu alt, um Griechisch zu lernen, mich gerade dazu angespornt hat.“[490] In den letzten Jahren seines Lebens widmet sich Devereux fast ausschließlich der psychoanalytischen Interpretation der griechischen Literatur. Die Erkenntnisse aus seinen Seminaren und Forschungen fasst er in dem Buch *Träume in der griechischen Tragödie. Eine ethnopsychoanalytische Untersuchung* (Oxford 1976, dt. Frankfurt 1985) zusammen. Am 30.5.1985 stirbt Devereux in Paris.

4.2   Lebendigkeit, Wechselseitigkeit und Menschlichkeit

4.2.1   Der wissenschaftliche Kontext

Die Zielrichtung und Eigenart des Werkes Devereux' wird verständlich vor dem Hintergrund des wissenschaftstheoretischen und methodologischen Diskurses seiner Zeit. In den 1920er Jahren – und bis in die dreißiger Jahre hinein – herrschte an den amerikanischen Universitäten eine kreative Forschungsmentalität, in der die Anfänge qualitativer Methodologien entwickelt wurden. Die Chicagoer Schule setzte einen Meilenstein für die weitergehende Entfaltung entdeckender Methoden. Die philosophischen Grundlagen hatten in Amerika Männer wie Georges Herbert Mead, William James oder Alfred North Whitehead gelegt. In Europa gewannen in diesen Jahren die Lebensphilosophie (Henri Bergson, Georg Simmel u.a.) sowie die Phänomenologie und der Existentialismus an Bedeutung, die durch das Exil vieler Wissenschaftlerinnen und Wissenschaftler auch in Amerika Beachtung fanden. Seit den 1940er Jahren

---

[489] Devereux (1987): Nachwort, 448.
[490] Devereux, zit. in: Bokelmann (1987): Georges Devereux, 30.

setzten sich allerdings, ausgehend von Amerika, Methodologien in der wissenschaftlichen Landschaft durch, die an den naturwissenschaftlichen quantifizierenden und mechanistischen Methoden orientiert waren, die als Standard für Wissenschaftlichkeit galten. Besonderen Einfluss erlangte der struktur-funktionale Ansatz Talcott Parsons (1902-1979) in der amerikanischen Soziologie und der Behaviorismus in der Psychologie. Der Behaviorismus, als dessen Begründer J.B. Watson (1878-1950) gilt, beschränkte sich auf die Erforschung des beobachtbaren und objektiv messbaren Verhaltens von Lebewesen, ohne das Verstehen von Bewusstseinsinhalten, Motivationen oder Seelenvorgängen zu berücksichtigen. Der Organismus wurde als eine Einheit (*black box*) begriffen, dessen Verhalten sich als Reaktion auf äußere Reize, als ein Reiz-Reaktions-Schema beschreiben lässt. Der Verzicht auf die Analyse erlebbarer und verstehbarer Zusammenhänge wurde die Voraussetzung für die methodische Konzentration auf Tierexperimente, bei denen man im Versuch-und-Irrtums-Verfahren die Reaktionen auf Einflüsse testete, wobei auf die psychischen Eigenheiten der Tiere keine Rücksicht genommen wurde.

4.2.2   Lebendigkeit

In Abgrenzung gegen diese an naturwissenschaftlichen Modellen orientierten mechanistischen und funktionalen methodischen Ansätze seiner Zeit sieht Georges Devereux in der *Lebendigkeit* der Organismen und der forschenden Person ein entscheidendes Merkmal seines Forschungsbereiches, das eine eigene Methodik erfordert. Da die Menschen eine grundlegende Eigenschaft ihres Menschseins, die Lebendigkeit, mit anderen Lebewesen teilen, schließt Devereux diese in seine methodologischen Überlegungen ein: Sein Forschungsgebiet sind nicht allein die Kultur- oder die Humanwissenschaften, sondern die Verhaltenswissenschaften. Naturwissenschaftliche Methoden können nach Devereux nicht einfach auf die Verhaltenswissenschaften angewendet werden, da sie der entscheidenden Eigenart dieser Forschungsgebiete, nämlich der Lebendigkeit, nicht gerecht werden können. Wenn die Lebendigkeit bereits im Ansatz der Forschung ausgeblendet wird, dann wird auch einer der wichtigsten Aspekte der gesuchten Erkenntnis, das, was am Organismus lebendig oder am Menschen menschlich ist, unreflektiert bleiben, und das Ergebnis der Forschung wird zwangsläufig reduziert und verzerrt. Die Lebendigkeit als ein unverzichtbares Konstitutivum des Forschungsgebietes muss deshalb die Forschung in allen ihren Dimensionen, in dem Ansatz und den Methoden, in der Datenerhebung und Datenauswertung sowie in der Darstellung der Ergebnisse und Theorien bestimmen.

4.2.3   Wahrnehmungsfähigkeit

Ein Merkmal der Lebendigkeit der Lebewesen ist ihre Wahrnehmungsfähigkeit, die weit reichende Folgen für die Methodologie hat. Selbst Pflanzen oder Mikroorganismen nehmen wahr und haben von da her eine Art von Bewusstsein. Den entscheidenden Unterschied zwischen Verhaltens- und Naturwissenschaften sieht Devereux in der Eigenheit der Beziehung zwischen der forschenden Person und ihrem Objekt, in der *Wechselseitigkeit der Wahrnehmungsfähigkeit*, die methodisch berücksichtigt werden muss. In den Naturwissenschaften geht die Beobachtung in nur eine Richtung, während in den Verhaltenswissenschaften eine wechselseitige Wahrnehmungsfähigkeit und eine reziproke, wenn auch asymmetrische Beziehung gegeben ist. „Wahrscheinlich besteht die einzige signifikante Differenz zwischen Unbelebtem und Belebtem in dem *Bewußtsein* und zwischen Mensch und Tier in dem *Bewußtsein vom Bewußtsein eines anderen* – dem Wissen, daß man weiß."[491] Selbst da, wo die beobachtende Person sich unsichtbar macht, besteht doch die potentielle Fähigkeit oder zumindest die Anlage zur Gegenbeobachtung seitens des beobachteten Wesens. „Es besteht deshalb eine Differenz *sui generis* zwischen dem (physikalisch-chemischen) Experiment, Säure auf ein Stück herausgeschnittenes Fleisch zu tropfen, und dem Experiment einer Wissenschaft vom Leben, sie auf einen lebenden Organismus zu tropfen. Von winzigen Unterschieden abgesehen, geht in beiden Fällen die gleiche chemische Reaktion vor. In beiden Fällen reagiert das Fleisch auf die Säure *chemisch*, doch zusätzlich ‚weiß' der lebende Organismus – *was eine Form des Verhaltens ist* –, während das herausgeschnittene Fleisch *nicht* weiß und sich deshalb auch nicht irgendwie verhält."[492]

Die Wahrnehmungsfähigkeit und Wechselseitigkeit lebendiger Wesen hat zur Folge, dass die Beobachtung bereits das verändert, was beobachtet werden soll. Dieses Phänomen ist zwar auch aus der Physik bekannt, doch beruht die Veränderung dort auf physikalischen Gesetzmäßigkeiten, während sie in der Verhaltensforschung auf den psychischen Fähigkeiten der Wahrnehmung beruht. In beiden Fällen ist es unabdingbar, die Veränderungen durch die Beobachtung methodisch zu berücksichtigen; sie sind das Medium, um zu Erkenntnissen über die beobachteten Objekte zu kommen.

In der Verhaltensforschung ist die Beobachtung aufgrund der Wechselseitigkeit der Wahrnehmungen und Reaktionen ein komplexer Vorgang. Der Mensch beobachtet z.B. im Laboratorium eine Ratte, aber die Ratte beobachtet auch den Menschen. Selbst wo sich der Mensch versteckt, reagieren die Wesen auf eine bestimmte, vom Menschen ersonnene Versuchsanordnung. Methoden, die an naturwissenschaftliche Modelle der einseitigen Beobachtung angelehnt sind, scheinen diesen methodologischen und theoretischen Implikationen des reziproken Verhältnisses zwischen lebendigen Wesen zu entgehen. Doch die Ausblendung der Wechselseitigkeit und Lebendigkeit führt zu Verzerrungen der Erkenntnisse. Devereux nennt drei Typen eines solchen Vorgehens:[493] (1) Der Reduktionismus: die komplexe Vielfalt des Lebens wird auf einige wenige Vorgänge reduziert. Der besondere Charakter des Lebens als eines besonderen und hochkomplexen Phänomens wird dabei verleugnet. (2) Der Abduktionismus: das Leben wird aus dem Bereich des Konkreten abduziert.

---

[491] Devereux (1967/1984): Angst und Methode, 45.
[492] Devereux (1967/1984): Angst und Methode, 45.
[493] Vgl. Devereux (1967/1984): Angst und Methode, 35-39.

Es wird ihm eine solche Sonderstellung zugewiesen, dass es aus der Matrix der Realität herausgerissen ist. Alles, was den Menschen mit der sinnlichen Realität verbindet, wird systematisch auf ein Minimum reduziert. (3) Die metaphysische Interpretation des Menschen und seines Verhaltens: Sie ist letztlich eine Steigerung des vorhergehenden Typs in die Verallgemeinerung. Devereux begreift sie bestenfalls als ein „abstruses Ballett entkörperter Abstraktionen".[494] Das Leben, das erklärt werden soll, wird bei diesen Vorgehensweisen entweder weg erklärt, oder es wird in eine Sonderstellung ins Exil manövriert.

Die methodischen Modelle der einseitigen Beobachtung müssen scheitern, da die Wechselseitigkeit nicht ausgeschlossen werden kann, ja sogar konstitutiv für das Verhalten des lebendigen Gegenübers ist. „Selbst da, wo die experimentelle Situation jede Gegenübertragung unmöglich macht, kann nichts als die Tötung des Tieres – die wiederum den Versuch unmöglich macht (...) – jene einzigartige Kenntnis des Einflusses der Reize zerstören, die die unbelebte Materie einfach nicht aufzuweisen hat."[495] Da die Wechselseitigkeit der Wahrnehmung und der Reaktionen für lebendige Wesen konstitutiv ist, erfordert sie eine eigene Methodik der Verhaltenswissenschaften; an die Naturwissenschaften angelehnte Methoden eignen sich nicht, um die gegenseitige Wahrnehmungsfähigkeit zu berücksichtigen, sie spiegeln allenfalls ein Wissenschaftlichkeitsideal wider, das sie aber gerade in ihrer unangemessenen Anwendung nicht erfüllen. „So ist die in einer Richtung geführte Beobachtung in der Verhaltensforschung weitgehend eine konventionelle Fiktion, der mit Hilfe der Versuchsanordnung Genüge getan werden soll."[496]

Wird das lebendige Gegenüber wie tote Materie behandelt, der die Lebendigkeit, die Fähigkeit wahrzunehmen, zu agieren und zu reagieren, abgesprochen wird, so führt das zu Verhaltenstheorien, die implizit die kognitiven Fähigkeiten des beobachteten Wesens verneinen. Sie negieren die Lebendigkeit und degradieren das Lebewesen zu einem toten Objekt. Aber nicht nur das Gegenüber, sondern auch die beobachtende Person negiert sich selbst in ihrer *Menschlichkeit*. Es wäre hier mit Helmut Peukert – durchaus im Sinne von Devereux – weiter zu fragen, ob sich dadurch nicht auch der Mensch, der solch eine Beziehungsstruktur aufbaut, selbst verneint, indem er sein Einfühlungsvermögen, seine Mitleidensfähigkeit und Solidarität und seine eigene Lebendigkeit, die ihn mit dem Gegenüber verbindet, verneint.[497]

---

[494] Devereux (1967/1984): Angst und Methode, 39.

[495] Devereux (1967/1984): Angst und Methode, 45.

[496] Devereux (1967/1984): Angst und Methode, 42.

[497] Peukert setzt bei der Entwicklung seiner theologischen Theorie beim kommunikativen Handeln, also ebenfalls bei der Wechselseitigkeit, an und führt sie theologisch weiter. Am Ende seiner fundamentaltheologischen Abhandlung gelangt er zu der „Einsicht, daß man aus der Solidarität aller endlichen Wesen nur um den Preis des Verlustes der eigenen Identität ausbrechen kann. Dies gilt auch für Theologen. Angesichts der biblischen Überlieferung ist die Frage nach dieser Solidarität freilich noch radikaler zu stellen. Dann wird sie zur Frage nach einer Wirklichkeit, die diese Solidarität auch angesichts der Vernichtung des anderen im Tod möglich macht". Peukert (1978): Wissenschaftstheorie, Handlungstheorie, Fundamentale Theologie, 355. Die Frage nach dem solidarischen Verhältnis zwischen Menschen und anderen Lebewesen wird erst in jüngster Zeit in der Theologie intensiver reflektiert, vor allem im Bereich der Natur- und Tierethik, aber auch in der Dogmatik; vgl. z.B. Kessler (2000): Gott und das Leiden seiner Schöpfung.

Die Versuchsanordnung sagt nicht nur etwas über das Verhalten etwa des Versuchstieres aus, sondern auch etwas über denjenigen, der sie ersonnen hat. „In diesem Sinne ist jedes Rattenexperiment auch ein am Beobachter vorgenommenes Experiment. Seine Ängste und Abwehrmanöver können ebenso wie seine Forschungsstrategie und seine Art, Daten wahrzunehmen und Entscheidungen zu treffen (d.h., die Daten zu deuten), auf die Natur des Verhaltens im allgemeinen mehr Licht werfen, als es mittels der Beobachtung von Ratten –oder sogar von anderen menschlichen Wesen – möglich ist."[498]

Aufgrund der Wechselseitigkeit des kommunikativen Verhaltens muss die Forschung als ein komplexes Geschehen angesehen werden, in dem das Verhalten der forschenden Person, das Verhalten des beobachteten Wesens und die Interaktion zwischen beiden als untrennbar zusammengehörig betrachtet und ausgewertet werden müssen.

4.2.4 Grenzüberschneidungen lebendiger Wesen

Diese Wechselseitigkeit impliziert, dass die *Grenzen zwischen der beobachtenden Person und den beobachteten Wesen* weder eindeutig noch einseitig gezogen werden können. Sie werden in Interaktionen von beiden Seiten bestimmt. Das hängt damit zusammen, dass die Grenzen des Selbst über die Grenzen der Haut hinausgehend empfunden werden. Die Fähigkeit, etwas in die Grenzen des eigenen Selbst einzuschließen, ist z.B. bei Gruppenloyalitäten oder der Verletzung von Gebietsgrenzen zu beobachten.[499] „Tatsächlich enden wir nicht mit unserer Haut, jedenfalls nicht auf psychodynamisch signifikante Weise, sondern können uns dadurch, daß wir die Situation in bestimmter Weise definieren, ungefähr soweit *in* das beobachtete System hinein ‚ausdehnen', wie unser ‚objektives' Verständnis dieses Systems (des Organismus) reicht, wobei wir den vermittelnden (experimentellen) Apparat als Teil unserer selbst behandeln (...). Vom anderen Pol des Experiments her kann der beobachtete oder manipulierte Organismus sich gleichermaßen *in* das beobachtende System (Beobachter, Experimentator, Abrichter) ‚ausdehnen'. Im einfachsten Fall erreicht man das durch die ‚Kenntnis' des üblichen Verhaltens und der Attitüden des Beobachters. Diese Kenntnis kann sogar bei Tieren verblüffend unübliche Reaktionen hervorrufen."[500] Die Grenzen werden nicht nur zwischen Menschen, sondern auch zwischen Menschen und Tieren in der Interaktion wechselseitig definiert. Ein winselnder Hund kann einen Menschen psychisch erreichen und sich quasi in ihn hinein ausdehnen und sein Mitleid auslösen. Der Mensch nimmt den Hund vielleicht auf, er

---

[498] Devereux (1967/1984): Angst und Methode, 20.

[499] Menschen können z.B. Apparaturen wie ausführende Gliedmaßen ihrer selbst benutzen. Ähnliches lässt sich auch beim Verhältnis des Menschen zu seinem Auto beobachten. Er kennt die Grenzen des Autos, ohne sie zu sehen, als seien sie die Grenzen seines Körpers, und dies ist ihm z.B. beim Einparken oder beim Fahren im dichten Verkehr hilfreich; auf Berührungen oder Beschädigungen des Autos reagiert er oft so emotional, als sei der eigene Körper berührt oder verletzt worden.

[500] Devereux (1967/1984): Angst und Methode, 62f.

erreicht damit den Hund, dehnt sich quasi in ihn hinein aus und beruhigt ihn, und dieser reagiert auf die Zuwendung dadurch, dass er zu winseln aufhört.[501]

Die Ausweitung und Überschneidung der Ich-Grenzen über den eigenen Körper hinaus müssen in der Forschung methodisch berücksichtigt werden. Sie können in der Praxis entsprechend der Persönlichkeitskonstitutionen der Beteiligten einerseits zu Macht-, Herrschafts- und Unterwerfungsallüren führen, aber auch zu Angst vor der lebendigen Gegenwart des anderen. Sie können entsprechende Abwehrstrategien bei den Forschenden auslösen, die eine Verzerrung der Wahrnehmung und Analyse zur Folge haben.

4.2.5   Die Menschlichkeit der forschenden Person

Damit kommt nun die eigene *Menschlichkeit der forschenden Person* in konstitutiver Weise in den Blick. Devereux gelangt zu der Erkenntnis, dass sie der produktivste Weg ist, die Menschen und ihr Zusammenleben zu erforschen. Wenn wir etwas über andere Menschen erfahren wollen, ist die eigene Menschlichkeit, die Fähigkeit, den anderen einfühlsam als ein menschliches Gegenüber zu betrachten, das wichtigste Medium, um dem anderen einen Raum zu eröffnen, sich selbst in einer menschlichen Weise zu verhalten. Während technischer Umgang mit dem Menschen das panische Gefühl auslöst, als Objekt behandelt zu werden, löst Mitmenschlichkeit menschliches Verhalten aus. Deshalb soll man den Menschen mit Freundlichkeit und Zuneigung begegnen, man soll sie lieben.[502]

Aber nicht nur die andere Person muss in ihrer Würde als Mensch behandelt werden, sondern auch die forschende Person muss sich ihrer eigenen Menschlichkeit bewusst sein und sie als ein Medium der Forschung einsetzen. „Eine authentische Verhaltenswissenschaft wird es dann geben, wenn ihre Vertreter erkannt haben, daß eine realistische Wissenschaft vom Menschen nur von Menschen geschaffen werden kann, die sich ihres eigenen Menschseins vollkommen bewußt sind, was vor allem bedeuten muß, daß dieses Bewußtsein in ihre wissenschaftliche Arbeit eingeht."[503]

4.3   Komplementarität der Rollen und Muster

Aufgrund der Wechselseitigkeit der Beziehung können die untersuchten Menschen oder Gemeinschaften der forschenden Person komplementäre Rollen oder Reaktionen unterschieben, die diese dann ihrem Persönlichkeitsbild entsprechend weiter ausbildet.[504] Sogar Tiere können den Beobachter oder die Beobachterin in eine komplementäre Rolle drängen: ihre Hilflosigkeit kann als Kompensation Mitleid

---

[501] Vgl. Devereux (1967/1984): Angst und Methode, 334.

[502] Vgl. Devereux (1967/1984): Angst und Methode, 186; 190, auch 146-148.

[503] Devereux (1967/1984): Angst und Methode, 22.

[504] Vgl. zum Folgenden Devereux (1967/1984): Angst und Methode, 267-285.

oder aber Sadismus und Aggression auslösen.[505] Aber auch ein Ausweichmanöver ist denkbar: Das lebendige Tier oder der beobachtete Mensch wird zu einem Ding gemacht, das kein Mitleid verdient; ihm wird der Status eines lebendigen Wesens abgesprochen. „Kurz, sowohl die Natur der Tiergattung wie auch das idiosynkratische Verhalten des individuellen Tiers kann man in gewisser Hinsicht als ‚Ansprüche' werten, die beim Experimentator ziemlich extreme Formen (positiven oder negativen) komplementären Verhaltens auslösen können. Von daher leuchtet es ein, daß die Versuchung, sich auf ein komplementäres Verhalten einzulassen, bei der Erforschung des Menschen noch größer sein muß."[506] Das Winseln eines jungen Hundes kann Mitleid auslösen, das Summen einer Mücke Aggression, die Haare einer Spinne Ekel.

In der menschlichen Gesellschaft werden die Routineformen der sozialen Interaktion durch die gesellschaftliche Definition des ‚passenden' Typus von Reziprozität vorgezeichnet. Verschiedene *komplementäre Rollen* ergänzen einander und bilden zusammen ein Muster. In der ethnologischen Feldforschung ist es in der Regel so, dass der forschenden Person von der Gruppe oder dem Stamm ein Status zugeschrieben wird. Der Stamm zeigt ihr dann besonders die Seite, die den zugeschriebenen Status ergänzt. Die statusorientierte Selbstdarstellung des Stammes kann damit zur Quelle einer bestimmten Art von Verzerrung und Fehlinterpretation werden. Doch ist sie nicht beliebig oder allein durch den Stamm bestimmt, vielmehr löst auch die Persönlichkeitsstruktur der forschenden Person das komplementäre Verhalten des Stammes aus und präfiguriert damit die Rolle, die ihr zugeschrieben wird. „Die (präexistente) Gesamtstruktur des Anthropologen determiniert notwendigerweise die Statustypen, die ihm zugeschrieben werden können, und die komplementären Rollen, in die er manövriert werden kann."[507] Umgekehrt kann die Selbstdarstellung der Gruppe aber auch neurotische Triebe des Forschenden freisetzen. „Die Tatsache, daß jeder Stamm *andere* neurotische Triebe im Anthropologen stimuliert, hat entscheidende wissenschaftliche Konsequenzen. So hat man in der psychiatrischen ‚Diagnose' einer bestimmten Kultur manchmal keine objektive Bewertung ihres Grundmusters zu sehen, sondern eine Projektion derjenigen verdrängten Triebe des Anthropologen, die diese Kultur stimuliert."[508]

Die forschende Person kann der ihr aufgedrängten Rolle nicht gänzlich entkommen. Die aus naturwissenschaftlichen Methoden entlehnte Vorstellung eines neutralen Beobachters menschlicher Interaktion hält Devereux deshalb für abwegig. Vielmehr sollten die Rollen reflektiert werden, in die sich die Forschenden begeben und in die sie hinein manövriert werden. „Worauf es in wissenschaftlicher Hinsicht also wirklich ankommt, ist nicht die Zuschreibung, Annahme oder Verweigerung eines bestimmten Status und der komplementären Rolle, sondern deren bewußte Überprü-

---

[505] Viele unnötige Tierexperimente ermöglichen denen, die sie durchführen, ihren unbewussten Sadismus zu befriedigen, „so daß sie mehr über den Experimentator aussagen als über den Gegenstand, den er erforscht". Devereux (1967/1984): Angst und Methode, 269.

[506] Devereux (1967/1984): Angst und Methode, 271.

[507] Devereux (1967/1984): Angst und Methode, 277.

[508] Devereux (1967/1984): Angst und Methode, 277.

fung und das Bewußtsein des segmentären Charakters dessen, was man entsprechend dem, wofür man gehalten wird, (automatisch) gezeigt bekommt."[509]

Methodisch müssen noch weitere Formen der Komplementarität berücksichtigt werden: die der *manifesten und latenten* sowie der *bewussten und unbewussten Muster.*[510] Die Persönlichkeit des Menschen wie auch die Kulturen sind äußerst vielschichtig und sehr viel weniger eindeutig, als sie erscheinen – und es ist häufig nur dem Bedürfnis nach Konsistenz der Forschenden oder ihrer persönlichen Akzentuierung zu verdanken, wenn sich eindeutige Muster ergeben. Der Ausbildung eines manifesten Musters entspricht ein entgegengesetztes, latentes Muster. Es ist nach Devereux sogar wahrscheinlich, dass bestimmte kulturell stark ausgeprägte Merkmale im Grund „Gegengifte", also Kontrollen und Gegengewichte für latente Kernmerkmale sind. Deshalb ist der Grad der Ausbildung eines Merkmals kein Maßstab dafür, dass es kulturell zentral ist. „Jede Kultur enthält auch die Negation ihres manifesten Musters und ihrer Kernwerte, die sich durch eine stillschweigende Bestätigung der konträren latenten Muster und marginalen Werte hindurch vollzieht. *Das vollständige reale Muster einer Kultur ist das Produkt des funktionalen Zusammenspiels offiziell bestätigter und offiziell negierter Muster.*"[511]

Die latente und meist unbewusste Kehrseite der manifesten Muster muss folglich methodisch berücksichtigt werden. Wichtiger aber als die isolierte Entfaltung der beiden Pole ist die Analyse der *Beziehung* zwischen den latenten und manifesten Aspekten. Methodisch sollte auf die manifesten Merkmale, die latenten Gegenmerkmale und die Beziehung, die zwischen beiden unterhalten wird, geachtet werden.

4.4   Die Persönlichkeit des Forschers bzw. der Forscherin

Die Forschung in den Verhaltenswissenschaften wird nicht nur durch die Unmöglichkeit bestimmt, Lebewesen neutral zu beobachten, ohne sie nicht schon selbst zu beeinflussen und von ihnen beeinflusst zu werden, etwa durch Angst, Wut, Mitleid oder Sympathie. Auch die Persönlichkeit der forschenden Person, ihre Biographie, ihre sozio-historischen, kulturellen und wissenschaftstheoretischen Kontexte haben einen wesentlichen Einfluss auf die Methoden und die Ergebnisse der Forschung.[512] Die Erwartungen, die die Gesellschaft, die Familie, die Kirche, die Partei oder die Wissenschaftsgemeinschaft, der die forschende Person zugehörig ist, an sie stellt, können tief internalisiert sein, und sie kann Befriedigung daraus ziehen, die Erwartungen zu bestätigen, empirisch zu belegen oder zu legitimieren. Einflüsse sind z.B. zu erwarten von der kulturellen und ethnischen Zugehörigkeit, die implizit einen kulturell determinierten Bezugsrahmen für die Beurteilung der Realität liefert, von

---

[509]   Devereux (1967/1984): Angst und Methode, 285.
[510]   Vgl. hierzu Devereux (1967/1984): Angst und Methode, 243-249.
[511]   Devereux (1967/1984): Angst und Methode, 245.
[512]   Vgl. zum Folgenden Devereux (1967/1984): Angst und Methode, 157-285.

der Position oder Ideologie der forschenden Person, die häufig in Form eines formalen, expliziten Systems von Postulaten zum Ausdruck gebracht wird, von der Geschlechtszugehörigkeit, der Klassen- bzw. Schichtzugehörigkeit, der Konfessionszugehörigkeit, von zeitgeschichtlichen Prozessen u.a.

Im Folgenden möchte ich auf drei Aspekte des Zusammenhangs zwischen der Persönlichkeit der forschenden Person und ihren wissenschaftlichen Erkenntnissen näher eingehen, die Devereux beschrieben hat: auf das Interesse an der Selbsterforschung, auf das Selbstmodell als Maßstab der Realitätswahrnehmung und auf die Bedeutung der Persönlichkeitsstruktur der forschenden Person.

4.4.1 Wissenschaft als Selbsterforschung

In allem, was der Mensch erforscht, erforscht er (auch) sich selbst. „Jede Forschung ist auf der Ebene des Unbewussten Selbst-bezogen, gleichgültig, wie weit ihr Gegenstandsbereich auf der manifesten Ebene vom Selbst entfernt sein mag."[513] Die Forschung stellt also eine mehr oder weniger direkte Introspektion dar. Dies gilt für die Mathematik oder die Astronomie in gleicher Weise wie für die psychoanalytische Forschung. Devereux belegt dies an Beispielen, die aufzeigen, wie die Berufswahl und die Forschungsinteressen auch bei Naturwissenschaftlern mit ihren biographischen Erfahrungen und deren suchender Bewältigung zusammenhängen. Die direkte Selbsterforschung tritt jedoch in den Human- und Verhaltenswissenschaften besonders deutlich hervor. „Wer den Menschen untersucht, weiß, daß er selbst menschlich ist wie sein Objekt und daß er, indem er es erforscht, sich unvermeidlich auch selbst erforscht"[514]. In der Begegnung mit anderen Menschen und der Erforschung ihrer Lebensweisen wird die forschende Person aber direkt oder indirekt auch mit den Tabus ihrer eigenen Kultur und mit ihrer eigenen Persönlichkeitsstruktur, mit ihren Ängsten, verdrängten Seiten und blinden Flecken konfrontiert. Sie entwickelt deshalb häufig Distanzierungs- und Abwehrstrategien, die sich auf die Kommunikation mit den Menschen in der Forschungssituation, auf die Forschungsmethoden, auf die Datenanalyse und die wissenschaftlichen Erkenntnisse niederschlagen können. Die Probleme, die aus der gemeinsamen Menschlichkeit entstehen, sind nicht durch Abwehrmanöver, sondern nur durch die bewusste Wahrnehmung und Auswertung dieses irreduziblen Faktums zu bewältigen (vgl. Kap. 4.6).

4.4.2 Das Selbstmodell als Maßstab

Der Mensch neigt dazu, sein Selbst, seinen Körper, sein Verhalten und seine Art, Erfahrungen zu machen, für prototypisch zu halten und sein Bild von der Außenwelt danach zu prägen.[515] Er konstruiert ein teilweise idealisiertes Selbst-Modell, das ihm

---

[513] Devereux (1967/1984): Angst und Methode, 178.
[514] Devereux (1967/1984): Angst und Methode, 178f.
[515] Vgl. zum Folgenden Devereux (1967/1984): Angst und Methode, 192-208.

als Standard und Richtlinie zur Einschätzung seiner Umwelt dient. Das Selbst-Modell ist ein tief verwurzelter stabiler Bezugsrahmen. Es beeinflusst auch die Art der wissenschaftlichen Wahrnehmung und Interpretation von Realität. Zum Beispiel sind die alten Maßeinheiten Fuß und Elle oder das Dezimalsystem, das auf den zehn Fingern basiert, aus dem Selbst-Modell hervorgegangen. Auch die Rangordnungen unter den Menschen, z.B. unter Geschlechtern, Ethnien oder Altersgruppen sowie unter den Kreaturen, z.B. unter Tieren und Pflanzen nach dem Grad ihrer Intelligenz oder ihrer Bewusstheit, werden nach ihrer Kongruenz oder Nichtkongruenz mit dem menschlichen Selbst-Modell entworfen.

Menschen können ihr Selbst-Modell als allgemein gültig ansehen und jede Abweichung anderer von diesem Modell als Abnormalität oder gar als absichtsvolle Bosheit interpretieren. Sie können aber auch davon ausgehen, dass andere Menschen die Wirklichkeit anders erfahren als sie selbst und die angsterregenden Differenzen dann entweder verkleinern oder vergrößern.

Zu den wesentlichen Merkmalen des Selbst-Modells gehört das Geschlecht. Viele Unterschiede sieht Devereux nicht als primär an, sondern als komplementäre Reaktionen auf die Existenz des anderen Geschlechts. Die Differenz zwischen Männern und Frauen wurde seit je her als Angstquelle erfahren. Der Versuch, den Unterschied zu verkleinern, indem gesagt wird, dass beide Geschlechter zunächst einmal Menschen und dann erst Frauen und Männer seien, sieht Devereux als einen Trugschluss an. „Kurz, es ist unmöglich menschlich zu sein, ohne gleichzeitig auch geschlechtlich zu sein: männlich oder weiblich. Männlichkeit wie Weiblichkeit setzen implizit auch die Existenz eines anderen Geschlechts voraus und stellen signifikante Reaktionen auf dessen Existenz dar. In gewissem Sinne könnte man sogar behaupten, daß die Existenz der Männer die Weiblichkeit ‚schafft', wie die der Frauen die Männlichkeit."[516] Der sexuelle Dimorphismus verhindert ein empathisches Verständnis des Körpers des anderen Geschlechts, die Einfühlung in den anderen Körper, der nicht Repertoire der eigenen Erfahrungen ist. Dies führt zu dem Bedürfnis, sich der Existenz des anderen Geschlechts anzupassen und sich mittels entsprechender oder komplementärer Empfindungen in die unverständlichen Erfahrungen des anderen einzufühlen.

Das Beispiel des Geschlechterverhältnisses macht deutlich, dass das Selbst-Modell nicht nur eine individuelle Größe ist, sondern auch kollektive Dimensionen hat. So werden Auffassungen von Krankheit, von Ethnien, von anderen Altersgruppen oder vom anderen Geschlecht oft nach dem Selbstmodell der eigenen oder aber der herrschenden Gruppierung bestimmt. Diskriminierung von Menschen mit anderen Körperformen, anderer Ethnien, des anderen Geschlechts oder eines anderen Alters hängen oft mit einem bestimmten standardisierten Selbstmodell zusammen. So sind die meisten Vorstellungen vom Kind Projektionen Erwachsener, was für die Kindheitsforschung eine verzerrende Rolle spielen kann und hier unbedingt zu berücksichtigen ist.[517] Abweichungen lösen Ängste aus, die durch Diskriminierung kompensiert werden können. Verzerrungen können aber auch da entstehen, wo eine

---

[516] Devereux (1967/1984): Angst und Methode, 213.
[517] Vgl. hierzu Devereux (1967/1984): Angst und Methode, 224-228.

unterprivilegierte Gruppe (z.B. Farbige, Frauen) das Selbst-Modell anderer (z.B. der Weißen, der Männer) unkritisch als Standard annimmt, was zur eigenen Körperverachtung führen kann, wenn der Körper nicht dem „Standard" entspricht.[518] Die Differenz zu einer anderen Gruppe in Aussehen und Verhalten kann dazu führen, dass sie der anderen Gruppe verübelt oder dass sie diskriminiert wird.

4.4.3   Die Persönlichkeitsstruktur

Die Persönlichkeitsstruktur der forschenden Person beeinflusst die Datenerhebung wie auch die Auswertung und Ergebnisse. Sie determiniert viele der Reaktionen der Informanten und den Grad ihrer Produktivität und filtert die Daten, die sie sammelt. Zudem fasziniert das Fremde und reizt, Wissenslücken mit Produkten der eigenen Phantasie zu füllen (Projektionen), was andere wieder bereitwillig als Tatsachen akzeptieren. Dies kann dazu führen, dass auf bloßem Hörensagen bzw. auf Gerüchten beruhende Zeugnisse unkritisch akzeptiert werden, wenn keine gültigen Daten verfügbar sind und wenn sie den Vorstellungen von dem, was möglich ist, nicht widersprechen. Die subjektiven und gewöhnlich ungeklärten Vorstellungen der forschenden Person von dem, was möglich ist, bestimmen ihre Bereitschaft, bestimmte Daten als glaubhaft anzusehen, ihre Entscheidung, bestimmte Daten zu sammeln oder ihr Misstrauen gegen Schlüsse und Theorien. Gerade aber auch das, was sie *nicht* glaubt oder *nicht* für wichtig hält, oder Daten, die sie *nicht* in die Theoriebildung mit einbezieht, können durchaus Relevanz für die Erkenntnis haben.

Auch der Grad und die Art der Identifikation der forschenden Person mit der Kultur oder den Menschen, die sie untersucht, hängt mit ihrer Persönlichkeitsstruktur zusammen. Forschende können sich nicht in jede Gruppe von Menschen oder in jede Kultur in demselben Maß einfühlen. Die Einfühlung vollzieht sich nicht immer über die manifeste Persönlichkeit, sondern auch über nicht-aktualisierte Segmente des Ich-Ideals, die die aktualisierten oder manifesten Teile des Ichs ergänzen. Eine Identifikation kann auf der erotischen Ebene ebenso wie etwa über das Über-Ich erreicht werden. Wenn aber die persönlichen Neigungen und Faszinationen und das unterschiedliche Vermögen der Einfühlung bewusst sind und kontrolliert werden, können gute wissenschaftliche Resultate erzielt werden.

4.5   Angstabwehr und Sublimation: Reaktionen auf die Lebendigkeit der belebten Welt

Die Begegnung mit der Lebendigkeit der Menschen, mit ihrer individuellen oder kulturellen Andersartigkeit und darin mit sich selbst kann Angst auslösen und

---

[518] Vgl. Devereux (1967/1984): Angst und Methode, 201. Dies gilt auch für die Normierung des Körpers etwa durch Konfektionsgrößen der Mode oder durch in den Medien verbreitete Schönheitsstandards.

Abwehrstrategien mobilisieren. Die Angstabwehr führt zur Verzerrung der Wahrnehmung, der Deutung und Darstellung und damit auch zur Verzerrung der Erkenntnisse in der Forschung.

Die Ursachen der Angst können vielfältig sein. Es können beispielsweise Phänomene beobachtet werden, die bei sich selbst verdrängt wurden, oder es können unvertraute Verhaltensweisen oder Ansichten als Kritik an der eigenen Praxis und Überzeugung ausgelegt werden. Werden Praktiken beobachtet, die die forschende Person selbst oder die Gesellschaft, aus der sie stammt, tabuisiert haben, kann dies Schuldgefühle auslösen. Die Strategien der Angstabwehr bestimmen die Methoden und Ergebnisse der Forschung in hohem Maße. „Gerade weil sie die Angst abbauen, verwandeln sich diese Manöver jedoch oft systematisch in wahrhafte Gegenübertragungs-Reaktionen, die zu einem zwanghaften Ausagieren führen, das sich als Wissenschaft maskiert."[519]

Zum Schutz vor der Angst können die Forschenden Teile des Materials unterdrücken, entschärfen, nicht oder falsch auswerten oder neu arrangieren. Je größer die affektiven Verstrickungen mit den beobachteten Phänomenen sind, desto größer ist die Wahrscheinlichkeit, dass die Forschung verzerrt sein wird. Ausführlich geht Devereux deshalb auf die *Abwehrstrategien* ein, die sich teilweise auch als wissenschaftliche Methoden tarnen. „Ein beträchtlicher Teil der professionellen Abwehrstrategien sind einfach Variationen der Isolierungs-Strategie, die angsterregendes Material ‚entgiftet', indem sie es verdrängt oder seinen affektiven Inhalt und seine humane wie persönliche Relevanz leugnet."[520] Die Strategien zur Abwehr der Angst können sich in verschiedenen wissenschaftlichen Methoden oder Verfahren niederschlagen:

- Menschen werden wie technische Apparate oder wie Maschinen behandelt. Ihre Lebendigkeit und Menschlichkeit als ihr konstitutives Merkmal werden ausgeklammert. Dabei werden die Menschen dehumanisiert, indem sie wie Versuchstiere oder Gegenstände behandelt werden, um Einfühlung widersinnig erscheinen zu lassen.[521]
- Die Fähigkeit der untersuchten Menschen, selbst wahrzunehmen, zu reflektieren und Theorien zu erstellen, wird ignoriert oder innerhalb des eigenen Wissen-

---

[519] Devereux (1967/1984): Angst und Methode, 109.

[520] Devereux (1967/1984): Angst und Methode, 109.

[521] Devereux weist auch auf einen engen Zusammenhang zwischen dem Umgang mit Menschen und mit Tieren hin (vgl. Devereux (1967/1984): Angst und Methode, 180). Traditionale Gesellschaften neigten eher dazu, das Nichtmenschliche zu anthropomorphisieren als das Menschliche zu dehumanisieren. Das sei auch bei der westlichen Kultur so gewesen. Nachdem allerdings Malebranche postulierte, die Tiere seien nur eine Art lebender Maschinen, die nicht einmal Schmerz wahrnehmen könnten, entwickelte La Mettrie (1748) eine Konzeption des Menschen als Maschine. „Eine direkte Konsequenz dieser Anschauung ist die derzeitige Tendenz, den Menschen *via* Albinoratte zu untersuchen und, wie es in den letzten zehn Jahren der Fall war, selbst die menschliche Bewußtseinstätigkeit lediglich als Variante des prototypischen Funktionierens von Elektronen‚gehirnen' zu begreifen." Devereux (1967/ 1984): Angst und Methode, 180. Die Zoomorphisierung und Mechanomorphisierung von Menschen, also seine Dehumanisierung und die Weigerung, ihn als lebendiges menschliches Wesen zu begreifen, sind Folgen der Angst, sich in den anderen einzufühlen und sich darin selbst zu begegnen. Sie führt zur Segmentierung und damit zur Realitätsverzerrung.

schaftssystems abqualifiziert. Dabei stellen die Theorien anderer Menschen und Kulturen Denksysteme dar, die nicht einfach primitiv oder unterentwickelt, sondern anders sind und die als eigene Wissenschaftssysteme untersucht werden können. Die Theorien anderer Menschen und Kulturen können auch unser eigenes Wissenschaftssystem bereichern, sie können „Schlüssel für neue Probleme oder zu neuen Wegen, um alte zu lösen"[522], sein.

- Daten werden segmentiert, quantifiziert oder in einer völlig nutzlosen Form erhoben. Doch, so Devereux, die auch noch so genaue Messung von Rillen einer Schallplatte sagt nichts über die Qualität eines Streichquartetts von Mozart aus. „Solch steriles Zurechtstutzen von Daten auf das Unwesentliche ist keine Methodologie, sondern eine Abwehrstrategie gegen die Angst. Es löst das Problem der Objektivität nicht, sondern mogelt sich daran vorbei."[523]
- Nur die eigene Gruppe wird als genuin menschlich begriffen; andere Menschen werden als tierisch, unmenschlich oder defizitär dargestellt und dadurch aus der menschlichen Gemeinschaft ausgeschlossen.
- In Umkehrung dazu kann sich auch die forschende Person selbst aus der menschlichen Gemeinschaft zurückziehen, oder sie beansprucht in ihr einen Sonderstatus. Dies scheint auch dem Streben nach wissenschaftlicher Objektivität entgegenzukommen.[524]

Durch die Isolierung und Dissoziierung von den Lebewesen, die beobachtet werden, oder durch die Mechanisierung des Lebendigen wird versucht, der Lebendigkeit des anderen Wesens zu entgehen. Die unparteiische, uneinfühlsame Beobachtung eines Mitmenschen ist die Aufkündigung von Mitgefühl und Solidarität. Sie führt zum Verlust von Verbundenheit mit dem anderen, von Einfühlung und gefühlsmäßiger Anteilnahme, zugleich aber auch zur Beeinträchtigung des Gefühls der eigenen Menschlichkeit. Einerseits befriedigt sie ein Machtbedürfnis, da die Weigerung, menschlichen und lebendigen Wesen überhaupt menschlich zu begegnen, die Ich-Stärke des Gegenübers untergräbt. Sie richtet sich aber letztlich auch gegen die beobachtende Person selbst, da sie sich, zumindest zeitweise, aus dem Kreis der Menschheit herausnimmt. „Der Konflikt, der für den Beobachter aus dem Umstand resultiert, daß er sich bei der Erforschung menschlicher Objekte unweigerlich auch selbst erforscht, erklärt, weshalb man sich soviele (*sic*) Mittel ausdenkt, um die Losgelöstheit des Beobachters und die Objektivität zu garantieren, wobei man sogar die kreative Wahrnehmung der Gemeinsamkeit mit seinen Objekten verhindert, und weshalb so wenige angehalten werden, Einfühlung zu entwickeln, obwohl doch die

---

[522] Devereux (1967/1984): Angst und Methode, 152.

[523] Devereux (1967/1984): Angst und Methode, 181.

[524] Als Beispiel nennt Devereux den Arzt, der sich von menschlichem Elend nicht berühren lässt, sondern völlig rational z.B. einen menschlichen Körper aufschneidet. Es kann auch als eine zwanghaft abwehrende Reaktion der normalen Furcht angesehen werden, wenn manche Ärzte ihren Patienten gegenüber eine unpersönliche ‚Leichenhausmiene' zur Schau tragen. Vgl. Devereux (1967/1984): Angst und Methode, 185.

einzige *methodologisch relevante* Einfühlung in der Erkenntnis gründet, daß Beobachter und Beobachtetes menschlich sind.“[525]
Die Strategien der Angstabwehr können sich auch in der *Theoriebildung* und der *Darstellung* der Forschungsergebnisse niederschlagen. Devereux entlarvt folgende in der Wissenschaft durchaus üblichen Vorgehensweisen als pure Angstabwehr:

- Die Institutionen, Sitten, Gebräuche und Traditionen werden aus den Lebenszusammenhängen gelöst und verabsolutiert. Ethische Urteile werden vermieden. Die *eigene* differenzierte Beurteilung und Sichtweise der Menschen, deren Verhalten oder Kultur erforscht wird, wird nicht berücksichtigt. Die Menschheit wird als „eine Art ‚Museum der Sitten und Gebräuche‘“[526] angesehen. Hierzu wäre auch ein Traditionalismus zu zählen, der Traditionen per se für richtig und gut hält. Damit wird implizit geleugnet, dass die Sitten und Traditionen einen Bezug zu lebendigen Menschen haben, von ihnen unterschiedlich beurteilt und auch verändert werden.[527] Devereux fordert deshalb, die Sitten und Institutionen nicht an sich, sondern in Beziehung auf die Menschen hin zu untersuchen.
- Alles Individuelle wird aus den Feldberichten eliminiert, was in frühen Feldstudien offenbar eine Routineprozedur war.
- Bestimmte Begriffsschemata und methodologische Positionen werden „zur affektiven Entgiftung angsterregenden Materials“[528] verwendet.
- Merkmale werden aus dem Zusammenhang gerissen, ohne dass sie am Ende wieder in die psychosoziale Matrix integriert werden.
- Persönlichkeitstypologien oder intellektualistische Theoriekonstruktionen können die Lebendigkeit und Einzigartigkeit von Menschen zum Verschwinden bringen. Devereux wendet sich hier nicht gegen abstrakte, sondern gegen blutleere, formalistische Theorien, die die Lebendigkeit der Menschen nicht sichtbar werden lassen.
- Auch die Ausarbeitung der Theorie kann der Angstabwehr dienen und so zur Verzerrung der Erkenntnis führen. Dies geschieht z.B., wenn nur diejenigen Daten ausgewertet und systematisch zu einer Theorie ausgearbeitet werden, die weniger Angst besetzt sind und zugleich der Anschein erweckt wird, die Theorie sei vollständig. Dadurch wird die Erforschung des anderen, stärker angsterregenden Teils der Daten und eine umfassende, weniger verzerrte Theoriebildung verhindert.

---

[525] Devereux (1967/1984): Angst und Methode, 190.
[526] Devereux (1967/1984): Angst und Methode, 112.
[527] Devereux führt das Beispiel von Menschenopfern und rituellen Kriegen bei den Sedang an. Anstatt in ihnen nur einen kulturellen Brauch zu sehen, zeigt er auf, dass die Sedang selbst einen Widerwillen gegen das Menschenopfer hatten und raffinierte Strategien entwickelten, es nur vorzutäuschen und ihre Götter (die in ihren Augen selbst böse und korrupt waren) zu betrügen. Sie freuten sich zudem, als sie durch administrativen Druck gezwungen wurden, auch ihre rituellen Stammeskriege zu beenden. Vgl. Devereux (1967/1984): Angst und Methode, 114f.
[528] Devereux (1967/1984): Angst und Methode, 115.

Die Forschenden können der Angst und der affektiven Verstrickung in die lebendigen Phänomene, mit denen sie zu tun haben, nicht entgehen. Um Verzerrungen zu vermeiden, können sie sich aber bewusst mit ihrer Angst und den Auswirkungen auf die Forschung auseinandersetzen und in sublimierender Weise mit ihr umgehen. „Begriffene Angst ist eine Quelle der Gelassenheit und der Kreativität und damit auch guter Wissenschaft."[529] Ein wissenschaftliches Modell ist produktiv, wenn es bewusst ist und eine Sublimierung darstellt, es ist steril, wenn es eine unbewusste Abwehr darstellt. Dann nämlich werden wissenschaftliche Resultate produziert, „die nach Leichenhaus riechen und für die lebendige Realität nahezu irrelevant sind"[530]. Hilfreich für die *Sublimierung der Angst* ist die bewusste Auseinandersetzung mit ihr, z.B. in der Antizipation und Reflexion eines angsterregenden Ereignisses. Devereux empfiehlt zudem eine professionelle wissenschaftliche Haltung und die wissenschaftliche Aktivität, die eine innere Distanz zu den Erlebnissen ermöglichen kann. Die Distanz darf aber nicht die grundsätzliche Verbundenheit mit den Menschen kappen. Als ein Beispiel für verschiedene Möglichkeiten des Umgangs mit der Angst, die von der Lebendigkeit des Gegenübers hervorgerufen wird, führt Devereux die Praxis des Chirurgen an. Die chirurgische Draperie soll in erster Linie die Asepsis des Operationsfeldes gewährleisten, vermindert aber auch die Ängste des Chirurgen, indem sie die zeitweilig nützliche Illusion begünstigt, dass er auf einem ‚Gebiet' arbeitet und nicht in einem lebendigen Wesen. Und doch darf der Chirurg nie vergessen, dass er an einem lebenden Wesen arbeitet. Er muss den Menschen und seinen gesamten lebendigen Organismus, um den es letztlich geht, im Bewusstsein behalten, sonst könnten die „Operationen", die methodischen Schritte in dem partikularen Bereich, zwar richtig sein, der Mensch aber sterben. „Ebenso ‚stirbt' die lebendige – und deshalb relevante – Substanz des Menschen und der Kultur, wenn der Verhaltenswissenschaftler vergißt, daß die Kultur nicht außerhalb des Volkes und Merkmale nicht außerhalb ihrer psychokulturellen Matrix existieren können."[531]

4.6 Verzerrung als Weg zur wissenschaftlichen Objektivität

Es wurde deutlich, dass es viele Quellen der affektiven Verstrickung, der Angst und der Verzerrung der Wahrnehmung und Erkenntnis durch Angstabwehr in der Feldforschung gibt. Wie ist dann wissenschaftliche Objektivität in Wissenschaften, die die Menschen und ihr Zusammenleben erforschen, überhaupt möglich? Die Versuche, Ängste abzuwehren und den Verzerrungen auszuweichen, führen zu neuen Verzerrungen. Devereux kommt in seiner methodologischen Abhandlung zu dem Ergebnis, dass die Störung selbst, die durch die Wechselseitigkeit der Interaktion zwischen lebenden Wesen entsteht, als das Medium der Erkenntnis benutzt werden muss.

---

[529] Devereux (1967/1984): Angst und Methode, 124.
[530] Devereux (1967/1984): Angst und Methode, 124, vgl. auch ebd. 160.
[531] Devereux (1967/1984): Angst und Methode, 124.

„Statt die Störung, die durch unsere Anwesenheit im Feld oder im Laboratorium entsteht, zu beklagen und die Objektivität von Verhaltensbeobachtungen in Frage zu stellen, sollten wir das Problem konstruktiv zu lösen und herauszufinden suchen, *welche positiven Erkenntnisse – die sich auf anderem Wege nicht erhalten lassen – wir von der Tatsache ableiten können, daß die Gegenwart eines Beobachters (der dieselbe Größenordnung hat, wie das, was er beobachtet) das beobachtete Ereignis stört.*"[532]

Das Auftauchen eines Forschers oder einer Forscherin in einem sozialen Zusammenhang bei der Erhebung der Daten in einem sozialen Feld bedeutet immer eine Art Störung. Doch es provoziert Reaktionen, die Teil des potentiellen Repertoires eines Menschen und einer Kultur sind. Kein Organismus, keine Persönlichkeit oder Kultur kann Reaktionen hervorbringen, die nicht Teil ihrer Möglichkeiten wären. Die Besonderheit der forschenden Person und der Situation stimuliert besondere Reaktionen. Auf diesen Zusammenhang kann reflektiert werden. In vielen Beispielen zeigt Devereux auf, wie das Auftauchen von Ethnologen bei einem Stamm die jeweils eigenen Bearbeitungsformen der Auseinandersetzung und Integration in Gang setzt.[533]

Es gibt keine „objektive" Beobachtung. Jede Art der Auslösung von Verhalten ist ein Ausleseverfahren, das ähnlich wie ein Prisma seinen spezifischen Brechungskoeffizienten hat. Die verzerrten Ergebnisse lassen sich als Teilbilder begreifen, die entsprechend ihrer Verzerrungen transformiert und zusammengesetzt werden müssen. Devereux macht dies an dem Beispiel des Kartographen deutlich, der verschiedene verzerrte zweidimensionale Karten der dreidimensionalen gewölbten Realität zusammensetzen muss.[534] Dieser bestimmt den Zweck seiner Karte und projiziert dann die gewölbte Oberfläche so auf die flache, dass bestimmte Eigenheiten möglichst wenig verzerrt werden, was andere Merkmale mehr verzerrt. Teilbilder sind immer nur fokussierte Verzerrungen. Je mehr Teilbilder mit unterschiedlichem Fokus vorhanden sind, desto umfassender wird das Gesamtbild. Wenn innerhalb eines Bezugssystems ein Phänomen in einer bestimmten Weise und mit bestimmten Begrifflichkeiten beschrieben wird, bedeutet das noch nicht, dass andere Bezugssysteme, Beschreibungen und Gruppierungen notwendigerweise irren.

Das methodische Problem, vor dem die Verhaltenswissenschaften stehen, teilen sie mit anderen Wissenschaften. Devereux weist darauf hin, dass auch in der Physik das Verhalten eines Elektrons je nach dem Bezugssystem unterschiedlich als Welle

---

[532] Devereux (1967/1984): Angst und Methode, 304.

[533] Vgl. Devereux (1967/1984): Angst und Methode, 305-308. So reagierten die Sedang auf das Auftauchen Devereux' in ihrer Gemeinschaft, indem sie ihr komplexes Rechtssystem einschließlich der dazugehörigen Möglichkeiten, es zu unterlaufen, ausnutzten, um ihm durch Adoption einen angemessenen Ort zuzuweisen. Bei den Mohave war keine rechtliche Adoption notwendig; sie nahmen ihr Gefühl, dass sie ihn mochten, als Zeichen, dass er ‚wirklich' ein Mohave war, d.h. sie setzten ihn einfach mit einem Mohave gleich. Die Hopi hätten seine Anwesenheit mit einem komplexen Ritualismus bewältigt. Jede Kultur zeigt so ihre spezifischen Bewältigungsformen von Störung, in denen Teile ihres Kulturmusters zum Ausdruck kommen.

[534] Vgl. Devereux (1967/1984): Angst und Methode, 296.

oder Partikel beschrieben werden kann.[535] Auch in den Verhaltenswissenschaften sollte ein Verhalten, eine Persönlichkeit oder eine Kultur nicht isoliert von allen Bezügen und damit „objektiv", getrennt von den subjektiven Verankerungen und Beziehungen, dargestellt werden. Vielmehr sind die Interaktionen, die subjektiven Bezüge und Verwobenheiten genau der Bezugsrahmen, innerhalb dessen die Darstellung ihre wissenschaftliche Gültigkeit erlangt. In der Reflexion der Bezüge und Verzerrungen und der Verankerung der Erkenntnisse in solchen Bezugsrahmen liegt die Wissenschaftlichkeit der Forschung. In der Vielfalt verschiedener Studien, in die verschiedene Perspektiven und Verwobenheiten einfließen können, liegt die Erweiterung der Erkenntnisse.

Dies hat Konsequenzen für die Darstellung der Ergebnisse. Die Lebendigkeit, Menschlichkeit und Verwobenheit sollen nicht nur innere Dimensionen der Methode der Datenerhebung und Auswertung sein, sondern sie sollen auch in der Theorie und der Darstellung der Ergebnisse zum Ausdruck kommen. Die theoretischen Modelle, die aus den Feldforschungen entwickelt werden, müssen keine in sich geschlossenen, logisch konsistenten und unangreifbaren Modelle sein, keine „blutlose(n), wenn auch vielleicht verblüffende(n) Schemata"[536]; sie sollen lebendig sein und die Lebendigkeit der Menschen, von denen sie handeln, widerspiegeln. „Vernünftige Modelle, gleichgültig, wie abstrakt sie sein mögen – und einige sind in der Tat sehr abstrakt – beziehen sich auf menschliche Wesen und nicht auf Labor-‚Präparate'"[537]. Die Modelle sollen an die Menschen, von denen ausgehend sie entwickelt wurden, denken lassen, an eine Freundin, eine Informantin, einen Patienten usw. Sie sollen auch die Gefühle beschäftigen, während rein intellektualistische Modelle einfach nur den Intellekt anregen. Der theoretische Bezugsrahmen soll Lebens-Phänomene *als* Lebens-Phänomene behandeln und zum Ausdruck bringen.

Dieser Ansatz schlägt sich auch in der Darstellungsweise der methodischen Abhandlung Devereux' nieder: Er stellt seine Thesen in einer systematischen Abfolge vor, belegt sie aber durch eine Vielzahl von Fallbeispielen aus seinen Feldforschungen, aus seiner psychoanalytischen Praxis, aus seiner Biographie, aus Beobachtungen in seinem Alltagsleben sowie aus der ethnologischen und psychoanalytischen Literatur. Dadurch stellt er immer wieder den Verweis in die konkreten Kontexte des gelebten Lebens her, aus denen er die Theorien gewonnen hat. Er belegt jedoch nicht nur seine Theorien durch konkrete Erzählungen aus der Praxis, sondern zeigt umgekehrt an solchen Beispielen auch auf, wie er methodisch zu seinen Erkenntnissen gelangt ist.[538]

---

[535] In der Theologie stehen wir vor ähnlichen Problemen. So gibt es z.B. in der Exegese nicht eine einzige, eindeutige, „objektive" Auslegung eines Textes, auch hier gibt es verschiedene Fokussierungen, die über Jahrhunderte gesammelt worden sind. Sie können in ein – nie vollständiges – Gesamtbild eingeordnet werden und ergeben so ein genaueres Bild, als eine einzige Auslegung es schaffen würde.

[536] Devereux (1967/1984): Angst und Methode, 118.

[537] Devereux (1967/1984): Angst und Methode, 118.

[538] Ein Beispiel dafür ist der Fall 430 und seine Auswertung, vgl. Devereux (1967/1984): Angst und Methode, 342f und 351.

Dieser Ansatz Devereux' scheint mir in dem methodischen Modell der Grounded Theory von Glaser und Strauss eine gute Entsprechung und pragmatische Umsetzung zu finden *(vgl. Kap. 5)*. Bevor ich auf dieses eingehen werde, sollen die Erkenntnisse Devereux' im Kontext der praktisch-theologischen methodologischen Fragestellung reflektiert werden.

4.7   Ertrag und Weiterführung im praktisch-theologischen Kontext

Georges Devereux reflektiert in seinem Werk zentrale Aspekte der methodologischen Frage, wie aus der Komplexität der Sozialwelt eine wissenschaftliche Theorie gewonnen werden kann. Nach einer Zusammenfassung möchte ich seine Erkenntnisse für die praktisch-theologische Forschung fruchtbar machen und sie im Horizont von praktisch-theologischen Interessen, Fragen, Optionen, Gegenstandsbereichen und Praxisfeldern weiterführen.

4.7.1   Zusammenfassung

In der Feldforschung ist das Medium der Erkenntnis die Begegnung mit den Menschen. Diese Begegnung führt zu affektiven Verstrickungen und ist deshalb potentiell mit Angst besetzt. In den anderen Menschen begegnen die Forschenden zum einen etwas Fremdem, was sie in ihrer eigenen Selbst-Verständlichkeit irritieren und relativieren kann. Zum anderen begegnen sie in verwandelter Form ihrer eigenen Lebendigkeit, Menschlichkeit und gesellschaftlichen Prägung, aber auch den verdrängten Seiten der eigenen Persönlichkeit und Kultur. Die eigene Wahrnehmung und Beobachtung stößt auf die Wahrnehmung des anderen Menschen. Alle Erkenntnisse über den anderen Menschen sind Produkte der Wechselseitigkeit. Die Grenzen in der Begegnung sind fließend und werden in der Interaktion wechselseitig bestimmt. Der andere Mensch reicht in das eigene Ich hinein, wie auch das Ich in den anderen Menschen und seinen Lebensbereich eindringt. In der Begegnung werden komplementäre Rollen eingenommen, zugeschrieben oder unterstellt, und die Beteiligten zeigen dabei nur bestimmte Seiten von sich, während andere unsichtbar bleiben.

Die Begegnung mit der Lebendigkeit, Wahrnehmungsfähigkeit und Menschlichkeit des anderen Menschen kann Sympathien oder Ängste auslösen. Besonders die Strategien der Angstabwehr können sich in den Methoden und Verfahren der Forschung niederschlagen. Sie können dabei als wissenschaftliche Methode kaschiert werden. Dies geschieht zum Beispiel, wenn das Ideal der wissenschaftlichen Objektivität in ein Instrument der Distanzierung zur Angstabwehr verwandelt wird. Solche Strategien führen jedoch nicht zu einer größeren Objektivität, sondern zur Verzerrung der Forschung und ihrer Ergebnisse.

Die Forschung im sozialen Bereich muss sich von einem Objektivitätsideal verabschieden, das die forschende Person und ihre unvermeidlichen Verstrickungen aus der Reflexion und Theoriebildung ausklammert. Ihr Verstehen, ihre Sympathien und Ängste und ihre Interaktionen sind das Medium, durch das sie zu den wissenschaftlichen Erkenntnissen gelangt, und Teil des Bezugsrahmens, in dem die Erkenntnisse ihre Gültigkeit besitzen.

Der Weg, um zu wissenschaftlichen Erkenntnissen zu kommen, besteht nicht in der Vermeidung und Abwehr von Verzerrungen, da diese nur zu neuen Verzerrungen führen. Vielmehr kann das Bewusstmachen und die Sublimation von Angst in der Forschungspraxis einer unmittelbareren Begegnung Raum geben, und die bewusste Kenntnisnahme, Analyse und Berücksichtigung der zahlreichen Verzerrungen und wechselseitigen Einflüsse können Teil des Bezugsrahmens der Studie werden, innerhalb dessen sie ihre wissenschaftliche Gültigkeit und ihren Erkenntniswert hat.

4.7.2 Die Implikationen der Persönlichkeit des Theologen bzw. der Theologin

1. Spezifische Forschungsbereiche und Perspektiven der praktisch-theologischen Forschung

Innerhalb der Wissenschaften, die sich mit den Menschen, ihren Persönlichkeitsstrukturen, ihrem sozialen Zusammenleben und ihren Kulturen beschäftigen, hat die praktisch-theologische Forschung einen besonderen Fokus (*vgl. Kap. 1.5*). Zu ihren zentralen Gegenstandsbereichen gehören die Glaubensvorstellungen und -überzeugungen der Menschen, die religiöse Praxis, die religiösen Gemeinschaften und Institutionen. Praktisch-theologische Forschung ist aber zugleich auch von der persönlichen Religiosität der Forschenden mitbestimmt, von ihrer religiösen Sozialisation, ihren Überzeugungen, Interessen, Optionen und Perspektiven. Dadurch sind in der praktisch-theologischen Forschung besondere Konstellationen gegeben, die eine spezifische Disposition zur Gewinnung wie auch zur Verzerrung wissenschaftlicher praktisch-theologischer Erkenntnisse präfigurieren. Anders gesagt: Für Theologinnen und Theologen gibt es ganz spezifische Konstellationen der Verstricktheit während der Feldforschung und der Theoriebildung. Sie lassen sich nicht vermeiden, vielmehr können sie, wenn sie ins Auge gefasst, reflektiert und in der Theoriebildung berücksichtigt werden, zu einer wertvollen Quelle der praktisch-theologischen Erkenntnis werden. Einige solcher möglichen Konstellationen möchte ich im Folgenden besprechen.

2. Die Persönlichkeit des Theologen bzw. der Theologin

Theologinnen und Theologen als Forschende haben ein spezifisches biographisch geprägtes religiöses Interesse, mit dem sie den Menschen im Feld begegnen. Es ist zu erwarten, dass für sie ihre persönliche Religiosität, ihre Kirche oder Glaubensgemeinschaft und ihre theologische Diskursgemeinschaft eine lebensgeschichtlich wichtige und affektiv besetzte Rolle spielen. Viele haben eine konfessionelle Sozialisation erhalten, die sie bereits frühkindlich geprägt hat, die tief in ihrer Persönlichkeit verwurzelt ist und der sie Lebenssicherheiten verdanken. Wo diese Sicherheiten tangiert werden, kann es zu verletzten Reaktionen kommen. Viele setzen sich im Lauf ihres Lebens mit ihrer Sozialisation auseinander und distanzieren sich von Anteilen, die sie als bedrückend erfahren haben. Andere Theologinnen und Theologen haben eine nur geringe oder gar keine religiöse Primärsozialisation erfahren. Doch haben sie lebensgeschichtlich bedingte Gründe, aus denen sie die Theologie zu ihrem Beruf gemacht haben, die sie in einer affektiven Weise in die Fragen der Religion und des Glaubens verstricken.

Theologinnen und Theologen haben sich theologische Positionen erarbeitet. Sie haben eine persönliche Glaubenshaltung, von der sie überzeugt sind und die ihre Lebensweise und ihr Handeln prägt. Sie arbeiten in und durch ihre Forschung auch an ihrem Glauben, sei es dadurch, dass sie bestrebt sind, die gewonnenen Sicherheiten und Positionen immer neu abzustützen und Bestätigungen bei anderen für sie zu finden, oder sei es dadurch, dass sie nach besseren Antworten oder nach neuen Glaubens- und Lebensformen suchen. Mit ihren theologischen Forschungen in der Theorie wie auch im Feld erkunden sie nicht nur einen Forschungsgegenstand, sondern immer auch ihr eigenes Leben und ihren Glauben.

Die persönliche Religiosität ist eine Disposition für spezifische Ängste oder Vorlieben in der Forschung. Aber auch die strukturellen Kontexte, in die die Theologinnen und Theologen eingebunden sind, beeinflussen die Forschung. Meistens stehen sie in arbeitsrechtlichen, finanziellen und ideellen Abhängigkeiten von ihrer kirchlichen Organisation, von wissenschaftlich-theologischen oder universitären Institutionen oder Auftraggebern. Tatsächliche oder geforderte Loyalitäten lenken nicht nur ihre Aufmerksamkeit, sie können auch zu inneren und äußeren Konflikten führen. Dies kann z.B. geschehen, wenn die empirischen Daten Tatsachen ans Licht bringen, die nicht den offiziellen Darstellungen oder dem Selbstbild der auftraggebenden Institution entsprechen.

3. Angstauslösende Situationen

In der Feldforschung trifft die eigene menschliche und religiöse Disposition mit bestimmten Dispositionen anderer Menschen zusammen, was zu Angst auslösenden Situationen führen kann. Theologinnen und Theologen treffen Menschen, deren Lebensweise und Glaube Sympathien oder Ängste hervorrufen können. Die Begeisterung etwa für den Glauben eines Menschen kann zu ideologischen Verzerrungen und Überhöhungen führen, die die Vielschichtigkeiten der Glaubenshaltung oder Lebensweise ausblenden. Religiöse Vorstellungen, Zweifel oder Lebensführungen anderer Menschen können die eigenen religiösen Vorstellungen oder Lebensweisen in Frage stellen, sie können latente Zweifel aufbrechen lassen oder an mühsam behütete Sicherheiten rühren. So können z.B. in jedem Interview ungeplant Lebensbereiche und Haltungen auftauchen, die persönliche Ängste erzeugen oder deren Auswertung und Veröffentlichung an Tabus der Gesellschaft, der Glaubensgemeinschaft, der Auftraggeber oder der Diskursgemeinschaft rühren. Die Aufarbeitung, Darstellung und Veröffentlichung bestimmter Themen kann den Theologen oder die Theologin in ernsthafte Konflikte mit der Kirche oder der wissenschaftlichen Gemeinschaft bringen. Es kann aber auch sein, dass Theologinnen und Theologen die Tabus der Glaubensgemeinschaft so sehr verinnerlicht haben, dass sie diese bereits im Vorfeld abwehren oder ausblenden, wenn im Datenmaterial an ihnen gerührt wird, so dass sich etwa die Auftraggeber nicht mehr selbst mit den Auswirkungen der Tabus oder mit ihrem Aufbrechen auseinandersetzen müssen. Es liegt auf der Hand, dass dies zu einer Verzerrung der Erkenntnisse und Ergebnisse der Forschung führen muss.

4. Angstabwehr

Die Ängste, Befürchtungen oder institutionellen Zwänge können Abwehrreaktionen hervorrufen, für die die Theologie und die Glaubensgemeinschaften – ähnlich wie andere Wissenschaftsbereiche, Berufe oder soziale Gemeinschaften – spezifische Muster zur Verfügung stellen.

Eine Distanzierungsmöglichkeit kann sich durch den Status und das Rollenprofil von Theologinnen und Theologen ergeben. Devereux hat dargelegt, wie Berufsrollen wie Arzt, Polizist oder Richter Möglichkeiten bieten, sich in einen Sonderstatus aus der menschlichen Gemeinschaft zurückzuziehen, und wie insbesondere Wissenschaftler einen Sonderstatus innerhalb der Gesellschaft beanspruchen und sich so aus der menschlichen Gemeinschaft herausheben können.[539] Entsprechend geben auch Berufsrollen im Bereich der institutionalisierten Religion wie Priester, Pfarrerin oder Pfarrer, Ordensmann oder -frau, Diakon, Pastoralreferent oder Pastoralreferentin u.a. die Möglichkeit, sich in die Rolle von Geweihten, Erleuchteten, Heiligmäßigen oder Vermittlern zum Transzendenten zurückzuziehen und auf diese Weise die unmittelbare menschliche Begegnung oder das menschliche Leiden und Elend in der sozialen Welt von sich abzuwehren.

Eine besondere Form der Distanzierung ist die moralische Beurteilung, durch die die Lebensweisen, Nöte und Sehnsüchte von Menschen, sind sie einmal zur Sprache gekommen, recht schnell wieder zugeschüttet werden können. Der Theologe oder die Theologin weist damit (implizit oder auch explizit) sich selbst und der eigenen Gemeinschaft die Seite der Rechtmäßigkeit zu und der anderen Person komplementär die der Unrechtmäßigkeit und Verfehlung. Im Extremfall kann die andere Person

---

[539] Ein erschreckendes Beispiel dafür, wie sich Menschen qua Status als Wissenschaftler aus der menschlichen Gemeinschaft heraus nehmen können, ist das bekannte Milgram-Experiment, das zeigt, dass ein hoher Prozentsatz von Menschen bereit ist, anderen Menschen Schmerzen zuzufügen, nur weil sie sich an einem wissenschaftlichen Experiment beteiligen und ihnen die Rolle eines forschenden Wissenschaftlers oder einer Wissenschaftlerin zugewiesen worden ist. Vgl. Milgram (1974): Das Milgram-Experimet.

damit an den Rand der Gemeinschaft gestellt oder durch Kriminalisierung sogar ausgeschlossen werden. Neben der Abwehr der eigenen Ängste hat eine Verurteilung auch den Effekt, dass die eigene Person durch Abwertung der anderen aufgewertet wird. Zudem können durch eine moralische Verurteilung mögliche Konflikte, etwa mit den Auftraggebern der Studie, abgewehrt werden.

Damit ist keineswegs gesagt, dass ethische Urteile in der Forschung zu vermeiden wären, doch ist auf ihre Funktion und ihre Zuordnung zu reflektieren. Sie sagen etwas über die Position und Deutung der urteilenden Person aus. In der Praxis der Begegnung mit anderen Menschen sind ethische Urteile, die vorab an den anderen herangetragen werden, oft auch wenig dienlich, den anderen zu verstehen oder ihn zur Sprache und zur Geltung kommen zu lassen. Für die theologische empirische Forschung hilft eine Haltung weiter, die sich in der Praxis der Seelsorge bewährt hat: die der menschenfreundlichen Annahme der anderen Person auch in ihrer Andersartigkeit und Unzulänglichkeit. Ähnlich wie der Seelsorger oder die Seelsorgerin können die empirisch Forschenden lernen, Andersartigkeiten auszuhalten, ja sogar die anderen Menschen zu ermuntern, sie zu zeigen. Dazu sollten die Forschenden die eigenen neuralgischen Punkte kennen lernen, um sich nicht provozieren oder ängstigen zu lassen. Ähnlich also, wie Devereux aus der Praxis der Psychotherapie für seine ethnologischen Forschungen gelernt hat, bietet sich den Theologinnen und Theologen die Praxis der Seelsorge an, die zu praktisch-theologischer Forschung befähigt.

5. Sublimation von Angst

Angst auslösende Situationen lassen sich nicht vermeiden. Die Verleugnung der Ängste führt zu noch stärkerer Abwehr und einer entsprechenden Verzerrung der Forschung. Für die Forschung im sozialen Feld ist die Frage entscheidend, wie mit den Ängsten angemessen umgegangen werden kann. Hierzu im Anschluss an Devereux einige Hinweise:

(1) Es ist wichtig, die eigenen Ängste, blinde Flecken und affektive Reaktionen nicht zu verleugnen, sondern sie kennen und einschätzen zu lernen. Dies hilft nicht nur in der Kommunikation mit den Menschen bei der Datenerhebung, sondern gibt auch Hinweise, um den Bezugsrahmen und den Fokus in der Auswertung der Daten besser darlegen zu können. Als der intensivste Weg, die eigenen Ängste und blinden Flecken kennen zu lernen, gilt die Psychoanalyse, doch auch diese garantiert keineswegs, dass alle Ängste erkannt und durchgearbeitet werden. Wichtig ist vielmehr eine gewisse Sensibilität und Fähigkeit zur Selbstkritik, um sich – wenn auch nie umfassend – auf die Spur zu kommen und diese Erkenntnisse für die Forschung fruchtbar machen zu können. Wichtiger als der Versuch, alle Verzerrung durch Ängste zu vermeiden, ist die Einsicht, dass die Forschung solche Verzerrungen enthalten kann und darf.

(2) Die Forschenden können zudem lernen, in sublimierender Weise mit Ängsten umzugehen. Oftmals können Angst auslösende Situationen im Voraus antizipiert

werden, was bereits die Angst mindert, und verschiedene Reaktionsmuster können durchgespielt werden, was die Handlungssicherheit vergrößert. Man kann z.B. ein Interview in Gedanken oder in einem Rollenspiel in verschiedenen Varianten durchspielen und sich auf diese Weise verschiedene Reaktionsmuster aneignen.

(3) Es kann auch hilfreich sein, heftige Affekte nachträglich zu reflektieren. Die erlebten Affekte sind ein guter Weg zu sich selbst und zu den eigenen blinden Flecken. Oft ist es z.B. eine spontane Reaktion auf ein erlebtes oder erzähltes Verhalten eines anderen Menschen, dass man sich über ihn ärgert oder empört, ihn beschuldigt oder verurteilt. Wenn man sich jedoch fragt, warum man sich geärgert, aufgeregt oder empört hat, findet man häufig, dass man das, was man im anderen bekämpft, zugleich (oder eigentlich primär) auch in sich bekämpft oder bekämpft hat. Das Kennenlernen und das Wissen um solche Zusammenhänge hilft, der anderen Person gelassener und angstfreier zu begegnen und die Erkenntnisse über den anderen Menschen und über sich selbst auseinander zu halten.

(4) Eine weitere Möglichkeit des Umgangs mit der Angst besteht darin, stark angstbesetzten Situationen oder Forschungsbereichen aus dem Weg zu gehen. Dies ist durchaus legitim. So ist z.B. Befangenheit in der Rechtsprechung ein legitimer Grund, sich aus einem Fall zurückzuziehen, um verzerrte Ergebnisse zu verhindern, ebenso verweisen auch gewissenhafte Therapeutinnen und Therapeuten die Ratsuchenden an eine andere Therapeutin oder einen Therapeuten, wenn sie eine begleitende Beziehung nicht aufbauen können. Es ist sinnvoll und führt zu besseren Ergebnissen, mit den eigenen Stärken und Interessen zu arbeiten als mit den Schwächen und Ängsten zu kämpfen. Gerade für die ersten empirischen Untersuchungen ist es hilfreich, in einem vertrauten Milieu zu arbeiten.

4.7.3 Spezifische Komplementaritäten und Muster

1. Spezifische Komplementaritäten

Das Auftauchen des Theologen oder der Theologin in einem sozialen Feld kann zu spezifischen Rollenzuschreibungen führen, die vielleicht gar nicht beabsichtigt sind, aber doch zu einer bestimmten Selbstpräsentation führen. Wenn sich Personen zum ersten Mal begegnen, müssen sie sich durch die wenigen Informationen, die ihnen zur Verfügung stehen, ein erstes schemenhaftes Bild von ihrem Gegenüber machen: durch den ersten assoziativen Eindruck, das Geschlecht, das Alter, den Beruf usw. Es kommt zu einer ersten typologischen Zuordnung. Der Theologe oder die Theologin kann in einer solchen Situation von sich aus in einem Berufsrollenprofil Distanz oder Rollensicherheit suchen. Es kann ihm oder ihr aber auch gegen den eigenen Willen oder gegen das eigene Selbstbild eine typologische Rolle unterschoben werden. Diese Zuschreibungen führen dazu, dass bestimmte Seiten gezeigt werden und andere verborgen bleiben. So kann die Selbstpräsentation als Theologin oder Theologe einen Raum eröffnen, in dem eine Person Dinge über ihren Glauben erzählt, die sie anderen Menschen gegenüber nicht erwähnen würde, weil sie befürchtet, nicht verstanden zu werden. Sie kann aber auch dazu führen, dass bestimmte Aspekte aus der eigenen Lebenspraxis oder der eigenen Überzeugung verschwiegen werden, weil sie mit dem kirchlichen Lehrsystem nicht übereinstimmen, für dessen Vertreterin oder Vertreter die forschende Person gehalten wird.

Manchmal wird der Theologin und dem Theologen die Rolle der Seelsorgerin oder des Seelsorgers zugeschrieben, oder sie geraten im Lauf der Forschungen in eine solche Rolle hinein. Tatsächlich gibt es zwischen empirischer Feldforschung und Seelsorge gewisse Überschneidungen, die reflektiert werden müssen. Der Unterschied liegt, kurz gesagt, darin, dass es empirischer Forschung um wissenschaftliche Erkenntnis, der Seelsorge um Begleitung und Heilung geht. Doch greifen in der Praxis beide Bereiche ineinander. So ist einerseits die Gewinnung von Erkenntnis immer auch ein Aspekt der Tätigkeit des Seelsorgers oder der Seelsorgerin: Er oder sie sammelt zusammen mit der Klientin oder dem Klienten Erkenntnisse über die Lebens- und Leidensgeschichte, die Persönlichkeit, über Vorstellungen und Sichtweisen usw. und erweitert dadurch sowohl die Fähigkeit des oder der Ratsuchenden, das eigene Leben und die Strukturen, die es bestimmen, zu begreifen und neue Handlungsspielräume zu gewinnen, als auch die eigene seelsorgliche Kompetenz, die Möglichkeit zu helfen und zu begleiten. Andererseits kann auch die Praxis der empirischen Forschung seelsorgliche Dimensionen gewinnen. Sie kann manchmal ähnliche Hoffnungen und Erwartungen erwecken, wie sie an Seelsorgerinnen und Seelsorger herangetragen werden, und sie kann ähnliche therapeutische Effekte wie die Seelsorge haben. Beispielsweise wurde mir während meiner ersten biographischen Interviews, die ich führte, immer deutlicher, dass viele Menschen nur selten oder noch nie Gelegenheit hatten, ihre Lebensgeschichte einem Menschen zu erzählen, der ihnen dabei mit Interesse zuhörte, ohne sie zu unterbrechen oder zu sie bewerten. Das Erzählen des Lebens ist aber auch eine Grundform der Seelsorge[540] und vieler Therapien. Es hat befreiende Wirkung, und manche Person versteht sich selbst etwas besser, wenn sie ihr Leben einmal erzählt hat. Schon die Tatsache, dass sich ein anderer Mensch für das eigene Leben und den Glauben interessiert, ist für manche Menschen beglückend und heilend.

Für die praktisch-theologische empirische Forschung ist es wichtig, die möglichen Erwartungen und Wirkungen zu kennen. Die forschende Person muss eine Unterscheidung zwischen Seelsorge und Forschung getroffen haben und sollte Erwartungen, die sie nicht erfüllen kann oder will, zurückweisen. Doch muss sie damit rechnen, dass Notsituationen deutlich werden oder aufbrechen. Hier kann es erforderlich sein, zu trösten oder professionelle Hilfe zu vermitteln. Die forschende Person ist in erster Linie ein Mensch, der sich in menschlicher Weise zu anderen Menschen verhält, und diese sind für ihn in erster Linie Mitmenschen und nicht Forschungsobjekte. Die Forschungspraxis geschieht auf dieser Grundlage und nicht neben oder abgehoben von ihr.

---

[540] Vgl. z.B. Streib (1996): Heilsames Erzählen.

2. Latente Muster

Wenn in der praktisch-theologischen empirischen Forschung die Dimensionen der gelebten Religiosität erforscht werden, muss mitbedacht werden, dass gerade die manifesten Phänomene, die sich am deutlichsten zeigen, auch komplementäre latente „Unterseiten" haben. So ist z.B. damit zu rechnen, dass die Befragten nur ein bestimmtes Profil der eigenen Religiosität zeigen. Viele Anteile der Religiosität sind uns selbst nicht ohne weiteres zugänglich, wir haben nur eine vage und verschwommene Vorstellung von ihnen, andere, wie etwa traumatische oder frühkindliche religiöse Erinnerungen, sind verdrängt oder völlig unzugänglich. Wenn nun nur die bewusst geäußerten und gezeigten religiösen Phänomene reflektiert werden, kann dies zu einer eigenen Art von Verzerrung führen.

Die Psychoanalyse hat die latente Seite der Psyche mit dem Begriff des Unbewussten benannt und dessen enorme Bedeutung für das Leben herausgearbeitet.[541] Doch ist diese „Unterseite" nicht allein ein Gegenstand der Psychologie. Sie ist auch im Alltagsbewusstsein präsent: Wenn wir z.B. danach fragen, was jemand „wirklich" gemeint hat, wenn wir etwas „zwischen den Zeilen lesen", wenn sich jemand durch einen Versprecher „verraten" hat oder wenn jemand einmal „sein wahres Gesicht gezeigt" hat, wird deutlich, dass wir von latenten Bewusstseinsschichten ausgehen, die sich von den manifesten Äußerungen unterscheiden können.

Auch im sozialen und kulturellen Bereich sind latente Strukturen auszumachen. Die manifesten Äußerungen einer Kultur und der Religion, ein Bauwerk, ein literarisches Werk oder ein Dogma, haben eine eigene Art von nicht zum Ausdruck gebrachten Unterseiten: Menschen und Strukturen, die das Zustandekommen provoziert oder ermöglicht haben.[542] „Jede Kultur enthält auch die Negation ihres manifesten Musters und ihrer Kernwerte, die sich durch eine stillschweigende Bestätigung der konträren latenten Muster und marginalen Werte hindurch vollzieht. *Das vollstän-*

---

[541] Es ist eine Frage der Bezugssysteme, ob – mit der Psychologie – vom Unbewussten, Vorbewussten, Unterbewussten oder – mit der Ethnologie und Soziologie – von latenten Strukturen oder Mustern gesprochen wird. Gemeint ist ein ähnliches Phänomen, das nicht unmittelbar zugänglich ist. Ich schließe mich hier Devereux an, der zu dem begrifflichen Problem schreibt: „Ob das, was ich mit dem Begriff des ‚Unbewußten' bezeichnet habe, ‚in Wirklichkeit' mit einem anderen Namen bezeichnet werden sollte, ist eine ebensowenig (*sic*) sinnvolle Frage, wie die, ob das Tier, das ich ‚Wolf' nenne, ‚in Wirklichkeit' nicht ‚lupus' heißen sollte." Devereux (1967/1984): Angst und Methode, 351. „Ich persönlich finde es zweckmäßig, die Freudschen Begriffe zu verwenden, die für mich Reihen von Funktionen bezeichnen, was freilich nicht impliziert, daß irgendjemand, der andere Begriffe verwendet oder Funktionen anders gruppiert, notwendigerweise irrt. Ich mache nicht den Versuch, die psychoanalytische Theorie zu verteidigen. Meine einzige Absicht ist, die Bedeutung der in der psychoanalytischen Arbeit steckenden Epistemologie und Methodologie für die verhaltenswissenschaftliche Forschung im allgemeinen zu klären." Devereux (1967/1984): Angst und Methode, 353.

[542] Ein Bauwerk z.B. brauchte Bauleute, Handwerker und Finanzmittel, die eingetrieben werden mussten; manche berühmten Dichter brauchten Köchinnen, Hausangestellte und Mäzene, die ihnen den Freiraum zum Dichten ermöglichten. Eine ägyptische Pyramide weist nicht nur (manifest) auf die Macht des Pharaos hin, sondern auch (latent) auf das Leben derjenigen, die sie bauten. Viele Dogmen sind Reaktionen auf eine Bandbreite anderer Glaubensmeinungen, die durch das Dogma geklärt oder abgewiesen werden.

dige reale Muster einer Kultur ist das Produkt des funktionalen Zusammenspiels offiziell bestätigter und offiziell negierter Muster."[543] „Wenn eine Kultur offen das Merkmal X überbetont und sein Gegenteil (Nicht-X) implizit oder explizit unterbetont, *so ist diese Unterbetonung von Nicht-X tatsächlich ein ebenso wichtiges Kulturmerkmal wie die Überbetonung des Merkmals X.* Es ist sogar wahrscheinlich, daß gewisse von Natur aus nebensächliche, kulturell aber übermäßig entwickelte und übermäßig ausgeprägte Merkmale hauptsächlich Gegengifte (,Kontrollen und Gegengewichte') für bestimmte entgegengesetzte und kulturell überbetonte ,Kernmerkmale' sind...'".[544]

Da die latenten „Unterseiten" die religiösen, psychischen, kulturellen und sozialen Phänomene ebenso prägen wie die manifesten sichtbaren Seiten, dürfen sie in der empirischen Forschung nicht ausgeklammert werden. Um ein vollständigeres Bild von der sozialen Welt zu bekommen, sollte ihnen eine besondere Aufmerksamkeit zukommen, denn sie setzen die manifesten Seiten in einen angemessenen Rahmen.[545] Es liegen einige wissenschaftliche Methoden vor, die sie systematisch zu erfassen und zu analysieren vermögen. Gute Wegweiser zu ihnen sind die manifesten Phänomene, durch die hindurch ein Zugang zu den latenten Mustern geschaffen werden kann. In der empirischen Forschung werden aber häufig auch Randgruppen oder „unsichtbare" Gruppen untersucht, da sie ein besonderes Licht auf die Gesellschaft werfen, die sie marginalisiert.

In der praktisch-theologischen Forschung muss nach den Gründen gefragt werden, warum bestimmte Phänomene des religiösen Lebens so signifikant ausgeprägt sind, welche Bedingungen es ihnen ermöglicht haben, sich in dieser Weise zu entfalten, und welche latenten Muster durch sie unsichtbar gemacht, kontrolliert oder geleugnet werden sollen.

4.7.4 Menschlichkeit und Religiosität als Weg zur Erforschung von Glauben und Verhalten

In den Ausführungen Devereux' wurde deutlich, wie die eigene Menschlichkeit und die Zuneigung zu den Menschen die besten methodischen Wege sind, um die Menschlichkeit, das Denken, Leben und Handeln von anderen Menschen sichtbar werden zu lassen und zu erforschen. Man muss die Menschen mögen, sagt Devereux, dann zeigen die Menschen auch ihre menschlichen Seiten. Der eigene menschliche Umgang mit dem anderen Menschen eröffnet ihm den Raum, in dem er sich so zeigen kann, wie er ist, mit seinen Stärken und seinen Unzulänglichkeiten und Fehlern,

---

[543] Devereux (1967/1984): Angst und Methode, 245.

[544] Devereux (1967/1984): Angst und Methode, 243.

[545] *„So ist der Grad der Ausbildung eines bestimmten Merkmals kein Maßstab dafür, daß es kulturell zentral ist,* da seine Komplexität von den Versuchen herrühren kann, es als Gegengift für ein kulturell überbetontes ,Kernmerkmal' einzusetzen. Die Ausgeprägtheit eines solchen Gegenmerkmals ist lediglich ein guter Maßstab für die *totale* soziokulturelle Masse, die *beide* miteinander verbundenen Merkmale zusammen ergeben." Devereux (1967/1984): Angst und Methode, 244.

mit den Versuchen der Gestaltung eines gelungenen Lebens und mit seinem Scheitern.

Hier zeigt sich, dass die Methoden empirischer Forschung nicht nur kognitive Kenntnisse erfordern, sondern auch persönliche und praktische Fähigkeiten und Fertigkeiten. Für die praktisch-theologische Forschung können die Praxisfelder der Seelsorge und der Spiritualität wichtige Quellen hierfür sein. Eine grundlegende Bedeutung hat das christliche Menschenbild, und zwar nicht zuerst als Anspruch, als Maßstab zur Bewertung anderer, sondern als Ermöglichungsgrund, als der Boden für die eigene Menschlichkeit und Zuneigung zum anderen Menschen, als ein Boden auch, sich Angst erregenden Situationen und der Andersartigkeit des anderen Menschen auszusetzen und sie auszuhalten.

Die eigenen religiösen und theologischen Überzeugungen, Interessen und Fragen der Forschenden können bei anderen Menschen auch Räume öffnen, die im alltäglichen gesellschaftlichen Umgang häufig verschlossen sind und über die selten gesprochen wird. In vielen Interviews fand ich eine ähnliche Dankbarkeit wie dafür, dass Menschen ihr Leben frei und ohne Missbilligung erzählen konnten, auch dafür, über die eigene Glaubensgeschichte, die eigenen religiösen Fragen, Überlegungen und Zweifel sprechen zu können.

Einen solchen Raum zu schaffen, in dem der andere Mensch auch seine Glaubenszweifel entfalten und sein Scheitern erzählen kann, setzt eine Grundhaltung voraus, die die religiösen Zweifel und Fragen nicht verurteilt oder bereits alles besser weiß als der andere. Die eigenen Überzeugungen müssen keineswegs verborgen werden, sie können durchaus sichtbar werden und in die Forschungssituation einfließen. Die andere Person muss jedoch spüren, dass sie in ihrem Anderssein, in ihren anderen religiösen Vorstellungen, Handlungen und Lebenskonzepten akzeptiert ist.

In der Begegnung mit anderen religiösen Vorstellungen und Praktiken kann die forschende Person auch in ihrer eigenen Religiosität tangiert und hinterfragt werden. Die Forschung mit Kindern z.B. konfrontiert die Forschenden wieder mit dem eigenen Kinderglauben. Dieser wird bereits im Älterwerden und dann mit dem Theologiestudium verändert, wobei in der Veränderung das Frühere als unterentwickelt, falsch oder kindisch erscheint. Die Veränderung schreitet oft gerade in Abgrenzung gegen den früheren Glauben fort. Der eigenen lebensgeschichtlichen Auseinandersetzung und aktuellen Bewertung wird dann leicht ein epistemologischer, verallgemeinerter Stellenwert zugesprochen. Der Glaube von Kindern erscheint nicht nur anders, sondern als unreif oder falsch. Es stellt sich hier die Frage nicht nur nach einem menschenfreundlichen Umgang mit den anderen Menschen, sondern auch mit sich selbst und der eigenen Geschichte.

Um eine gute Forschung im sozialen Bereich betreiben zu können, sollte man nicht nur den anderen, sondern auch sich selbst gegenüber eine menschenfreundliche Grundhaltung entgegenbringen. Immer wieder können Ängste, Aggressionen, Ärger oder Abneigung gegenüber dem anderen Menschen aufkommen, die zu Distanzierung und Abwehrverhalten führen, ein Ereignis, das in den Methodenbüchern kaum erwähnt wird und das während der Forschung deshalb oft unvorbereitet auftaucht und verwirrt. Solche Gefühle gehören zum menschlichen Verhalten und zur menschlichen Interaktion wie jedes andere Gefühl auch, und die Forschenden dürfen sie sich zugestehen. Die wache Wahrnehmung solcher Gefühle und ihres Einflusses auf die Forschung und ihrer Ergebnisse können helfen, die Forschung zu verbessern und die Reichweite und Aussagekraft der Ergebnisse besser einzuschätzen.

KAPITEL 5

DIE FORSCHUNGSPRAXIS: DIE GROUNDED THEORY ALS GRUNDSTRATEGIE EINER EMPIRISCH FUNDIERTEN THEORIEGENERIERUNG

Die vorausgegangenen epistemologischen und methodologischen Ausführungen machten eine Reihe von Implikationen der theoretischen Erkenntnis über die Sozialwelt deutlich, die in den praktischen Methoden und Verfahren der wissenschaftlichen Theoriebildung über die Sozialwelt berücksichtigt werden müssen. Einige zentrale Anforderungen an die Forschung über die Sozialwelt möchte ich hier noch einmal zusammenfassen:

(1) Das *forschende Subjekt* muss einen systematischen und reflektierten Ort in der Methode haben. Es ist Subjekt theologischer Prämissen, Deutungen und Optionen, die den gesamten Forschungsprozess bestimmen und die für die praktisch-theologische Theoriebildung grundlegend sind *(vgl. Kap. 1)*. Es ist das Subjekt der Sinnbezüge, die es in der Theoriebildung herstellt *(vgl. Kap. 2)*. Es ist das Subjekt spezifischer Verzerrungen durch seine Persönlichkeits- und Angststruktur, die in der Durchführung und in den Ergebnissen der Forschung ihren Niederschlag finden. Die je eigene Persönlichkeit, die Lebendigkeit und Menschlichkeit des forschenden Subjekts ist deshalb nicht auszublenden oder zu neutralisieren, sondern ist als Mittel zu begreifen, das anderen Menschen den Raum eröffnet, ihr eigenes Leben und ihre Menschlichkeit zu zeigen *(vgl. Kap. 4)*.

(2) Die *Menschen in der erforschten Sozialwelt* müssen in ihrer Subjektivität, in ihrer Lebendigkeit und Wahrnehmungsfähigkeit, in ihren Interaktionen und Kontexten wahrgenommen werden *(vgl. Kap. 3)*. Hinweise auf ihre Lebendigkeit, Subjektivität und Einmaligkeit als Konstitutivum ihres Menschseins dürfen auch in der allgemeinen und abstrakten Theorie nicht verloren gehen *(vgl. Kap. 4 und 5)*, die Theorie sollte vielmehr den Bezug auf die subjektive anschauliche Welt mit ihren konkreten Körpern, Füllen und Qualitäten und mit ihren eigenen Sinnbezügen und Seinsgeltungen enthalten *(vgl. Kap. 2)*.

(3) Die *wechselseitige Wahrnehmungsfähigkeit, die Reziprozität und die Interaktionen* müssen reflektiert und in den Verfahren der Erhebung und Theoriebildung berücksichtigt werden. Dies betrifft die komplexen Beziehungen auf und zwischen vielen Ebenen: zwischen den Menschen im Untersuchungsfeld, den Forschenden, ihren Auftraggebern, der wissenschaftlichen Diskursgemeinschaft und den Rezipientinnen und Rezipienten der Theorie *(vgl. Kap. 4)*.

(4) Die *Konstruktionen der subjektiven Sinn- und Geltungsbezüge* der Menschen in einem Untersuchungsfeld müssen nachvollzogen und rekonstruiert werden, denn

nur so ist ein Verstehen und eine adäquate Rekonstruktion ihrer Sozialwelt möglich (*vgl. Kap. 3*).

(5) Es sollte eine *Kontinuität zwischen dem Ursprungssinn und dem Anwendungssinn* bewahrt werden, um einen rein instrumentellen und utilitaristischen Gebrauch der Theorie über die menschliche Sozialwelt zu verhindern *(vgl. Kap. 2)*. Keine Theorie wird interessen- und kontextlos formuliert. Damit es nicht zu einer „Verschiebung" zwischen dem Ursprungssinn der Lebenswelt und dem Anwendungssinn einer abstrakten Theorie auf die Lebenswelt kommt, sollte die Ausarbeitung und Formulierung der Theorie im Blick auf mögliche Verstehens- und Anwendungsweisen diese Kontinuität sichern.

(6) Die sozialen *Wandlungsprozesse* müssen erfasst werden. Da sich die soziale Welt aufgrund der rasanten technologischen und datenelektronischen Entwicklung sehr schnell verändert und die Veränderungen der Lebensbedingungen völlig neue Lebens- und Handlungsstrategien hervorbringen, müssen die Theorien über die soziale Welt auch die neuen Phänomene des menschlichen Lebens und die Strukturen der Wandlungsprozesse erfassen *(vgl. Kap. 1.1.2)*.

Mit diesen Anforderungen sind eine Menge methodischer und forschungspraktischer Probleme verbunden, die in verschiedenen Forschungsverfahren in unterschiedlicher Weise behandelt und gelöst werden. Ich möchte im Folgenden eine Grundstruktur bzw. Grundstrategie des methodischen Vorgehens der sozialwissenschaftlichen Theoriebildung vorstellen, die einen praktikablen Weg weist, um den genannten Anforderungen in einer möglichst guten Weise gerecht zu werden und damit zu einer fundierten Theorie über die Sozialwelt zu gelangen: die von den amerikanischen Soziologen Barney G. Glaser und Anselm L. Strauss ausgearbeitete *Grounded Theory*[546]. Sie macht die Subjektivität der forschenden Person zu einer wesentlichen Komponente der Theoriebildung, sie sieht vor, dass die Lebendigkeit Menschen und ihre subjektiven Sinnbezüge in der Theorie zur Geltung kommen, und sie zielt einen Nutzen der Theorie für die Praxis an, wodurch zum einen eine Kontinuität zwischen Ursprungssinn und Anwendungssinn hergestellt werden kann, und wodurch zum anderen die Verantwortlichkeit der Forschung angesichts begrenzter Forschungsressourcen ernstgenommen wird. Das Anliegen der Grounded Theory fassen ihre Autoren so zusammen: „Wir glauben, daß *die Entdeckung von Theorie auf der Grundlage von Daten* – was wir Grounded Theory nennen – eine der größeren der Soziologie heutzutage gestellten Aufgaben ist, weil eine solche Theorie, wie wir zu zeigen hoffen, empirisch beschreibbaren Situationen gerecht wird und Soziologen wie Laien gleichermaßen verständlich ist. Am wichtigsten aber ist, daß sich mit ihr arbeiten läßt, d.h. daß sie uns relevante Voraussagen, Erklärungen, Interpretationen

---

[546] Der Begriff „Grounded Theory" ist kaum zu übersetzen. Er wurde mit „gegenstandsnahe" (Wiedemann (1995): Gegenstandsnahe Theoriebildung), mit „gegenstandsbezogene" (Glaser/ Strauss (1979): Die Entdeckung gegenstandsbezogener Theoriebildung) oder mit „empirisch fundierte Theoriebildung" (Kelle (1997): Empirisch begründete Theoriebildung, 282) wiedergegeben. Da der Begriff inzwischen auch unübersetzt weit verbreitet ist, werde ich ihn in der Originalsprache gebrauchen.

und Anwendungen liefert."[547] Die Grounded Theory soll für die konkrete Forschungspraxis brauchbar, hilfreich und handhabbar sein. Sie wurde aus der Forschungspraxis heraus entwickelt und reflektiert auf die konkreten Bedingungen und Probleme der Forschungspraxis. Es werden konkrete Strategien beschrieben, den Forschungsprozess voranzutreiben und zu einer fundierten bereichsspezifischen und im Gegenstandsbereich verankerten Theorie zu kommen.

Wenn ich hier exemplarisch die Grounded Theory vorstelle, bedeutet dies nicht, dass nicht auch andere Strategien und Methoden den genannten Anforderungen gerecht werden. Die Grounded Theory bietet sich jedoch als eine *Grundstrategie* des Vorgehens an. Es geht hier nicht um die konkreten Verfahren der Datenerhebung und -auswertung. Diese richten sich nach vielen Faktoren des Forschungsbereichs wie etwa nach der Fragestellung, dem Untersuchungsfeld, den Interessen usw. Die Grundstrategie muss mit solchen speziellen Verfahren gefüllt und ergänzt werden, die, wie die Grundstrategie auch, dem Anspruch gerecht werden müssen, Subjektivität, Lebendigkeit, Kontextualität, Interaktion, Sinnrekonstruktion und Sinnkontinuität angemessen zu berücksichtigen.[548]

Im Folgenden werde ich zunächst auf die Ursprünge der Grounded Theory eingehen und sie damit im sozialwissenschaftlichen Diskurs verorten. Anschließend werde ich die konkreten Strategien und Verfahren der Theoriegenerierung vorstellen.

5.1 Zu den Ursprüngen und Zielen der Grounded Theory

Die Entwicklung und der Erfolg der Grounded Theory verdanken sich zum einen einer allgemeinen Unzufriedenheit mit dem theoriegeleiteten deduktiven Vorgehen in den Sozialwissenschaften, das zu einer zunehmenden Entfremdung zwischen der sozialen Alltagsrealität und der wissenschaftlichen Theoriebildung führte, zum anderen dem glücklichen Zufall einer gelungenen Zusammenarbeit zwischen den Soziologen Barney G. Glaser und Anselm L. Strauss in einem medizinsoziologischen Forschungsprojekt.

Seit den 1940er Jahren war die amerikanische Sozialforschung von strukturfunktionalen Metatheorien sowie von quantifizierenden Verfahren beherrscht, deren Wissenschaftsverständnis sich an das der Naturwissenschaften anlehnte. Die theoriegeleiteten und -testenden Verfahren waren jedoch nicht in der Lage, den raschen Wandel in der Sozialwelt angemessen zu erfassen. Es entstand eine unbefriedigende Lücke zwischen Theorie und Praxis. Die Versuche, diese zu schließen, führten zwar zu einer Verbesserung der Validierungsstrategien theorietestender Methoden, jedoch nicht unbedingt zu Theorien, die die Sozialwelt in ihrer Komplexität besser zu erfas-

---

[547] Glaser/ Strauss (1967/1998): Grounded Theory, 11; im Orig. nicht hevorg.
[548] Solche Verfahren liegen auch grundlagentheoretisch gut begründet vor z.B. im Narrativen Interview und der Konversationsanalyse (Fritz Schütze), dem Gruppendiskussionsverfahren (Ralf Bohnsack), der Objektiven Hermeneutik (Ulrich Oevermann) u.a.

sen vermochten. Viele der vorliegenden Theorien sind, so Glaser und Strauss, „eben weil ihnen die Fundierung in den Daten fehlt, ihrem Gegenstand nicht angemessen oder nicht hinreichend verständlich und deshalb für die Forschung, den theoretischen Fortschritt sowie die praktische Anwendung nutzlos."[549]

Um zu Theorien zu gelangen, die für die Praxis brauchbar und der Sozialwelt angemessen waren, haben Glaser und Strauss im Zusammenhang mit einem medizinsoziologischen Forschungsprojekt eine neue Methode entwickelt, die gegenstandsverankert und nützlich sein soll. Glaser und Strauss kommen aus verschiedenen Traditionen empirischer Sozialforschung, die sie in ihrer Forschung miteinander verbinden. Es mag hilfreich sein, an dieser Stelle kurz auf die soziologischen Denkrichtungen einzugehen, aus denen sie stammen, da diese zugleich den wissenschaftsgeschichtlichen Kontext ihrer Methode repräsentieren.

Barney G. Glaser kommt aus der Tradition der quantitativen Forschung und der Survey-Methodologie der *Columbia-Schule* (New York), die von Paul F. Lazarsfeld und Robert K. Merton geprägt war.

Paul F. Lazarsfeld (1901-1976) wurde durch die paradigmatische Studie „Die Arbeitslosen von Marienthal"[550] bekannt, die ihren Ausgangspunkt nicht von einer Theorie oder einem Methodenplan, sondern von einem offenen Fragenkatalog nahm und in der verschiedene Methoden im Laufe der Forschung entwickelt und kombiniert wurden. Aus dieser Studie zog er die Folgerung, dass zur Erfassung der sozialen Wirklichkeit qualitative und quantitative Methoden angezeigt sind, objektive Tatbestände und subjektive Einstellungen erhoben werden sollen, aktuelle Beobachtungen durch historisches Material ergänzt sowie Beobachtungen des spontanen Lebens und strukturierte Befragungen verwendet werden sollen. Nach seiner Emigration 1933 entwickelte er seinen Ansatz im Bereich der Meinungsforschung weiter, wofür er das Panel-Verfahren einsetzte.

Robert K. Merton (1910-2003) hat als Schüler von Talcott Parsons die strukturfunktionale Theorie weiterentwickelt. Im Gegensatz zu diesem hielt er jedoch ein geschlossenes Theoriesystem über die Gesamtheit sozialer Strukturen und Funktionen (grand theory) für nicht möglich (oder für größenwahnsinnig) und arbeitete an begrenzten Theorien, die er „Theorien mittlerer Reichweite" (middle range theories) nannte. In seinem strukturfunktionalen Ansatz bemühte sich Merton, die Starrheit und Geschlossenheit vorhergehender strukturfunktionaler Ansätze aufzulösen und rein systemische Ansätze zu überschreiten. Er ging von einer Wechselwirkung zwischen Handelnden und Strukturen aus und rechnete mit sozialer Ordnung wie auch mit Unordnung, mit einem systemkonformen wie auch mit einem abweichen-

---

[549] Glaser/ Strauss (1967/1998): Grounded Theory, 20.

[550] Vgl. Jahoda/ Lazarsfeld/ Zeisel, (1975, zuerst 1933): Die Arbeitslosen von Marienthal. Das Forschungsteam untersuchte Anfang der 1930er Jahre die sozialpsychologischen und strukturellen Probleme in Marienthal, einem Industriedorf in Niederösterreich. Zu den zeitgeschichtlichen, wissenschaftlichen und persönlichen Zusammenhängen dieser Studie, die zu den richtungsweisenden Untersuchungen der Geschichte der Soziologie zählt, vgl. die erhellenden biographischen Erinnerungen von Marie Jahoda (1997): „Ich habe die Welt nicht verändert" – es ist eines der wenigen Zeugnisse, das von der zwischenmenschlichen und alltagspraktischen Seite der Sozialforschung erzählt – sowie Jahoda (1995): Marie Jahoda, Paul F. Lazarsfeld & Hans Zeisel.

den Verhalten, mit Funktionen wie auch mit Dysfunktionen von Strukturen, mit latenten und manifesten Funktionen und mit einer Differenz zwischen individueller Absicht und funktionellem Effekt.

Anselm L. Strauss steht in der Tradition der ethnographischen Feldforschung und der qualitativen Forschung der *Chicagoer Schule*. Diese hat seit ihrer Gründung Mitte der 1890er Jahre eine führende Rolle in der amerikanischen Soziologie gespielt, bis sie Anfang der 1940er Jahre vom Strukturfunktionalismus verdrängt wurde, und hat zur Entwicklung qualitativer Methoden wesentlich beigetragen. Die Soziologie der Universität von Chicago war von dem Bemühen gekennzeichnet, Forschung und Lehre sowie Wissenschaft und Praxis eng miteinander zu verbinden. Chicago war zu dieser Zeit eine der am schnellsten wachsenden Industriemetropolen; die Bevölkerung bestand zu einem großen Teil aus eingewanderten Industriearbeiterinnen und Industriearbeitern. Ein interdisziplinäres Netzwerk von Wissenschaftlerinnen und Wissenschaftlern der Universität engagierte sich in einer großen Anzahl von sozialreformerischen Projekten. Am Department of Sociology entstanden Sozialreportagen, Forschungen zur Stadtsoziologie *(Robert Park)* und zum sozialen Wandel. Richtungsweisend für die Entwicklung qualitativer Forschungsmethoden wurde das Werk von *William I. Thomas und Florian Znaniecki: The Polish Peasant in Europe and America* (1918-1920).[551] Einflussreich waren zudem die Sozialpsychologie von *George Herbert Mead*, der 1894-1931 in Chicago lehrte, und die Entwicklung des Symbolischen Interaktionismus *(Herbert Blumer u.a.)*, die wesentliche theoretische Grundlagen für die qualitative Methodenentwicklung in der Sozialforschung legten.

Über Barney G. Glaser konnte ich keine biographischen Daten auffinden. Er gründete und leitet heute *The Grounded Theory Institut* in Mill Valley und ist Herausgeber der Zeitschrift *Grounded Theory Review: An International Journal*.

Zur Biographie von Anselm L. Strauss konnte ich etwas mehr Material auffinden.[552] Strauss wird 1916 in der Bronx als Enkel jüdischer Einwanderer aus Deutschland geboren. Sein Medizinstudium bricht er ab und studiert Soziologie in Virginia und Chicago, wo er in Robert E. Park und Herbert Blumer Lehrer findet, die ihn mit dem amerikanischen Pragmatismus, der Sozialphilosophie George Herbert Meads und mit dem Symbolischen Interaktionismus bekannt machen. 1949 verfasst er zusammen mit Alfred Lindesmith das bis heute aktuelle Lehrbuch *Social Psychology*. Ab 1952 arbeitet er in Chicago zusammen mit Howard Becker, Blanche Geer und Everett Hughes an einem medizinsoziologischen Forschungsprojekt. 1960 erhält er einen Ruf an die School of Nursing der *University of California* in San Francisco und gründet dort das Department of Social and Behavioral Sciences, das er bis zu seiner Emeritierung 1987 leitet. Strauss stirbt am 5. September 1996.

---

[551] Die Autoren erarbeiten in dem umfangreichen Werk auf der Grundlage der Dokumentation einer Fülle von unterschiedlichen Dokumenten wie Briefen, amtlichen Dokumenten, Zeitungsartikeln und der Autobiographie eines polnischen Einwanderers die sozialpsychologischen Probleme der Migration. Es wurde zu einem der zentralen Ausgangspunkte der Biographieforschung.

[552] Vgl. Hildenbrand: Vorwort in: Strauss (1994): Grundlagen qualitativer Sozialforschung, 14-17, sowie die Internetseite: http://www.qualitative-research.net/fqs-texte/3-04/04-3-22-d.htm#gan1.

Anfang der 1960er Jahre begegnen sich Glaser und Strauss und arbeiten für mehrere Jahre an einem medizinsoziologischen Forschungsprojekt zusammen, in dem sie den Umgang von Pflegepersonal mit Sterbenden erforschen. Dabei gehen sie methodisch neue Wege und entwickeln im Zusammenhang mit dem Forschungsprojekt die Grounded Theory. Die Ergebnisse ihrer Forschung veröffentlichen sie in den beiden Büchern: *Awareness of Dying* (Chicago 1965)[553] und *Time of Dying* (Chicago 1968),[554] ihre Methode, die immer wieder auf die konkreten Forschungserfahrungen, -methoden und -ergebnisse des Projekts Bezug nimmt, in dem Buch: *The Discovery of Grounded Theory – Strategies for Qualitative Research* (New York 1967)[555].

Schon nach einigen Jahren der Zusammenarbeit trennen sich die Wege der beiden Forscher. Das gemeinsame Projekt und die Methodenentwicklung stellen aber für beide eine biographisch einschneidende Erfahrung dar, die ihre weitere Forschung bestimmt. Beide konzentrieren sich nun auf Methodenfragen und entwickeln das Konzept der Grounded Theory unabhängig voneinander in unterschiedlichen Richtungen weiter.[556] Sei entwickeln Kodierungsverfahren, die in ihrer gemeinsamen Arbeit eine untergeordnete Rolle gespielt hatten. Nach 25 Jahren sind ihre Ansätze schließlich so weit voneinander entfernt, dass Glaser der Meinung ist, Strauss verfälsche mit seinem Konzept die Grounded Theory, und ihn auffordert, auf diese Bezeichnung zu verzichten.[557] Die Grounded Theory zeichnet sich jedoch gerade durch Offenheit und Flexibilität aus. Im Hinblick auf die Interpretationsdifferenzen ihrer Urheber scheint eine dogmatische Festlegung auf eine „richtige" Rezeption wenig sinnvoll zu sein. Bis heute ist die Grounded Theory in zahlreiche methodische Konzepte eingeflossen und wurde vielfach modifiziert. In den USA gehört sie zum festen Bestandteil des methodischen Kanons der qualitativen Sozialforschung. In Deutschland wird sie 1979 durch die Publikation eines Aufsatzes von Glaser und Strauss bekannt.[558] Es beginnt eine breite Rezeption, noch bevor erst 1998, nach mehr als 30 Jahren, eine Übersetzung des Originalwerkes auf Deutsch erscheint.[559]

---

[553] Glaser/ Strauss (1974): Interaktion mit Sterbenden.

[554] Die medizinsoziologische Theorie, die Glaser und Strauss damals entdeckten und ausarbeiteten, hat bis heute Gültigkeit und Nutzen im Bereich der Krankenpflege. Entscheidende Bedeutung für den Umgang zwischen Pflegepersonal und Sterbenden hat der Bewusstheitskontext, d.h. die Frage, in welchem Bewusstseinsstand die Interaktionspartner selbst über den Krankheitszustand sind und welche Vermutungen sie über den Bewusstseinsstand der anderen haben. Dabei wird zwischen einem offenen und einem geschlossenen Bewusstheitskontext unterschieden.

[555] Glaser/ Strauss (1967/1998): Grounded Theory. Strategien qualitativer Forschung.

[556] Glaser legte seine Ausarbeitungen 1978 dar in seiner Monographie: *Theoretical Sensitivity. Advances in the Methodology of Grounded Theory*. Von Strauss erschien 1987 die Monographie: *Qualitative analysis for social scientists* (dt. 1994: Grundlagen qualitativer Sozialforschung. Datenanalyse und Theoriebildung in der empirischen und soziologischen Forschung), und zusammen mit Juliet Corbin (1990): *Basics of Qualitative Research. Grounded Theory Procedures and Techniques* (dt. 1996: Grounded Theory. Grundlagen Qualitativer Sozialforschung).

[557] Vgl. Kelle (1997): Empirisch begründete Theoriebildung, 333-341. Die Unterschiede in der Weiterentwicklung der Verfahren von Glaser und Strauss sind für den Zusammenhang dieser Arbeit nicht von Belang; vgl. hierzu die umfassende Darstellung der Unterschiede von Uwe Kelle (1997): Empirisch begründete Theoriebildung, 314-341.

[558] Vgl. Glaser/ Strauss (1979): Die Entdeckung gegenstandsbezogener Theorie.

[559] Vgl. Glaser/ Strauss (1967/1998): Grounded Theory.

5.2 Das Verfahren der Theoriegenerierung nach der Grounded Theory

Das Verfahren der Theoriegenerierung nach der Grounded Theory ist in der Sozialforschung bekannt und häufig erläutert worden, die Verwendung ist weit verbreitet. Es liegen heute gute Abhandlungen vor, die zum Verstehen und Erlernen des Verfahrens geeignet sind.[560] Ich kann mich deshalb hier auf die Darstellung einiger wesentlicher Punkte beschränken. Dabei werde ich mich sowohl auf das grundlegende Werk von Glaser und Strauss[561] als auch auf Ergänzungen in den Werken von Strauss bzw. Corbin/Strauss[562] beziehen. Anstatt aber die Beispiele zu übernehmen, die die Autoren und die Autorin reichlich aus ihrer Forschungspraxis anführen, werde ich mich im Folgenden auf Beispiele aus der Praktischen Theologie beziehen, vor allem auf eigene empirische Studien.[563]

5.2.1 Der Forschungsbeginn

Offener Forschungsbeginn
Das Verfahren der Grounded Theory geht von einer zunächst sehr offen gehaltenen Fragestellung aus: Sie ist breit und unspezifisch und sie ist offen insofern, als Veränderungen der Fragestellung und Verlagerungen der Schwerpunkte möglich und angestrebt sind. „Am Anfang steht nicht eine Theorie, die anschließend bewiesen werden soll. Am Anfang steht vielmehr ein Untersuchungsbereich – was in diesem Bereich relevant ist, wird sich erst im Forschungsprozess herausstellen."[564] Die Eingrenzung der zu behandelnden Problematik geschieht erst während des Forschungsprozesses. Dies gewährleistet, dass die Grenzen und die Reichweite der Theorie dem Gegenstandsbereich entsprechen, zudem wird die praktische Relevanz der Fragestellung sichergestellt. Entsprechend werden auch die Methoden erst im Laufe der Forschung gewählt und den entstehenden Forschungsfragen angepasst.

Dem Beginn der empirischen Arbeit kann ein Literaturstudium vorausgehen, aus dem sich erste Fragestellungen oder Vorstellungen über den Forschungsbereich ergeben.[565] Doch dies ist keineswegs Voraussetzung: oftmals empfiehlt es sich sogar, bestehende Theorien zunächst einmal bewusst auszuklammern, um offen für neue

---

[560] Vgl. vor allem Strauss (1994): Grundlagen qualitativer Forschung; und Strauss/ Corbin (1996): Grounded Theory.

[561] Vgl. Glaser/ Strauss (1967/1998): Grounded Theory; Glaser/ Strauss (1979): Die Entdeckung gegenstandsbezogener Theorie.

[562] Vgl. Strauss (1994): Grundlagen qualitativer Sozialforschung; Strauss/ Corbin (1996): Grundlagen Qualitativer Sozialforschung. Diese beiden Werke eignen sich auch vorzüglich zum Erlernen der Verfahren der Grounded Theory.

[563] Vgl. Klein (2000): Gottesbilder von Mädchen; die Erkenntnisse beziehen sich auch auf Klein (1994): Theologie und empirische Biographieforschung; Klein (1999): Tradierungsprozesse in Familien.

[564] Strauss/ Corbin (1996): Grounded Theory, 8.

[565] Vgl. Strauss/ Corbin (1996): Grounded Theory, 31-42.

Entdeckungen zu sein und um zu verhindern, dass sie den Blick auf die Vielfalt der Phänomene in der sozialen Wirklichkeit verengen.

Stillschweigendes Kodieren und erste Hypothesenbildung
Wer Daten in einem Feld erhebt, macht häufig die Erfahrung, dass die Datensammlung von spontaner Hypothesenbildung begleitet ist. Bereits während eines Gesprächs oder Interviews können der forschenden Person z.B. spontane Erkenntnisse durch den Kopf schießen, die vielleicht bereits die nächste Frage oder Interaktion bestimmen. Während der Transkription von Gesprächsmaterial, bei der Erstellung von Beobachtungsprotokollen oder bei der ersten Durchsicht des Datenmaterials stellen sich intuitive Erkenntnisse oder ein spontanes „Aha-Erlebnis" ein, die oftmals bereits auf die zentrale Hypothese zusteuern. Anstatt diese subjektiv-intuitiven Einfälle als die Stringenz und Objektivität des Vorgehens störend beiseite zu schieben, werden sie in der Grounded Theory für den Forschungsprozess fruchtbar gemacht und erhalten einen systematischen Ort im Theoriebildungsprozess. Glaser und Strauss nennen diesen Prozess, der von Beginn des Forschungsprozesses an wirksam ist, das „stillschweigende Kodieren"[566]. Damit ist gemeint, dass die Forscherin oder der Forscher ständig Reflexionen über die Daten anstellt, eine Tätigkeit, die zum einen allem Alltagshandeln innewohnt,[567] zum anderen aber auch mit dem Prozess des wissenschaftlichen Kodieren verwandt ist. Gerade in der Anfangsphase spielt das stillschweigende Kodieren eine erkenntnisleitende Rolle.

Verfolgen vieler Hypothesen
Für den Forschungsbeginn ist es charakteristisch, dass viele, auch widersprüchliche und wenig zusammenhängende Hypothesen auftauchen und gleichzeitig verfolgt werden. Indem die Zusammenhänge zwischen den verschiedenen Hypothesen untersucht werden, bilden sich die zentralen Konzepte und Kategorien und die Hypothesen heraus, die weiterverfolgt werden. Sie stellen einerseits die Grundlage für den analytischen Bezugsrahmen der Theorie dar und steuern andererseits die gezielte Suche nach Vergleichsfällen, um die Theorie auszubauen und durch Verifizierung ihre Gültigkeit zu sichern. Häufig kommt die Forscherin oder der Forscher dabei bereits ohne eine explizite wissenschaftliche Kodierung zu einer ersten Theorie, wodurch sich die Grounded Theory auch für die vorwissenschaftliche Anwendung in der Praxis, etwa zur Analyse einer Gemeindesituation durch das Leitungsteam, als nützlich erweist. Die gefundene Theorie kann nun bereits ihren Zweck für einen Praxisbereich erfüllt haben. Eine weitere Ausarbeitung ist dann nicht nötig, weil nur wenig von praktischer Bedeutung hinzugewonnen wird.[568] Für den wissenschaftlichen Diskurs kann der sich zu Beginn der Forschung rasch einstellende Bezugsrah-

---

[566] Glaser/ Strauss (1979): Die Entdeckung gegenstandsbezogener Theorie, 94.

[567] „Was der Feldforscher tut, ist nichts anderes, als das ganz normale Handeln einer über die Dinge nachdenkenden Person in eine erfolgreiche Forschungsstrategie umzusetzen." Glaser/ Strauss (1979): Die Entdeckung gegenstandsbezogener Theorie, 101, im Orig. hervorg.

[568] Vgl. Glaser/ Strauss (1979): Die Entdeckung gegenstandsbezogener Theorie, 96.

men aber auch systematisch zu einer wissenschaftlichen gegenstandsbezogenen Theorie ausgearbeitet werden.

5.2.2 Theoretisches Sampling: Die systematische Ausarbeitung der Theorie durch Vergleichsgruppen

Vergleichsgruppen
Der entstandene Bezugsrahmen wird nun systematisch ausgearbeitet, indem gezielt Vergleichsgruppen auf der Basis von minimalen und maximalen Kontrasten gesucht werden. Die zunächst offene Fragestellung verengt sich nun trichterförmig, die Kategorien werden präzisiert und die zentralen Hypothesen getestet.

Dieses Verfahren des theoretischen Samplings *(theoretical sampling)* hat aufgrund seiner Effizienz eine weite Verbreitung in der qualitativen Forschung gefunden. Sampling bedeutet die Auswahl einer Datenquelle, eines Falls oder einer Stichprobe. Während das erste Sampling sehr offen geschieht, um die Möglichkeiten der Entdeckung von unbekannten Phänomenen und der Entwicklung verschiedener Hypothesen nicht vorzeitig einzugrenzen, wird mit dem theoretischen Sampling gewährleistet, dass die Datensammlung nicht uferlos wird und eine begrenzte, bereichsspezifische Theorie generiert werden kann.

Die Auswahl der Vergleichsfälle ist davon abhängig, ob eine materiale Theorie, die sich auf einen konkreten Gegenstandsbereich bezieht, oder eine formale Theorie angestrebt wird, die sich auf gegenstandsübergreifende formale Aspekte bezieht.

> Eine *materiale Theorie* ist z.B. eine Theorie zu Gottesvorstellungen von Mädchen. Diese kann ausgearbeitet werden, indem z.B. die Gottesvorstellungen verschiedener Mädchen oder Mädchengruppen miteinander verglichen werden. Man könnte aber auch Mädchen- und Jungengruppen oder Vorstellungen bei katholischen, protestantischen, jüdischen und muslimischen Mädchen miteinander vergleichen.

Um eine *formale Theorie* zu entwickeln – Glaser und Strauss führen als Beispiel Goffmans formale Theorie des Stigmas an – legt es sich nah, Vergleichsmaterial von scheinbar Unvergleichbarem zu suchen. Dies hilft dabei, materiale, an spezifische Räume oder Zeiten gebundene Beschreibungen auf eine allgemeine formale Theorie hin zu überschreiten.

> Eine *formale Theorie* z.B. zur Darstellung von Unsichtbarem könnte entwickelt werden, wenn man die Gottesdarstellungen auf Bildern von Kindern mit den Darstellungen des Atoms von Atomphysikern, den Darstellungen der Hölle in mittelalterlichen Skulpturen und den Darstellungen der Psyche in psychologischen Handbüchern vergleicht.

Möglich ist zudem eine Mischung zwischen formaler und materialer Theorie, denn jede Studie enthält materiale und formale Aspekte, und es ist eine Frage des Interesses der forschenden Person, welche in besonderer Weise ausgearbeitet werden.

Wie gelangt die Forscherin oder der Forscher zu Vergleichsgruppen? Oftmals sprengt es den Rahmen einer Studie, an eine bereichsspezifische empirische Untersuchung weitere allein zum Zweck des Vergleichs anzuschließen. Dies ist meist auch gar nicht nötig. Zum Vergleich können z.B. auch empirische und theoretische Studien zu dem Thema, historische Dokumente, Zeitungsmeldungen u.a. herangezogen werden.

Vergleichsgruppen werden auf der Basis von *minimalen und maximalen Kontrasten* gesucht. Wiederholungen bestätigen die Gültigkeit von Kategorien. Gegensätze und Abweichungen zeigen die Reichweite der Theorie auf und tragen dazu bei, sie in ihren Tiefenstrukturen auszuarbeiten. Die Gegensätze helfen zudem, nach den ihnen zugrundeliegenden Einheitlichkeiten zu fragen und auf dieser Basis neue Kategorien zu entwickeln.

Minimale Unterschiede zeigen an, dass es sich um eine relevante Kategorie handelt. Dies legt die Grundlage zur Herausarbeitung der zentralen Eigenschaften. Man kann dann an die Aufgabe gehen, die Bedingungen für die Abstufung der Kategorie (Dimensionierung), die Gründe für die Relevanz etc. zu untersuchen. Zudem kann man gezielt auf die Suche nach Material gehen, das der gewonnenen Hypothese widerspricht, um sie zu verfeinern.

Maximale Unterschiede helfen, die Reichweite der Theorie festzulegen. Sie können aber auch sensibilisieren und zu einer neuen Wahrnehmung der Daten führen.

> So weist die Häufigkeit der Darstellung Gottes in männlicher Gestalt – sowohl in den Kinderbildern als auch z.B. in der christlichen Kunstgeschichte – auf ein verbreitetes Kulturmuster wie auch auf persönliche Vorstellungswelten hin. Innerhalb dieser Kategorie könnten durch internen Vergleich neue Kategorien gefunden werden, etwa durch die Untersuchung der Darstellungsweise (Gott auf einem Thron, Gott auf einer Wolke, Gott mit Flügeln usw.) oder der theologischen Aussagen (Gott als Schöpfer, Gott als gute Macht, Gott als Richter, Gott in Beziehung zur Welt usw.). Abweichende oder ungewöhnliche Darstellungen Gottes, wie z.B. Bilder, auf denen Gott in weiblicher Gestalt dargestellt ist, erweitern die Theorie. Das Auftauchen von Bildern in meiner Studie[569], auf denen Gott in weiblicher Gestalt dargestellt ist, veranlasste mich zur gezielten Suche nach vergleichbaren Bildern in der Literatur. Das Malen Gottes in männlicher und weiblicher Gestalt lässt nach der Gemeinsamkeit beider Darstellungsarten fragen, und diese Frage führt zu der Kategorie der Personalität Gottes. Diese wiederum kann im Gegensatz zu den nichtpersonalen Darstellungen untersucht werden.

Der systematische Vergleich wird so lange vorangetrieben, bis eine Sättigung der Theorie eintritt und keine nennenswerten neuen Erkenntnisse auftauchen.

Kodierung

Welche Verfahren der Kodierung (Analyse) der Daten gewählt werden, richtet sich nach den Daten, der angestrebten Theorie und den Interessen, Fähigkeiten und Vorlieben der forschenden Person. Die Grounded Theory stellt eine Grundstruktur des methodischen Vorgehens zur Verfügung, in der verschiedene Kodierungsverfahren Platz haben. Glaser und Strauss gehen auf die Frage der Kodierung in ihrem gemein-

---

[569] Vgl. Klein (2000): Gottesbilder von Mädchen.

samen Entwurf der Grounded Theory nicht ausführlich ein, arbeiten aber anschließend getrennt an verschiedenen Verfahren. In Deutschland stehen heute eine Reihe grundlagentheoretisch begründete und praktisch erprobte Verfahren zur Verfügung, die von den vorgeschlagenen Kodierungsverfahren von Glaser oder Strauss abweichen: zu nennen wären hier das von Fritz Schütze entwickelte *narrative Interview* mit der erzählanalytischen Auswertung, das sich für biographische und prozessorientierte Fragestellungen anbietet,[570] die von Ulrich Oevermann entwickelte *objektive Hermeneutik*, die sich auf sehr unterschiedliches Datenmaterial anwenden lässt,[571] sowie das von Ralf Bohnsack im Anschluss an Karl Mannheim entwickelte *Gruppendiskussionsverfahren*, das sich für Milieustudien eignet.[572] Einen Überblick über verschiedene Verfahren bieten die in den letzten Jahren verstärkt erschienenen Methodenhandbücher.[573]

5.2.3 Die Entwicklung der Theorie: analytisch und sensibilisierend

Der theoretische Bezugsrahmen wird schließlich in abstrakten Begriffen herausgearbeitet und dargestellt. Die Theorie soll zwei miteinander verbundene Eigenschaften haben: sie soll einerseits analytisch und generalisierend sein und den Bezugsrahmen in theoretischer Begrifflichkeit fassen. Andererseits soll sie *sensibilisierend* und konkret sein. Sie soll „die erforschte soziale Welt so lebensnah (...) beschreiben, daß der Leser ihre Bewohner buchstäblich sehen und hören kann – aber sehen und hören aus der Perspektive des theoretischen Bezugsrahmens."[574] Die Lesenden sollen in die Lage versetzt werden, das Dargestellte auf der Grundlage der eigenen Erfahrung nachvollziehen zu können. „Konzepte sowohl analytisch als auch sensibilisierend zu gestalten, hilft dem Leser, die Menschen innerhalb des untersuchten Bereichs als lebendige Menschen wahrzunehmen."[575]

Dies kann durch verschiedene Darstellungsmittel erreicht werden: durch In-vivo-Kodes,[576] durch Zitate aus Interviews, aus Beobachtungsprotokollen oder Erzählun-

---

[570] Vgl. Glinka (1998): Das narrative Interview; Schütze (1976): Zur Hervorlockung und Analyse von Erzählungen.

[571] Vgl. Oevermann u.a. (1979): Die Methodologie einer „objektiven Hermeneutik". Oevermann/ Allert/ Konau (1980): Zur Logik der Interpretation von Interviewtexten.

[572] Vgl. Bohnsack (1999): Rekonstruktive Sozialforschung, Kap. 3 u. 7-11.

[573] Vgl. Flick u.a. (Hg.) (1995): Handbuch Qualitative Sozialforschung; Flick (1995): Qualitative Forschung; Friebertshäuser/ Prengel (1997): Handbuch Qualitative Forschungsmethoden; Hitzler/ Honer (1997): Sozialwissenschaftliche Hermeneutik; Jüttemann/ Thomae (1999): Biographische Methoden in den Humanwissenschaften; Krüger/ Marotzki (1999): Handbuch erziehungswissenschaftliche Biographieforschung; Bohnsack (1999): Rekonstruktive Sozialforschung; Flick u.a. (2000): Qualitative Forschung; Brüsemeister (2000): Qualitative Forschung; Schweppe (2003): Qualitative Forschung in der Sozialpädagogik.

[574] Glaser/ Strauss (1979): Die Entdeckung gegenstandsbezogener Theorie, 103; vgl. auch dies. (1998): Grounded Theory, 232f.

[575] Glaser/ Strauss (1998): Grounded Theory, 48.

[576] In-vivo-Kodes sind bezeichnende Wörter oder Ausdrücke von Personen aus dem Feld. Manche Ausdrücke sind so bezeichnend, dass sie in die Titel oder Kapitelüberschriften von Studien aufgenommen werden.

gen von Informanten, durch Beschreibungen von wichtigen Situationen, durch die Darstellung von zeitgeschichtlichen, biographischen, räumlichen oder anderen Hintergrundinformationen etc. Damit wird nicht eine „nette Illustration" angestrebt, vielmehr steht dahinter eine grundlagentheoretische Erkenntnis über die Eigenart der Sozialwelt. Herbert Blumer[577] hat diese konkreten kontextuellen Darstellungen als „*sensitizing concepts*" (erschließende Begriffe) bezeichnet.[578] Aufgrund ihrer zentralen Bedeutung für die Theoriebildung möchte ich hier auf sie eingehen.[579]

Während die analytische Wissenschaftssprache definitorisch und eingrenzend ist, zeichnet sich die Alltagskommunikation durch Vagheit aus, die durch einen Bedeutungsüberschuss entsteht. Sie beruht auf einem unausgesprochenen Einvernehmenszusammenhang. Alltagsausdrücke sind nur in der Kenntnis des kontextuellen Bezugsrahmens zu verstehen, also der konkreten sprechenden Personen, der Situation, der zeitlichen Zusammenhänge usw. Der undefinierte offene Bedeutungsüberschuss ist ein entscheidendes Merkmal für das Verstehen eines Ausdrucks. Seine Vagheit lässt sich nicht „heilen". Wird er beschnitten, etwa indem er befragt wird, so stört dies den Einvernehmenszusammenhang empfindlich, auf dem die Alltagskommunikation beruht. Der Satz: „Ich seh gleich mal nach" ist nur aus der Kenntnis der aktuellen Situation mit ihren wesentlichen Komponenten (Akteure, Ort, Zeit, Handlungszusammenhänge, Sinnzusammenhänge, etc.) heraus zu verstehen. Rückfragen, die zur Verbalisierung des Bedeutungsüberschusses zwingen – wie etwa: Was heißt gleich? In einer Minute oder einer Stunde? Wer ist mit „ich" gemeint? Was soll nachgesehen werden und aus welchem Grund? Was ist damit bezweckt? – wären ein grober Verstoß gegen das Vertrauen auf Übereinstimmung, das der Alltagskommunikation zugrunde liegt.[580]

Auch die theoretischen Begriffe von der sozialen Welt sind zwangsläufig vage, und diese Vagheit lässt sich nicht durch genaue Definitionen oder standardisierte empirische Prozeduren heilen. Sie hängt damit zusammen, dass die Bezeichnung eines Sachverhaltes aus der sozialen Welt der Kenntnis des Handlungskontextes bedarf, der dem sozialen Handeln der Akteure erst seine spezifische Bedeutung verleiht. Sozialforscherinnen und Sozialforscher müssen sich und ihren Adressaten deshalb die soziale Welt in ihren kontextuellen Bezügen erschließen, um die Begriffe in der richtigen Weise zu füllen. Erst im *Kontext der Darstellung der sozialen Welt* konkretisieren sich die ursprünglich unscharfen Begriffe und gewinnen sie ihre klare Bedeutung. Deshalb benötigen nach Blumer Sozialforscherinnen und Sozialforscher

---

577 Herbert Blumer (1900-1987), Nachfolger von George Herbert Mead in Chicago, arbeitete an der Weiterentwicklung der pragmatischen Sozialphilosophie und prägte in einem programmatischen Aufsatz 1937 den Begriff des „Symbolischen Interaktionismus", vgl. Blumer (1937): Social Psychology, 153.

578 Vgl. Blumer (1940): The Problem of the Concept in Social Psychology; und ders. (1954): What is Wrong with Social Theory.

579 Glaser und Strauss erläutern diese Grundlagen nicht, bauen aber implizit ihr Verfahren auf ihnen auf.

580 Vgl. ausführlich hierzu Garfinkel (1981): Das Alltagswissen über soziale und innerhalb sozialer Strukturen.

eben gerade keine definitiven, sondern offene Konzepte, die für die Wahrnehmung der sozialen Bedeutungen in den konkreten Handlungsfeldern sensibilisieren. Die sensibilisierenden Konzepte können in der sozialen Welt selbst präzisiert werden.

Die abstrakten Begriffe der Theorie gehören also notwendig mit der Darstellung der konkreten lebendigen sozialen Welt zusammen, durch die sie gerade ihre inhaltliche Fülle gewinnen, die sie in der reinen Definition nicht haben.[581]

> Für die empirische Erforschung von Phänomenen der Religiosität kann es deshalb sinnvoll sein, den Begriff „Religion" nicht als ein definitives Konzept zu versenden, das es in der sozialen Welt aufzuspüren gilt, sondern als ein offenes, „sensibilisierendes Konzept", das seine inhaltlichen Füllen in der sozialen Welt der Menschen, ihren Glaubensgeschichten und ihren Glaubensbiographien erhält.

Die Theoriebildung ist jedoch nicht nur eine Frage der Konzepte und Darstellungsweisen, sie setzt auch eine *persönliche Fähigkeit* der forschenden Person voraus, die Glaser und Strauss *theoretische Sensibilität* nennen.[582] „Theoretische Sensibilität ist die Fähigkeit zu erkennen, was in den Daten wichtig ist, und dem einen Sinn zu geben. Sie hilft, eine Theorie zu formulieren, die der Wirklichkeit des untersuchten Phänomens gerecht wird."[583] Diese Fähigkeit kann in gewissem Maße erworben und systematisch geschult werden, etwa durch die Lektüre von theoretischer Literatur oder empirischen Forschungsarbeiten zu dem Thema, durch den Erwerb beruflicher oder persönlich-biographischer Erfahrung z.B. durch eine berufliche Tätigkeit in einem bestimmten Bereich usw. Zudem wird auch im Forschungsprozess selbst durch den Aufenthalt oder das Leben im Feld, das Sammeln und Auswerten von Daten, das Stellen von Fragen, das Beobachten, das Aufstellen von Hypothesen und das Analysieren von Daten eine theoretische Sensibilität für einen sozialen Gegenstandsbereich erworben und weiterentwickelt.

5.2.4   Techniken der Erkenntnisgenerierung

Paraphrasieren und Beschreiben
Die Technik des sorgfältigen Beschreibens von Daten oder des Paraphrasierens eines Textes liegt fast allen induktiven Verfahren der Theoriegenerierung als ein erster Interpretationsschritt zugrunde.[584] Sie verhindert, dass die Aufmerksamkeit zu

---

[581] Das Problem der Entleerung der Füllen durch die Abstraktion in der Theoriebildung wurde bereits in *Kap. 2* angesprochen. Hier wurden auch die weitreichenden Konsequenzen für Wissenschaft und Gesellschaft deutlich.

[582] Vgl. Glaser (1978): Theoretical Sensitivity, bes. Kap.1; Strauss/ Corbin (1996): Grounded Theory, 25-30.

[583] Strauss/ Corbin (1996): Grounded Theory, 30.

[584] Corbin und Strauss hingegen setzen sich aufgrund ihres analytischen Forschungsinteresses von einem beschreibenden Vorgehen ab. Sie suchen in ihrer ersten Analyse ähnliche Daten, versehen sie mit konzeptionellen Bezeichnungen und verknüpfen die Konzepte durch Aussagen über ihre Beziehungen. Der Vorteil dieses Vorgehens ist sicherlich, rasch zu einem analytischen Raster zu gelangen. Allerdings geraten die Prozessstrukturen auf diese Weise weitgehend aus dem Blick. Vgl. Strauss/ Corbin (1996): Grounded Theory, 13f.

schnell auf auffällige Effekte gelenkt wird und bewirkt, dass auch scheinbare Nebensächlichkeiten und unauffällige Zusammenhänge wahrgenommen und benannt werden, die sich später als wichtige Bausteine für eine Theorie herausstellen können. Devereux hatte auf die latenten Muster in der Sozialwelt hingewiesen *(vgl. Kap. 4.3)*, die durch die manifesten und betonten Merkmale verdeckt werden und deren Spuren sich vielleicht in scheinbaren Nebensächlichkeiten finden. Besonders für rekonstruktive Verfahren eignet sich diese Technik.

Fragen und Vergleiche

Eine Grundstrategie, um zu einem angemessenen Verstehen der Daten zu gelangen, sind Fragen und Vergleiche. Das Stellen von *Fragen* in allen Phasen des Forschungsprozesses hilft dem „Aufbrechen" der Daten.[585] Meistens sind die Forschenden in ihrer Erkenntnis dadurch eingeschränkt, dass sie den Kulturkreis, die Sozialisation, die Werte oder Deutungen mit ihren Probanden teilen. Fragen und Vergleiche helfen, das scheinbar Selbstverständliche aufzubrechen und den unausgesprochenen Einvernehmenszusammenhang, der der Kommunikation bei der Datenerhebung zugrunde liegt, sowie den Bedeutungsüberschuss des Erzählten als Hinweis auf die Ordnungs- und Sinnmuster der Sozialwelt in den Blick zu nehmen.

Ebenso wie das Fragen begleitet auch das *Vergleichen* das gesamte Vorgehen. Es bezieht sich sowohl auf das Datenmaterial als auch auf die Kodierungen. Bezüglich des Datenmaterials lassen sich ein interner und externer Vergleich sowie ein minimaler und maximaler Vergleich unterscheiden.

> Ein interner Vergleich liegt z.B. vor, wenn die Aussagen innerhalb eines Interviews miteinander verglichen werden. Wird z.B. ein Interview mit einem anderen verglichen, liegt ein externer Vergleich vor.

Zudem können gezielt Vergleichsfälle nach dem Kriterium der minimalen und maximalen Kontrastierung zu einem Fall gesucht werden. Das Vergleichsmaterial muss jedoch nicht unbedingt selbst erhoben werden. Vorliegende empirische Studien oder vorliegende Literatur können Hinweise bis hin zu ausgearbeiteten Vergleichsstudien liefern. Aus diesem Grund ist es auch angezeigt, das erhobene Material sorgfältig in den Studien zu dokumentieren. Die eigene Auswertung bezieht sich nur auf einige Aspekte und erfolgt in einem spezifischen Interesse. Folgestudien können in dem dokumentierten Material wichtiges Vergleichsmaterial finden, das zur Auswertung anderer Merkmale hilfreich sein kann.

In der Objektiven Hermeneutik *(Ulrich Oevermann)* werden „gedankenexperimentelle Vergleiche" systematisch für den Auswertungsprozess eingesetzt.[586] Sie eignen sich als eine Grundstrategie auch für andere Verfahren. Dadurch wird das Bewusstsein angeregt, eingefahrene eigene Denkmuster und Vorannahmen zu überwinden und sich dem Bann der Denkmuster der Probanden zu entziehen. Indem alterna-

---

[585] Vgl. Strauss/ Corbin (1996): Grounded Theory, 56-61.
[586] Vgl. Oevermann/ Allert/ Konau (1980): Zur Logik der Interpretation von Interviewtexten; ähnlich auch Strauss/ Corbin (1996): Grounded Theory, 64-73.

252

tive Möglichkeiten einer Handlung, eines Begriffs, einer Aussage oder Deutung zusammengetragen werden, wird die Kontur der tatsächlichen Wahl deutlicher.

Besonders weit hergeholte, unübliche Vergleiche eignen sich, die Vorannahmen, die auf kulturellen Sichtweisen basieren und die deshalb besonders schwer zu überwinden sind, deutlich zu machen. So sollte man besonders misstrauisch sein, wenn etwas als selbstverständlich, natürlich oder logisch dargestellt wird, etwas immer oder nie so gewesen ist oder als banal und der Diskussion nicht wert erscheint.[587]

Als ein Beispiel für die Herausarbeitung eines Merkmals durch Fragen und maximale Vergleiche sei hier nochmals die formale Kategorie der Unsichtbarkeit angeführt. Die Unsichtbarkeit stellte sich in meiner Studie zu Gottesbildern von Mädchen[588] als eine zentrale Kategorie für Gott in meiner empirischen Studie über Gottesvorstellungen und Gottesbilder von Mädchen heraus, da die Kinder genötigt waren, Unsichtbarkeit verbal und bildnerisch darzustellen. Eine Theorie kann durch Fragen und minimale und maximale Vergleiche mit Phänomenen, die ähnlich oder sehr unterschiedlich sind, herausgearbeitet oder weiterentwickelt werden: Welche Darstellungsformen der Unsichtbarkeit Gottes finden sich am häufigsten? Wie variieren sie? Wo gibt es in anderen Bereichen unsichtbare Phänomene (eine elektromagnetische Welle, Bakterien, eine Glasscheibe für eine Mücke ...)? *Wie* unsichtbar ist das Phänomen? Kann es doch sichtbar gemacht werden (mit einem Mikroskop oder Fernrohr)? Ist es manchmal sichtbar (wie z.B. ein Komet)? War es früher sichtbar (etwa für Blinde)? Welche Menschen beschäftigen sich mit unsichtbaren Phänomenen (Atomphysikerinnen, Virenforscher, Astrologinnen, Psychologen, Theologinnen, Dichter, Blinde...)? Wo stellen Menschen Unsichtbares dar (Wissenschaftler in einer Theorie)? Mit welchen Mitteln stellen sie das unsichtbare Phänomen dar (Diagramme, Modelle, Erzählungen...)? Mit welchem Gültigkeitsanspruch verbinden sie ihre Darstellungen? Wie breit ist die gesellschaftliche Akzeptanz dieses Anspruchs? Wodurch wird sie erhalten oder destruiert? Welche Art von Realität wird mit dem Nicht-Sichtbaren verbunden? Was vermittelt Gewissheit über diese Art von Realität? usw.

Durch solche Vergleiche bekommt der fokussierte Gegenstand der Forschung, hier der Umgang der Kinder mit der Unsichtbarkeit Gottes und ihre Art der Darstellung Gottes, ein differenziertes Profil. Es könnte nun eine materiale Theorie zur kindlichen Vorstellung und Darstellung Gottes, aber auch z.B. eine allgemeine (formale) gegenstandsbezogene Theorie zum Umgang mit und der Darstellung von unsichtbaren Phänomenen erarbeitet werden. Die Fragen und Vergleiche sind Hilfen in der Erarbeitungsphase, um zu neuen Ergebnissen zu kommen. In der gerafften und fokussierten Ergebnisdarstellung kommen sie jedoch kaum mehr zum Ausdruck.

Auch in Bezug auf die Kodierungen sind Vergleiche hilfreich. Die neuen Kodierungen werden immer wieder mit bereits vorhandenen Kodierungen und Zuordnungen verglichen. Auf diese Weise wird die Interpretation immer neu überprüft, und es können nun Korrekturen und Verfeinerungen angebracht werden, wenn sich herausstellt, dass erste Kodierungen zu unscharf waren. Dies führt zu einem *zyklischen Vorgehen*, das erst mit der endgültigen Zusammenfassung und Darstellung der Studie beendet wird. Immer wieder werden in bereits analysiertem Material neue Aspekte

---

587 Vgl. auch Strauss/ Corbin (1996): Grounded Theory, 70f.
588 Vgl. Klein (2000): Gottesbilder von Mädchen.

entdeckt, oder es erscheinen frühere Beschreibungen und Begriffe aufgrund neuer Erkenntnisse und schärferer Wahrnehmung unprägnant und werden verbessert.

Frühere Hypothesen können sich im progressiven Vergleich bestätigen und durch immer mehr Beispiele belegt und weiter ausgearbeitet werden, sie können sich aber auch als falsch herausstellen. In diesem Fall ist zu prüfen, warum sie falsch sind und was an ihnen falsch ist. Sie werden nicht einfach fallen gelassen, denn immerhin hat es ja Indizien gegeben, die zu dieser Hypothese geführt haben. Widersprüche sind erklärungsbedürftig und eine Fundgrube für die Verfeinerung der Theorie. Zudem entstehen neue Fragen und Hypothesen, die nun im Datenmaterial getestet werden müssen.

Verschiedene Daten: Datenschnitte
Keine Technik der Datensammlung und -auswertung ist völlig angemessen. Verschiedene Arten von Daten verschaffen der Forscherin oder dem Forscher verschiedene Ansichten. Glaser und Strauss nennen sie *Datenschnitte*.[589] Aus ihnen lassen sich mehr Informationen gewinnen als durch nur einen einzigen Zugang. Differenzen zwischen den Datenschnitten führen zu einem vertieften Verständnis und zu einer größeren Anzahl von materialen und formalen Aspekten.[590]

> In meiner Untersuchung zur religiösen Vorstellungswelt von Kindern[591] erhob ich z.B. sowohl Gespräche als auch Bilder von Kindern zu ihren Vorstellungen. Ich arbeitete mit dem Vergleich von mehreren Bildern eines Kindes, die es über einen Zeitraum von drei Jahren malte, mit dem Vergleich von Bildern verschiedener Kinder, mit den Erläuterungen des jeweiligen Kindes zu seinem Bild, mit Beobachtungsprotokollen zur Entstehung der Bilder und mit thematischen Gruppengesprächen. Zudem zog ich vergleichbares Material aus anderen empirischen Kinderbildstudien heran. Dies ermöglichte mir eine genauere Analyse, als sie Studien möglich war, die sich allein auf die Analyse einzelner Kinderbilder bezogen.

Datenschnitte zum Vergleichen müssen nicht unbedingt systematisch erhoben werden. Bereits beiläufig aufgeschnappte Bemerkungen oder triviale Informationen eignen sich für einen Vergleich. „Möglicherweise wird sich seine Theorie aufgrund irgendeiner beiläufig aufgeschnappten Information entwickeln; selbst der Sache nach triviale Daten können hilfreich sein, solange sie für eine Kategorie nützliche Informationen enthalten."[592] Glaser und Strauss sprechen auch von einem *anekdotischen Vergleich*: Auf der Grundlage der eigenen Erfahrung, der Allgemeinbildung, von Lektüre oder Geschichten anderer kann die forschende Person zu Daten über andere Gruppen gelangen, die nützliche Vergleiche ermöglichen. Dabei muss allerdings dem Charakter der Daten Rechnung getragen werden. Am vertrauenswürdigsten sind Erfahrungen: „Daten dieser Art kann vertraut werden, wenn sie erlebt wurden."[593]

---

[589] Vgl. Glaser/ Strauss (1967/1998): Grounded Theory, 72-76.
[590] Vgl. Glaser/ Strauss (1967/1998): Grounded Theory, 72-76.
[591] Vgl. Klein (2000): Gottesbilder von Mädchen.
[592] Glaser/ Strauss (1967/1998): Grounded Theory, 74.
[593] Glaser/ Strauss (1967/1998): Grounded Theory, 74.

Ein eigenes Kapitel widmen Glaser und Strauss dem Einfall als einer Quelle der Theorie.[594] Der Ursprung von Einfällen ist zunächst die eigene Erfahrung, weshalb die Reflexion auf die eigene Erfahrung kultiviert werden sollte. Anregungen können aber auch aus den Erfahrungen anderer oder aus vorliegender Literatur gewonnen werden.

Der Einsatz von Literatur

Die vorliegende Literatur bietet ein geradezu unerschöpfliches Arsenal für das Auffinden von Vergleichsmaterial und für Anregungen von Einfällen. „Es gibt zwischen der Feldforschung und der Arbeit in Bibliotheken einige signifikante – manchmal offensichtliche, häufig aber übersehene – Ähnlichkeiten. Steht jemand in den Magazinen einer Bibliothek, ist er, metaphorisch gesprochen, von Stimmen umgeben, die darum bitten, erhört zu werden. Jedes Buch, jeder Zeitschriftenartikel repräsentiert zumindest eine Person, die das Äquivalent zum Informanten des Ethnologen oder zum Interviewpartner des Soziologen ist. In diesen Publikationen streiten Menschen, verkünden Stellungnahmen, argumentieren mehr oder weniger eloquent und beschreiben – nicht anders als der Forscher es im Feld erlebt – Ereignisse oder Szenen. Man muß diese Stimmen in der Bibliothek nur entdecken, um sie für seine Analysen fruchtbar zu machen."[595] Ähnlich wie bei der Feldforschung, bei der man oft nur durch Zufall ein informatives Gespräch führt oder ein wichtiges Ereignis beobachtet, sind viele Funde in der Bibliothek ein Glücksfall für die Forscherin oder den Forscher. „Diese glücklichen Vorfälle stellen eine unschätzbare Ergänzung seiner Daten dar, insbesondere dann, wenn er mit ihnen auch wirklich etwas anzufangen weiß."[596] Die Bibliothek bietet ein phantastisches Spektrum von Vergleichsgruppen, die sich die forschende Person anders kaum erschließen kann.

Allerdings ist schriftliches Material auch kritisch zu beurteilen. Viele Aussagen, Beschreibungen oder Behauptungen sind ungenau, geschönt und schlecht belegt, manche sind schlichtweg falsch, und über einige Gruppen oder Institutionen gibt es kein dokumentarisches Material.[597] Häufig gibt es über lange Zeiträume Trends, bestimmte soziale Bereiche nur aus bestimmten Perspektiven zu beschreiben, und für neu entdeckte Fragen und Phänomene lassen sich häufig kaum entsprechende vergleichbare Beispiele finden.

Beobachtungsprotokolle

In Beobachtungsprotokollen werden die wichtigsten Beobachtungen bei der Datenerhebung im Feld festgehalten, alles, was berichtenswert erscheint: Beschreibungen von Situationen, Orten, Personen, Handlungszusammenhängen, Ereignissen, zeitlichen Zusammenhängen und Abläufen, von Gegenständen und von Gefühlsäußerungen von Personen, sowie die Reflexionen über das eigene Vorgehen, die eigenen Emotionen, Reaktionen und persönlichen Bewertungen. Sie sind immer selektiv und

---

[594] Vgl. Glaser/ Strauss (1967/1998): Grounded Theory, 255-261.
[595] Glaser/ Strauss (1967/1998): Grounded Theory, 169.
[596] Glaser/ Strauss (1967/1998): Grounded Theory, 170.
[597] Vgl. Glaser/ Strauss (1967/1998): Grounded Theory, 182-189.

tragen die Perspektive der beobachtenden Person. Für die Auswertung der Daten stellen sie ein wichtiges zusätzliches Informationsmaterial dar.

> In den Beobachtungsprotokollen der Studie zu den religiösen Vorstellungen von Kindern hielt ich z.B. Telefonate fest, in denen ich die Termine verabredete, die Stimmung der Kinder, Beobachtungen zur Interaktion der Kinder beim Malen der Bilder usw. Manche ungeplanten Ereignisse, wie das Malen von Bildern nach dem Abschluss der Interviews und die Erläuterungen der Kinder dazu, ließen sich gar nicht auf Band festhalten, hier war ich ausschließlich auf die Beobachtungsprotokolle angewiesen. Einige von diesen Protokollen wurden unvorhergesehen zu einer zentralen Datengrundlage der Studie.[598]

Memos

Memos sind Protokolle, die während der Datenauswertung geschrieben werden und in denen Einfälle, Querverbindungen, spontane Ideen, Assoziationen, Hypothesen und Theorieansätze, Definitionen, Konzepte, Hinweise zum methodischen Vorgehen, Diagramme, entdeckte Lücken u.a. festgehalten werden.[599] Jede Person, die Daten auswertet, wird im Laufe der Zeit einen eigenen Stil zum Erstellen von Memos entwickeln. Corbin und Strauss empfehlen: „Welche Methode Sie wählen, ist nicht wichtig, so lange sie funktioniert. Relevant ist, daß Ihre Memos und Diagramme geordnet, fortlaufend, systematisch und für das Ordnen und Herstellen von Querbezügen leicht zugänglich sind."[600]

Memos und Beobachtungsprotokolle werden gewöhnlich nicht mit der Studie veröffentlicht und bleiben deshalb für die Rezipienten einer Theorie unsichtbar. Sichtbar werden sie allein in der gemeinsamen Forschungspraxis selbst oder in Methodenabhandlungen, in denen auch über Erfahrungen in der Auswertung von Daten berichtet wird. Dennoch fließen sie in die Datenauswertung ein und gehören damit zu den Bedingungen der Theoriebildung.

Vertrauen in die Glaubwürdigkeit des eigenen Wissens

„Der analytische Bezugsrahmen, der aus der Sammlung und Überprüfung qualitativer Daten durch den Forscher entsteht, stimmt mit dem überein, was dieser *systematisch über seine eigenen Daten weiß*. (...) Diese Überzeugung bedeutet freilich nicht, dass seine Analyse die einzig plausible wäre, die durch die Daten begründet werden könnte, sondern nur, dass der Forscher selbst großes Vertrauen in ihre Glaubwürdigkeit setzt."[601]

In der Sozialforschung ist das Medium der wissenschaftlichen Erkenntnis und der Theorieentwicklung nicht allein der kritisch-analytische Verstand. Devereux hat aufgezeigt, wie die Interaktion im Feld die Datensammlung und -auswertung bestimmen. An eine solche interaktionstheoretische Auffassung der Erkenntnisgewinnung knüpfen Glaser und Strauss an, wenn sie darauf hinweisen, dass die Fähigkeiten, sich

---

[598] Vgl. Klein (2000): Gottesbilder von Mädchen.
[599] Vgl. hierzu Strauss/ Corbin (1996): Grounded Theory, 169-192.
[600] Strauss/ Corbin (1996): Grounded Theory, 172.
[601] Glaser/ Strauss (1979): Die Entdeckung gegenstandsbezogener Theorie, 100.

bei der Datensammlung innerhalb der unausgesprochenen Regeln eines bestimmten Feldes zu orientieren und zu handeln, zunächst einmal Voraussetzung für die Datensammlung sind. Die forschende Person hat die soziale Welt nicht nur eingehend beobachtet, sondern sie musste in dieser Welt angemessen agieren und kommunizieren. Sie konnte nicht unbeteiligt und fremd bleiben, sondern ist in das Feld quasi eingetaucht. Sie musste sich selbst dessen Regeln anpassen, sie verstehen und gebrauchen, und sie musste als Alltagsmensch ein Orientierungssystem entwickeln, um sich in dieser Welt zurechtzufinden. Sie hat also nicht nur als Forscherin oder Forscher, sondern zuallererst auch als Alltagsmensch Kenntnisse und ein „Gefühl" für das Orientierungs- und Deutungssystem der Menschen im Feld entwickelt. „Wenn es ihm (dem Forscher, S.K.) gelungen ist, Schwierigkeiten in dieser besonderen sozialen Welt dadurch zu vermeiden, daß er derartigen Vorschriften gefolgt ist, so kann man annehmen, daß sie genau die wesentlichen Merkmale dieser Welt darstellen; sie sind brauchbare Leitlinien für Handlungen und verdienen auch deshalb unser Vertrauen und ihre Glaubwürdigkeit."[602]

Zur Verdeutlichung kann hier auf die ethnologische Forschung hingewiesen werden. Ein Ethnologe oder eine Ethnologin muss die Regeln und Umgangsformen der Gemeinschaft, die er oder sie untersuchen möchte, kennenlernen und sich ihnen anpassen, nicht nur, um das Vertrauen zu erwerben, was die Voraussetzung jeder weiteren Forschung ist, sondern manchmal auch um überhaupt überleben zu können, da er oder sie oftmals existentiell auf die Hilfe und das Wohlwollen der Gemeinschaft angewiesen ist und weil Verstöße gegen bestimmte Konventionen mit drastischen Vergeltungsmaßnahmen geahndet werden können. Das Gleiche gilt auch für praktisch-theologische oder religionssoziologische Studien im eigenen Kulturkreis. Wer z.B. durch Feldforschung etwas über die Wertvorstellungen, Orientierungs- und Handlungsmuster, über die religiösen Fragen, Probleme, Vorstellungen und Riten von Satanisten herausfinden möchte, muss sich zuerst selbst mit den Symbol-, Verhaltens- und Sprachkodizes vertraut machen und mit ihnen umgehen können. Erst dann wird er oder sie einen Zugang zu der Gruppe finden, ihr Vertrauen gewinnen und ihre Verhaltensweisen und ihre Sprache nachvollziehen und verstehen können – ohne sie deshalb unbedingt für sich übernehmen zu müssen.

5.2.5 Die Gültigkeit der Theorie

Kommunikative Validierung
Die Gültigkeit und Glaubwürdigkeit der gegenstandsbezogenen Theorie wird zum einen durch das beschriebene induktive Verfahren gewährleistet, das nachvollziehbar macht, wie theoretische Konzepte in der Sozialwelt verankert sind und aus ihr emergieren. Da die Hypothesen aus dem Datenmaterial selbst stammen und ständig durch minimale und maximale Vergleiche getestet werden, stellt sich nicht mehr das Problem der zusätzlichen Verifikation der Theorie.

Die Gültigkeit der Theorie wird zum anderen *kommunikativ* in Interaktion mit der Diskursgemeinschaft *hergestellt*. Die Leserinnen und Leser sollen nachvollziehen

---

[602] Glaser/ Strauss (1979): Die Entdeckung gegenstandsbezogener Theorie, 101.

können, wie die forschende Person zu ihren Schlussfolgerungen gekommen ist. Es soll z.B. deutlich werden, wen die forschende Person befragt hat, was für Erfahrungen sie gesammelt hat oder wie sie gegenüber den verschiedenen Menschen aufgetreten ist.[603] So können die Rezipientinnen und Rezipienten einschätzen, wie die Daten interpretiert wurden. „Es ist sogar die Pflicht des Lesers, derartige Urteile zu fällen: zum Teil deshalb, weil die ganze Veröffentlichung eine einzige Erfindung sein kann, aber vor allem auch deshalb, weil man gegen jede Untersuchung etwas einwenden kann."[604]

Im wissenschaftlichen Diskurszusammenhang kommt damit der Leserin und dem Leser eine wesentliche Rolle zu. Glaser und Strauss betrachten die Studie nicht als ein in sich abgeschlossenes Werk, sondern als einen Beitrag zu einem umfassenden wissenschaftlichen Diskurs, der offen für die Kritik anderer und für eine Weiterentwicklung ist. Die Kritik tut der Studie keinen Abbruch, sondern treibt den wissenschaftlichen Forschungs- und Erkenntniszusammenhang weiter. Die forschende Person kann sogar darauf vertrauen, dass die Leserin oder der Leser die Theorie den eigenen Erkenntnisinteressen anpasst und sie weiterdenkt. *Der Forscher und seine Leser tragen demnach eine gemeinsame Verantwortung. Der Forscher sollte seine theoretischen und beschreibenden Aussagen so klar formulieren, daß die Leser die Glaubwürdigkeit des theoretischen Bezugsrahmens einer Publikation richtig einschätzen können. Eine Grundregel für den Forscher besteht darin, daß er die Datengrundlage seiner Interpretation sehr genau explizieren sollte, wenn er sich einer wichtigen Interpretation nicht ganz sicher ist – oder voraussehen kann, daß auch die Leser Zweifel haben könnten. Die entsprechende Regel für den Leser besagt, daß er erwarten kann, daß wichtige Interpretationen als solche deutlich gemacht werden.*"[605]

Die antizipierte oder tatsächliche Kommunikation mit kritischen Rezipientinnen und Rezipienten der Theorie ist eine Hilfe, die Theorie in den wissenschaftlichen Diskurs einzupassen. Allerdings muss die forschende Person nicht auf jede Kritik reagieren und die Bewertung der Leserinnen und Leser teilweise zu übergehen lernen, da sie gar nicht allen Einwänden – die auch widersprüchlich sein können – gerecht werden kann. Schließlich will sie einen lesbaren Text präsentieren, der sich nicht verzweifelt gegen alle möglichen Einwände abzusichern sucht.[606]

Nach Glaser und Strauss soll eine gegenstandsbezogene Theorie nicht nur den wissenschaftlichen Diskurs bereichern, sondern vor allem *für die Praxis nützlich* und im Horizont der Praxis verantwortet sein. Für die praktische Anwendung nennen sie vier Eigenschaften, die eine gute Theorie besitzen sollte: Eignung, Verständlichkeit, Allgemeingültigkeit und Kontrolle.[607]

---

[603] Vgl. Glaser/ Strauss (1979): Die Entdeckung gegenstandsbezogener Theorie, 103.
[604] Glaser/ Strauss (1979): Die Entdeckung gegenstandsbezogener Theorie, 104.
[605] Glaser/ Strauss (1979): Die Entdeckung gegenstandsbezogener Theorie, 104f.
[606] Vgl. Glaser/ Strauss (1979): Die Entdeckung gegenstandsbezogener Theorie, 104.
[607] Vgl. Glaser/ Strauss (1967/1998): Grounded Theory, 241-254.

Eignung
Eine Theorie muss dem Sachbereich angemessen sein. Oftmals werden Theorien aus anderen Disziplinen oder Bereichen auf einen fremden Bereich übertragen, was zur Verzerrung führen kann. Zu ähnlichen Verzerrungen kann es kommen, wenn Theorien, Aussagen oder praktische Anwendungen einfach aus formalen Theorien deduziert werden: sie passen oftmals nicht auf den Gegenstandsbereich, der erhellt werden soll, und führen dadurch eher zu Problemen, als dass sie zur Lösung von Problemen beitragen.

So hat z.b. Helmut Hanisch bei der Anwendung der struktur-genetischen Entwicklungstheorie zur Interpretation von Kinderzeichnungen von Gott nicht berücksichtigt, dass es nicht allein entwicklungspsychologische, sondern auch theologische Gründe dafür geben kann, dass Kinder Gott manchmal in einer undifferenzierten Weise malen.[608] Wenn Kinder Gott in einer undifferenzierten Weise malen, ohne Beine und Arme oder ohne Gesichtszüge, dann muss diese Darstellungsweise nicht der Ausdruck einer niedrigeren Entwicklungsstufe sein, der kognitive oder motorische Fähigkeiten noch fehlen, sondern es können auch theologische Gründe eine Rolle spielen, Gott eben anders als einen Menschen zu malen.[609] Die aus der Anwendung der genetischen Entwicklungstheorie deduzierten Folgerungen Hanischs, dass solche Bilder Ausdruck einer frühen, märchenhaften Stufe im Entwicklungsprozess seien, die überwunden werden müsse, ist der Religiosität der Kinder nicht angemessen, wie sich in qualitativen Vergleichsstudien zeigt. – An diesem Beispiel wird auch deutlich, dass Praktische Theologie auch *eigene* materiale und formale gegenstandsbezogene Theorien für ihre Praxisbereiche entwickeln muss, die sie nicht aus anderen Wissenschaften übernehmen oder aus ihnen deduzieren kann.

Verständlichkeit
Eine Theorie muss verständlich sein. Sie soll nicht nur von Fachkolleginnen und -kollegen, sondern sie soll auch von Berufspraktikerinnen und -praktikern sowie von Laien verstanden und verwendet werden können. Sie soll sowohl analytischen als auch sensibilisierenden Charakter haben. Theoretikerinnen und Theoretiker wie auch Praktikerinnen und Praktiker sollen für die Fragen, Probleme, Lebens- und Sichtweisen der Menschen in dem untersuchten Bereich sensibel werden und eine richtige Wahrnehmung der Alltagsrealitäten der Menschen im untersuchten Feld bekommen. Auch für die Menschen im untersuchten Feld kann eine Theorie brauchbar sein, wenn sie ihnen z.B. hilft, ihren Alltag besser zu durchschauen und zu verstehen, sich zu orientieren und ihre Praxis zu verändern. Die Theorien sollen den Laien erlauben, eigene Hypothesen aufzustellen und zu testen, die für sie selbst sinnvoll sind. Den Interessierten aus der Wissenschaft und aus der Praxis soll der Praxisbereich lebendig werden, sie sollen die Handelnden quasi mit eigenen Augen vor sich sehen und sie hören können.

Eine Theorie über Gottesvorstellungen von Mädchen kann z.B. helfen, dass Erwachsene (Eltern, Lehrerinnen und Lehrer etc.) die religiöse Welt von Mädchen besser wahrnehmen, verstehen und beurteilen und die Mädchen in ihrer Religiosität unter-

---

[608] Vgl. Hanisch (1996): Die zeichnerische Entwicklung des Gottesbildes.
[609] Vgl. Klein (2000): Gottesbilder von Mädchen, 161-166.

stützen können. Interessierte Erwachsene können mit Hilfe der vorliegenden Theorie weitere Theorien generieren und dabei auf weitere Aspekte stoßen. So können sie z.B. Theorien zu Gottesvorstellungen von Jungen entwickeln oder Aspekte, die in der Studie auftauchen, aber nicht systematisch weiter verfolgt werden, aufgreifen und ausarbeiten.

Allgemeingültigkeit

Die Theorie muss so allgemein gehalten sein, dass sie nicht nur auf eine spezifische Situation, sondern auf eine Vielzahl unterschiedlicher Situationen zutrifft. Zugleich soll sie nicht so abstrakt angelegt sein, dass sie ihren sensibilisierenden Charakter einbüßt. Eine besondere Form von Allgemeingültigkeit stellen die PraktikerInnen auch selbst her: „Wer mit einer Grounded Theory praktisch arbeitet, wird unserer Ansicht nach in der Lage sein, sie anzupassen oder zu reformulieren, wenn die Situation es erfordert."[610]

Kontrolle

Die Theorie soll eine partielle Kontrolle über Strukturen oder Prozesse der alltäglichen Situation ermöglichen. Zumindest im Deutschen ist der Begriff der Kontrolle missverständlich. Glaser und Strauss meinen damit, dass die Akteure auch unvorhergesehene Situationen planvoll und aktiv gestalten können und ihnen nicht ausgeliefert sind oder auf undurchschaute Faktoren reagieren müssen. Die Autoren betonen, dass sie darunter nicht die Herrschaft über Menschen, sondern nur wohltätige Kontrollmaßnahmen verstehen, in die die Personen ohnehin verwickelt sind, wie z.B. die Kontrolle, die eine Schwester über die Gesundheit ihrer Patientinnen und Patienten ausübt.

> Eine gegenstandsbezogene Theorie über Gottesbilder von Mädchen ermöglicht z.B. einer Lehrerin, vorbereitet auf eine Situation zu reagieren, in der sich andere Kinder über die Gottesdarstellung eines Kindes lustig machen, und angemessen zu intervenieren.

Glaser und Strauss formulieren ihre Gültigkeitskriterien entsprechend ihres Anliegens und ihrer Ziele pragmatisch und in Bezug auf die Praxis. In diesem praxisbezogenen Ansatz liegt sicher eine der großen Stärken ihrer Methode und ein Grund für ihre beeindruckende Rezeptionsgeschichte. Können die aus der sozialen Wirklichkeit generierten Theorien aber auch im wissenschaftlichen Diskurs verantwortet werden? Entsprechen sie wissenschaftlichen Kriterien? Auf diese Frage wird nach einer Zusammenfassung noch einzugehen sein.

---

[610] Glaser/ Strauss (1967/1998): Grounded Theory, 246.

5.3 Zusammenfassung und Weiterführung für die praktisch-theologische Forschung

5.3.1 Zusammenfassung und Kritik

Zusammenfassend möchte ich nun einige der zentralen Eigenschaften der Grounded Theory noch einmal festhalten und mit den aus der grundlagentheoretischen Reflexion der ersten Kapitel dieses Buches eruierten Anforderungen an eine Methode der Theoriegenerierung über die soziale Welt in Beziehung setzen:

Neue Entdeckungen. Die Grounded Theory ist eine methodische Grundstrategie, die darauf ausgelegt ist, neue Entdeckungen in der Sozialwelt zu machen und auch soziale Phänomene, die bislang nicht beschrieben worden sind, oder für die es keine wissenschaftlichen Begriffe und Theorien gibt, theoretisch zu fassen und zu benennen. Sie ist eine erschließende Methode zur Entdeckung neuer Hypothesen und Theorien. Aufgrund der Individualisierung und Pluralisierung des gesellschaftlichen Lebens und der raschen gesellschaftlichen und kirchlichen Wandlungsprozesse *(vgl. Kap. 1.1.2)* hilft ein solches entdeckendes Verfahren, den Prozess der wissenschaftlichen Theoriebildung und Diskussion eng an den sozialen Wandel anzubinden.

Auf die Entdeckung neuer Phänomene und die Gültigkeit ihrer theoretischen Fassung hingeordnet sind die Merkmale der Offenheit, Zirkularität und kommunikative Validierung:

Offenheit des Forschungsprozesses. Theorien, Hypothesen und Methoden stehen nicht vorab fest, sondern werden im Forschungsprozess gewonnen und modifiziert.

Zirkularität zwischen Datensammlung und Auswertung. Die Trennung zwischen Datensammlung und -analyse ist aufgehoben. Schon während der Datensammlung kommt es zur Hypothesenbildung. Die Auswertung von Daten wiederum führt so lange zu einer neuen gezielten Suche nach Vergleichsgruppen und eventuell zu neuen Erhebungsphasen, bis die gegenstandsbezogene Theorie gesättigt ist.

Nachvollziehbarkeit und kommunikative Validierung. Die entwickelte Theorie soll in dem Bezugsrahmen, der aus den Daten der Sozialwelt heraus entwickelt wurde, methodisch nachvollziehbar und verständlich sein, weshalb der Bezugsrahmen, die Daten und Methoden sorgfältig expliziert werden müssen. Die Rezipientinnen und Rezipienten – die wissenschaftliche Diskursgemeinschaft wie auch die Menschen, die in der Praxis mit der Theorie arbeiten – tragen durch Zustimmung und Kritik zur Validierung der Theorie bei. Widersprüche tun der Forschung und der erarbeiteten Theorie keinen Abbruch, sondern treiben sie zur Rechtfertigung, Verfeinerung oder Modifizierung weiter.

Verbindung von Wissenschaft und Praxis – der Nutzen der Forschung. Die Theorie wird nicht allein in Bezug auf den wissenschaftlichen Diskurs formuliert und verantwortet, sondern vor allem auch in Bezug auf die Praxis der Menschen in den verschiedenen Bereichen der sozialen Alltagswelt und der Berufswelt. Sie soll für diese Menschen nützlich und relevant sein. Es werden gegenstands- und bereichsbezogene Theorien mittlerer Reichweite angestrebt, deren Ziel mehr im Nutzen für einen bestimmten Praxisbereich als in einer hohen Allgemeingültigkeit liegt. In Bezug auf die Praktische Theologie konvergiert dieses Ziel mit dem Anliegen des Zweiten Vatikanischen Konzils, dass die Kirche und die wissenschaftliche Praxis nicht Selbstzweck sind, sondern auf das Wohl der Menschen ausgerichtet sein sollen *(vgl. Kap. 1.1.3)*.

Methodische Integration der Subjektivität des Forschers oder der Forscherin. Die Subjektivität der forschenden Person wird als eine reiche Quelle der theoretischen Erkenntnis betrachtet und hat einen systematischen Stellenwert in der Methode. Es werden systematisch Techniken entwickelt, die Intuition, Kreativität und die Einfälle und persönlichen Fähigkeiten zu entfalten und für den Forschungsprozess umzusetzen. Dies macht die Grounded Theory auch für die empirische Forschung in der Praktischen Theologie interessant. Der subjektive Glaube und die Spiritualität, das erkenntnisleitende Interesse und die christliche Option haben damit in der Methode der praktisch-theologischen Erkenntnis- und Theoriegewinnung zentralen und erkenntnisfördernden Ort *(vgl. Kap. 1.5)*.

Methodische Integration der Subjektivität und Lebendigkeit der Menschen im Untersuchungsfeld. Subjektivität, Einzigartigkeit und Lebendigkeit der Menschen stellen keinen Widerspruch zu Objektivität und Allgemeingültigkeit als Anforderungen an eine wissenschaftliche Theorie dar. Die Theorie, die in abstrakten Begriffen formuliert wird, wird in der Grounded Theory verbunden mit Beschreibungen des Lebens und Selbstaussagen der Subjekte, die in ihrer Einmaligkeit und Lebendigkeit auf diese Weise exemplarisch sichtbar werden. Damit wird die Methode nicht nur der Erkenntnis Devereux' gerecht, dass die Lebendigkeit der Menschen nicht aus der Theorie über die menschliche Sozialwelt eliminiert werden darf *(vgl. Kap. 4.2)*; eine solche Darstellung wird auch der christlichen Anthropologie gerecht, die die Einmaligkeit, Geschöpflichkeit und Lebendigkeit der Menschen apostrophiert.

Die Grounded Theory ist heute ein interdisziplinär weit verbreitetes und anerkanntes Verfahren der Generierung von Theorien über die Sozialwelt. Sie ist verständlich und auf die konkrete wissenschaftliche Forschungspraxis hin differenziert ausgearbeitet. Sie vermag die Kluft zwischen Theorie und Praxis wie auch zwischen Wissenschaft, Berufspraxis und Alltagspraxis zu überwinden.

Ihre Stärken sind zugleich mit *Schwächen* verbunden. So ist bis heute die Frage noch ungelöst, wie die große Anzahl von spezifischen gegenstandsbezogenen Theorien, die inzwischen entwickelt wurden, in weitreichendere Theorien über die Sozialwelt integriert werden können. Ein weiteres Problem ist mit der pragmatischen Ausrichtung des Verfahrens verbunden. Die wissenschafts- und erkenntnistheoretischen Voraussetzungen, die das Verfahren implizit bestimmen, werden von Verweisen abgesehen, in der Darstellung der Methode weder benannt noch erläutert. Dabei ist allerdings zu berücksichtigen, dass eine solche grundlagentheoretische Fundierung auch nicht das Ziel der Autoren war. Im Bereich der amerikanischen Sozialwissenschaften ist es nicht ungewöhnlich, die Theorie des Symbolischen Interaktionismus und die umfangreiche Methodendiskussion, die der Grounded Theory zugrunde liegt, vorauszusetzen und auf ihr aufzubauen, ohne sie ausdrücklich zu rekapitulieren, und damit den Schwerpunkt auf die Weiterentwicklung von Methoden statt auf deren Begründung zu legen. Dennoch erscheint es mir angebracht, die Pragmatik, die die Methode auszeichnet und zu einem hilfreichen Instrument für die Forschung macht, durch die Vergegenwärtigung der grundlagentheoretischen und methodologischen Voraussetzungen und Zusammenhänge zu ergänzen, zumindest in jenen Kontexten, in denen diese nicht präsent oder in Vergessenheit geraten sind.

5.3.2 Methodische Bausteine zu einer gegenstandsbezogenen praktisch-theologischen Theoriebildung – ein Leitfaden

Die gewonnenen Erkenntnisse sollen nun noch einmal in Form von methodischen Bausteinen bzw. eines Leitfadens zur Gewinnung einer praktisch-theologischen Theorie über die Sozialwelt zusammengestellt werden. Er kann für erste Schritte in der empirischen Forschung und für kleinere empirische Arbeiten verwendet werden, er vermittelt einen ersten Überblick, ersetzt aber nicht die Auseinandersetzung mit den geeigneten Methoden.[611]

Das forschende Subjekt
Das forschende Subjekt ist Träger der theologischen Perspektiven, die dem gesamten Forschungsprozess zugrunde liegen und ihn bestimmen müssen: der Prämissen und Ziele der Forschung, der Perspektiven und Deutungen, der Optionen und Entscheidungen und der ethischen Haltung. Da weite Bereiche der Persönlichkeit und des Glaubens der eigenen Reflexion nicht oder nur teilweise zugänglich sind, bestimmen sie zum Teil unreflektiert die Forschung. Doch können viele Kenntnisse und Fähigkeiten auch reflektiert und gezielt für die Forschung eingesetzt sowie erweitert und geschult werden. Insbesondere kann reflektiert werden auf:
- die theologischen Prämissen
- die erkenntnisleitenden Interessen
- die Option

Die Fragestellung
Die Fragestellung ist zunächst offen und gewinnt zu Beginn der Forschung schnell an Konturen. Dadurch wird gewährleistet, dass praxisrelevante und gegenstandsbezogene Fragestellungen bearbeitet werden.
Vorhandene Literatur
Die zum Forschungsgebiet vorliegende Literatur kann auf verschiedene Weise eingesetzt werden. Sie kann erste Informationen zum Forschungsgebiet geben und auf mögliche Probleme oder Problemlösungen aufmerksam machen, oder sie kann als Vergleichsmaterial verwendet werden. Der Forschungsprozess kann auch ganz ohne Literaturstudium begonnen werden, um die Perspektive nicht zu rasch eng zu führen und offen für Entdeckungen von neuen Phänomenen zu bleiben.

---

[611] Dieser Leitfaden wurde im Laufe einiger einführender Seminare in die empirische praktisch-theologische Forschung entwickelt.

Zirkuläres Vorgehen

Die erste Datensammlung führt rasch zu ersten Hypothesen. Nach einer ersten Auswertungsphase klärt sich die Fragestellung. Sie kann zu einer gezielten Suche nach weiteren Daten führen, zu neuen Erhebungen, zu einem neuen Literaturstudium oder zur Veränderung der Verfahrensweise. Der fortgeschrittene Auswertungsprozess kann zudem zu einer neuen Relektüre des bereits kodierten Datenmaterials und einer verfeinerten Interpretation der ersten Auswertungen sowie zu treffenderen Begriffsbildungen führen.

Der Forschungsprozess kann dort beendet werden, wo keine bedeutsamen neuen Erkenntnisse mehr auftauchen und die Theorie gesättigt ist, oder wo ein Nutzen für die Weiterverwendung der Theorie erkennbar ist, der durch die weitere Ausarbeitung der Theorie nicht mehr nennenswert erhöht wird.

Kontrastierendes Vorgehen: Fragen und Vergleiche

Die Grundstrategie der Auswertung besteht in der Grounded Theory in einem befragenden und kontrastierenden Vorgehen. Indem eine Aussage mit anderen faktischen oder möglichen Aussagen, ein Fall mit anderen Fällen kontrastiert wird, zeigen sich die Strukturen und die Reichweite der erarbeiteten Theorie. Dieses Verfahren kommt auf allen Ebenen zum Zug: in der Anlage der Studie, in der gezielt vergleichende oder kontrastierende Fälle gewählt werden, sowie in den verschiedenen Auswertungsschritten.

Einsatz verschiedener empirischer Methoden

Abhängig von Forschungsgegenstand und -zielen lassen sich verschiedene ausgearbeitete, und grundlagentheoretisch begründete Verfahrensweisen der Datenerhebung und der Datenauswertung in das Vorgehen der Grounded Theory integrieren.

Die Fassung der Theorie

Die Kunst der Fassung der Theorie und der Darstellung der Forschung zur Veröffentlichung besteht in einer sinnvollen Reduktion des umfangreichen Forschungsmaterials und der Einzelergebnisse. Wie die Theorie im Einzelfall gefasst wird, hängt von vielen Faktoren wie den Inhalten, dem Ziel der Forschung oder ihrer Weiterverwendung ab. Als Richtlinie kann gesagt werden:

- Der Forschungsprozess und der Prozess der Theoriegewinnung müssen methodisch begründet und nachvollziehbar sein.
- Die Theorie soll allgemein *und* sensibilisierend sein.
- Der Bezugsrahmen, innerhalb dessen die Theorie erstellt wurde und gültig ist, muss expliziert werden.
- Die Lebendigkeit, Einmaligkeit und Reziprozität der Menschen sollte in der Theorie deutlich werden. Dies kann z.B. durch bezeichnende Zitate (In-vivo-Kodes) oder durch lebensweltliche Beschreibungen erreicht werden.

Zur Gültigkeit der Theorie

Die Wissenschaftlichkeit und Gültigkeit der praktisch-theologischen Theorie über einen Bereich der Sozialwelt muss dadurch hergestellt werden, dass die Bedingungen der eigenen Erkenntnis wahrgenommen, reflektiert und benannt werden und der Weg der Theoriegenerierung nachvollziehbar dargelegt wird. Dadurch wird der Rahmen der Gültigkeit der Theorie bestimmt.

Mit Anerkennung der Tatsache, dass die eigenen Erkenntnisse immer partikular sind, wird auch der Blick und das Interesse frei für die *Erkenntnisse anderer Menschen*. Die Gültigkeit der Theorien wird dann gerade im Dialog und im Austausch der unterschiedlich bedingten Erkenntnisse und in ihrer gegenseitigen Ergänzung und Modifikation hergestellt.

Diskussion der Theorie

Die Theorie kann im Zusammenhang mit vorliegenden Theorien oder empirischen Untersuchungen diskutiert werden. Dabei können Anfragen an die gefundenen Ergebnisse auftauchen, oder es können offene Fragen konstatiert werden, die in weiteren Studien zu klären sind. Die Ergebnisse können aber auch vorliegende Theorien oder empirische Untersuchungen anfragen, ergänzen, modifizieren oder widerlegen.

Ziel, Nutzen und Verwendung der Theorie

Die Ergebnisse der Untersuchung können in unterschiedlicher Weise Anwendung finden, und oftmals wird eine Theorie bereits im Hinblick auf einen bestimmten Verwendungszusammenhang generiert. In Anbetracht der begrenzten Forschungsressourcen sollten sich die Forschenden Rechenschaft über die Verwendung und den Nutzen der Theorie ablegen. Die Theorie kann z.B.:

- zur Theoriebildung und -diskussion in der Praktischen Theologie beitragen,
- zur Entwicklung von Konzepten zur Unterstützung der Praxis beitragen,
- anderen theologischen Disziplinen, die im Horizont der Gegenwartsfragen forschen, wichtige Informationen geben (z.B. über religiöse Fragen, Zweifel und Verständnisweisen der Menschen, über ihren gelebten Glauben, über Strukturen der Kirche, über Veränderungsprozesse des kirchlichen Lebens usw.),
- den Menschen in der Praxis ihren Alltag durchschaubar machen und ihnen die Orientierung und effektives Handeln erleichtern,
- engagierten Gläubigen sowie Berufspraktikerinnen und Berufspraktikern Informationen zur Verfügung stellen, mit denen sie professionelle Konzepte für die Praxis verbessern.

KAPITEL 6

ZUR FORSCHUNGSETHIK UND WISSENSCHAFTLICHEN GÜLTIGKEIT VON THEORIEN ÜBER DIE SOZIALE WELT

Abschließend möchte ich den Blick auf zwei Dimensionen der Sozialforschung werfen, die ihre wissenschaftliche Seriosität und Qualität mitbestimmen: die Forschungsethik und die wissenschaftlichen Gütekriterien. Die Frage nach der Forschungsethik ist bislang in der deutschen Methodendiskussion bislang noch kaum ein Thema. Doch in der Forschungspraxis stellt sie sich unausweichlich. Die Reflexion und Klärung der ethischen Fragen ist unentbehrlich für jede seriöse Sozialforschung. Anders als die Forschungsethik steht die Frage nach der Wissenschaftlichkeit der Forschungsergebnisse empirischer Sozialforschung im Blickpunkt der heutigen Diskussion. Die epistemologischen und methodologischen Ausführungen in den vorangegangenen Kapiteln haben das qualitativ-empirische Vorgehen grundlagentheoretisch fundiert. Hier soll die qualitativ-empirische Forschung noch einmal aus der Perspektive der interdisziplinären Diskussion um die Wissenschaftlichkeit qualitativer Sozialforschung und der Gütekriterien und Qualitätsstandards wissenschaftlicher Forschung betrachtet werden.

6.1   Ethische Fragen in der Sozialforschung

Der gesamte Forschungsprozess der Sozialforschung ist von ethischen Fragen begleitet. Wer empirisch forscht, stellt während der Datenerhebung oder der Auswertung oft erschrocken fest, wie sehr er oder sie, oft ungeplant und unvorhersehbar, Einblicke in private Bereiche, in die Persönlichkeitsstrukturen eines anderen Menschen oder in die Strukturen von Gemeinschaften und Institutionen bekommt. Oftmals tauchen unvermutet bei der Ergebnisformulierung politische Implikationen und Interessenkonflikte auf. Da die qualitative Sozialforschung stark von Erwartungen und Interaktionen zwischen Menschen im Feld und in der wissenschaftlichen Diskursgemeinschaft geprägt ist, und die Forschenden zudem treffsicher auch auf die Tabus von Personen und Gemeinschaften stoßen, die sie in die Theoriebildung einbeziehen müssen, ist es wichtig, die ethischen Fragen der Forschung zu reflektieren.

In der amerikanischen Soziologie sind die Fragen der Forschungsethik bereits seit den sechziger Jahren virulent, als forschungsethische Prinzipien im Rahmen eines

„Code of Ethics" zusammengestellt wurden.[612] In der deutschen Soziologie kam die Diskussion vor allem durch die Datenschutzgesetze in Gang. 1993 beschlossen die Deutsche Gesellschaft für Soziologie (DGS) und der Berufsverband Deutscher Soziologen (BDS) nach langen Diskussionen einen Ethik-Kodex, der stark an rechtlichen Fragen orientiert ist.[613]

Ich möchte mich mit diesem Verweis auf die rechtliche Seite begnügen und mich hier den ethischen Problemen zuwenden, die in der Praxis entstehen können. Es geht mir dabei um die Forschungsethik als eine *habitualisierte Haltung*, die die Grundlage des gesamten Forschungshandelns sein sollte. In vielen Abhandlungen zur Forschungsmethode fehlt der Blick auf die Forschungsethik ganz. Am ausführlichsten hat sich im deutschen Sprachraum der Soziologe Bruno Hildenbrand unter Einbeziehung der amerikanischen Diskussion mit den Fragen der Forschungsethik beschäftigt. Er führt zentrale Gesichtspunkte einer Forschungsethik an, die mir auch für praktisch-theologische Forschungen nützlich zu sein scheinen.[614]

Beneficience oder Wohltätigkeit
Sie geht über das hinaus, was in utilitaristischer Perspektive als Nutzen beschrieben wird. Die Ergebnisse der Forschung sollen für die Wissenschaft, die Menschheit wie auch für die Forschungssubjekte „gut" sein. Unnötiger Schmerz, Schaden oder Risiko sollen vermieden werden.

Respekt
Den Forschungssubjekten soll mit Höflichkeit und Respekt begegnet werden. Ihre Autonomie soll gewahrt werden – worauf besonders bei Menschen zu achten ist, deren Autonomie eingeschränkt ist, etwa bei Kindern, Strafgefangenen oder behinderten Personen.

Gerechtigkeit
Die Forschenden sollen vernünftige Verfahren verwenden, die nicht ausbeuterisch sind. Die Kosten und Nutzen einer Studie sollen fair verteilt sein.

Der Wert eines Projekts
Hiermit ist die Frage angesprochen, ob der Wert einer Studie über die Karriereinteressen der Forschenden oder die Prestigewünsche der Auftraggeber hinausgeht, was einige kritische Stimmen bezweifeln: Projekte, die mit Prestigeinteressen in Konflikt geraten, würden tendenziell zu seichten Ergebnissen führen. Dabei wird allerdings übersehen, so Hildenbrand, „daß professionelles wissenschaftliches Handeln auch bedeutet, einen Auftrag, wenn man ihn einmal angenommen hat, mit vollem Enga-

---

[612] Vgl. hierzu ausführlicher Hopf (2000): Forschungsethik und qualitative Forschung.

[613] Vgl. Ethik-Kodex (1993). Zum rechtlichen Aspekt vgl. auch: Brinker/ Sager (2001): Linguistische Gesprächsanalyse, 25-31.

[614] Vgl. Hildenbrand (1999): Fallrekonstruktive Familienforschung, 75-80. Hildenbrand bezieht sich auf Miles/ Hubermann (1994): Qualitative Data Analysis und Sieber (1992): Planning Ethically Responsable Research sowie auf eigene Forschungserfahrung. Vgl. auch: Hildenbrand (1984): Methodik der Einzelfallstudie, 61-68.

gement durchzuführen. Wichtig ist allerdings, daß Sie, bevor Sie einen Auftrag annehmen, prüfen sollten, ob Sie mit dessen Zielsetzungen und mit möglichen Verwendungszusammenhängen der Forschungsergebnisse einverstanden sein können."[615]

Kompetenzgrenzen
Die fachlichen Kompetenzen für eine angemessene Durchführung der Studie müssen vor Beginn geprüft werden und eventuell durch Beratung oder weitere Ausbildung erweitert werden.

Kostenverteilung und Reziprozität
Den größten Gewinn aus einer Studie haben gewöhnlich die Forschenden oder ihre Auftraggeber. Die Untersuchten können einen Gewinn haben, weil ihnen zugehört wird und sie dabei möglicherweise größere Klarheit über sich selbst gewinnen können, oder weil ihre Situation oder ihr Anliegen in die Öffentlichkeit getragen werden. Es entsteht jedoch oftmals eine „*Reziprozitätslücke*"[616], da die Forschenden gewöhnlich nicht das zurückgeben können, was sie von den Untersuchten an Zeit und Vertrauen erhalten haben.

Risiko und Schaden
Ein möglicher Schaden für die Untersuchten durch die Studie kann oftmals weder überblickt noch im Voraus ausgeschlossen werden, allerdings sollte das mögliche Risiko sorgfältig bedacht werden.

Redlichkeit und Vertrauen
Das Vertrauen, das sich in einem Forschungsprozess aufbaut, darf nicht missbraucht werden. Dieser Anspruch kann die Forschenden bei der Auswertung von Daten in eine schwierige Lage bringen, wenn die Ergebnisse z.B. von den Forschenden anders benannt, kontextualisiert und bewertet werden, als dies die Forschungssubjekte selbst tun würden. Die Forschung muss einerseits frei von einer Kontrolle durch die Untersuchten bleiben, andererseits, so empfiehlt Hildenbrand: „ist es nützlich, beim Abfassen einer Fallmonographie die Untersuchten als Leserinnen und Leser vor Augen zu haben. Dies diszipliniert ungemein: Sie werden klarer in Ihren Aussagen, Sie sichern sie besser ab, und Sie sind aufmerksamer für eine respektvolle Sprache und Begrifflichkeit."[617] Hildenbrand warnt aber davor, die Ergebnisse kommentarlos den Untersuchten auszuhändigen, da die Gefahr von Missverständnissen extrem hoch sei.

Privatsphäre, Vertraulichkeit und Anonymität
Einige Forschungsmethoden, wie z.B. das narrative Interview mit seinen Zugzwängen des Erzählens, sind dazu geeignet, den befragten Menschen Informationen zu entlocken, die sie unter normalen Bedingungen einer fremden Person nicht erzählen würden. Deshalb müssen die Forschenden ein Gespür entwickeln, wie sie die For-

---

[615] Hildenbrand (1999): Fallrekonstruktive Familienforschung, 76.
[616] Hildenbrand (1999): Fallrekonstruktive Familienforschung, 76.
[617] Hildenbrand (1999): Fallrekonstruktive Familienforschung, 77.

schung lenken und wo sie sie möglicherweise sogar abbrechen müssen, damit bei den Menschen im Untersuchungsfeld nicht ein Gefühl der Ausnutzung zurückbleibt. Mit den Daten muss vertraulich umgegangen werden. Die Daten müssen in einer angemessenen Weise anonymisiert werden, was oftmals problematisch ist, da jeder Mensch eine unverwechselbare Lebensgeschichte hat und selbst in der Öffentlichkeit unbekannte Menschen von ihren Bekannten auch unter der Anonymisierung oft leicht erkannt werden können. Hier ist eine Güterabwägung notwendig.

Intervention und Eintreten für die Untersuchten
Völlig unerwartet können die Forschenden mit Menschenrechtsverletzungen oder mit Menschen in hilfsbedürftigen Situationen konfrontiert werden. Zum Beispiel könnte eine Forscherin bei einer Studie über eine Familie oder über ein Seniorenheim auf Gewalt, auf ein unangemessenes Verhalten von Pflegepersonal oder auf institutionelle Missstände stoßen. Hier steht die forschende Person vor der Frage, bis zu welchem Grad sie sich distanziert verhält und wann sie die Öffentlichkeit oder die Justiz einschaltet. Ein solcher Schritt würde allerdings die Studie zum Abbruch bringen.

Sozialstudien können einen emanzipatorischen Wert für die Untersuchten haben und Veränderungsprozesse in Gang setzen, wie viele vorliegende Untersuchungen zeigen.[618] Die forschende Person wird aber gerade dann, wenn die Ergebnisse gesellschaftliches Veränderungspotential freisetzen, auch persönlich in das politische Konfliktfeld involviert und eine Option treffen müssen *(vgl. Kap. 1.5.4)*.

Integrität und Qualität der Forschung
Hildenbrand schreibt hierzu: „Methodisch unkontrolliert erhobene und aufbereitete Daten, unsaubere Analysen, oberflächliche Berichte, Verschleierung von Interessenkonstellationen bei der Durchführung einer Studie und die Weigerung, Daten der Fachöffentlichkeit zugänglich zu machen, sind Quellen mangelnder Integrität und Qualität einer Forschung."[619]

Eigentum an Daten
Hiermit ist die Frage angesprochen, wer Einblick in die unveröffentlichten Daten oder Auswertungen nehmen darf, die Informationen über konkrete Personen enthalten. Diese Frage wird zum Problem, wenn z.B. bei einer bezahlten Auftragsstudie der Auftraggeber Einblick in die Daten verlangt, in denen die Persönlichkeitsmerkmale nicht anonymisiert wurden, oder wenn an der Forschung Beteiligte in ein Gerichtsverfahren verwickelt werden können. Anders als Mediziner oder Pfarrer haben die Forschenden kein Schweigerecht.

---

[618] Zum Beispiel wurde die Biographieforschung zur Aufarbeitung der Geschichte von Opfern politischer Regime (z.B. in Südafrika, Guatemala und Tschechien) oder zur Versöhnung von Volksgruppen (z.B. in Polen) eingesetzt. Die ethnographischen Studien von Günter Wallraff, die auf teilnehmender Beobachtung unter Leiharbeitern und Menschen in unterbezahlten Arbeitsverhältnissen beruhen, rüttelten die deutsche Öffentlichkeit auf und führten zu politischen Konsequenzen, vgl. Wallraff (1985): Ganz unten.

[619] Hildenbrand (1999): Fallrekonstruktive Familienforschung, 78.

Verwendung der Ergebnisse

In welcher Verantwortung steht die Forscherin oder der Forscher in Bezug auf die Verwendung der Ergebnisse? Bei der Formulierung der Ergebnisse ist auf einen möglichen Schaden für die Forschungssubjekte zu achten. Es ist umstritten, inwieweit die Forschenden für die Verwendung der Ergebnisse Verantwortung übernehmen sollen und können. So wäre es z.B. möglich, dass eine Studie über Mobbing oder über die Zufriedenheit einer Berufsgruppe, die massive soziale und institutionelle Konfliktfelder ans Licht befördert, von dem Auftraggeber unter Verschluss gehalten wird, obwohl die Konflikte bearbeitet oder behoben werden könnten, wenn die Studie öffentlich vorliegen würde. Soll sich die Forscherin oder der Forscher für eine Veröffentlichung einsetzen? Welche Konsequenzen hätte dies für die betroffenen Forschungssubjekte – und welche für sie oder ihn selbst? Allerdings können die Forschenden für die praktische und politische Umsetzung von Forschungsergebnissen meistens nur wenig tun, da sie in andere Zuständigkeitsbereiche fällt.

Konflikte und Dilemmata

Eine Studie, die ethische Grundsätze nicht berücksichtigt, ist wissenschaftlich nicht seriös. Allerdings können während einer Studie viele Dilemmata auftauchen, die eine Güterabwägung zwischen den verschiedenen Beteiligten an der Forschung (den Forschungssubjekten, den Auftraggebern, den forschenden Personen) und den Belangen der Wissenschaftlichkeit (Transparenz, Dokumentation und Nachvollziehbarkeit von Daten und Methoden etc.) erfordert. „Ethik-Kataloge sind nützlich, aber sie garantieren nicht allein die ethischen Standards einer Forschung. Hinzu kommen müssen die kontinuierliche Wahrnehmung möglicher ethischer Probleme und deren Antizipation, klare Absprachen, deren ständige Überprüfung und allfällige Neujustierung mit den Forschungssubjekten und den Auftraggebern einer Studie, Dokumentation und Reflexion ethischer Fragen und die Bereitschaft, Rat zu suchen, wenn ethische Probleme im Rahmen einer Studie selbst nicht gelöst werden können."[620]

Eine eigene Diskussion um die Forschungsethik qualitativer Feldforschung wäre auch in der Praktischen Theologie wünschenswert, doch wird eine Plattform dafür erst zustande kommen, wenn die qualitative Forschung hier über einzelne Qualifikationsarbeiten hinaus eine größere Verbreitung gefunden hat und strukturell in der Disziplin verankert ist.

---

[620] Hildenbrand (1999): Fallrekonstruktive Familienforschung, 80; mit Bezug auf Miles/ Hubermann (1994): Qualitative Data Analysis, 296f.

6.2 Wissenschaftliche Gütekriterien von Theorien über die soziale Welt

Wie können induktiv gewonnene gegenstandsbezogene Theorien über die soziale Wirklichkeit dem Anspruch der Wissenschaftlichkeit gerecht werden? Die Frage, ob qualitative gegenstandsbezogene Forschung den wissenschaftlichen Gütekriterien genügt, wird heute kontrovers diskutiert.[621] Gütekriterien sind Maßstäbe für die wissenschaftliche Qualität von Ergebnissen empirischer Forschung. Ein Ergebnis muss üblicherweise drei Kriterien gerecht werden: (Allgemeinheit), Validität (Gültigkeit) und Reliabilität (Zuverlässigkeit). Allerdings ist es problematisch, diese den quantitativ forschenden Naturwissenschaften entlehnten Kriterien als Maßstab für die Wissenschaftlichkeit von Sozialforschung zu setzen, da sie weder ihrem Gegenstandsbereich gerecht werden, der durch Sinnstrukturiertheit und permanente Veränderung gekennzeichnet ist, noch den Zielen sozialwissenschaftlicher Forschung, nämlich soziale Prozesse zu verstehen und zu deuten und damit Mittel zu erhalten, um sie zu gestalten. In der Diskussion lassen sich tendenziell drei Positionen ausmachen:[622] die Anwendung quantitativer Kriterien auf qualitative Forschung, die Entwicklung eigener Kriterien für die qualitative Forschung, und die Ablehnung von Kriterien überhaupt. Der Schwerpunkt der Diskussion liegt heute auf der zweiten Position. Es wird daran gearbeitet, die Kriterien der Allgemeinheit, Validität und Reliabilität für die Sozialforschung zu modifizieren.[623]

Im Folgenden werde ich zunächst die qualitative Sozialforschung in der Form, in der sie in der Grounded Theory eine methodische Struktur gefunden hat, auf die drei zentralen wissenschaftlichen Gütekriterien hin beleuchten. Anschließend werde ich die von der Soziologin Ines Steinke erarbeiteten „Kernkriterien" für die Sozialforschung vorstellen, in denen sich die aktuelle Diskussion um die Kriterien für die qualitative Sozialforschung bündelt. Sie sind hilfreich für die Durchführung qualitativ-empirischer Forschung, doch treten mit dem hohen Anspruch auch die Grenzen der Forschung und ihrer Darstellung vor Augen, die abschließend thematisiert werden sollen.

---

[621] Vgl. hierzu grundlegend: Steinke (1999): Kriterien qualitativer Forschung; zusammenfassend: Steinke (2000): Gütekriterien qualitativer Forschung; sowie Flick (1995): Qualitative Forschung, 239-260; Flick (1995): Stationen des qualitativen Forschungsprozesses, 167-169.

[622] Vgl. Steinke (2000): Gütekriterien qualitativer Forschung, 319-321.

[623] Vgl. hierzu Flick (1995): Qualitative Forschung, 239-260.

6.2.1   Sozialforschung unter dem Anspruch wissenschaftlicher Gütekriterien

Reliabilität

Das Kriterium der Reliabilität zielt auf die Zuverlässigkeit der wissenschaftlichen Aussagen. In den Naturwissenschaften wird diese dadurch gewährleistet, dass ein Versuch unter den gleichen Bedingungen jederzeit wiederholbar sein muss. Die *Wiederholbarkeit* eines Versuchs durch gleiche Messungen ist in der sozialen Welt jedoch nicht möglich, weil sich das Bedingungsgefüge permanent verändert. Es ist die Frage, ob die exakte Wiederholung überhaupt sinnvoll ist, will man soziale Veränderungen *verstehen*. Allerdings gibt es auch in der qualitativen Forschung Merkmale der Reliabilität. Eine Art von Wiederholung liegt in der Methode, die zentralen Hypothesen durch Vergleichsfälle so lange zu testen, bis sich eine Theorie herausgebildet hat und keine nennenswerten neuen Erkenntnisse auftreten („Sättigung der Theorie"). Eine weitere Art der Wiederholbarkeit ist zudem darin gegeben, dass die Leserinnen und Leser die Theorie inhaltlich und methodisch innerhalb des dargelegten Bezugsrahmens nachvollziehen können.

Allgemeinheit

Das Kriterium der Allgemeinheit oder Verallgemeinerung ist in der qualitativen Forschung kaum in einem absoluten Sinn zu erfüllen, vor allem, wenn sie auf die Analyse des komplexen Geflechts von Bedingungen, Kontexten, Prozessen und Wirkungen in einem spezifischen sozialen Bereich zielt. Bei der Generalisierung eines Merkmals tritt der Kontextbezug und der Blick auf die Vielfalt der Zusammenhänge zurück. Allerdings gibt es durchaus Möglichkeiten, zu einer Verallgemeinerung in einem bestimmten Rahmen zu kommen. Eine Verallgemeinerung wird durch die Kontrastierung von Fällen bzw. von Fallstudien und durch die schrittweise Überführung der Erkenntnisse aus konkreten in allgemeinere und abstraktere Zusammenhänge herbeigeführt. Durch die Methode des konstanten Vergleichs lässt sich die Reichweite und damit auch der Grad der Verallgemeinerung der Theorie bestimmen. Durch das theoretische Sampling kann das Feld der Bedingungen breit gestaltet werden, unter denen ein Phänomen empirisch untersucht wird.

Validität

Das besondere Interesse der Diskussion um die Güte der Forschung richtet sich auf die Frage der Validität. Damit ist das Ausmaß gemeint, in dem die Schlussfolgerungen aus einer empirischen Beobachtung zutreffend bzw. gültig sind. In dieser Frage müssen die Vorannahmen über die soziale Realität berücksichtigt werden. Weithin wird in der Sozialforschung mit Alfred Schütz davon ausgegangen, dass die soziale Realität im Grunde immer aus gedanklichen Konstruktionen besteht.[624] Daraus fol-

---

[624] „Genau genommen gibt es nirgends so etwas wie reine und einfache Tatsachen. Alle Tatsachen sind immer schon aus einem universellen Zusammenhang durch unsere Bewusstseinsabläufe ausgewählte Tatsachen. Somit sind sie immer interpretierte Tatsachen: entweder sind sie in künstlicher Abstraktion aus ihrem Zusammenhang gelöst oder aber sie werden nur in ihrem partikularen Zusammenhang gesehen. Daher tragen in beiden Fällen die Tatsachen ihren interpretativen inneren und äußeren Horizont mit sich". Schütz (1971): Gesammelte Aufsätze I, 5; vgl. auch *Kap. 3.6.*

gert Uwe Flick: „Wenn man von dieser Position ausgeht, wird die Frage der Validität von qualitativer Forschung zu einer Frage, inwieweit die Konstruktionen des Forschers in den Konstruktionen derjenigen, die er untersucht hat, begründet sind (vgl. hierzu Schütz 1971) und inwieweit für andere diese Begründetheit nachvollziehbar wird (...). Damit wird das Zustandekommen der Daten ein Ansatzpunkt für die Bestimmung der Validität (...), ein anderer die Darstellung von Phänomenen und daraus abgeleiteten Schlüssen."[625]

Die methodologischen Forschungen Georges Dervereux' haben deutlich gemacht, auf welche Weise die Datenerhebung und -auswertung in der Sozialforschung durch Interaktionen beeinflusst werden *(vgl. Kap. 4)*. Die Frage der Validität von Ergebnissen verlagert sich in der Sozialforschung deshalb auf die Frage der *Validierung*. Die Validität ruht nicht einfach im Ergebnis, sondern sie wird zum einen in den Kommunikationsprozessen im Feld, und zum anderen in den Kommunikationsprozessen in der Forschungs- und wissenschaftlichen Diskursgemeinschaft hergestellt. Zentral ist die Transparenz und Nachvollziehbarkeit des methodischen Vorgehens. Dabei werden die Interaktionsvorgänge bei der Datenerhebung und die von den Interessen, Optionen, der Persönlichkeit etc. bestimmten methodischen Schritte der Datenauswertung transparent gemacht. Flick führt einen Vorschlag von Wolcott aus dem Bereich ethnographischer Forschung an, der der Sicherung von Validität dienen soll. Hierin werden die bei Devereux dargestellten Bedingungen der Forschung in ein forschungspraktisches Verfahren umgesetzt:

„(1) Der Forscher soll im Feld weniger selbst reden, sondern möglichst viel zuhören. Er soll (2) möglichst genaue Aufzeichnungen erstellen und (3) frühzeitig zu schreiben beginnen, und zwar (4) in einer Form, die es dem Leser seiner Aufzeichnungen und Berichte ermöglicht, selbst zu sehen, d.h. so viel an Daten mitzuliefern, daß Leser ihre eigenen Schlüsse ziehen können und die des Forschers nachvollziehen können. Der Bericht soll möglichst (5) vollständig und (6) offen sein. Der Forscher soll im Feld oder bei seinen Kollegen (7) Feedback zu seinen Ergebnissen und Darstellungen suchen. Darstellungen sollen (durch, S.K.) eine Balance (8) zwischen den verschiedenen Aspekten und (9) durch Genauigkeit im Schreiben gekennzeichnet sein."[626]

Validierung wird also erreicht durch die *Nachvollziehbarkeit* des methodischen Vorgehens und der Interpretation, so dass die lesende Person nachvollziehen kann, wie die Forscherin oder der Forscher zu der vorliegenden Theorie gekommen ist. Glaser und Strauss haben aufgezeigt, dass dazu die Darlegung des Bezugsrahmens gehört, so dass die Lesenden die erforschte Sozialwelt nachempfinden und die Methoden und Deutungen nachvollziehen können.

In diesen Bereich gehört auch die *Validierung der Datenerhebung und Authentizität*. Es wird untersucht, wie das „Arbeitsbündnis"[627] bzw. die Kommunikation zwi-

---

[625] Flick (1995): Qualitative Forschung, 244.
[626] Wolcott (1990): On Seeking – and Rejecting Validity, 127f, zit. in: Flick (1995): Qualitative Forschung, 247.
[627] Steinke (2000): Gütekriterien, 320.

schen den Menschen im Feld und den Forschenden konstituiert ist. Dieses Arbeitsbündnis soll von Offenheit, Vertrauen, Zusammenarbeit und einem möglichst geringen Machtgefälle bestimmt sein. Es wird beurteilt, wie sehr das System der kommunikativen Regeln der Menschen im Feld zum Ausdruck gebracht und ausgewertet worden ist.[628]

Auch die *Triangulation* erhöht die Validität der Ergebnisse. Durch den Einsatz verschiedener Methoden werden die Verzerrungen, Einschränkungen und Mängel, die eine einzige Methode oft mit sich bringt, kompensiert. Doch hier stellt sich oftmals das Problem der Praktikabilität aufgrund eines begrenzten zeitlichen, personellen und finanziellen Rahmens.

Als ein wichtiger Weg zu einer größeren Validität wird heute die *kommunikative Validierung* angesehen. Die Validierung kann in mehrfacher Hinsicht als ein offener, kommunikativer Prozess aufgefasst werden, in der die Valenz interaktiv *hergestellt* wird. (1) Die Ergebnisse können den befragten Personen vorgelegt und mit ihnen diskutiert werden (member check).[629] (2) Die Lesenden tragen mit ihrer Rezeption und Kritik zur Validierung bei. (3) Die Daten werden in einer Forschungsgruppe gemeinsam ausgewertet. Hierbei werden zumindest einige der Perspektiven und Verzerrungen deutlich, die eine einzelne Person selbst kaum bemerken würde. Einige ausgearbeitete Forschungsverfahren wie die Objektive Hermeneutik oder die Grounded Theory empfehlen solche Erhebungs- und Auswertungsgruppen. Ein Problem dabei ist die praktische Durchführbarkeit, da dieses Vorgehen personal- und zeitintensiv ist. In der Theologie besteht zusätzlich das Problem, dass es bislang nur sehr wenige empirisch Forschende gibt, die sich nur mit großem Aufwand zu Forschungsgruppen zusammenschließen können. Sehr nutzbringend sind Forschungswerkstätten bzw. forschungspraktische Seminare, die in den universitären Lehrbetrieb integriert sind. Kompromisse sind zwischenzeitliche Treffen zu einem Austausch von Fragen, Erfahrungen und Ergebnissen.

Weitere Möglichkeiten sind Gespräche mit Bekannten und Präsentationen der Forschung im Rahmen von Vorträgen oder bei Seminarveranstaltungen, bei denen das Material und die Auswertungen besprochen und zusätzliche Stimmen gesammelt werden können.

---

[628] Vgl. zu dem System kommunikativer Regeln im Feld und der Offenheit der Forschung: Hoffmann-Riem (1980): Die Sozialforschung einer interpretativen Soziologie.

[629] Die Frage, ob sich dieses Vorgehen empfiehlt, ist allerdings umstritten und muss im Einzelfall geprüft werden. Bruno Hildenbrand rät, es auf jeden Fall zu vermeiden, Ergebnisse kommentarlos den Untersuchten zu Lesen zu geben, da die Gefahr von Missverständnissen extrem hoch sei; vgl. Hildenbrand (1999): Fallrekonstruktive Familienforschung, 77. Den Grund für die möglichen Missverständnisse sehe ich in der bereits angesprochenen Differenz der Struktur von Alltagssprache und Wissenschaftssprache. Alltagskommunikation beruht auf einem unausgesprochenen Einvernehmen, das in der wissenschaftlichen Analyse hinterfragt wird und einem Bedeutungsüberschuss, der in den wissenschaftlichen Begriffen und Definitionen beschnitten wird, was in der Rückwirkung als ein Bruch des Einvernehmens und als ein Vertrauensbruch verstanden werden kann.

6.2.2 „Kernkriterien" für die qualitative Sozialforschung

Ines Steinke hat die umfangreiche Diskussion um die Güte qualitativer Forschung gesichtet und ausgewertet und kommt im Ergebnis ihrer Studie zu sieben „Kernkriterien" für die qualitative Forschung.[630] Diese sind nicht als ein allgemein verbindlicher Kriterienkatalog zu verstehen – ein solcher würde in Widerspruch zu der Abhängigkeit qualitativer Forschung von dem Gegenstandsbereich, der Forschungssituation, der Vielfalt von Forschungsprogrammen und der Begrenztheit der Standardisierbarkeit von Vorgehensweisen stehen –, sie sollen vielmehr eine breit angelegte Sammlung von Gesichtspunkten sein und einen Rahmen abstecken, an dem sich qualitative Forschung *orientieren* kann. Die Kriterien müssen für die Anwendung spezifisch auf die Fragestellung, die Methode und den Gegenstand der Untersuchung hin konkretisiert und modifiziert werden.

Intersubjektive Nachvollziehbarkeit
Die intersubjektive Nachvollziehbarkeit des Forschungsprozesses, auf deren Basis eine Bewertung und Diskussion erfolgen kann, ist eines der Hauptkriterien der Güte qualitativer Forschung und ist zugleich Voraussetzung für die anderen Kriterien. Die Sicherung der Nachvollziehbarkeit kann auf drei Wegen erzielt werden:

(a) *Die Dokumentation des Forschungsprozesses.* Hierzu zählen die Nennung des Vorverständnisses, die Dokumentation der Erhebungsmethoden und des Erhebungskontextes, der Transkriptionsregeln, der Daten, der Auswertungsmethoden, der Informationsquellen, die Dokumentation von Entscheidungen und Problemen, sowie die Darstellung der Grenzen der Studie.

(b) *Interpretationen in Gruppen.* Hierdurch wird bereits in der Datenauswertung eine Multiperspektivität verankert. In einigen Verfahren sind solche Auswertungsprozesse in Gruppen ausdrücklich vorgesehen. Der Ansatz des *peer debriefing* sieht eine Diskussion unter Kolleginnen und Kollegen vor, die nicht am gleichen Forschungsprojekt arbeiten.

(c) *Anwendung kodifizierter Verfahren.* Obgleich qualitative Forschung nicht standardisierbar ist, sind doch inzwischen einige Grundstrategien und konkrete Verfahren ausgearbeitet, grundlagentheoretisch begründet, praktisch erprobt sowie im wissenschaftlichen Diskurs anerkannt. Durch die Anwendung solcher Verfahren (die stets auch Modifikationen einschließt) kann die Forschung sich auf die geleistete grundlagentheoretische Arbeit und auf Diskurse beziehen, ohne dass diese explizit für jede Studie neu diskutiert werden müssen.

Indikation des Forschungsprozesses
Ein Kennzeichen und Kriterium qualitativer Forschung ist die *Gegenstands-Angemessenheit*. Sie sollte für die Erhebungs- und Auswertungsmethoden und den gesamten Forschungsprozess gelten. Die Angemessenheit kann geprüft werden bezüglich folgender Indikationen:

---

[630] Vgl. Steinke (1999): Kriterien qualitativer Forschung; zusammenfassend: Steinke (2000): Gütekriterien, 323-331.

(a) Die *Fragestellung*: Trifft die Fragestellung den Gegenstandsbereich, legt sie eine qualitative Forschung nah?

(b) Die *Methodenwahl:* Welche Methoden legt der Gegenstandsbereich nah? Wird den subjektiven Perspektiven und Äußerungen ausreichend Spielraum eingeräumt? Können sie zur Entfaltung kommen, oder werden sie durch die Methode eingeschränkt?

(c) Die *Transkription*: Wie genau sollten die Texte transkribiert werden? Hier spielen die Handhabbarkeit für die verfassende Person, die Lesbarkeit des Textes und die Auswertungsabsicht eine Rolle.

(d) Die *Samplingstrategie:* Inwiefern ist die Auswahl der Fälle und Situationen der Untersuchung indiziert?

(e) Die *methodischen Einzelentscheidungen* im Kontext der gesamten Untersuchung: Passen die Methoden der Datenerhebung und Auswertung zueinander? Inwiefern ist das Untersuchungsdesign angesichts der verfügbaren zeitlichen, räumlichen, personalen oder finanziellen Ressourcen indiziert?

(f) Die *Bewertungskriterien:* Sind die Kriterien, die an die Studie angelegt werden, dem Gegenstand, der Methode und der Fragestellung sowie dem Forschungsstand angemessen?

Empirische Verankerung

Sowohl die Entwicklung als auch die Überprüfung von Hypothesen und Theorien sollten in den Daten verankert sein. Bei der Theoriebildung soll die Möglichkeit bestehen, Neues zu entdecken und die Vorannahme der forschenden Person in Frage zu stellen oder zu modifizieren. Die Theorien sollen dicht an den Daten auf der Basis systematischer Analyse entwickelt werden. Die Theorieprüfung geschieht durch Verifikation und Falsifikation am empirischen Datenmaterial.

Limitation

Mit diesem Kriterium werden die Grenzen des Geltungsbereichs und damit der Grad an Verallgemeinerbarkeit einer gewonnenen Theorie benannt. Dabei kann die Frage zu Hilfe genommen werden, auf welche weiteren Kontexte wie Fälle, Untersuchungsgruppen oder Situationen die Forschungsergebnisse, die unter spezifischen Untersuchungsbedingungen entwickelt wurden, zutreffen. Als Methoden können die Fallkontrastierung auf allen Ebenen der Forschung wie auch die explizite Suche nach abweichenden und extremen Fällen eingesetzt werden.

Kohärenz

Die entwickelte Theorie sollte in sich kohärent sein, wozu gehören kann, dass auftauchende Widersprüche bearbeitet und ungelöste Fragen offengelegt werden.

Relevanz

Die Theorien sollten auch hinsichtlich ihrer Relevanz und ihres Nutzens für die Praxis beurteilt werden. Dazu gehören die Überlegungen, ob die Fragestellung relevant ist, ob die Theorie neue Deutungen und Erklärungen zur Verfügung stellt, ob sie zur

Lösung von Problemen beiträgt und ob die Darstellung überschaubar ist, d.h. auch, ob sie lesbar und rezipierbar ist.

Reflektierte Subjektivität
Die Subjektivität der forschenden Person, ihre Forschungsinteressen, Vorannahmen und ihre biographischen und sozialen Kontexte sollten reflektiert werden. Ihre Bedeutung wurde bereits in den vorhergehenden Kapiteln deutlich.

6.2.3   Grenzen und die Frage der Darstellung

Die Diskussion um die Gütekriterien zeigt einen hohen Anspruch an die qualitative Sozialforschung, der die Frage aufwirft, wie dieser in der Praxis überhaupt einzulösen ist. Deshalb sollen hier ergänzend auch die Grenzen solcher Kriterien in der Forschungspraxis in den Blick genommen werden.

Es dürfte bereits deutlich geworden sein, dass sich wohl kaum alle der genannten Kriterien gleichzeitig und in gleichem Ausmaß verwirklichen lassen, sondern dass sie nach den Zielen der Forschung gewichtet werden müssen. Die Grenzen liegen vor allem in den Rahmenbedingungen der Forschung: Hierzu zählen die zur Verfügung stehenden Ressourcen und Vorgaben wie der Zeitrahmen für die Forschung, die technische Ausrüstung, das finanzielle Budget oder die Vorgaben durch einen Auftraggeber, eine Projektbeschreibung oder eine Prüfungsordnung.

Einen engen Rahmen setzt aber auch die *Darstellung* der Forschung. Im Laufe des Forschungsprozesses werden notwendigerweise große Mengen von Material zusammengetragen: Interviews, Beobachtungsprotokolle, Memos und die Datenanalysen, deren Umfang den der erhobenen Daten um ein Vielfaches übersteigt. Zu diesem auf die empirische Arbeit bezogenen Material kommen die Reflexionen auf die Methoden und die Begründung für deren Auswahl sowie die Darstellung und Diskussion des Forschungsstandes, der vorliegenden Theorien und anderer empirischer Arbeiten zu dem untersuchten Themenbereich. Mit diesem Material würden sich gewöhnlich bereits einige Bände füllen lassen. Doch die Veröffentlichung einer Studie setzt der differenzierten Darstellung enge Grenzen. Die forschende Person steht deshalb vor der Schwierigkeit zu bestimmen, wie das komplexe Material einerseits zu reduzieren ist und andererseits dennoch angemessen und wissenschaftlich begründet dargestellt werden kann. Eine allgemeine Lösung für dieses Dilemma ist bislang nicht in Sicht.[631] Bei der Reduktion müssen umfangreiche Ausarbeitungen und theoretische Reflexionen häufig auf den Umfang einer Fußnote oder eines einzigen Satzes im Text beschränkt werden, andere verschwinden ganz. Dies macht einen großen Teil der empirischen und methodischen Arbeit unsichtbar. Es wäre allerdings ein Fehlschluss zu glauben, auf sie könne deshalb verzichtet werden – eine sauber durchgeführte und methodisch reflektierte Untersuchung ist allemal zu erkennen.

---

[631] Die neuen Medien könnten hier allerdings neue Wege eröffnen. Zum Beispiel wäre es denkbar, das Datenmaterial heute auf einem Datenträger der Publikation beizulegen.

Ich halte es für wichtig, dass dem Druck zur Reduktion im wissenschaftlichen Bereich nicht als erstes jene Passagen zum Opfer fallen, die ein Zeugnis für die Lebendigkeit und Einmaligkeit der Menschen im Feld sind. Sie haben nicht eine illustrierende, sondern eine substanzielle Funktion.

Innerhalb qualitativ forschender Wissenschaftszweige, insbesondere der Ethnologie, Soziologie und Pädagogik, wird die gegenstandsbezogene Darstellung weithin anerkannt und gewürdigt. Probleme in der Anerkennung können allerdings im Diskurs mit theoretischen und quantitativ forschenden Wissenschaftszweigen quer durch alle Disziplinen auftreten. Die Diskussion schlug sich in den 1970er Jahren in einem harten Konflikt zwischen quantitativer und qualitativer Sozialforschung nieder, der heute jedoch weitgehend entschärft ist, aber auch darin, dass die empirische Sozialforschung im wissenschaftlichen Bereich oft nicht die gleiche Anerkennung erfährt wie die theoretische. So stößt qualitative gegenstandsbezogene Forschung teilweise auch auf Vorbehalte im wissenschaftlichen Diskurs. Dies gilt sicherlich auch im Bereich der Theologie, die selbst lange Zeit philosophisch orientiert war und in der empirischen Forschung erst in den Anfängen steht.

Wenn die sozialphänomenologischen Erkenntnisse von Alfred Schütz richtig sind, dass die Handlungen einzelner Menschen und die gemeinsame Konstruktion der Sozialwelt nur adäquat zu verstehen ist, wenn die Sinnkonstruktionsprozesse nachvollzogen oder rekonstruiert werden, dann führt an der rekonstruktiven qualitativen Sozialforschung kein Weg vorbei.

Für die Praktische Theologie ist die qualitativ-empirische Forschung heute wichtiger denn je, will sie die Vielfalt der Glaubensformen, die Glaubenszweifel und Glaubensfragen der Menschen in den rapiden Umbruchsprozessen von Kirche und Gesellschaft verstehen und adäquat beschreiben und die Veränderungsprozesse der kirchlichen Gemeinschaften und Institutionen in ihren Strukturen erforschen.

7 AUSBLICK

7.1 Abschließende Zusammenfassung

Die Fragen der Methoden der wissenschaftlichen Theoriebildung über die soziale Wirklichkeit und ihre Grundlagen sind in der Praktischen Theologie noch weitgehend ungeklärt. Im Blick darauf, dass Menschen einzigartig und lebendig sind, ihr Leben gestalten und ihm Sinn geben, stellt sich die Frage, wie die Praktische Theologie wissenschaftliche, d.h. objektive, allgemeine und methodisch begründete Theorien über das Leben der Menschen gewinnen kann, die die Vielfalt und Subjektivität menschlichen Lebens nicht zum Verschwinden bringen. Es war das Anliegen der vorliegenden Untersuchung, zu einer Klärung beizutragen und Anregungen zu einem notwendigen Diskurs zu geben. Es wurden sowohl Grundlagen, Status und Prämissen der Theoriebildung als auch praktische Vorgehensweisen und Methoden aufgezeigt.

(1) In dem ersten Teil der Studie wird der Stand der methodischen Diskussion in der Praktischen Theologie eruiert *(vgl. Kap. 1)*. Spätestens seit den 1960er Jahren entwickelte sich in der Praktischen Theologie eine hohe Übereinstimmung in ihren Selbstverständnis darüber, nicht mehr Anwendungswissenschaft der Erkenntnisse anderer theologischen Disziplinen oder kirchlicher Lehren zu sein, sondern eine eigenständige praktische Wissenschaft, eine Theorie der Praxis. In der katholischen Praktischen Theologie wurde dieses Selbstverständnis durch das Zweite Vatikanische Konzil inspiriert und lehramtlich abgestützt. Sie musste nun der vom Konzil proklamierten Hinwendung der Kirche zu den Erfahrungen der Menschen konzeptionell gerecht werden und sie in ein wissenschaftliches Programm umsetzen. Aber nicht nur mit dem neuen Selbstverständnis stellte sich der Praktischen Theologie das Problem der Methoden. Das methodische Problem verschärfte sich durch die raschen Veränderungsprozesse, durch die Individualisierung und Pluralisierung der Gesellschaft, die auch das Leben der Gläubigen und die Institutionen der Kirche erfassten. Das Verstehen der Gesellschaft und der gelebten Religiosität ist immer weniger dadurch angemessen möglich, dass nach dem Vorkommen und der Verbreitung tradierter Kategorien geforscht wird, vielmehr bedarf es solcher Methoden, die gerade die Veränderungsprozesse, die Verschiebungen der Kategorien und das Entstehen von neuen gesellschaftlichen Phänomenen zu erfassen vermag, nicht nur das Handeln, sondern auch das Erleben, Erleiden und Deuten der Menschen, nicht nur das Leben der exponierten, sondern gerade auch das der marginalisierten Menschen. Hier bedarf es rekonstruktiver, verstehender und entdeckender Methoden *(vgl. Kap 1.1 und 1.2)*.

Das neue Selbstverständnis der Praktischen Theologie band bis etwa Mitte der 1980er Jahre die Kräfte in der teilweise konfessionsübergreifenden Arbeit an der Fundierung der Praktischen Theologie als einer Handlungswissenschaft. Die Entwicklung von praktisch-theologischen Methoden wurde angemahnt, aber nicht wirklich angegangen. Man behalf sich mit dem Rückgriff auf empirische Erkenntnisse und Methoden der Sozialwissenschaften. In der katholischen Praktischen Theologie griff man zudem den von Joseph Cardijn für die politische Bildungsarbeit der Arbeiterjugendlichen entwickelte Methode „Sehen – Urteilen – Handeln" auf *(vgl. Kap. 1.3).* Der Dreischritt stand für eine induktive Vorgehensweise, die dem Anliegen des Konzils entsprach. Er ließ viel Spielraum für verschiedene Vorgehensweisen, wurde aber nicht weiter ausgearbeitet und wissenschaftstheoretisch begründet. Bei der Übernahme in den wissenschaftlichen Kontext kam es zu folgenreichen Veränderungen der Methode. In der ursprünglichen Methode Cardijns waren das theologisch forschende und erkennende Subjekt, sein Leben und Glauben und sein Handeln zur Veränderung der konkreten Missstände in der sozialen Welt untrennbar miteinander verbunden. Unter dem Druck des Objektivitätsanspruchs der Wissenschaften und der Hegemonie der an naturwissenschaftliche Modelle angelehnten Methoden verschwand das erkennende Subjekt aus dem Modell. Auch die theologischen Begründungen, die in der ersten Zeit nach dem Konzil noch präsent gewesen sein dürften, gerieten in Vergessenheit. Den wissenschaftstheoretischen Anfragen seiner Zeit versuchte das Regelkreismodell von Rolf Zerfaß gerecht zu werden; es wurde häufig rezipiert, aber ebenfalls nicht weiter ausgearbeitet. Da die Theologie nicht mehr an das Subjekt gebunden war, musste sie gesondert eingeführt und mit dem, was dann als nicht-theologisch, als humanwissenschaftlicher Anteil erschien, vermittelt werden. Sie kam in einem zweiten „Schritt", dem „Urteilen" (im Modell des Dreischritts), oder als ein Bereich, der mit dem humanwissenschaftlichen Bereich vermittelt werden musste (im Regelkreismodell), ins Spiel. Die Probleme, die dabei auftreten, wie die Frage des angemessenen Verstehens und Beurteilens fremder Wissensbestände und der Abhängigkeit von ihnen, die Übernahme von Prämissen und Menschenbildern, die Konvergenz von Begriffen und Kategoriensystemen etc., wurden in den Modellen des interdisziplinären Dialogs *(vgl. Kap. 1.4)* auf einer theoretischen Ebene kritisch diskutiert, aber nicht alle gelöst. Diese Modelle kommen übereinstimmend zu dem Schluss, dass Praktische Theologie erstens interdisziplinär mit anderen Wissenschaften zusammenarbeitet, und dass sie zweitens selbst empirisch forschen und dafür empirische Methoden entwickeln muss. Die konkreten methodischen Fragen, die in empirischen Arbeiten auftauchten, mussten pragmatisch gelöst werden, da es keine methodische Grundlagendiskussion in der Praktischen Theologie gab.

Mit dem Selbstverständnis der Praktischen Theologie als einer Theorie der Praxis teilt sie mit anderen Humanwissenschaften den Gegenstandsbereich: die menschliche und soziale Wirklichkeit. Mit diesen Wissenschaften hat sie viele Grundlagenfragen und methodische Fragen gemeinsam. Praktische Theologie ist damit in zwei Referenzrahmen verortet: in dem innertheologischen Diskurs und dem interdisziplinären Diskurs der Humanwissenschaften. Damit steht die Praktische Theologie in einem unaufhebbaren Spannungsfeld, das sie in doppelten Begründungszwang bringt. Im *theologischen Diskurs* muss sie aufweisen, inwieweit sie sich als eine *Theologie* versteht, da sie sich nicht allein über ihren Gegenstandsbereich als eine Theologie ausweisen kann wie die anderen, ebenfalls interdisziplinär forschenden theologischen Disziplinen. Das aus der kirchlichen Praxis entwickelte Modell des Dreischritts war in diesem Zusammenhang für die katholische Praktische Theologie ein wichtiges Instrument zur Verdeutlichung des induktiven, von der menschlichen Wirklichkeit ausgehenden Vorgehens, das im theologischen Bereich anerkannt war. Im *interdisziplinären Diskurs* muss die Praktische Theologie sich als eine *praktische Wissenschaft* ausweisen, wofür die Begründung und Reflexion der Methoden zentrale Kriterien sind. Sie muss methodisch reflektiert und intersubjektiv nachvollziehbar aufweisen, wie sie zu ihren Erkenntnissen und Theorien über die soziale Wirklichkeit gelangt. In diesem Diskurszusammenhang genügt es nicht, auf den Dreischritt oder das Regelkreismodell als Methode zu verweisen, vielmehr muss sie sich in den humanwissenschaftlichen Methodendiskurs hinein begeben und sich an seiner Fortentwicklung beteiligen.

Wenn die Praktische Theologie auf den gleichen Gegenstandsbereich bezogen ist wie die Humanwissenschaften, stellt sich die Frage nach dem theologischen Profil der Praktischen Theologie *(vgl. Kap. 1.5)*. Zwar gibt es einen regionalen Bereich, der in besonderer Weise in ihren Forschungsbereich fällt, nämlich den der Religiosität und der Religion, doch beschäftigen sich auch andere Wissenschaften mit diesem Bereich, und die Praktische Theologie beschäftigt sich auch mit anderen Bereichen des menschlichen Lebens. Die theologische Forschung ist durch die *theologische Dimension* qualifiziert. Ein treffender Ausdruck für diese theologische Dimension ist die Wendung „im Horizont des Glaubens". Der „Horizont" umspannt den gesamten Forschungsprozess, ist jedoch häufig unthematisch. Der Begriff „Glaube", der für *fides quae* und *fides qua*, für Inhalt und Vollzug gleichermaßen steht, macht auf die Zusammengehörigkeit von subjektiven und objektiven Dimensionen aufmerksam.

Die theologische Dimension des Glaubens ist an das forschende und erkennende Subjekt gebunden. Sie bestimmt die Fragestellungen und das Interesse, die Ziele, Optionen, das Vorgehen, kurz: den gesamten Forschungsprozess. In ihren objektiven Anteilen kann sie theologisch begründet und argumentativ dargelegt werden, in ihren subjektiven Anteilen muss sie gelebt werden und hat darin vorrationale Anteile. So verweisen die erkenntnisleitenden Interessen auf die Gründe und Motive der Erkenntnissuche, die von der persönlichen Religiosität und dem theologischen Interesse mitbestimmt sind. Die Optionen verweisen auf bewusste theologisch begründete rationale Entscheidungen und die Ziele, die eine Prioritätensetzung erfordern. Sie involvieren zugleich die forschende Person in ihre Entscheidung und verpflichten sie zum persönlichen Einsatz für sie. In der Theologie der Befreiung wurde auf die subjektiven und vorrationalen Anteile der Methode und der Erkenntnis reflektiert und als Konsequenz der „Ortswechsel" der Theologinnen und Theologen und das vortheoretische Engagement an der Seite der Armen als ein konstitutives Element der Methode beschrieben.

Wenn nun die theologische Dimension der Forschung so eng mit dem forschenden und erkennenden Subjekt verbunden ist, dann ist es folgerichtig, das erkennende Subjekt in die Methoden der Praktischen Theologie zu integrieren, wie dies in den Methoden der Theologie der Befreiung geschehen ist. Diese Methoden können zwar nicht ohne weiteres in den Diskurs der europäisch-deutschsprachigen Praktischen Theologie übernommen werden, sie können aber wichtige Impulse geben. In der Praktischen Theologie muss die Diskussion um die Entwicklung praktisch-theologischer Methoden weitergetrieben werden, hier wäre auch die Weiterentwicklung des Modells des „Dreischritts" für die europäische wissenschaftliche Praktische Theologie eine interessante Perspektive *(vgl. Kap. 1.6)*.

(2) Edmund Husserl und Alfred Schütz haben wichtige Fragen der Grundlagen und des Status der Theoriebildung über die subjektive und soziale Welt erarbeitet. Sie legten nicht nur wichtige Erkenntnisse zur Konstitution der subjektiven Erfahrung und der gemeinsamen sozialen Welt vor, sondern auch über die Prozesse der Theoriebildung und die Zusammenhänge zwischen Theorie und Erfahrung.

Husserl hat den Weg nachgezeichnet, wie aus der subjektiven Anschauung und ihrer unmittelbaren Erkenntnisform, der *doxa*, die mit subjektivem Sinn behaftet ist, eine objektive, allgemeingültige Theorie wird. Auf diesem Weg gehen nicht nur die Konkretheit der Körper mit ihren Füllen und Qualitäten, sondern auch die ursprünglichen Sinnbezüge verloren *(vgl. Kap 2)*.

Der Verlust der ursprünglichen Sinnbezüge hat weit reichende *Implikationen*:

- In der Objektivierung kommt es zu „Unterschiebungen" in Bezug auf das ursprüngliche Sinnfundament. Die Theorie ermöglicht eine weitreichende Planbarkeit und Effizienz menschlichen Handelns, doch werden in der Anwendung der Theorie neue, instrumentelle Sinnbezüge hergestellt; es kommt zu Sinnverschiebungen.
- Die objektiv-allgemeine Welt wird zu einer in sich geschlossenen universalen Welt, zu einer Totalität. Sie erscheint als die wirkliche, gültige, allgemeine und wahre Welt, die sich nicht zuletzt durch ihre Verwertbarkeit und die Möglichkeiten der Machtsteigerung als die „richtige" erweist.
- Die subjektiv-relationale Welt mit ihren lebendigen Körpern, den Füllen und Qualitäten erscheint als eine zweifelhafte, partikulare, eine uneigentliche, unwahre und unwichtige Welt.

Der Sinnverlust der Wissenschaften führt, so Husserl, auch zur Sinnkrise der Gesellschaft, denn die Wissenschaften sind zwar erfolgreich, können aber die Sinnfragen nicht beantworten. Die Wissenschaften verlieren ihr Sinnfundament und damit ihren letzten Begründungszusammenhang. Nur mit Bezug auf das lebensweltliche Sinnfundament ist eine wissenschaftliche Theoriebildung möglich. Eine Ausblendung dieser verborgenen Bezüge und Voraussetzungen lässt die Theorie grundlos und naiv werden. Subjektive Erfahrung und Erkenntnis und objektive Theorie sind keine Gegensätze, sondern die Erfahrung ist das Sinnfundament der Theorie.

Für die praktisch-theologische Theoriebildung lässt sich festhalten: Die Wissenschaftlichkeit der Theoriebildung erweist sich nicht in der Ausblendung, sondern gerade in der Reflexion auf die Zusammenhänge zwischen subjektiver Lebenswelt und objektiver Theorie. Die Theorien gewinnen ihre Gültigkeit im Rahmen der subjektiven Fragen, Interessen und situativen Kontexte. Das forschende Subjekt muss einen Ort in der Theoriebildung haben. Zudem muss auf die Sinnzusammenhänge zwischen der subjektiven Welt und den Theorien reflektiert und diese müssen aufgezeigt werden.

Neben dem Begründungszusammenhang von Wissenschaft deutet Husserl in seiner These von der Sinnkrise die lebenspraktischen Auswirkungen der Entstehung einer universalen objektiven Theoriewelt an. Er vertieft diesen Aspekt nicht, doch ist er es wert, weiter ausgeführt zu werden, was hier in Bezug auf die Praktische Theologie geschieht.

Die Prozesse der Objektivierung, die Husserl für die neuzeitlichen Wissenschaften beschrieben hat, haben sich auch in der Theologie vollzogen. Die kirchlichen Lehren und theologischen Theorien bilden eine objektive, allgemeingültige Welt, der gegenüber die subjektive Glaubenserfahrung als zweifelhaft und unwichtig erscheint. Jede Religion lebt aber von den lebensweltlichen religiösen Vollzügen der Menschen, und wenn diese an Bedeutung verlieren, kommt es zu einer Sinnkrise auch in der Religion. Dies ist freilich nicht allein ein religionsinterner Vorgang, sondern ein Prozess der spätmodernen Gesellschaft. Die Theologie als Wissenschaft sollte aber diese Prozesse nicht reproduzieren, sondern sie kann ihnen kritisch entgegenwirken, indem sie auf die Bedeutung der Erfahrung reflektiert.[632] Es ist eine Aufgabe der Praktischen Theologie, diese subjektiven Bezüge wahrzunehmen und die Menschen zu unterstützen, im Leben religiöse Sinnbezüge herzustellen, ihre Erfahrungen und Erkenntnisse auf Gott hin zu transzendieren, die religiöse Überlieferung auf die eigenen Erfahrungen zu beziehen und im Leben bedeutsam werden zu lassen und das Leben aus einem solchen Glauben heraus zu gestalten.

(3) Alfred Schütz hat an die Erkenntnisse Husserls angeschlossen und sie erweitert, indem er die gesellschaftlichen Prozesse der Konstitution der sozialen Welt erforscht hat. Bei der Typisierung von Menschen, die nicht in einer Wir-Beziehung unmittelbar erfahren werden können, geht die Komplexität des menschlichen Selbst verloren. Es kommt zu einer Reduktion von Eigenschaften. Diese Typologisierungen ermöglichen der Gesellschaft, ihre funktionalen Abläufe zu optimieren.

Schütz führt in Anschluss an Max Weber die Unterscheidung zwischen dem subjektiven (gemeinten) und dem objektiven (gesellschaftlich geteilten) Sinn ein. Der objektive Sinn ist unabhängig von Subjekten in Ort und Zeit und hat damit Allgemeingültigkeit. Er ergibt sich aus seinem Zusammenhang in einem gesellschaftlich geteilten Zeichensystem. Er ermöglicht eine rasche Verständigung und damit ein effektives und zielgerichtetes Handeln. Allerdings hat auch er eine Entstehungsge-

---

[632] In jüngster Zeit wurden vor allem in der Religionsphilosophie Entwürfe hierzu vorgelegt, vgl. z.B. Jung (1999): Erfahrung und Religion; Schaeffler (1995): Erfahrung als Dialog mit der Wirklichkeit; Schaeffler (2004): Philosophische Einübung in die Theologie Bd.1.

schichte, die auf subjektive, oft kollektive Erzeugungsprozesse und einen subjektiven gemeinten Sinn verweist.

Das Verstehen des objektiven Sinns geschieht immer im Horizont des eigenen subjektiven Verstehens. Zum *Fremdverstehen* eines anderen muss über den objektiven Sinn hinaus nach dem subjektiven gemeinten Sinn gefragt werden. So kann ich einen gesprochenen Satz verstehen, wenn ich die Sprache kenne, aber ich weiß nicht, was die andere Person gemeint hat. Den subjektiven Sinn kann ich nur annäherungsweise erfassen, indem ich mir möglichst viele Informationen über die andere Person aneigne und in einer Perspektivenvertauschung im Rahmen ihres biographisch gewordenen Horizonts ihren gemeinten Sinn nachvollziehe bzw. rekonstruiere.

Für effektives Handeln und die Durchsetzung eigener Interessen mag der Bezug auf den objektiven Sinn der Zeichen und Erzeugnisse und die Ausblendung des gemeinten Sinns nützlich sein, doch für das gemeinsame Zusammenleben und die Lösung von gesellschaftlichen Konflikten ist es notwendig, die anderen Menschen und ihren subjektiven Sinn zu *verstehen*.

Diese Erkenntnisse haben für die Theoriebildung Konsequenzen. Die Sozialwelt ist bereits immer schon durch subjektive und verobjektivierte Sinngebungsprozesse gedeutet und konstruiert. Theorien über die soziale Welt sind Konstruktionen (zweiten Grades) über die Konstruktionen (ersten Grades), die die Menschen in ihrem Alltag machen. In der Theoriebildung ist zu entscheiden, ob die Beobachtungen über die sozialen Phänomene allein der Deutung der forschenden Person unterzogen werden sollen, oder ob primär die Deutungen der Menschen in der Sozialwelt und die Prozesse ihrer Verobjektivierung zum Ausgangspunkt der Theoriebildung gemacht werden sollen. Um die Sozialwelt adäquat theoretisch zu erfassen, muss die Sozialforschung über den objektiven Sinn hinaus auch den subjektiven Sinn der sozialen Phänomene erheben. Hierzu sind biographische und rekonstruktive Methoden notwendig, die die Konstitutionsprozesse des gemeinten Sinnes im biographischen Kontext nachvollziehen. Diese Erkenntnisse führten zur Entwicklung der verstehenden Sozialforschung und ihrer qualitativen Methoden.

(4) Für die Praktische Theologie lässt sich als Folgerung festhalten:

a) Wenn die Kirche das Ziel hat, das zu verstehen, was die Menschen bedrängt und in Zusammenarbeit mit „allen Menschen guten Willens" an der Gestaltung einer heilvollen Welt und der Lösung der sozialen Konflikte zu arbeiten, und wenn die Praktische Theologie durch die Reflexion der Praxis und durch ihre Theorien diese Ziele unterstützen will, dann muss sie mit Methoden arbeiten, die ein Verstehen der sozialen Welt ermöglichen. Dies sind biographische und rekonstruktive Methoden der verstehenden Sozialforschung.

b) In der Theoriegewinnung über die Welt gehen die Füllen und Qualitäten der Körper, und in der Theoriegewinnung über die Sozialwelt gehen die Vielfalt und Komplexität des menschlichen Selbst verloren. Es bleibt ein auf wenige Eigenschaften reduziertes Skelett, ein Typus übrig. Dies widerspricht der theologischen Auffassung vom Menschen, der für Gott ein Du ist und der deshalb für den Mitmenschen ein Du sein soll. Die Subjekthaftigkeit, die vielfältige Fülle menschlichen Seins ist in der praktisch-theologischen Theorie über die menschliche Wirklichkeit zu konzeptionalisieren.

Es müssen Methoden der Theoriegenerierung entwickelt oder an solche angeknüpft werden, die zum einen die Subjektivität des forschenden Subjekts und seine Sinnbezüge, die sich in der Theorie manifestieren, und zum anderen die subjektiven Sinnbezüge der Menschen in der erforschten Sozialwelt in der Theorie mit erfassen. Diese Grundlagenreflexion führt zu hohen Erwartungen an theologische Methoden der Erkundung der sozialen Welt, die in folgenden Fragen gebündelt werden:

- Wie lassen sich angemessene Theorien bilden, die notwendig allgemein und objektiv sein müssen, die aber zugleich die Subjektivität, Einmaligkeit, Partikularität und Komplexität des menschlichen Lebens nicht ausschalten?
- Wie lassen sich die subjektiven Sinnbezüge des forschenden Subjekts erfassen, die doch teilweise unbewusst sind?
- Wie lassen sich die subjektiven Sinnbezüge der Menschen in der Sozialwelt erfassen?
- Wie lassen sich in der Theoriebildung Sinnverschiebungen vermeiden?
- Wie lassen sich die Füllen, Qualitäten und Kontexte der sozialen Welt in der Theorie wiedergeben?

(5) In diesen Fragen führen die Forschungen von Georges Devereux weiter, die von einer Prämisse ausgehen, die von der theologischen Anthropologie geteilt werden kann. Sein Ausgangspunkt ist die Feststellung, dass in der Sozialforschung die Lebendigkeit der Menschen, die erforscht werden, wie auch die Lebendigkeit der forschenden Person ein elementares und unverzichtbares Merkmal der Forschung ist, das nicht ausgeklammert werden darf. Lebensphänomene müssen als Lebensphänomene behandelt und in der Theorie zum Ausdruck gebracht werden.

Ein Merkmal der Lebendigkeit ist die wechselseitige Wahrnehmungsfähigkeit. Deshalb müssen die Interaktion und ihre Implikationen als die Grundlagen der Methoden der Sozialforschung reflektiert werden. Jedes Verhalten ist bereits eine Reaktion auf ein anderes. Deshalb gibt es keinen „unbeteiligten Beobachter" und keine Theoriebildung, die nicht selbst von der Interaktion beeinflusst ist. Zu den Implikationen der Wechselseitigkeit und Interaktion gehören die Persönlichkeit, Ängste und Vermeidungsstrategien sowie Vorlieben und Interessen der forschenden Person, die manifesten und latenten persönlichen und sozialen Strukturen sowie die Komplementarität von Rollen und Reaktionen in der Sozialwelt. Diese beeinflussen die Wahrnehmungen der forschenden Person im Feld, ihre Erkenntnis und Theoriegenerierung. Wenn nun das Verhalten der forschenden Person und die Einflüsse auf das soziale Feld, das sie erforschen will, nicht zu neutralisieren sind, so können die Einflüsse doch zumindest teilweise reflektiert und benannt werden. Die forschende Person kann ihr Verhalten dazu einsetzen, das Verhalten anderer in einer menschlichen Weise zu stimulieren, indem sie sich und die anderen als Subjekte betrachtet. Der produktivste Weg, andere Menschen zu erforschen, ist die eigene Menschlichkeit.

Jede Forschung in der Sozialwelt ist von Verzerrungen gezeichnet, die durch die Lebendigkeit der beteiligten Personen, ihre Wechselseitigkeit und Interaktion entstehen. Es ist nicht möglich, diesen Verzerrungen auszuweichen, denn jedes Ausweichmanöver führt zu neuen Ausblendungen und Verzerrungen. Der Weg zu wissenschaftlichen Theorien führt über die Anerkennung und Reflexion dieser Verzerrungen. Die Vielfalt der jeweils in sich verzerrten oder pointierten Untersuchungen als Teilbilder der Sozialwelt zusammen ergibt in ihren Ergänzungen ein genaueres Bild.

Sozialforschung zeigt sich hier als eine *Praxis*, die kompetentes Sozialverhalten und einen menschlichen Umgang mit den anderen Menschen und mit sich selbst erfordert. Sie kann nur teilweise als eine theoretische Reflexion betrieben werden. Theologie und Glaube kommen hier in einer neuen Weise ins Spiel: sie *befähigen*, die anderen Menschen und sich selbst als lebendige Subjekte zu betrachten und menschlich mit ihnen und sich umzugehen, sie befähigen aber auch, eigene und fremde Unzulänglichkeiten annehmen und reflektieren zu können, sie befähigen, Optionen treffen und diese auch gegen Widerstände oder Erfolglosigkeit durchtragen zu können.

(6) In der Frage der konkreten methodischen Forschungspraxis führt das Verfahren der Grounded Theory in geeigneter Weise weiter.

- Das *forschende Subjekt* hat einen konstitutiven Ort in der Methode. Damit ist die Theoriegenerierung nicht abstrakt und kontextlos konzipiert, sondern in Verbindung mit dem forschenden Subjekt. Für die Praktische Theologie ist im forschenden Subjekt der konzeptionell verankerte Ort von persönlicher Spiritualität und theologischer Erkenntnis, die die theologischen Prämissen, Ziele, Optionen und die ethische Forschungshaltung sowie den gesamten Forschungsprozess prägen.
- Die *Subjektivität der Menschen in der Sozialwelt* kommt zur Geltung. Die Menschen sollen in ihrer eigenen Stimme „zur Sprache kommen", ihre subjektive Sicht, ihre Lebendigkeit, ihre Kontextualität soll in der Theorie erhalten bleiben, so dass die Rezipientinnen und Rezipienten der Theorie für die Menschen in der Sozialwelt sensibilisiert werden. Die Spannung zwischen Allgemeinheitsanspruch der Wissenschaft und Partikularität der sozialen Welt ist nicht aufzulösen, sondern sie kommt zur Darstellung.
- Es wird die *Kontinuität zwischen Ursprungssinn und Anwendungssinn* gewahrt. Bereits die Fragestellung wird aus den Relevanzen des untersuchten Praxisbereichs heraus entwickelt und eingegrenzt, der Ursprungssinn wird erhoben und in der Theorie gewahrt, und zugleich wird auf den Nutzen der Theorie für die Wissenschaft oder (mehr noch) für einen Praxisbereich reflektiert und in der Theorie ein möglicher Zusammenhang zwischen Ursprungssinn und Anwendungssinn hergestellt.
- Die *Gültigkeit der Theorie* wird nicht abstrakt und allgemein behauptet, sondern einerseits in einem theoretischen Bezugsrahmen, der aus dem Gegenstandsbereich in der Praxis gewonnen worden ist, und andererseits im Kommunikations-

prozess der Diskursgemeinschaft verortet. Dadurch wird der Schein einer in sich geschlossenen, allgemeingültigen theoretischen Welt gebrochen.
- In der Grounded Theory findet die Praktische Theologie damit eine geeignete Methode, die sie unter ihren theologischen Prämissen mit den Methoden aus ihrer eigenen Tradition verbinden kann.

(7) In der praktischen Sozialforschung mit Menschen sind vor allem die Fragen der Forschungsethik und der wissenschaftlichen Gültigkeit der Ergebnisse zu klären. Den beginnenden interdisziplinären Diskurs um die Forschungsethik in der Sozialforschung muss die Praktische Theologie zur Kenntnis nehmen und berücksichtigen, sie sollte ihn aber auch in Zusammenarbeit mit der Moraltheologie und Sozialethik konstruktiv mitbestimmen. Die Gültigkeit der Erkenntnisse über die soziale Wirklichkeit kann nicht allein von naturwissenschaftlichen Gütekriterien her beurteilt werden, vielmehr müssen diese auf den Bereich der durch Bedeutung strukturierten und konstituierten sozialen Wirklichkeit hin modifiziert werden. Dann aber lässt sich die Gültigkeit der praktisch-theologischen Erkenntnisse über die Praxis im wissenschaftlichen Diskurs behaupten.

7.2 Perspektiven zur Weiterentwicklung von Methodologie und Methoden in der Praktischen Theologie - ein Ausblick

Es war das Anliegen der vorliegenden Arbeit, einen Beitrag zur wissenschaftlichen Grundlegung von praktisch-theologischen Methoden zu leisten und neue Impulse für die Diskussion um die Methodologie der Praktischen Theologie zu geben. Die Erarbeitung der anstehenden Fragen erfolgte nicht als ein summarischer Überblick, sondern exemplarisch und anamnetisch-rekonstruktiv. Durch die Konzentration auf einige Schwerpunkte konnten viele andere Bereiche, die für die methodologische Diskussion von Bedeutung sind, allenfalls am Rande Erwähnung finden. In welchen Bereichen wäre weiterzuarbeiten?

Aufarbeitung weiterer Ansätze aus der Grundlagenforschung
In weiteren Forschungen müssten die Ansätze des Pragmatismus und des Symbolischen Interaktionismus aufgegriffen und praktisch-theologisch reflektiert werden, da sie zum Verstehen und zur Begründung qualitativer Forschungsmethoden und ihrer Entwicklung unerlässlich sind. Auch die Diskussion um das Fremdverstehen in den 1970er Jahren, durch die zunächst die Arbeitsgruppe Bielefelder Soziologen die Entwicklung qualitativer Methoden im deutschsprachigen Raum angeregt und forciert hat, muss neu aufgegriffen und, unter praktisch-theologischem Blickwinkel, weiterentwickelt werden.

Integration einer Vielfalt von Methoden in der Praktischen Theologie
In der vorliegenden Arbeit habe ich bei der Diskussion um die Begründung von Methoden der Sozialforschung vor allem auf qualitative Methoden Bezug genommen und mich auf die Vorstellung der Grounded Theory als einem brauchbaren Rahmenmodell qualitativer Forschung beschränkt. Doch wäre es sinnvoll, unter der Perspektive theologischer Prämissen und Ziele weitere Methoden für die Praktische Theologie zu reflektieren. Dies schließt auch quantitative Methoden ein, denn für viele gesellschaftliche Bereiche, wie z.B. den Bereich der Armut, ist es sinnvoll, mit einer Kombination verschiedener Methoden zu forschen, um sowohl die eigenen Erfahrungen und Deutungen der Menschen als auch die Verbreitung von sozialen Phänomenen erfassen zu können. Zudem kann Praktische Theologie sich nur dann kompetent in den Streit um gesellschaftliche Verhältnisse einmischen, wenn sie sich nicht nur mit Ergebnissen von sozialwissenschaftlichen Erhebungen konfrontiert weiß, sondern auch die Methoden und die ihnen zugrunde liegenden Prämissen und Ziele beurteilen kann.

Die in dieser Arbeit angesprochenen Begründungsfragen gelten für quantitative Forschung genauso wie für qualitative, nur müssen sie dort anders auf die Entwicklung von Methoden umgesetzt werden. Auch hier sind z.B. Sinnverschiebungen zwischen Ursprungssinn, Theorie und Anwendungssinn, die Bedeutung der Kommunikation während der Erhebung, Verzerrungen in der Theoriebildung durch Perspektiven, Interessen und Prämissen des forschenden Subjekts und anderes mehr zu berücksichtigen. Die spezifischen Fragen und Diskussionen der quantitativen Methodologie müssen in der Praktischen Theologie aufgenommen und weiter reflektiert werden.

Eigene praktisch-theologische Methoden
In der katholischen Praktischen Theologie hat mit dem Dreischritt „Sehen – Urteilen – Handeln" ein eigenes methodisches Vorgehen Verbreitung gefunden und inzwischen eine eigene Tradition begründet. Die Schwierigkeiten, die mit der Verwendung des Dreischritts in der wissenschaftlichen Forschung verbunden sind, wurden aufgezeigt, ebenso wie die Varianten und Weiterentwicklungen in der lateinamerikanischen Theologie der Befreiung. Es wäre ein interessantes Projekt, den Dreischritt im europäischen Kontext zu einer wissenschaftlichen Methode der Praktischen Theologie weiterzuentwickeln; die gründlichen Arbeiten in der lateinamerikanischen Theologie der Befreiung sind hierzu hilfreich, aber nicht unmittelbar übertragbar, da diese eine kontextuelle Theologie ist. Denkbar wäre es auch, andere Methoden explizit unter theologischen Prämissen zu reflektieren und als praktisch-theologische Methoden auszuarbeiten.

Eigene praktisch-theologische empirische Forschungen
Gerade angesichts der beschleunigten gesellschaftlichen Veränderungsprozesse ist auch das Leben und der Glaube der Menschen raschen Veränderungen ausgesetzt, die nicht mehr mit tradierten Kategorien allein angemessen zu erfassen und zu verstehen sind. Wenn Praktische Theologie die Praxis reflektieren, verstehen und unter-

stützen will, muss sie verstärkt eigene empirische Forschungen durchführen. Dies ist vor allem in den Bereichen der gelebten Religiosität und des Glaubens erforderlich, die von anderen Wissenschaften kaum erforscht werden. In der Religionspädagogik und der Pastoraltheologie sind im letzten Jahrzehnt bereits viele empirische Forschungsprojekte durchgeführt worden. Hier kommt es nun darauf an, dass die Ergebnisse in den verschiedenen theologischen Disziplinen auch wahrgenommen werden und in den theologischen Diskurs mit einfließen.

Da die Theologie mit eigenen Prämissen und Zielen forscht, da sie ein spezifisches Menschenbild und ein spezifisches Bild vom Heil und Unheil der Menschen hat, ist es sinnvoll, dass sich die Theologie mit eigenen empirischen Forschungen in gesellschaftlichen Diskussionen wie der Armutsdiskussion, den Fragen der gesellschaftlichen Konfliktlösungen, der Erwerbslosigkeit und Verteilung von Arbeitsplätzen, der Integration von Minderheiten oder des Zusammenlebens unterschiedlicher Religionen u.a. in den Streit um die Definition der Wirklichkeit einmischt und sich an der Erarbeitung von Lösungskonzepten beteiligt.

Im Zusammenhang mit solchen empirischen Forschungen werden die ihnen zugrunde liegenden methodologischen Fragen deutlich und die Diskussionen um sie vertieft werden.

Ausbildung in empirischen Forschungsmethoden und ihren Grundlagen

Dies macht eine Ausbildung in empirischen Forschungsmethoden und ihren Grundlagen in der Praktischen Theologie erforderlich. In ihr können theoretische und methodologische Fragen anhand von kleineren Forschungsprojekten erläutert werden. In forschungspraktischen Seminaren können die vielfältigen Probleme der Erhebung und Auswertung von Daten an Projekten diskutiert werden. Eine methodische Ausbildung im Theologiestudium wird dazu beitragen, die emprische Forschung und die Diskussion um empirische Methoden in der Praktischen Theologie auszuweiten und wird langfristig zu einem kompetenten interdisziplinären Diskurs beitragen.

Theologische Weiterführung

Die Diskussion um die Methodologie rührt nicht zuletzt auch an theologische Fragen, die in Bezug auf die Methodologie noch weiter reflektiert werden können, als es im Rahmen dieser Arbeit möglich war. So wurden Fragen einer theologischen Sicht der zwischenmenschlichen Beziehung angesprochen – hier könnten die Ansätze etwa von Martin Buber[633] oder Carter Heyward[634] weiterführend sein. Es wurden Fragen einer theologischen Theorie kommunikativen Handelns berührt, hierzu haben z.B. Helmut Peukert[635] und Edmund Arens[636] gearbeitet. Im interdisziplinären Diskurs stellt sich die Frage nach dem Umgang mit unterschiedlichen Wahrheitsansprüchen. Im Blick auf das Wahrheitsverständnis sowie auf Reichweite und Status wahrer Sätze in der Theologie kann an die Arbeiten von Armin Kreiner angeknüpft wer-

---

[633] Vgl. Buber (1954/ 1979), Das dialogische Prinzip.
[634] Vgl. Heyward (1987): Und sie rührte sein Kleid an.
[635] Vgl. Peukert (1978): Wissenschaftstheorie - Handlungstheorie - Fundamentale Theologie.
[636] Vgl. Arens (1982): Kommunikative Handlungen; ders. (1989): Bezeugen und Bekennen.

den.[637] Die Frage konkurrierender Wahrheitsansprüche wird theologisch heute vor allem in der Diskussion um die pluralistische Religionstheologie geführt, hier kann grundlegend auf Perry Schmidt-Leukel verwiesen werden.[638] Zudem müsste theologisch an Fragen der Ethik im Bereich der Datenerhebung, -auswertung und -verwendung gearbeitet werden, und die Theologie müsste diese Fragen auch im interdisziplinären Diskurs wach halten. Empirische Forschungen zur religiösen Erfahrung, zur gelebten Religiosität und ihren Ausdrucksmitteln können die theologische und religionsphilosophische Diskussion um die religiöse Erfahrung und um die Veränderungsprozesse der Religion in der Gesellschaft bereichern.

Die empirische Forschung, die den Menschen nicht nur in seiner menschlichen, sondern auch in seiner kreatürlichen Umwelt betrachtet, wirft theologische Fragen des Umgangs mit anderen Lebewesen auf. Die sog. anthropologische Wende in der Theologie hat die Dignität des Menschen in das Bewusstsein zurückgerufen. Es bleibt die Frage, ob der Mensch sich allein in Abgrenzung zu seinen Mitgeschöpfen begreifen sollte, oder ob er, – in Bezug auf den Gott, der ein lebendiger Gott ist, ein Gott der Lebenden, der auch andere Wesen als allein den Menschen ins Leben gerufen hat –, sich nicht auch von der Gemeinsamkeit her begreifen sollte, die er mit allen lebendigen Wesen teilt: der Lebendigkeit.

---

[637] Vgl. Kreiner (1992): Ende der Wahrheit?
[638] Vgl. Schmidt-Leukel (1997): Theologie der Religionen.

GLOSSAR
ZU SOZIALWISSENSCHAFTLICHEN BEGRIFFEN

Feldforschung: Die Erforschung soziokultureller Lebensverhältnisse im Rahmen ihrer alltäglichen, vertrauten Umwelt. Sie zeichnet sich durch Offenheit gegenüber unerwarteten Sachverhalten, Realitätsnähe und hohe externe Validität ihrer Ergebnisse aus. Der Gegensatz ist die Laboratoriumsforschung, bei der unter kontrollierten Bedingungen in künstlichen Situationen Untersuchungen durchgeführt werden.

Formale Theorie: Eine Theorie, die aus dem Vergleich ungleichartigen Gruppen oder Kategorien entlang einer Eigenschaft gewonnen wird.

In–vivo-Kodes: Bezeichnende Wörter und Phrasen von Personen aus der Feldstudie.

Indikation: Angemessenheit (z.B. der Forschungsmethoden).

Kodierung: Der Prozess der Datenanalyse.

Konzepte: Bezeichnungen für Phänomene (Vorkommnisse, Ereignisse, Handlungen u.a.).

Materiale Theorie: Eine Theorie, die durch den Vergleich artverwandter Gruppen oder Kategorien gewonnen wird.

Memo: Schriftliche Notizen, die den Analyseprozess der Daten begleiten.

Panel: Längsschnittuntersuchung, bei der in bestimmten Zeitabständen für eine gleich bleibende Untersuchungseinheit die gleichen Merkmale erhoben werden (meist zwei oder drei Panel-Wellen).

Reliabilität: Zuverlässigkeit eines wissenschaftlichen Versuchs, Verlässlichkeit eines Forschungsinstruments.

Sample: Stichprobe, Auswahlverfahren.

Sampling: Auswahl einer Datenquelle, eines Falls, einer Stichprobe, eines Ereignisses etc.

Sensitizing concepts: Erschließende Begriffe, die ihre Bedeutung nicht aus theoretischen Definitionen, sondern aus dem sozialen Umfeld gewinnen, im dem sie gebraucht werden. Sie sensibilisieren für die Wahrnehmung dieses sozialen Bedeutungsfeldes.

Survey: Überblicksstudien Erhebung der Meinungs- und Marktforschung.

Theoretische Sättigung: Der Zeitpunkt in einem Forschungsprozess, an dem durch Vergleiche keine wesentlichen neuen Aspekte auftauchen.

Theoretisches Sampling: Eine gezielte, systematische Auswahl einer Datenquelle oder eines Falles, die durch eine gefundene oder sich entwickelnde Theorie vorgezeichnet ist.

Validität: Gültigkeit; Genauigkeit der Übereinstimmung der Ergebnisse mit dem tatsächlichen Sachverhalt.

LITERATURVERZEICHNIS

Antony, Bernhard (1982): Arbeiterleben und Arbeitswelt mit Hoffnung sehen. Impulse J. Cardijns zur Lebensbetrachtung (Revision de vie). In: Bernhard Antony: Zur Arbeiterschaft – zur Arbeiterbewegung entschieden. 100 Jahre Joseph Cardijn. Mainz, 144-167.

Antony, Bernhard (1982): Zur Arbeiterschaft - zur Arbeiterbewegung entschieden. 100 Jahre Joseph Cardijn.

Antony, Bernhard (2001): Art. Cardijn, Josef. In: Lexikon der Religionspädagogik Bd. 1. Neukirchen, 252-254.

Arens, Edmund (1982): Kommunikative Handlungen. Die paradigmatische Bedeutung der Gleichnisse Jesu für eine Handlungstheorie. Düsseldorf.

Arens, Edmund (1989): Bezeugen und Bekennen. Elementare Handlungen des Glaubens. Beiträge zur Theologie und Religionswissenschaft. Düsseldorf.

Arens, Edmund (Hg.) (1989): Habermas und die Theologie. Beiträge zur theologischen Rezeption, Diskussion und Kritik der Theorie kommunikativen Handelns. Düsseldorf.

Arnold, Franz Xaver u.a. (Hg.) (1964-1972): Handbuch der Pastoraltheologie. Praktische Theologie der Kirche in ihrer Gegenwart. 5 Bde. Freiburg.

Avé-Lallemant, Eberhard (1988): Die Phänomenologische Bewegung. Ursprung, Anfänge und Ausblick. In: Hans Rainer Sepp (Hg.): Edmund Husserl und die phänomenologische Bewegung. Zeugnisse in Text und Bild. Im Auftrag des Husserl-Archivs. Freiburg München, 61-75.

Baeyer, Alexander von (1971): Einleitung. In: Alfred Schütz: Gesammelte Aufsätze. Bd. 3. Hrsg. von Ilse Schütz. Den Haag, 9-29.

Ballard, Paul/ Pamela Couture (Hg.) (1999): Globalisation and Difference. Practical Theology in a World Context. Cardiff.

Ballard, Paul/ Pamela Couture (Hg.) (2001): Creativity, Imagination and Criticism. The Expressive Dimension in Practical Theology, Cardiff.

Bauman, Zygmunt (1997): Flaneure, Spieler und Touristen. Essays zu postmodernen Lebensformen. Hamburg.

Baumann, Zygmunt (1995): Moderne und Ambivalenz. Das Ende der Eindeutigkeit. Frankfurt a. Main.

Bautz, Friedrich Wilhelm (1990): Art: „Cardijn", in: Biographisch-Bibliographisches Kirchenlexikon. Bd. 1. Nordhausen. Sp. 927.

Beck, Ulrich (1986): Risikogesellschaft. Auf dem Weg in eine andere Moderne. Frankfurt a. Main 1986.

Berger, Peter L./ Thomas Luckmann (1982): Die gesellschaftliche Konstruktion der Wirklichkeit. Eine Theorie der Wissenssoziologie. Mit einer Einleitung zur deutschen Ausgabe von Helmuth Plessner. Übersetzt von Monika Plessner. Frankfurt a. Main (5. Aufl.; zuerst 1969).

Biemel, Walter (1989): Dank an Löwen. Erinnerungen an die Zeit von 1945 – 1952. In: Profile der Phänomenologie. Zum 50. Todestag von Edmund Husserl. Hrsg. von Ernst Wolfgang Orth im Auftrag der Deutschen Gesellschaft für phänomenologische Forschung. Freiburg München (Phänomenologische Forschungen Bd. 22), 236-268.

Blumer, Herbert (1937): Social Psychology. In: Emerson P. Schmidt (Hg.): Man and Society. New York, 144-198.

Blumer, Herbert (1949): The Problem of the Concept in Social Psychology. In: American Journal of Sociology 45 707-719.

Blumer, Herbert (1954): What is Wrong with Social Theory. In: American Sociological Review 19, 3-10.

Boff, Clodovis (1986): Theologie und Praxis. Die erkenntnistheoretischen Grundlagen der Theologie der Befreiung. München Mainz (3. Aufl.) (zuerst dt. 1983; orig. portug.: „Teologia e Prática – Teologia do Politico e suas mediacoes". Pétropolis 1978).

Boff, Coldovis (1995): Wissenschaftstheorie und Methode der Theologie der Befreiung. In: Ignacio Ellacuría/ Jon Sobrino (Hg.): Mysterium Liberationis. Grundbegriffe der Theologie der Befreiung. Bd. 1. Luzern, 63-97.

Boff, Leonardo/ Boff Clodovis (1988): Wie treibt man Theologie der Befreiung? Düsseldorf (3. Aufl.; orig. portug.: „Como fazer theologia da libertacao". Pétropolis 1986).

Bohnsack, Ralf (1999): Rekonstruktive Sozialforschung. Einführung in Methodologie und Praxis qualitativer Forschung. Opladen (3. überarbeitete und erweiterte Aufl.).

Bokelmann, Ulrike (1987): Georges Devereux. In: Hans Peter Duerr: Die wilde Seele. Zur Ethnopsychoanalyse von Georges Devereux. Frankfurt a. Main, 9-31.

Brachel, Hans-Ulrich von/ Norbert Mette (Hg.) (1985): Kommunikation und Solidarität. Beiträge zur Diskussion des handlungstheoretischen Ansatzes von Helmut Peukert in Theologie und Sozialwissenschaften. Freiburg (Schweiz) Münster.

Brighenti, Agenor (1994): Raíces de la epistemología y del método de la teología latinoamericana. In: Medellín 78, 207-254.

Brose, Hans-Georg/ Bruno Hildenbrand (Hg.) (1988): Vom Ende des Individuums zur Individualität ohne Ende. Opladen.

Browning, Don S. (1987): Practical Theology and Religious Education. In: Lewis S. Mudge/ James N. Poling (Hg.): Formation and Reflection. The Promise of Practical Theology. Philadelphia, 79-102.

Browning, Don S. (1991): A Fundamental Practical Theology. Descriptive and Strategic Proposals. Minneapolis.

Buber, Martin (1979): Das dialogische Prinzip. Heidelberg (4. Aufl.; zuerst 1954).

Bucher, Anton A. (2003): Überlegungen zu einer Metatheorie der Religionspädagogik. In: Religionspädagogische Beiträge 51, 21-36.

Bucher, Rainer (2003): Über Stärken und Grenzen der „Empirischen Theologie". In: Theologische Quartalschrift 182, 128-154.

Cardijn, Joseph (1955): Die Schicksalsstunde der Arbeiterschaft. Ansprachen um Ostern 1948 im Kolleg St. Paul zu Godinne a.d. Maas vor den Gebietsleitern der CAJ und im Cénacle zu Brüssel vor den Gebietsleiterinnen der CAJF. Essen (Nationalleitung der CAJ Deutschlands).

Cardijn, Joseph (1956): Das Apostolat der jungen Arbeiter. Zusammenstellung und Übersetzung aus dem Fanzösischen besorgte das Zentralsekretariat der KAJ/M Österreich in Wien. Feldkirch.

Cardijn, Joseph (1963): Mitten im Leben. Vorträge. (Nationalleitung der CAJ). Essen.

Cardijn, Joseph (1964): Laien im Apostolat. Kevelaer.

Cardijn, Joseph (o.J.): Führe mein Volk in die Freiheit! Vollständige Übersetzung aus dem französischen Original „Va Libérer mon peuple! Gedanken von Joseph Cardijn zu wesentlichen Themen unserer Zeit". Hg. von Johann Ascherl, Jugendbildungsstätte der KAB & CAJ Waldmünchen, CAJ Bundesleitung. Waldmünchen.

Chopp, Rebecca S. (1987): Practical Theology and Liberation. In: Lewis S. Mudge/ James N. Poling (Hg.): Formation and Reflection. The Promise of Practical Theology. Philadelphia, 120-138.

Claesges, Ulrich (1972): Zweideutigkeiten in Husserls Lebensweltbegriff. In: Ulrich Claesges/ Klaus Held (Hg.): Perspektiven transzendentalphänomenologischer Forschung. Für Ludwig Landgrebe zu seinem 70. Geburtstag von seinen Kölner Schülern. Den Haag, 85-101.

Cobb, John B. (1992): Empirical Theology and Pastoral Theology. In: Randolph Crump Miller (Hg.): Empirical Theology. A Handbook. Birmingham (USA), 247-263.

Collet, Giancarlo (1992): „Den Bedürftigsten solidarisch verpflichtet". Implikationen einer authentischen Rede von der Option für die Armen. In: Jahrbuch für Christliche Sozialwissenschaften 33, 67-84.

Couture, Pamela/ Bonnie J. Miller-McLemore (Hg.) (2003): Poverty, Suffering and HIV-AIDS. International Practical Perspectives. Cardiff.

Cramer, Konrad (1996): Das cartesianische Paradigma und seine Folgelasten. In: Sybille Krämer (Hg.): Bewußtsein. Frankfurt a. Main, 112-132.

Devereux, Georges (1951): Reality and Dream. The Psychotherapy of a Plain Indian. Preface by Karl Menninger and Robert H. Lowie. New York (dt.: Realität und Traum. Psychotherapie eines Prärie-Indianers. Frankfurt a. Main 1985).

Devereux, Georges (1969): Mohave Ethnopsychiatry. Washington.

Devereux, Georges (1984): Angst und Methode in den Verhaltenswissenschaften. Frankfurt a. Main (dt. zuerst München 1973; orig. engl: From Anxiety to Method in the Behavioural Sciences. Paris Den Haag 1967).

Devereux, Georges (1985): Träume in der griechischen Tragödie. Eine ethnopsychoanalytische Untersuchung. Frankfurt a. Main (orig.: Dreams in Greek Tragedy. An Ethno-Psycho-Analytical Study. Oxford 1976).

Devereux, Georges (1987): Nachwort. In: Hans Peter Duerr (Hg.): Die wilde Seele. Zur Ethnopsychoanalyse von Georges Devereux. Frankfurt a. Main, 446-467.

Devereux, Georges/ Ekkehard Schröder (1984): „Ich habe das Recht, ich zu sein und kein anderer". Ein Gespräch zwischen Georges Devereux und Ekkehard Schröder, geführt am 31. Januar 1984 in Antony. In: Ekkehard Schröder/ Dieter H. Frießem im Auftrag der Arbeitsgemeinschaft Ethnomedizin (Hg.): Georges Devereux zum 75. Geburtstag. Eine Festschrift. Braunschweig Wiesbaden, 9-29.

Die Kirche Lateinamerikas (1979). Dokumente der II. und III. Generalversammlung des Lateinamerikanischen Episkopats in Medellín und Puebla. Hrsg. vom Sekretariat der Deutschen Bischofskonferenz. (Stimmen der Weltkirche 8). Bonn.

Drews, Paul (1901): „Religiöse Volkskunde" – eine Aufgabe der Praktischen Theologie. In: Monatsschrift für kirchliche Praxis, 1-8.

Drews, Paul (1910): Das Problem der Praktischen Theologie. Zugleich ein Beitrag zur Reform des theologischen Studiums. Tübingen.

Endreß, Martin (1999): Alfred Schütz (1899 – 1959). In: Dirk Kaesler (Hg.): Klassiker der Soziologie. Bd. 1. München, 334-349.

Engelhardt, Klaus (Hg.) (1997): Fremde Heimat Kirche. Die dritte EKD-Erhebung über Kirchenmitgliedschaft. Gütersloh.

Ethik-Kodex der Deutschen Gesellschaft für Soziologie und des Berufsverbandes Deutscher Soziologen (1993). In: DGS-Informationen 1/1993, 13-19.

Exeler, Adolf/ Norbert Mette (1974): Das Theorie-Praxis-Problem in der Praktischen Theologie des 18. und 19. Jahrhunderts. In: Ferdinand Klostermann/ Rolf Zerfaß (Hg.): Praktische Theologie heute. München Mainz, 65-80.

Failing, Wolf-Eckart/ Hans-Günter Heimbrock (1998): Gelebte Religion wahrnehmen. Lebenswelt – Alltagskultur – Religionspraxis. Stuttgart Berlin Köln.

Farley, Edward (1987): Interpreting Situations. An Inquiry into the Nature of Practical Theology. In: Lewis S. Mudge/ James N. Poling (Hg.): Formation and Reflection. The Promise of Practical Theology. Philadelphia, 1-26.

Feeser-Lichterfeld, Ulrich/ Tobias Kläden (2002): Empirisch-theologische Forschung – Stolperstein oder Baustein der Pastoralästhetik? In: Walter Fürst (Hg.):

Pastoralästhetik. Die Kunst der Wahrnehmung und Gestaltung in Glaube und Kirche. Freiburg i. Br. Basel Wien (Quaestio disputatae 199), 311-319.

Feige, Andreas/ Ingrid Lukatis (2004): Empirie hat Konjunktur. Ausweitung und Differenzierung der empirischen Forschung in der deutschsprachigen Religions- und Kirchensoziologie seit den 90er Jahren – ein Forschungsbericht. In: Praktische Theologie 39, 12-32.

Feiter, Reinhard (2002): Antwortendes Handeln. Praktische Theologie als kontextuelle Theologie. Münster Hamburg London 2002.

Fischer, Dietlind/ Albrecht Schöll (Hg.) (2000): Religiöse Vorstellungen bilden. Erkundungen zur Religion von Kindern über Bilder. Münster (Comenius-Institut).

Flick, Uwe (1995): Qualitative Forschung. Theorie, Methoden, Anwendung in Psychologie und Sozialwissenschaften. Reinbek b. Hamburg.

Flick, Uwe (1995): Stationen des qualitativen Forschungsprozesses. In: Uwe Flick u.a. (Hg.): Handbuch Qualitative Sozialforschung. Grundlagen, Konzepte, Methoden und Anwendungen. Weinheim (2. Aufl.), 148-173.

Flick, Uwe/ Ernst von Kardorff/ Heiner Keupp/ Lutz von Rosenstiel/ Stephan Wolff (Hg.) (1995): Handbuch Qualitative Sozialforschung. Grundlagen, Konzepte, Methoden und Anwendungen. Weinheim (2. Aufl.).

Flick, Uwe/ Ernst von Kardorff/ Ines Steinke (Hg.) (2000): Qualitative Forschung. Ein Handbuch. Reinbek b. Hamburg.

Fornet-Betancourt, Raúl (1997): Zur neuen theoretisch-methodologischen Abgrenzung. In: Ders. (Hg.): Befreiungstheologie. Kritischer Rückblick und Perspektiven für die Zukunft. Bd. 2: Kritische Auswertungen und neue Herausforderungen. Mainz, 361-381.

Fornet-Betancourt, Raúl (Hg.) (1997): Befreiungstheologie. Kritischer Rückblick und Perspektiven für die Zukunft. Bd. 2: Kritische Auswertungen und neue Herausforderungen. Mainz.

Friebertshäuser, Barbara/ Annedore Prengel (Hg.) (1997): Handbuch Qualitative Forschungsmethoden in der Erziehungswissenschaft. Weinheim München 1997.

Fuchs, Ottmar (2000): Wie funktioniert die Theologie in empirischen Untersuchungen? In: Theologische Quartalschrift 180, 191-210.

Fuchs, Ottmar (2001): Relationship between Practical Theology and Empirical Research. In: Journal of Empirical Theology 14, 5-19.

Fuchs, Ottmar (2002): „Komparative Theologie" in theologischer Absicht. In: Theologische Quartalschrift 182, 167-188.

Fuchs, Ottmar (Hg.) (1984): Theologie und Handeln. Beiträge zur Fundierung der Praktischen Theologie als Handlungstheorie. Düsseldorf.

Fuchs, Ottmar/ Rainer Bucher (2000): Wider den Positivismus in der Praktischen Theologie. In: Pastoraltheologische Informationen 20, 23-26.

Fürst, Walter (1986): Praktisch-theologische Urteilskraft. Auf dem Weg zu einer symbolisch-kritischen Methode der Praktischen Theologie. Zürich Einsiedeln Köln.

Gabriel, Karl (1994): Christentum zwischen Tradition und Postmoderne. (Quaestiones disputatae 141). Freiburg Basel Wien (3. Aufl.).

Garfinkel, Harold (1981): Das Alltagswissen über soziale und innerhalb sozialer Strukturen. In: Arbeitsgruppe Bielefelder Soziologen (Hg.): Alltagswissen, Interaktion und gesellschaftliche Wirklichkeit. Opladen (5. Aufl.), 189-262.

Geertz, Clifford (1987): Dichte Beschreibung. Beiträge zum Verstehen kultureller Systeme. Frankfurt a. Main.

Glaser, Barney G. (1978): Theoretical Sensitivity. Advances in the Methodology of Grounded Theory. Mill Valley 1978.

Glaser, Barney G./ Anselm L. Strauss (1974): Interaktion mit Sterbenden. Göttingen 1974 (orig. amerik.: Time for Dying. Chicago 1968).

Glaser, Barney G./ Anselm L. Strauss (1979): Die Entdeckung gegenstandsbezogener Theorie: Eine Grundstrategie qualitativer Sozialforschung. In: Christel Hopf, Elmar Weingarten (Hg.): Qualitative Sozialforschung. Stuttgart, 91-111.

Glaser, Barney G./ Anselm L. Strauss (1998): Grounded Theory. Strategien qualitativer Forschung. Aus dem Amerikanischen von Axel T. Paul und Stefan Kaufmann. Bern u.a. (orig. amerik.: The Discovery of Grounded Theory - Strategies for Qualitative Research. New York 1967).

Gräb, Wilhelm (2000): Praktische Theologie als Theorie der Kirchenleitung: Friedrich Schleiermacher. In: Christian Grethlein / Michael Meyer-Blanck (Hg.): Geschichte der Praktischen Theologie. Dargestellt anhand ihrer Klassiker. Leipzig, 67-110.

Grathoff, Richard (1995): Milieu und Lebenswelt. Einführung in die phänomenologische Soziologie und die sozialphänomenologische Forschung. Frankfurt a. Main (zuerst Frankfurt a. Main 1989).

Grathoff, Richard (Hg.) (1985): Alfred Schütz - Aron Gurwitsch: Briefwechsel 1939-1959. Mit einer Einleitung von Ludwig Landgrebe. München.

Grethlein, Christian/ Michael Meyer-Blanck (2000): Geschichte der Praktischen Theologie im Überblick – Eine Einführung. In: Christian Grethlein / Michael Meyer-Blanck (Hg.): Geschichte der Praktischen Theologie. Dargestellt anhand ihrer Klassiker. Leipzig, 1-65.

Grethlein, Christian/ Michael Meyer-Blanck (Hg.) (2000): Geschichte der Praktischen Theologie. Dargestellt anhand ihrer Klassiker. Leipzig.

Grözinger, Albrecht/ David Plüss/ Adrian Portmann/ Dominik Schenker (2000): Empirische Forschung als Herausforderung für Theologie und Kirche. In: Manfred Bruhn/ Albrecht Grözinger: Kirche und Marktorientierung. Impulse aus der Ökumenischen Baseler Kirchenstudie. Freiburg (Schweiz), 13-32.

Guerre, René/ Maurice Zinty (1963): Beseelen statt befehlen. Priester der Christlichen Arbeiterjugend. Augsburg (4. Aufl.) (dt. zuerst 1958; orig. franz.: Des Prêtres pour la jeunesse ouvrière, Paris 1956).

Gutiérrez, Gustavo (1984): Die historische Macht der Armen. Aus dem Spanischen von Horst Goldstein. (Fundamentaltheologische Studien Bd. 11) München Mainz (orig.: La fuerza histórica de los pobres).

Gutiérrez, Gustavo (1988): Theorie und Erfahrung im Konzept der Theologie der Befreiung. In: Johann Baptist Metz/ Peter Rottländer (Hg.): Lateinamerika und Europa. Dialog der Theologen. (Gesellschaft und Theologie: Forum politische Theologie Bd. 8). München Mainz, 48-60.

Habermas, Jürgen (1969): Technik und Wissenschaft als „Ideologie". Frankfurt a. Main.

Habermas, Jürgen (1970): Zur Logik der Sozialwissenschaften. Frankfurt a. Main.

Habermas, Jürgen (1973): Erkenntnis und Interesse. Frankfurt a. Main.

Habermas, Jürgen (1987): Theorie des kommunikativen Handelns. Bd. 1: Handlungsrationalität und gesellschaftliche Rationalisierung. Bd. 2: Zur Kritik der funktionalistischen Vernunft. Frankfurt a. Main (4. Aufl.; zuerst: Frankfurt a. Main 1981).

Hanisch, Helmut (1976): Die zeichnerische Entwicklung des Gottesbildes bei Kindern und Jugendlichen. Eine empirische Vergleichsuntersuchung mit religiös und nicht-religiös Erzogenen im Alter von 7-16 Jahren. Stuttgart Leipzig.

Hanselmann, Johannes (Hg.) (1984): Was wird aus der Kirche? Ergebnisse der zweiten EKD-Umfrage über Kirchenmitgliedschaft. Hannover.

Haslinger, Herbert, zus. mit Christiane Bundschuh-Schramm/ Ottmar Fuchs/ Leo Karrer/ Stephanie Klein/ Stefan Knobloch/ Gundelinde Stoltenberg (Hg.) (1999/ 2000): Praktische Theologie. Ein Handbuch. Bd. 1: Grundlegungen. Mainz; Bd. 2: Durchführungen. Mainz.

Hauschild, Eberhard/ Ulrich Schwab (Hg.) (2002): Praktische Theologie für das 21. Jahrhundert. Stuttgart.

Heimbrock, Hans-Günter (2001): Wahr-Nehmen der Gestalten von Religion. Ansatzpunkte, Interessen und Umrisse einer Praktischen Theologie auf phänomenologischer Basis. In: Georg Lämmlin/ Stefan Scholpp (Hg.): Praktische Theologie der Gegenwart in Selbstdarstellungen. Tübingen Basel, 218-237.

Hengsbach, Friedhelm (1982): Die Bedeutung J. Cardijns für die Revision der Katholischen Soziallehre. In: Bernhard Antony (Hg.): Zur Arbeiterschaft – zur Arbeiterbewegung entschieden. 100 Jahre Joseph Cardijn. Mainz, 127-143.

Heyward, Carter (1987): Und sie rührte sein Kleid an. Eine feministische Theologie der Beziehung. Mit einer Einleitung von Dorothee Sölle. Stuttgart (2. Aufl.; orig. amerik. The Redemption of God. A Theology of Mutual Relation, Washington 1982).

Hild, Helmut (Hg.) (1974): Wie stabil ist die Kirche? Bestand und Erneuerung. Ergebnisse einer Meinungsumfrage. Gelnhausen Berlin.

Hildenbrand, Bruno (1994): Vorwort. In: Anselm L. Strauss: Grundlagen qualitativer Sozialforschung. Datenanalyse und Theoriebildung in der empirischen und soziologischen Forschung. München, 11-17.

Hildenbrand, Bruno (1999): Fallrekonstruktive Familienforschung. Anleitungen für die Praxis. (Qualitative Sozialforschung 6). Opladen.

Hillmann, Karl-Heinz (1994): Wörterbuch der Soziologie. Stuttgart (4. Aufl.).

Hiltner, Seward (1958): Preface to Pastoral Theology. New York Nashville.

Hochstaffl, Josef (1999): Die Konzeption von Praxis. In: Herbert Haslinger u.a. (Hg.): Handbuch Praktische Theologie. Bd. 1: Grundlegungen. Mainz, 318-332.

Hoffmann-Riem, Christa (1980): Die Sozialforschung einer interpretativen Soziologie. Der Datengewinn. In: Kölner Zeitschrift für Soziologie und Sozialpsychologie 32, 339-373.

Hopf, Christel (2000): Forschungsethik und qualitative Forschung. In: Uwe Flick/ Ernst von Kardorff/ Ines Steinke (Hg.): Qualitative Forschung. Ein Handbuch. Reinbek b. Hamburg, 589-600.

Hunze, Guido/ Ulrich Feeser (2000): Von der Normativität zur Generativität des „Faktischen". Plädoyer für empirisch-kritische Denk- und Arbeitsweisen innerhalb der Theologie. In: Religionspädagogische Beiträge 45, 59-68.

Husserl, Edmund (1928): Vorlesungen zur Phänomenologie des inneren Zeitbewußtseins. Hrsg. von Martin Heidegger. Halle an d. Saale.

Husserl, Edmund (1936/ 1992): Die Krisis der europäischen Wissenschaften und die transzendentale Phänomenologie. (Text nach Husserliana VI). In: Edmund Husserl: Gesammelte Schriften Bd. 8. Hrsg. von Elisabeth Ströker. Hamburg.

Husserl, Edmund (1950/ 1992): Ideen zu einer reinen Phänomenologie. Erstes Buch: Allgemeine Einführung in die reine Phänomenologie. In: Edmund Husserl: Gesammelte Schriften Bd. 5. Hrsg. von Elisabeth Ströker. Hamburg.

Husserl, Edmund (1976): Erfahrung und Urteil. Untersuchungen zur Genealogie der Logik. Hrsg. von Ludwig Landgrebe. Hamburg (5. Aufl.).

Husserl, Edmund (1992): Formale und transzendentale Logik. Versuch einer Kritik der logischen Vernunft. (Text nach Husserliana XVII). In: Edmund Husserl: Gesammelte Schriften Bd. 7. Hrsg. von Elisabeth Ströker. Hamburg.

Husserl, Edmund (1992): Logische Untersuchungen Bd. 2, 1.Teil: Untersuchungen zur Phänomenologie und Theorie der Erkenntnis. (Text nach Husserliana XIX/1). In: Edmund Husserl: Gesammelte Schriften Bd. 3. Hrsg. von Elisabeth Ströker. Hamburg.

Inbody, Tyron (1992): History of Empirical Theology. In: Randolph Crump Miller (Hg.): Empirical Theology. A Handbook. Birmingham/ Alabama, 11-35.

Jahoda, Marie (1995): Marie Jahoda, Paul F. Lazarsfeld & Hans Zeisel: „Die Arbeitslosen von Marienthal". In: Flick, Uwe/ Ernst v. Kardorff/ Heiner Keupp/

Lutz v. Rosenstiel/ Stephan Wolff (Hg.): Handbuch Qualitative Sozialforschung. Grundlagen, Konzepte, Methoden und Anwendungen. Weinheim (2. Aufl.), 119-122.

Jahoda, Marie (1997): „Ich habe die Welt nicht verändert". Lebenserinnerungen einer Pionierin der Sozialforschung. Hrsg. von Steffani Engler und Brigitte Hansjürgen. Frankfurt a. Main New York.

Jahoda, Marie/ Paul F. Lazarsfeld/ Hans Zeisel (1975): Die Arbeitslosen von Marienthal. Ein soziographischer Versuch über Wirkungen langdauernder Arbeitslosigkeit. Frankfurt a. Main.

James, William (1893): Principles of Psychology. New York.

James, William (1997): Die Vielfalt religiöser Erfahrung. Eine Studie über die menschliche Natur. Frankfurt a. Main Leipzig (orig.: The Varieties of Religious Experience 1901/02).

Jaspers, Karl (1925): Psychologie der Weltanschauung. Berlin (3. Aufl.).

Josuttis, Manfred (1996): Einführung in das Leben. Pastoraltheologie zwischen Phänomenologie und Spiritualität. Gütersloh.

Jung, Matthias (1999): Erfahrung und Religion. Grundzüge einer hermeneutisch-pragmatischen Religionsphilosophie. Freiburg München.

Jüttemann, Gerd/ Hans Thomae (Hg.) (1999): Biographische Methoden in den Humanwissenschaften. Weinheim Basel.

Kaesler, Dirk (2000): Max Weber. Wirtschaft und Gesellschaft. In: Dirk Kaesler/ Ludgera Vogt (Hg.): Hauptwerke der Soziologie. Stuttgart, 443-450.

Karrer, Leo (1989): Aufbruch der Christen. Das Ende der klerikalen Kirche. München.

Karrer, Leo (1999): Die Stunde der Laien. Von der Würde eines namenlosen Standes. Freiburg.

Karrer, Leo (2001): Zu Optionen finden? Kriterien für Optionen. In: Ottmar Fuchs (Hg.): Pastoraltheologische Interventionen im Quintett – Zukunft des Evangeliums in Kirche und Gesellschaft. Mit einem Dokumentationsteil bisheriger Stellungnahmen. Norbert Greinacher zum 70. Geburtstag. Münster, 69-96.

Kaufmann, Franz-Xaver (2000): Wie überlebt das Christentum? Freiburg Basel Wien.

Kehl, Medhard (1994): Die Kirche. Eine katholische Ekklesiologie. Würzburg (3. Aufl.).

Kelle, Udo (1997): Empirisch begründete Theoriebildung. Zur Logik und Methodologie interpretativer Sozialforschung. (Statuspassagen und Lebensverlauf Bd. 6). Weinheim (2. Aufl.).

Kessler, Hans (2000): Gott und das Leiden seiner Schöpfung. Nachdenkliches zur Theodizee. Würzburg.

Keupp, Heiner (1999): Identitätskonstruktionen. Das Patchwork der Identitäten in der Spätmoderne. Reinbek b. Hamburg.

Kießling, Klaus (2002): Seelsorge bei Seelenfinsternis. Depressive Anfechtung als Provokation diakonischer Mystagogie. Freiburg Basel Wien.

Kirchenamt der EKD (Hg.) (2003): Kirche – Horizont und Lebensrahmen. Weltsichten, Lebensstile, Kirchenbindung. Vierte EKD-Erhebung über Kirchenmitgliedschaft. Hannover.

Klein, Stephanie (1994): Theologie und empirische Biographieforschung. Methodische Zugänge zur Lebens- und Glaubensgeschichte und ihre Bedeutung für eine erfahrungsbezogene Theologie. (Praktische Theologie heute Bd. 19). Stuttgart Berlin Köln.

Klein, Stephanie (1995): Der tradierte Glaube in der modernen Gesellschaft. In: Theologisch-praktische Quartalschrift 143, 351-360.

Klein, Stephanie (1995): Theologie im Kontext der Lebensgeschichte. In: Diakonia 26, 30-36.

Klein, Stephanie (1996): Erfahrungen der Spuren Gottes als Perspektive der Praktischen Theologie. In: Pastoaltheologische Infomationen 16, H. 1, 53-70.

Klein, Stephanie (1999): Der Alltag als theologiegenerativer Ort. In: Herbert Haslinger u.a. (Hg.): Praktische Theologie. Ein Handbuch. Bd. 1: Grundlegungen. Mainz, 60-67.

Klein, Stephanie (1999): Die Zusammenarbeit zwischen TheoretikerInnen und PraktikerInnen. In: Herbert Haslinger u.a. (Hg.): Handbuch Praktische Theologie Bd. 1: Grundlegungen. Mainz, 260-266.

Klein, Stephanie (1999): Methodische Zugänge zur sozialen Wirklichkeit. In: Herbert Haslinger u.a. (Hg.): Praktische Theologie. Ein Handbuch. Bd. 1: Grundlegungen. Mainz, 248-259.

Klein, Stephanie (2000): Gottesbilder von Mädchen als Zugang zu ihrer religiösen Vorstellungswelt. Methodische Überlegungen zum Erheben und Verstehen von Kinderbilden. In: Dietlind Fischer / Albrecht Schöll (Hg.): Religiöse Vorstellungen bilden. Erkundungen zur Religion von Kindern über Bilder. Münster (Comenius-Institut), 97-128.

Klein, Stephanie (2000): Gottesbilder von Mädchen. Bilder und Gespräche zur kindlichen religiösen Vorstellungswelt. Stuttgart Berlin Köln.

Klinger, Elmar (1984): Der Glaube des Konzils. Ein dogmatischer Fortschritt. In: Elmar Klinger/ Klaus Wittstadt (Hg.): Glaube im Prozeß. (Festschrift für Karl Rahner). Freiburg, 615-626.

Klinger, Elmar (1990): Armut. Eine Herausforderung Gottes. Der Glaube des Konzils und die Befreiung des Menschen. Zürich.

Klostermann, Ferdinand/ Rolf Zerfaß (Hg.) (1974): Praktische Theologie heute. München Mainz.

Knobloch, Stefan (1993): Wieviel ist der Mensch wert? Einzelseelsorge – Grundlagen und Skizzen. Regensburg 1993.

Knobloch, Stefan (1995): Was ist Praktische Theologie? (Praktische Theologie im Dialog 11). Freiburg (Schweiz).

Knobloch, Stefan (1996): Praktische Theologie. Ein Lehrbuch für Studium und Pastoral. Freiburg.

Knobloch, Stefan (2001): Art.: Mystagogie. In: Norbert Mette/ Folkert Rickers (Hg.): Lexikon der Religionspädagogik. Bd. 2 Neukirchen, 1368-1373.

Knobloch, Stefan/ Herbert Haslinger (Hg.) (1991): Mystagogische Seelsorge. Eine lebensgeschichtlich orientierte Pastoral. Mainz.

Köhl, Georg (2003): Lern-Ort Praxis. Ein didaktisches Modell, wie Seelsorge gelernt werden kann (Tübinger Perspektiven zur Pastoraltheologie und Religionspädagogik 15). Münster Hamburg London.

Kohli, Martin (1983): Thesen zur Geschichte des Lebenslaufs als sozialer Institution. In: Christoph Conrad/ Hans-Joachim von Kondratowitz (Hg.): Gerontologie und Sozialgeschichte. Wege zu einer historischen Betrachtung des Alters. Berlin, 133-147.

Konferenz der bayerischen Pastoraltheologen (Hg.) (1994): Das Handeln der Kirche in der Welt von heute. Ein pastoraltheologischer Grundriß. München.

Kreiner, Armin (1992): Ende der Wahrheit? Zum Wahrheitsverständnis in Philosophie und Theologie. Freiburg Basel Wien.

Krüger, Heinz-Hermann/ Winfried Marotzki (Hg.) (1999): Handbuch erziehungswissenschaftlicher Biographieforschung. Opladen.

Kruip, Gerhard (1996): Welche Optionen braucht die kirchliche Jugendarbeit in Deutschland? In: Hans Hobelsberger u.a. (Hg.): Ziele und Aufgaben kirchlicher Jugendarbeit. München, 149-168.

Lämmermann, Godwin (2001): Einleitung in die Praktische Theologie. Handlungstheorien und Handlungsfelder. Stuttgart Berlin Köln.

Lämmlin, Georg/ Stefan Scholpp (2001): Die „sanften Auen der Praktischen Theologie". In: Georg Lämmlin/ Stefan Scholpp (Hg.): Praktische Theologie der Gegenwart in Selbstdarstellungen. Tübingen Basel, 1-18.

Lämmlin, Georg/ Stefan Scholpp (Hg.) (2001): Praktische Theologie der Gegenwart in Selbstdarstellungen. Tübingen Basel.

Landgrebe, Ludwig (1988): Erinnerungen an meinen Weg zu Edmund Husserl und an die Zusammenarbeit mit ihm. In: Hans Rainer Sepp (Hg.): Edmund Husserl und die phänomenologische Bewegung. Zeugnisse in Text und Bild. Im Auftrag des Husserl-Archivs Freiburg i.Br. Freiburg München, 20-26.

Lehman, Karl (2004): Karl Rahner und die praktische Theologie. In: Zeitschrift für katholische Theologie 126, 3-15.

Lehmann, Karl (1974): Das Theorie-Praxis-Problem und die Begründung der Praktischen Theologie. In: Ferdinand Klostermann, Rolf Zerfaß (Hg.): Praktische Theologie heute. München Mainz 1974, 81-102.

Levinas, Emmanuel (1988): Husserl – Heidegger. In: Hans Rainer Sepp (Hg.): Edmund Husserl und die phänomenologische Bewegung. Zeugnisse in Text und Bild. Im Auftrag des Husserl-Archivs Freiburg i.Br. Freiburg München, 27-32.

Lonergan, Bernard J.F. (1971/ 1991): Methode in der Theologie. Leipzig (orig.: Method in Theology. London 1971).

Luther, Henning (1984): Religion, Subjekt, Erziehung. Grundbegriffe der Erwachsenenbildung am Beispiel der Praktischen Theologie Friedrich Niebergalls. München.

Luther, Henning (1992): Religion und Alltag. Bausteine zu einer Praktischen Theologie des Subjekts. Stuttgart.

Maier, Martin (1997): Differenzierung theologischer Diskurse: Ideologiekritik oder Hören auf das Volk? In: Raúl Fornet-Betancourt (Hg.): Befreiungstheologie. Kritischer Rückblick und Perspektiven für die Zukunft. Bd. 2: Kritische Auswertungen und neue Herausforderungen. Mainz, 11-24.

Martí, Casimir (1978): Unterscheidung und Lebensrevision. In: Concilium 14, 625-629.

Marx, Werner (1989): Zum Gedenken. In: Ernst Wolfgang Orth (Hg.): Profile der Phänomenologie. Zum 50. Todestag von Edmund Husserl. (Phänomenologische Forschungen 22). Freiburg München, 7-10.

Mette, Norbert (1978): Theorie der Praxis. Wissenschaftsgeschichtliche und methodologische Untersuchungen zur Theorie-Praxis-Problematik innerhalb der Praktischen Theologie. Düsseldorf.

Mette, Norbert (1979): Praktische Theologie als Handlungswissenschaft. Begriff und Problematik. In: Diakonia 10, 190-203.

Mette, Norbert (1989): Sozialpastoral. In: Peter Eicher/ Norbert Mette (Hg.): Auf der Seite der Unterdrückten? Theologie der Befreiung im Kontext Europas. Düsseldorf, 234-265.

Mette, Norbert (2000): Praktische Theologie in der katholischen Theologie. In: Christian Grethlein/ Michael Meyer-Blanck (Hg.): Geschichte der Praktischen Theologie. Dargestellt anhand ihrer Klassiker. Leipzig, 531-563.

Mette, Norbert/ Folkert Rickers (2001): Lexikon der Religionspädagogik. 2 Bde. Neukirchen.

Mette, Norbert/ Hermann Steinkamp (1983): Sozialwissenschaften und Praktische Theologie. Düsseldorf.

Mette, Norbert/ Hermann Steinkamp (Hg.) (1997): Anstiftung zur Solidarität. Praktische Beispiele der Sozialpastoral. Mainz.

Metz, Johann Baptist (1977): Glaube in Geschichte und Gesellschaft. Studien zu einer praktischen Fundamentaltheologie. Mainz.

Meyer-Blanck, Michael/ Birgit Weyel (1999): Arbeitsbuch Praktische Theologie. Ein Begleitbuch zu Studium und Examen in 25 Einheiten. Gütersloh.

Miles, Matthew B./ Huberman, A. Michael (1994): Qualitative Data Analysis. An Expanded Sourcebook. London.

Milgram, Stanly (1974): Das Milgram-Experiment. Zur Gehorsamsbereitschaft gegenüber Autorität. Reinbek b. Hamburg.

Mock, Ursula (1971): Cardijn. Mensch und Werk. Limburg.

Möckel, Christian (1998): Einführung in die Transzendentale Phänomenologie. München.

Mödersheim, Sabine (1988): Husserls Nachlaß und seine Erschließung. In: Hans Rainer Sepp (Hg.): Edmund Husserl und die phänomenologische Bewegung. Zeugnisse in Text und Bild. Im Auftrag des Husserl-Archivs Freiburg i.Br. Freiburg München, 103-115.

Möller, Christian (2004): Einführung in die Praktische Theologie, Tübingen Basel.

Mudge, Lewis S./ James N. Poling (Hg.) (1987): Formation and Reflection: The Promise of Practical Theology. Philadelphia.

Müller, Max (1988): Erinnerungen. In: Hans Rainer Sepp (Hg.): Edmund Husserl und die phänomenologische Bewegung. Zeugnisse in Text und Bild. Im Auftrag des Husserl-Archivs Freiburg i.Br. Freiburg München, 33-39.

Nedelmann, Brigitta (1999): Georg Simmel. In: Dirk Kaesler (Hg.): Klassiker der Soziologie. Bd. 1: Von August Comte bis Norbert Elias. München, 127-149.

Neue Evangelisierung, Förderung des Menschen, Christliche Kultur (1993). Schlussdokument der 4. Generalversammlung der lateinamerikanischen Bischöfe in Santo Domingo, 12.-28.10.1992. Hrsg. vom Sekretariat der Deutschen Bischofskonferenz. (Stimmen der Weltkirche 34). Bonn.

Nicol, Martin (2000): Grundwissen Praktische Theologie. Ein Arbeitsbuch. Stuttgart Berlin Köln.

Niebergall, Friedrich (1905): Die Kausalrede. Leipzig.

Niebergall, Friedrich (1918): Praktische Theologie. Lehre von der kirchlichen Gemeindeerziehung auf religionswissenschaftlicher Grundlage. Erster Band: Grundlagen. Tübingen.

Oevermann, Ulrich/ Tilman Allert/ Elisabeth Konau (1980): Zur Logik der Interpretation von Interviewtexten. Fallanalyse anhand eines Interviews mit einer Fernstudentin. In: Thomas Heinze/ Hans-Werner Klusemann/ Hans Georg Soeffner (Hg.): Interpretationen einer Bildungsgeschichte. Überlegungen zur sozialwissenschaftlichen Hermeneutik. Mit Beiträgen von T. Allert/ E. Cremers/ E. Konau/ U. Oevermann/ H. J. Reichertz/ B. Volmerg/ F. Wellendorf. Bensheim, 15-69.

Orth, Ernst Wolfgang (1999): Edmund Husserls „Krisis der Europäischen Wissenschaften und die transzendentale Phänomenologie". Vernunft und Kultur. Darmstadt.

Ott, Hugo (1988): Edmund Husserl und die Universität Freiburg. In: Hans Rainer Sepp (Hg.): Edmund Husserl und die phänomenologische Bewegung. Zeugnisse in Text und Bild. Im Auftrag des Husserl-Archivs Freiburg i.Br. Freiburg München, 95-102.

Pastoralamt des Bistums Basel (Hg.) **(1993):** „Suchet zuerst das Reich Gottes und seine Gerechtigkeit...". Ein Arbeitsinstrument für pastorales Handeln im Bistum Basel. Solothurn.

Pawlowski, Harald (1982): „So als wenn man mir einen Dolch in's Herz gestoßen hätte." In: Bernhard Antony: Zur Arbeiterschaft – zur Arbeiterbewegung entschieden. 100 Jahre Joseph Cardijn. Mainz, 9-23.

Pesch, Otto Hermann (1996): Das Zweite Vatikanische Konzil. Vorgeschichte – Verlauf – Ergebnisse – Nachgeschichte. Würzburg (4.Aufl.).

Peukert, Helmut (1978): Wissenschaftstheorie - Handlungstheorie - Fundamentale Theologie. Analysen zu Ansatz und Status theologischer Theoriebildung. Frankfurt a. Main.

Peukert, Helmut (1984): Was ist eine praktische Wissenschaft? Handlungstheorie als Basistheorie der Humanwissenschaften. Anfragen an die Praktische Theologie. In: Ottmar Fuchs (Hg.): Theologie und Handeln. Beiträge zur Fundierung der Praktischen Theologie als Handlungstheorie. Düsseldorf, 64-79.

Plagentz, Achim/ Ulrich Schwab (2000): Religionswissenschaftlich-empirische Praktische Theologie: Friedrich Niebergall. In: Christian Grethlein/ Michael Meyer-Blanck (Hg.): Geschichte der Praktischen Theologie. Dargestellt anhand ihrer Klassiker. Leipzig, 237-278.

Pottmeyer, Hermann J. (1999): Theorie der Kirche zwischen sozialwissenschaftlicher Empirie und theologischer Ekklesiologie. Fundamentaltheologische Überlegungen und Anfragen. In: Karl Gabriel/ Johannes Horstmann/ Norbert Mette (Hg.): Zukunftsfähigkeit der Theologie. Anstöße aus der Soziologie Franz-Xaver Kaufmanns. Paderborn, 69-75.

Praktisch-theologische Informationen 18 (1998): Wissenschaft im Kontext.

Praktisch-theologische Informationen 20 (2000): Pluralität im eigenen Haus. Selbstverständnisse Praktischer Theologie.

Prechtl, Peter (1998): Edmund Husserl zur Einführung (Zur Einführung 181). Hamburg (2. Aufl.).

Prechtl, Peter (2000): Descartes zur Einführung. (Zur Einführung 126). Hamburg.

Rahner, Karl (1967): Die Praktische Theologie im Ganzen der theologischen Disziplinen. In: ders.: Schriften zur Theologie VIII. Zürich Einsiedeln Köln, 133-149.

Rahner, Karl (1975): Die theologische Dimension der Frage nach dem Menschen. In: ders.: Schriften zur Theologie XII. Zürich Einsiedeln Köln 1975, 387-406.

Rahner, Karl (2004): Von der Unbegreiflichkeit Gottes. Erfahrungen eines katholischen Theologen. Mit einer Einführung von Karl Lehmann. Freiburg Basel Wien.

Rahner, Karl/ Herbert Vorgrimler (1979): Kleines Konzilskompendium. Sämtliche Texte des Zweiten Vatikanums. Allgemeine Einleitung - 16 spezielle Einführungen - ausführliches Sachregister. Mit einem Nachtrag vom Oktober 1968: Die nachkonziliare Arbeit der römischen Kirchenleitung. Freiburg (13. Aufl.).

Rang, Bernhard (1989): Die bodenlose Wissenschaft. Husserls Kritik von Objektivismus und Technizismus in Mathematik und Naturwissenschaft. In: Elisabeth Ströker u.a. (Hg.): Profile der Phänomenologie. Zum 50. Todestag von Edmund Husserl. (Phänomenologische Forschungen 22). Freiburg München, 88-136.

Rau, Gerhard (1970): Pastoraltheologie. Untersuchungen zur Geschichte und Struktur einer Gattung Praktischer Theologie. München.

Rautenstrauch, Franz Stefan (1778/ 1987): Tabellarischer Grundriß der in deutscher Sprache vorzutragenden Pastoraltheologie. In: Anton Zottl/ Werner Schneider (Hg.): Wege der Pastoraltheologie – 18. Jahrhundert. Eichstätt, 27-34.

Reinach, Adolf (1921): Gesammelte Schriften. Hrsg. von seinen Schülern. Halle.

Riesmann, David/ Reuel Denney/ Nathan Glazer (1972): Die einsame Masse. Eine Untersuchung der Wandlungen des amerikanischen Charakters. Mit einer Einführung in die deutsche Ausgabe von Helmut Schelsky. Hamburg (14. Aufl.) (dt. zuerst 1958; orig.: The Lonely Crowd. A Study of the Changing American Character. New Haven 1950).

Ruhmöller, Georg (1994): Art. „Cardijn", in: LThK (3. Aufl.) Bd. 2, Sp. 943-944.

Scannone, Juan Carolos (1992): Weisheit und Befreiung. Volkstheologie in Lateinamerika. (Theologie Interkulturell Bd. 5). Düsseldorf.

Schaeffler, Richard (1995): Erfahrung als Dialog. Eine Untersuchung zur Logik der Erfahrung. Freiburg München.

Schaeffler, Richard (2004): Philosophische Einübung in die Theologie. Bd. 1: Zur Methode und zur theologischen Erkenntnislehre. Freiburg München.

Schelksy, Helmut (1963): Einsamkeit und Freiheit. Idee und Gestalt der deutschen Universität und ihrer Reformen. Reinbek b. Hamburg.

Schleiermacher, Friedrich (1811/ 1961): Kurze Darstellung des theologischen Studiums zum Behuf einleitender Vorlesungen. Hrsg. von Heinrich Scholz. Hildesheim (4. Aufl.).

Schmälzle, Udo (2003): Empirical Research in Practical Theology as a Strategy of Intervention. In: Journal of Empirical Theology 16, 5-19.

Schmidt-Leukel, Perry (1997): Theologie der Religionen. Probleme, Optionen, Argumente. (Beiträge zur Fundamentaltheologie und Religionsphilosophie Bd. 1). Neuried.

Schmidt-Rost, Reinhard (2000): Zwischen den Zeiten. Praktische Theologie im Umfeld der Dialektischen Theologie. In: Christian Grethlein/ Michael Meyer-Blanck (Hg.): Geschichte der Praktischen Theologie. Dargestellt anhand ihrer Klassiker. Leipzig, 501-530.

Schröder, Bernd (2004): Praktische Theologie evangelischer Prägung in Deutschland. Themen und Tendenzen seit der Wiedervereinigung Deutschlands. In: International Journey of Practical Theology 8, 288-314.

Schröer, Henning (1974): Forschungsmethoden in der Praktischen Theologie. In: Ferdinand Klostermann/ Rolf Zerfaß (Hg.): Praktische Theologie heute. München Mainz, 206-224.

Schröer, Henning (1997): Art. Praktische Theologie. In: TRE 27, 190-220.

Schulze, Gerhard (1992): Die Erlebnisgesellschaft. Kultursoziologie der Gegenwart. Frankfurt a. Main New York.

Schütz, Alfred (1940/ 1971): Phänomenologie und Sozialwissenschaften. In: ders.: Gesammelte Aufsätze. Bd. 1: Das Problem der sozialen Wirklichkeit. Mit einer Einführung von Aron Gurwitsch und einem Vorwort von H. L. van Breda. Den Haag, 136-161.

Schütz, Alfred (1945/ 1971): Über die mannigfaltigen Wirklichkeiten. In: ders.: Gesammelte Aufsätze. Bd. 1: Das Problem der sozialen Wirklichkeit. Mit einer Einführung von Aron Gurwitsch und einem Vorwort von H. L. van Breda. Den Haag, 237-298.

Schütz, Alfred (1953/ 1971): Begriffs- und Theoriebildung in der Sozialwissenschaft. In: ders.: Gesammelte Aufsätze. Bd. 1: Das Problem der sozialen Wirklichkeit. Mit einer Einführung von Aron Gurwitsch und einem Vorwort von H. L. van Breda. Den Haag, 55-112.

Schütz, Alfred (1953/ 1971): Wissenschaftliche Interpretation und Alltagsverständnis menschlichen Handelns. In: ders.: Gesammelte Aufsätze. Bd. 1: Das Problem der sozialen Wirklichkeit. Mit einer Einführung von Aron Gurwitsch und einem Vorwort von H. L. van Breda. Den Haag, 3-54.

Schütz, Alfred (1959/ 1971): Husserls Bedeutung für die Sozialwissenschaften. In: ders.: Gesammelte Aufsätze. Bd. 1: Das Problem der sozialen Wirklichkeit. Mit einer Einführung von Aron Gurwitsch und einem Vorwort von H. L. van Breda. Den Haag, 162-173.

Schütz, Alfred (1971): Gesammelte Aufsätze. Bd. 1: Das Problem der sozialen Wirklichkeit. Mit einer Einführung von Aron Gurwitsch und einem Vorwort von H. L. van Breda. Den Haag.

Schütz, Alfred (1971): Gesammelte Aufsätze. Bd. 3: Studien zur phänomenologischen Philosophie. Hrsg. von Ilse Schütz. Einleitung und Übertragung aus dem Amerikanischen von Alexander von Baeyer. Den Haag 1971.

Schütz, Alfred (1972): Gesammelte Aufsätze. Bd. 2: Studien zur soziologischen Theorie. Hrsg. von Arvid Brodersen. Übertragung aus dem Amerikanischen von Alexander von Baeyer. Den Haag.

Schütz, Alfred (1981): Theorie der Lebensformen. Frühe Manuskripte aus der Bergson-Periode. Hrsg. und eingeleitet von Ilja Srubar. Frankfurt a. Main.

Schütz, Alfred (1982): Das Problem der Relevanz. Frankfurt a. Main.

Schütz, Alfred/ Talcott Parsons (1997): Zur Theorie sozialen Handelns. Ein Briefwechsel. Hrsg. und eingeleitet von Walter M. Sprondel. Frankfurt a. Main.

Schütz, Alfred/ Thomas Luckmann (1984): Strukturen der Lebenswelt. Bd. 2. Frankfurt a. Main.

Schütz, Alfred/ Thomas Luckmann (1991): Strukturen der Lebenswelt. Bd. 1. Frankfurt a. Main (4. Aufl.) (zuerst 1979).

Schweitzer, Friedrich (2000): Praktische Theologie in Nordamerika. In: Christian Grethlein/ Michael Meyer-Blanck (Hg.): Geschichte der Praktischen Theologie. Dargestellt anhand ihrer Klassiker. Leipzig, 565-596.

Sepp, Hans Rainer (1988): Edmund Husserl und die phänomenologische Bewegung. Zeugnisse in Text und Bild. Im Auftrag des Husserl-Archivs Freiburg i. Br. Freiburg München.

Sieber, Joan E. (1992): Planning Ethically Responsable Research. A Guide for Students and Internal Review Boards. (Applied Social Research Methods Series 31). Newbury Park.

Steck, Wolfgang (2000): Praktische Theologie. Horizonte der Religion – Konturen des neuzeitlichen Christentums – Strukturen der religiösen Lebenswelt. Bd. 1. Stuttgart Berlin Köln.

Steinhäuser, Martin/ Wolfgang Ratzmann (Hg.) (2002): Didaktische Modelle Praktischer Theologie. Leipzig.

Steinkamp, Hermann (1984): Zum Beispiel: Wahrnehmung von Not. Kritische Anfragen an den gegenwärtigen Entwicklungsstand einer praktisch-theologischen Handlungstheorie. In: Ottmar Fuchs (Hg.): Theologie und Handeln. Beiträge zur Fundierung der Praktischen Theologie als Handlungstheorie. Düsseldorf, 177-186.

Steinkamp, Hermann (1994): Solidarität und Parteilichkeit. Für eine neue Praxis in Kirche und Gemeinde. Mainz.

Steinke, Ines (1999): Kriterien qualitativer Forschung. Ansätze zur Bewertung qualitativ-empirischer Sozialforschung. Weinheim München.

Steinke, Ines (2000): Gütekriterien qualitativer Forschung. In: Uwe Flick/ Ernst von Kardorff/ Ines Steinke (Hg.): Qualitative Forschung. Ein Handbuch. Reinbek b. Hamburg, 319-331.

Strauss, Anselm L.(1994): Grundlagen qualitativer Sozialforschung. Datenanalyse und Theoriebildung in der empirischen soziologischen Forschung. Aus dem Amerikanischen von Astrid Hildenbrand. Mit einem Vorwort von Bruno Hildenbrand. München (orig.: Qualitative Analysis for Social Scientists. New York 1987).

Strauss, Anselm L./ Juliet Corbin (1996): Grounded Theory: Grundlagen Qualitativer Sozialforschung. Aus dem Amerikanischen von Solveigh Nieviarra und Heiner Legewie. Vorwort zur deutschen Ausgabe von Heiner Legewie. Weinheim (orig.: Basics of Qualitative Research. Grounded Theory Procedures and Techniques. Newbury Park 1990).

Streib, Heinz (1996): Heilsames Erzählen. Pastoraltheologische und pastoralpsychologische Perspektiven zur Begründung und Gestaltung der Seelsorge. In: Wege zum Menschen 48, 339-359.

Ströker, Elisabeth/ Paul Janssen (1989): Phänomenologische Philosophie. München.

Ven, Johannes A. van der (1984): Unterwegs zu einer empirischen Theologie. In: Ottmar Fuchs (Hg.): Theologie und Handeln. Beiträge zur Fundierung der Praktischen Theologie als Handlungstheorie. Düsseldorf, 102-128.

Ven, Johannes A. van der (1990): Entwurf einer empirischen Theologie. (Serie theologie en empirie Bd. 10). Kampen Weinheim.

Ven, Johannes A. van der (1999): Der Modus der Kooperation. In: Herbert Haslinger u.a. (Hg.): Praktische Theologie. Ein Handbuch. Bd. 1: Grundlegungen. Mainz, 267-278.

Ven, Johannes van der (2002): An Empirical or a Normative Approach to Practical-Theological Research? A False Dilemma. In: Journal of Empirical Theology 15, 5-33.

Vigil, José María (1997): Die Option für die Armen. In: Raúl Fornet-Betancourt (Hg.): Befreiungstheologie: Kritischer Rückblick und Perspektiven für die Zukunft. Bd. 2: Kritische Auswertungen und neue Herausforderungen. Mainz, 95-111.

Wahl, Heribert (1990): Pastoralpsychologie – Teilgebiet und Grunddimension Praktischer Theologie. In: Isidor Baumgartner (Hg.): Handbuch der Pastoralpsychologie. Regensburg, 41-61.

Weber, Marianne (1919): Frauenfragen und Frauengedanken. Tübingen.

Weber, Max (1921/ 1980): Wirtschaft und Gesellschaft. Tübingen (zuerst Tübingen 1921).

Wegenast, Klaus (1968): Die empirische Wende in der Religionspädagogik. In: Der Evangelische Erzieher 20, 111-125.

Wiedemann, Peter (1995): Gegenstandsnahe Theoriebildung. In: Uwe Flick/ Ernst v. Kardorff/ Heiner Keupp/ Lutz v. Rosenstiel/ Stephan Wolff (Hg.): Handbuch Qualitative Sozialforschung. Grundlagen, Konzepte, Methoden und Anwendungen. Weinheim (2. Aufl.), 440-445.

Wiedenhofer, Siegfried (1992): Das katholische Kirchenverständnis. Ein Lehrbuch der Ekklesiologie. Graz Wien Köln.

Wiederkehr, Dietrich (1999): Die Lok am Ende des Zuges – oder: von der angehängten und antreibenden Praktischen Theologie. In: Herbert Haslinger u.a. (Hg.): Praktische Theologie. Ein Handbuch. Bd. 1: Grundlegungen. Mainz, 37-45.

Winkler, Eberhard (1997): Praktische Theologie elementar. Ein Lehr- und Arbeitsbuch. Neukirchen-Vluyn.

Wobbe, Theresa (1997): Wahlverwandtschaften. Die Soziologie und die Frauen auf dem Weg zur Wissenschaft. Frankfurt a. Main New York.

Wolcott, Harry F. (1990): On Seeking – and Rejecting – Validity in Qualitative Research. In: Elliot W. Eisner/ Alan Peshkin (Hg.): Qualitative Inquiry in Education. The Continuing Debate. New York, 121-152.

Zerfaß, Rolf (1974): Praktische Theologie als Handlungswissenschaft. In: Ferdinand Klostermann/ Rolf Zerfaß (Hg.): Praktische Theologie heute. München Mainz, 164-177.

Zerfaß, Rolf/ Norbert Greinacher (Hg.) (1976): Einführung in die Praktische Theologie. Mainz.

Ziebertz, Hans-Georg (1998): Objekt – Methode – Relevanz: Empirie und Praktischen Theologie. In: Pastoraltheologische Informationen, 305-321.

Ziebertz, Hans-Georg (2002): Normativity and Empirical Research in Practical Theology. In: Journal of Empirical Theology 15, 5-18.

Ziebertz, Hans-Georg (2004): Empirische Forschung in der Praktischen Theologie als eigenständige Form des Theologie-Treibens. In: Praktische Theologie 39, 47-55.

REGISTER

121, 124, 125, 161, 243, 262, 267,
282, 283, 289, 291, 292

K

Konzil *Siehe* Zweites Vatikanisches
Konzil

L

Lebendigkeit 14, 17, 18, 19, 23, 195,
206, 210, *211*, 212, 213, 220, 221,
222, 223, 224, 226, 227, 239, 240,
241, 262, 264, 279, 287, 288, 292
Lebenswelt 20, 22, 47, 50, 88, 91,
127, 133, 134, *135-141*, 143, 146,
147, 148, *149-154*, 155, 156, 157,
158, 164, 166, 167, 184, 185, 192,
195, 198, 240, 285, 298, 300, 311
- als Boden der Wissenschaft
149-154
Konstitution der Lebenswelt im
Bewusstsein *135-141*

M

Menschlichkeit 23, 33, 195, 202, 206,
210, 213, *215*, 218, 221, 222, 226,
227, *235-237*, 239, 287

O

Objektivität 14, 122, 149, 150, 155,
160, 200, 207, 222, 224, 227, 246,
262
Option 37, 88, 97, 98, 103, 104, 106,
110-114, 116, 120, 122, 124, 227,
228, 239, 262, 263, 270, 274, 283,
288, 297, 303, 305, 309, 312

P

Persönlichkeit 23, 60, 76, 80, 124,
130, 185, 206, 217, 218, 220, 225,
226, 227, 228, 229, 233, 239, 263,
274, 287
- der forschenden Person *217-220;
228-232*
Phänomenologie 40, 48, 49, 129, 130,
131, 132, 133, 134, 135, 136, 137,
138, 143, 156, 163, 166, 167, 168,

171, 188, 196, 199, 210, 296, 302,
303, 306, 307, 309, 310
Prämisse 17, 18, 19, 21, 60, 65, 71,
76, 88, 99, 116, 117, 120, 121, 123,
124, 132, 147, 151, 156, 157, 171,
201, 239, 263, 281, 282, 287, 288,
289, 290, 291

R

Regelkreismodell 46, 54, *89-90*, 91,
92, 93, 96, 158, 282, 283
Reliabilität 272, *273*, 293
Révision de vie 66, 76

S

Schütz, Alfred 19, 20, 21, 22, 23, 134,
156, *163-203*, 273, 274, 279, 284,
285, 295, 298, 300, 310, 311
"Sehen - Urteilen - Handeln" *siehe*
Dreischritt
Sendung 35, 57, 60, 63, 64, 71, 76
Sinn
- Anwendungssinn 22, 153, 159,
240, 288, 290
- objektiver Sinn 23, 176, *178-
180*, 190, *196-197*, 199, 200, 201,
202, 285, 286
- subjektiver Sinn 23, 159, 169,
178-180, 187, 189, *190-192*, *196-
197*, 199, 200, 201, 202, 239, 286
- Ursprungssinn 22, 146, 153, 240,
288, 290
Strauss, Anselm 19, 23, 37, 209, 227,
240, *241-243*, 244, 245, 246, 247,
248, 249, 250, 251, 252, 253, 254,
255, 256, 257, 258, 260, 274, 300,
302, 311
Subjekt 44, 45, 46, 76, 80, 87, 88, 93,
97, 104, 105, 107, 109, 110, 115,
117, 120, 122, 138, 139, 140, 157,
190, 202, 205, 239, 263, 282, 283,
284, 285, 288, 306
Subjektivität 14, 17, 23, 25, 107, 108,
109, 114, 132, 141, 143, 146, 149,
156, 157, 158, 160, 194, 205, 207,
239, 240, 241, 262, 278, 281, 287,
288

Stephanie Klein

Gottesbilder von Mädchen

Bilder und Gespräche als Zugänge zur kindlichen religiösen Vorstellungswelt

2000. 228 Seiten
20 Farbabbildungen. Kart.
€ 20,40
ISBN 3-17-016303-5

Wie entfalten und verändern Mädchen ihre religiösen Vorstellungen und ihre Gottesbeziehung? Was bedeutet es für ihre Religiosität, mit den tradierten und gesellschaftlich verbreiteten männlichen Gottesvorstellungen und Gottesbildern konfrontiert zu sein? Dieses Buch gibt neue Einblicke in die spezifische Religiosität von Mädchen. Es wird dokumentiert, wie Mädchen gemeinsam beim Malen und im Gespräch ihre religiösen Vorstellungswelten entfalten, sie gegeneinander verteidigen oder voneinander übernehmen, sie korrigieren und verändern.

Anhand der schrittweisen Auswertung der Bilder und aufgezeichneten Gespräche wird nachvollziehbar, wie ein Verstehen kindlicher Religiosität möglich ist. Es ist das Anliegen der Autorin, Wissenschaft und Praxis zu verbinden. Erstmals in der Kinderbibelforschung legt sie eine Langzeit-Bilderstudie vor und stellt die dabei entwickelten qualitativen Methoden verständlich dar. Eltern, LehrerInnen und ErzieherInnen gibt das Buch viele Anregungen, wie sie die religiösen Vorstellungen von Mädchen und Jungen verstehen und sie bei der Entfaltung ihrer Religiosität unterstützen können.

DIE AUTORIN:

Dr. **Stephanie Klein** ist Wissenschaftliche Assistentin an der Universität Mainz.

W. Kohlhammer GmbH
70549 Stuttgart · Tel. 0711/7863 - 7280 · Fax 0711/7863 - 8430

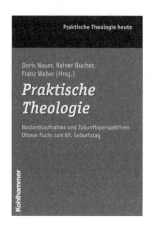

Doris Nauer/Rainer Bucher
Franz Weber (Hrsg.)

Praktische Theologie

*Bestandsaufnahme und
Zukunftsperspektiven*

Ottmar Fuchs zum 60. Geburtstag
476 Seiten. Kart.
€ 39,80/sFr 69,20
ISBN 3-17-018813-5
Praktische Theologie heute, Band 74

Vor welchen Herausforderungen steht gegenwärtig Praktische Theologie? Auf welche Praxis bezieht sie sich? Welche
‚Zeichen der Zeit' nimmt sie wahr? Auf welche interdisziplinäre
Zusammenarbeit ist sie angewiesen? Unter welcher Kriteriologie
wagt sie es, innerhalb und außerhalb der Kirchen Position zu
beziehen?

Zur Beantwortung dieser Fragen werden im vorliegenden
Band aus unterschiedlicher Sicht Bausteine erarbeitet: Aus
der Sicht renommierter katholischer und evangelischer Prakti-
scher TheologInnen, die um die Profilierung ihres Faches ringen.
Aus der Sicht von FachvertreterInnen anderer theologischer
Disziplinen, die ihre Erwartungen an die Praktische Theologie
zur Disposition stellen. Aus der Sicht derer, die für pastorale
Planung verantwortlich bzw. die selbst pastoral tätig sind und
deshalb die Praktische Theologie mit konkreten Problemen und
Erwartungen vor Ort konfrontieren.

DIE HERAUSGEBERIN/DIE HERAUSGEBER:

Dr. Dr. **Doris Nauer** ist Professorin für Praktische Theologie in
Tilburg/NL. Dr. **Rainer Bucher** ist Professor für Pastoraltheologie
in Graz. Dr. **Franz Weber** ist Professor für Praktische Theologie in
Innsbruck.

W. Kohlhammer GmbH
70549 Stuttgart · Tel. 0711/7863 - 7280 · Fax 0711/7863 - 8430

Kohlhammer